Droit, bonne gouvernance et développement durable

Collection « Études africaines »

dirigée par Denis Pryen et son équipe

Forte de plus de mille titres publiés à ce jour, la collection « Études africaines » fait peau neuve. Elle présentera toujours les essais généraux qui ont fait son succès, mais se déclinera désormais également par séries thématiques : droit, économie, politique, sociologie, etc.

Dernières parutions

Pierre LOUEYI, *Système comptable OHADA par l'application, Ouvrage de cours et d'applications pratiques conforme au nouveau programme, Tome 2*, 2018.
Pierre LOUEYI, *Système comptable OHADA par l'application, Ouvrage de cours et d'applications pratiques conforme au nouveau programme, Tome 1*, 2018.
Amos Yao Sani, *Bénin, investir dans l'avenir, L'impératif d'une éducation innovante*, 2018.
Ahmad TABOYE, *Émergence de la production de la littérature en langue française au Tchad,* 2018.
Kossi FANAGNO, *Essai d'ethnopsychiatrie, Psychiatrie et psychologie avec les traditions des peuples*, 2018.
Dédé WATCHIBA, *Evaluation systémique de la politique publique en matière de lutte contre le sida en RDC,* 2018.
Sidy BA, *Le péril de la pollution sur le fleuve Niger*, 2018.
Bernard-Gustave TABEZI PENE-MAGU, Justin KYANGA ASSUMANI & Augustin ASSANI NZOGU, *Evaluation des enseignants par les étudiants en RD Congo, Est-ce la remise en cause de la liberté académique ?, 2017.*
Sariette et Paul BATIBONAK (dir.), Marché médiatique de la guérison divine au Cameroun, 2017.
Jacqueline NKOYOK, *Les processus de démocratisation des années 1990 et la sociogenèse des crises et dérives en Afrique,* 2017.
Vincent MOUTEDE-MADJI, *Exploitation pétrolière et mut3ations spatio-économiques dans le Logone oriental (Tchad),* 2017.
Martin Fortuné MUKENDJI MBANDAKULU, *Introduction à la bio-éco-philosophie, De la philosophie brune à la philosophie verte*, 2017.

Sous la direction de
Yves-Junior MANZANZA LUMINGU
et Justin MONSENEPWO MWAKWAYE

Droit, bonne gouvernance et développement durable

Mélanges en l'honneur du professeur Jean-Michel Kumbu Ki Ngimbi

L'Harmattan

Des mêmes auteurs

A. Yves-Junior Manzanza Lumingu

Regelung des Streikrechts in Bereichen der Daseinsvorsorge in der Bundesrepublik Deutschland – Mit vergleichendem Überblick über ausgewählte ausländische Rechtsordnungen, Thèse de doctorat, Würzburg, Ed. Ergon, 2017.

Autonomisation de la femme mariée en matière professionnelle. Arguments pour l'égalité de genres en RD Congo, Saarbrücken, Éditions universitaires européennes, 2012.

Droit du travail congolais. Analyse critique des retenues légales sur la rémunération en République Démocratique du Congo, Saarbrücken, Éditions universitaires européennes, 2012.

B. Justin Monsenepwo Mwakwaye

Junior Banza Kaseya, Fabrice Nshingu Kazadi, Monique Ndaya Mutombo, *L'impact de l'OHADA sur le droit des sociétés commerciales en République démocratique du Congo*, Paris, Éditions L'Harmattan, 2015.

Harmonisation du droit congolais avec le droit OHADA des transports, Paris, Éditions universitaires européennes, 2012.

Responsabilité pénale des dirigeants sociaux en droit congolais et OHADA des sociétés – Étude du droit pénal issu de l'OHADA, de ses ombres et de ses lumières, Paris, Éditions universitaires européennes, 2011.

5-7, rue de l'Ecole-Polytechnique, 75005 Paris

http://www.editions-harmattan.fr

ISBN : 978-2-343-14055-1
EAN : 9782343140551

Liste des contributeurs

Balingene Kahombo est chef de travaux à l'Université de Goma, doctorant en droit à Freie Universität Berlin (Allemagne).

Joseph Cihunda Hengelela est diplômé d'Etudes Supérieures et doctorant en droit à l'Université de Kinshasa. Il est membre du CODESRIA et Vice-président du Comité de gestion du Centre de Recherches et d'Etudes sur l'Etat de Droit en Afrique (CREEDA). Sur le plan professionnel, il est enseignant-chercheur, consultant et expert juriste en gouvernance démocratique, mines et hydrocarbures.

Symphorien Kapinga K. Nkashama est diplômé d'Etudes Supérieures et doctorant en droit à l'Université de Kinshasa (RDC). Il est Chef de Travaux à l'Université de Mbuji-Mayi, Expert-Consultant et Secrétaire exécutif du Centre de Recherches et d'Etudes sur l'Etat de Droit en Afrique (CREEDA).

Giresse Kimvuidi Vela est assistant à la Faculté de Droit de l'Université Kongo et Avocat au Barreau de Matadi.

Jean-Paul Koso Omambodi est docteur en droit à l'Université de Nantes, Professeur à la Faculté de Droit de l'Université de Kinshasa et Avocat au barreau de Kinshasa/Gombe.

Yves-Junior Manzanza Lumingu est docteur en droit à l'Université de Würzburg (Allemagne) et détenteur d'un LL.M. en droit européen et d'un Diplôme d'Etudes Supérieures en droit économique et social. Il est professeur à la Faculté de Droit de l'Université de Kikwit (RDC) et chercheur associé à la Chaire de droit civil et droit du travail de l'Université de Würzburg.

Jean Masiala Muanda est docteur en droit de l'Université de Kinshasa, et diplômé d'études approfondies en philosophie des Facultés catholiques de Kinshasa (actuellement Université catholique du Congo).

Jules Masuku Ayikaba est assistant à la Faculté de Droit de l'Université de Kinshasa et apprenant en Master en Droit de l'Union Européenne à l'Université de Würzburg.

Liévin Mbungu Tsende est docteur en sciences juridiques (ULg/Belgique), détenteur d'un diplôme d'Études Spécialisées en droits de l'homme (Ucl/Belgique), d'un Master complémentaire en droit des TIC (Fundp/Namur-Belgique), professeur à l'Université Président Joseph KasaVubu/Boma et à l'Université Kongo/Mbanza-Ngungu, et avocat au Barreau de Matadi/RDC.

Bill Augustin Mikambu est assistant à l'Institut Supérieur Pédagogique de Masi-Manimba (RDC), doctorant en droit à l'Université de Würzburg (Allemagne).

Justin Monsenepwo Mwakwaye est doctorant en droit à la Julius-Maximilians-Universität Würzburg, et détenteur d'un LL.M. en droit international et européen des affaires de la même université. Il est aussi consultant à la Conférence de La Haye de droit international privé et assistant à la recherche au sein de l'Association Notariale Allemande (*Deutsche Notarrechtliche Vereinigung e.V.*).

Dady Mumbanika Mbwisi est chef de travaux à l'Université de Kikwit (RDC), doctorant en droit à l'Université d'Erlangen-Nürnberg (Allemagne).

Grâce Muwawa est doctorant en Droit des Affaires (Université de Kinshasa), avocat à la Cour et assistant à la Faculté de Droit de l'Université Protestante au Congo.

Deborah Nzenge Kota est détentrice d'un Diplôme d'Etudes Supérieures en droit économique et social (option fiscalité douanière). Elle est chef de travaux à la Faculté de Droit de l'Université de Kinshasa et chargée de programme à la Fondation Allemande Konrad Adenauer.

Thierry Otete Okomba est chef de travaux à l'Université Protestante au Congo et doctorant à l'Université Paris-Est Créteil.

Liste de certaines publications du Prof. Dr. Jean-Michel Kumbu ki Ngimbi

2016

Jean-Michel Kumbu ki Ngimbi, et Grâce Muwawa Luwungi, « Dérogation aux règles de compétence judiciaire dans le règlement du contentieux du droit privé des affaires », *in* Annales de la Faculté de droit 2014-2016, Edition et Société « DES » Kinshasa, Décembre 2016, pp. 109-141.

2015

Jean-Michel Kumbu ki Ngimbi, « La gouvernance des ressources naturelles en RDC : rôle de l'ITIE et nécessité d'une loi sur l'accès à l'information », *in* KAS, African Law Study Library, Jahrgang 2 (2015), Heft 3, pp. 788-812.

Jean-Michel Kumbu, « National Courts: The situation in the Democratic Republic of the Congo », *in* Heike Krieger (éd.), *Inducing Compliance with international Humanitarian Law, Lessons from the African Great Lakes Region*, Cambridge University Press 2015, pp. 217-246.

Jean-Michel Kumbu ki Ngimbi, « Le rôle de l'Etat dans une économie sociale de marché », *in* Revue de la Faculté de Droit, Université Protestante au Congo, 8ème Année, N° 8 2015, pp. 59-64.

2014

Jean-Michel Kumbu ki Ngimbi et Yves-Junior Manzanza Lumingu, « L'adhésion de la République Démocratique du Congo à l'Ohada et son apport mitigé sur la capacité juridique de la femme mariée en matière professionnelle », *in* Recht in Afrika, Jahrgang 17 (2014), Heft 2, pp. 175-186.

Jean-Michel Kumbu ki Ngimbi (sous la dir. de), *La décentralisation territoriale en République démocratique du Congo. Bilan et perspectives*, Editions de la Campagne pour les droits de l'homme, Kinshasa, 2014.

Jean-Michel Kumbu ki Ngimbi et Yves-Junior Manzanza Lumingu, « La protection des enfants contre le travail précoce en RD Congo », *in Le travail humain au carrefour du droit et de la sociologie. Hommage au Professeur Nikitas Aliprantis*, Presses universitaires de Strasbourg, Strasbourg 2014, pp. 407-419.

Jean-Michel Kumbu ki Ngimbi et Giresse Kimvuidi Vela, « Problématique de l'autorisation maritale du droit commercial congolais issu du droit de l'OHADA », *in* CADHD, 18ème année, n° 043, Vol. 1, avril-juin 2014, pp. 23-39.

Jean-Michel Kumbu ki Ngimbi et Beaugars Mpembi Lema, « Problématique de la caducité du procès-verbal de non-conciliation en matière du travail », *in* CADHD, 18ème année, n° 045, Vil. 1, octobre-décembre 2014, pp. 39-50.

2013

Jean-Michel Kumbu ki Ngimbi et Giresse Kimvuidi Vela, « Le règlement juridictionnel des conflits collectifs du travail : entrave au droit fondamental de la grève », *in* CADHD, 17ème année, n° 040, Vol. 1, juillet-septembre 2013, pp.13-33.

Jean-Michel Kumbu ki Ngimbi, *Droit du commerce international*, Editions Galimage, Kinshasa, 2013.

Jean-Michel Kumbu ki Ngimbi, *Fondements de l'économie sociale de marché*, Publications de la Fondation Konrad Adenauer, Décembre, 2013.

2012

Jean-Michel Kumbu ki Ngimbi, « Les fondements d'un Etat de droit démocratique », *in L'armée et l'Etat de droit en République démocratique du Congo*, Publications de la Fondation Konrad Adenauer, Kinshasa, Mars, 2012, pp. 19-30.

Jean-Michel Kumbu ki Ngimbi, *Les droits civils et politiques d'un citoyen congolais*, Fondation Konrad Adenauer, Kinshasa, 2012.

Jean-Michel Kumbu ki Ngimbi, « Le statut juridique des provinces dans la Constitution congolaise du 18 février 2006 - des entités régionalisées dans un Etat uni (taire) », *in* Recht in Afrika 2010, pp. 183 ff.

2009

Jean-Michel Kumbu ki Ngimbi, *Législation en matière économique*, édition Galimage, Kinshasa, 2009.

Jean-Michel Kumbu ki Ngimbi, *Droit de la propriété intellectuelle*, édition Galimage, Kinshasa, 2009.

Jean-Michel Kumbu ki Ngimbi, Droit du travail, édition Galimage, Kinshasa, 2009.

Jean-Michel Kumbu ki Ngimbi, *Necessary limits to the freedom to engage in economic activity as a human right – european and african perspective*, Konrad Adenauer Foundation, Kinsahsa, 2009.

2007

Jean-Michel Kumbu ki Ngimbi, « La Constitution de la République Démocratique du Congo », *in Mandats, rôles et fonctions des pouvoirs constitués dans le nouveau système politique de la RDC*, PNUD, Kinshasa, 2007.

Introduction

Prendre l'initiative de publier des Mélanges en l'honneur du Professeur Jean-Michel Kumbu ki Ngimbi est un exercice qui va de soi. En effet, le Professeur Jean-Michel Kumbu ki Ngimbi mérite un tel honneur non pas seulement parce qu'il a contribué à former plusieurs générations de juristes dont quelques-uns occupent des fonctions de rang magistral dans plusieurs institutions à travers le monde, mais aussi – et surtout – parce qu'il possède des qualités intrinsèques d'éminent juriste. Riche et lumineuse, l'œuvre scientifique du Professeur Jean-Michel Kumbu ki Ngimbi couvre un large spectre de domaines juridiques. En effet, les chemins qu'il a empruntés au cours de sa carrière forment un entrelacs disciplinaire où principalement se mêlent droit des affaires, droit constitutionnel, droit du travail, droit du commerce international, droit des transports, et droit administratif. Il a inspiré et dirigé de nombreux travaux universitaires, confirmant la centralité de son approche basée sur le *décollage conceptuel* dans l'étude et la pratique du droit. Ainsi, loin d'être un simple effet de mode ou un simple acte de convenance, ces Mélanges constituent pour les éditeurs et les auteurs un acte de reconnaissance du mérite d'un enseignant et d'un chercheur de grande renommée.

Parmi les divers genres d'ouvrages scientifiques, les mélanges suscitent parfois une certaine réticence du fait de la crainte – légitime – du lecteur que les textes en soient dispersés tant du point de vue des sujets traités que de la méthode suivie. Ce n'est pas le cas ici. En effet, sous le thème général « *Droit, gouvernance et développement durable* », ces Mélanges entendent couvrir les différents domaines d'expertise qu'a arpentés le dédicataire et que cristallise parfaitement la formule suivante :

Travail ➔ Production ➔ Croissance + Commerce =
Accroissement des richesses Accroissement des richesses + Bonne
Gouvernance = ***Développement***

En premier lieu, Liévin Mbungu Tsende analyse l'invasion de l'univers matériel du travail par les technologies de l'information et de la communication (TIC). Plus particulièrement, il se penche sur la régulation de l'intrusion des TIC en droit du travail ainsi que la transposition, à l'univers numérique, des exigences légales du monde physique d'accomplissement du contrat de travail. En effet, constatant le silence du législateur concernant les TIC, Lievin Mbungu défend la thèse selon laquelle, en droit du travail, l'autorégulation serait une meilleure alternative : grâce au mécanisme de la convention collective de travail, les partenaires sociaux se prennent en charge et s'organisent en marge du circuit classique de réglementation sociale.

Pour sa part, Yves-Junior Manzanza Lumingu consacre sa réflexion à la problématique de la réglementation de la grève dans les services essentiels en droit allemand et en droit comparé. En effet, si le droit de grève est garanti tant par la Loi fondamentale allemande (*Grundgesetz*) que par plusieurs instruments juridiques internationaux, son exerce entre en collision avec l'obligation des pouvoirs publics d'assurer la protection des droits des tiers et de garantir les services essentiels à la population. C'est justement le conflit entre ces intérêts opposés que l'auteur tente de résoudre de manière on ne peut plus équitable.

Par ailleurs, face au développement fulgurant des contrats de travail conclus pour des engagements au jour le jour en République Démocratique du Congo (RDC), Jules Masuku Ayikaba s'interroge sur le degré de protection des travailleurs liés par ce type de contrat. Dans son étude, il tente d'apporter des éléments de réponse aux différentes questions que l'engagement au jour le jour soulève en droit du travail congolais : que faut-il entendre par engagement au jour le jour ? A la lumière du code du travail, est-il un contrat de travail à durée « déterminée » ? Quid du respect de l'établissement du certificat d'aptitude physique lors de la conclusion de ce contrat ? Comment les litiges relatifs à ce contrat sont-ils tranchés ? Le contrôle de respect des normes assurant la protection exercée par l'inspecteur du travail produit-il le résultat escompté ? Quid de la remise du certificat de fin des services aux journaliers ? Quel juste milieu peut-on trouver entre la protection des journaliers et la sauvegarde de l'emploi dans le cadre du contexte congolais ? Et, enfin, quelle sécurité sociale pour les travailleurs sous l'engagement au jour le jour ?

Partant du douloureux constat que la République Démocratique du Congo est parmi les pays qui ont le taux de chômage le plus élevé ainsi que le taux de sous-emploi global le plus élevé, Giresse Kimvuidi Vela propose un cadre légal pouvant permettre à la RDC, à l'instar d'autres pays à travers le monde, d'intégrer dans son système de sécurité sociale le risque éventuel pouvant affecter le travailleur dans son travail :

l'assurance-chômage. Expression d'un souci de justice sociale, cette assurance-chômage permettrait de débarrasser les travailleurs congolais de l'incertitude et de l'insécurité liée au chômage.

Dans la même veine, Jean Masiala Muanda part du constat que s'il est vrai que le chômage sévit presque partout au monde, il revêt néanmoins ces dernières années un caractère de gravité extrême en RDC. Partant, il procède à un bref état des lieux et à une évaluation des mécanismes juridiques et institutionnels mis en place par les pouvoirs publics pour permettre aux congolais de demeurer à l'abri du chômage et d'exercer effectivement leur droit d'obtenir un emploi. Etablissant les faiblesses des mécanismes juridiques et institutionnels de promotion du droit au travail, l'auteur démontre la nécessité de déployer encore de gros efforts pour le contrôle et l'application effective des mesures déjà prévues, ainsi que la mise sur pied d'un observatoire du droit au travail en tant que lieu d'examen, de critique, d'articulation et de surveillance de toutes ces normes et structures, ainsi que de toutes les politiques adoptées en faveur de l'emploi.

Partant du postulat selon lequel, lorsqu'il agit entant qu'Etat-employeur, l'Etat est censé être soumis aux mêmes obligations que tout autre employeur, Dady Mumbanika Mbwisi et Bill Augustin Mikambu examinent l'application théorique du principe d'égalité et de celui de non-discrimination fondée sur le sexe dans l'allocation par l'Etat-employeur des avantages sociaux à ses agents (mariés) de sexe féminin ainsi qu'aux membres de leurs familles sous le régime de la loi n° 81-003 du 17 juillet 1981 et celle n° 16/013 du 15 juillet 2016 portant statut des agents de carrière des services publics de l'Etat. Ils démontrent que, malheureusement, l'existence des dispositions pertinentes de la Constitution et des instruments internationaux des droits de l'homme en vigueur en RDC relatives au principe d'égalité et de non-discrimination basée sur le sexe n'a pas pu empêcher l'adoption et l'entrée en vigueur de la loi de 1981 dont certaines dispositions relatives aux avantages sociaux se sont avérées discriminatoires à l'égard de la femme mariée, agent de l'Etat.

Face à la géopolitique du commerce international contemporain, Jean-Paul Koso Omambodi note que l'Afrique et la République Démocratique du Congo disposent d'atouts indéniables que sont notamment les richesses de leurs sols et sous-sols. Pour relever les défis de la transformation de leurs ressources naturelles, l'Afrique en général et la République Démocratique du Congo en particulier doivent promouvoir une culture de la création et de l'innovation soutenue par un système éducatif adéquat. Ainsi, Jean-Paul Koso Omambodi démontre que la promotion de la propriété intellectuelle, appuyée par des politiques publiques et privées de valorisation de la recherche, peut constituer une des stratégies de croissance économique africaine.

Cependant, ces politiques publiques de développement sont conditionnées par l'existence d'un Etat de droit en République Démocratique du Congo. Ainsi, Deborah Nzege Kota analyse la responsabilité des gouvernants dans la gestion des finances locales. Pour ce faire, son analyse porte d'abord sur un état des lieux de la décentralisation en République Démocratique du Congo, ensuite sur l'étude des ressources financières propres des provinces et des entités territoriales décentralisées (ETD), et enfin sur les écueils de la gestion de ces entités par les autorités exécutives locales. L'auteur conclut son analyse par le constat selon lequel les entités locales congolaises se meurent par manque des moyens financiers à cause de la gloutonnerie du pouvoir central et de la mauvaise gouvernance économique et financière.

Faisant le pont entre les questions de bonne gouvernance interne et le droit international public, Balingene Kahombo analyse dans sa première contribution l'observation internationale du double scrutin législatif et présidentiel du 28 novembre 2011 en RDC. Plus particulièrement, il tente de clarifier et de justifier au moins trois éléments de base dans l'analyse : les limites du déploiement des observateurs électoraux internationaux en RDC, la divergence de leurs conclusions, et les conséquences impliquées de leur observation après les élections. Dans sa seconde contribution, Balingene Kahombo analyse la gestion par les Nations Unies des crises dans ses Etats membres. En effet, il jette un regard croisé sur l'histoire controversée du maintien de la paix en République Démocratique du Congo. Plus qu'un simple catalogue des résolutions du Conseil de sécurité en rapport avec l'engagement des Nations Unies en RDC, cette étude de Balingene Kahombo tente de préciser l'itinéraire politique et diplomatique qui a conduit à la création de la Mission de l'Organisation des Nations unies en République démocratique du Congo (MONUC), sa mise en place effective ainsi que ses enjeux. L'auteur met à nu les faiblesses de la MONUC, regrettant le fait que la communauté internationale n'eût pas tiré les conséquences de bonnes leçons contenues dans le rapport Brahimi, lequel suggérait un déploiement rapide et efficace des opérations de maintien de la paix avec des mandats clairs, crédibles et réalistes.

Portant la réflexion sur le champ du développement organisationnel de l'Afrique, Joseph Cihunda Hengelela et Symphorien Kapinga K. Nkashama analysent quelques aspects juridiques de la mutation de l'Organisation de l'Unité Africaine (OUA) à l'Union Africaine (UA). Plus exactement, les auteurs mettent en évidence les ruptures et les continuités entre l'OUA et l'UA sur le plan de leurs objectifs, de leurs principes, de leurs orientations philosophiques et politiques, ainsi que de leurs cadres institutionnels.

Dans le contexte de la gouvernance internationale de l'environnement et de la gouvernance écologique mondiale, Thierry Otete Okomba part de l'observation selon laquelle les organisations non gouvernementales (ONG) comptent parmi les acteurs les plus prééminents dans la protection de l'environnement au niveau local, national, et international. Partant, il s'interroge sur leur poids dans la production et la mise en œuvre du droit international des changements climatiques. L'auteur conclut sa réflexion sur le constat regrettable que nonobstant leur influence significative sur l'élaboration des régimes internationaux environnementaux, les ONG n'ont pas de personnalité juridique en droit international public et sont contraintes à trouver des modes informels pour peser dans la gouvernance écologique mondiale.

Par ailleurs, Justin Monsenepwo Mwakwaye analyse le régime des accords exclusifs d'élection de for en droit international privé congolais. En effet, il met en évidence les limites du droit international privé congolais face à un accord qui est conclu entre deux ou plusieurs parties, et qui désigne, pour connaître des litiges nés ou à naître à l'occasion d'un rapport de droit déterminé, soit les tribunaux d'un Etat contractant, soit un ou plusieurs tribunaux particuliers d'un Etat, à l'exclusion de la compétence de tout autre tribunal. Partant, l'auteur présente les règles principales et les avantages de la Convention du 30 juin 2005 sur les accords d'élection de for et suggère une adhésion de la République Démocratique du Congo à cet instrument afin d'assurer l'efficacité des clauses d'élection de for.

Enfin, Grâce Muwawa porte un regard critique sur le droit communautaire pénal issu de l'Organisation pour l'Harmonisation en

Afrique du Droit des Affaires (OHADA). En effet, sous le prisme des dispositions de la Constitution du 18 février 2006 et du principe de la légalité des infractions et des peines, il critique le choix opéré par le droit communautaire issu de l'OHADA de n'harmoniser – ou plutôt de n'*uniformiser* – que les incriminations d'affaires, laissant le soin aux Etats membres de déterminer les sanctions pénales applicables.

Malgré l'étonnante diversité des sujets traités et des disciplines abordées, les contributions contenues dans cet ouvrage procèdent d'un même esprit et s'enchevêtrent sans peine, si bien qu'ils laissent une impression d'unité profonde. Elles livrent un aperçu du vaste champ de la recherche juridique que, durant plusieurs années, le Professeur Dr. Jean-Michel Kumbu ki Ngimbi a brillamment arpenté.

Dr. Yves-Junior Manzanza Lumingu, LL.M. Eur.
Justin Monsenepwo Mwakwaye, LL.M. Eur.

L'autorégulation, une technique juridique pour régir l'usage des outils de télécommunication en droit du travail congolais

Par

Liévin Mbungu Tsende

A. Introduction

1. La présente réflexion part du constat fait en droit du travail congolais et selon lequel la législation du travail n'est conçue que pour régir le monde « physique » du contrat de travail. C'est d'autant plus vrai que les parties sont obligées de se rencontrer physiquement pour conclure le contrat-papier en y apposant des signatures manuscrites; le travailleur doit se rendre dans les locaux de l'employeur pour y prester dans un temps et aux conditions convenus; le contrôle des prestations est physique, le travail s'exécute suivant les ordres directement reçus de l'employeur ou de son préposé; ces ordres figurent parfois dans un support papier qui peut être un « règlement d'entreprise », une « note de service » ou une « circulaire » ; la rémunération est payée en espèces entre les mains du salarié et ce, pendant les heures de travail, au temps et au lieu convenus; l'exécution des tâches se déroule dans un monde où papier, stylo, verbe, contact physique des parties… occupent une place de premier plan (...).

2. Cette conception est actuellement remise en cause par l'existence d'une société de l'information qui utilise les technologies de l'information et de la communication (TIC) dont les parties au contrat de travail sont devenues très dépendantes puisqu'elles y ont trouvé un allié incontournable pour le renforcement de leurs capacités de travail.[1]

1L'intérêt constaté chez les congolais pour ces nouvelles technologies a fait dire à C. Tagny que « malgré les crises politiques qui déchirent la République [d]émocratique du Congo (RDC) depuis son indépendance et malgré la faiblesse de son économie, le secteur des technologies de l'information et de la communication (TIC) a pris de l'expansion, défiant toutes les prévisions pessimistes […]. C'est ainsi que le nombre d'abonnés au mobile est passé de 20.000 en 1997 à environ 4,5 millions en 2007 [...]. Le pays compte quinze fournisseurs de services Internet (FSI) reconnus qui desservaient environ 140.625 personnes en 2005. Cette même année, on estimait à 24.000 le nombre des abonnés au réseau local sans fil et à 15.000 celui des abonnés large bande [...]. Il existe environ 200 cybercafés en RDC, concentrés à Kinshasa et

F. Jauréguiberry note que « dans le secteur économique et professionnel, elles sont devenues les outils indispensables du raccourcissement des délais, de l'accélération des rythmes et de la généralisation de la simultanéité dans un environnement de chrono compétitivité généralisée... » (Jauréguiberry 2014 : 3). L'invasion de l'univers matériel de travail par les TIC est à l'origine des questionnements nouveaux qui intéressent la présente réflexion et qui tiennent essentiellement à :

- L'aptitude de la législation actuelle à régir les relations de travail vu l'impact des TIC ;
- La transposition, à l'univers numérique, des exigences légales du monde physique d'accomplissement du contrat de travail ;
- La régulation de l'intrusion des TIC en droit du travail.

3. Pour répondre à ces questions, nous partons de l'hypothèse selon laquelle le contexte actuel, marqué par l'emprise irréversible des TIC sur les relations de travail, remet en cause le cadre législatif et le modèle traditionnel de réglementation des rapports entre employeur et travailleur. A cela s'ajoute le fait que ces TIC évoluent trop rapidement ou à un rythme que le législateur congolais ne sait pas suivre, conséquence du temps du Web qui est un temps instantané et en perpétuelle évolution alors que celui du droit se compte la plupart du temps en années (Barbry 2010 : 14). L'intervention du législateur pour

---

dans d'autres grandes villes » (C. Tagny, *République Démocratique du Congo (RDC), Access to Infrastructure*, Report Year: 2008 ; http://www.giswatch.org/sites/default/files/giswatch2008drc_fr.pdf, 14.02.2017). Sur cette même lancée, récapitulant les indicateurs du marché des télécommunications en RDC, l'Autorité de régulation de la poste et des télécommunications du Congo fournit, pour l'année 2010, les données suivantes: 638.862.878 dollars américains de chiffre d'affaire des opérateurs; 6,54% de contribution au PIB; 118.988.492 dollars américains d'investissements; 11.604.914 abonnés au téléphone mobile pour cinq fournisseurs; 46.854 abonnés au téléphone fixe pour trois fournisseurs; 200.000 abonnés à l'Internet pour 26 fournisseurs; 11.851.768 personnes constituent le parc global (fixe, mobile et Internet); 17,68% de taux de pénétration globale (télédensité); 20% de couverture du territoire et 50% de couverture de la population (Voy. Fiche récapitulative 2010 des indicateurs sur le marché de télécommunications en RDC, mise à notre disposition par R. Ciza Mweze, Regulatory&Interconnect specialist, Directeur des Etudes Economiques et Prospectives (DEP) de l'A.R.P.T/R.D.Congo qui, à la suite de notre requête du 19/07/2011 à l'A.R.P.T.C., répondait, le 27/07/2011, à nos préoccupations dans son bureau à Kinshasa).

encadrer cette intrusion se fait donc souvent beaucoup attendre. A titre illustratif, le législateur congolais a eu, mais en vain, des occasions au cours desquelles il pouvait décider à ce sujet.[2] Il paraît donc utile de creuser une autre piste, celle de l'autorégulation par la négociation collective, en activant le rôle des partenaires sociaux. Cette solution permettrait aux acteurs eux-mêmes d'élaborer des règles tenant compte des spécificités de leur situation et de leur commodité. En s'attachant à identifier les défis entraînés par les TIC dans les relations de travail et à les relever, cette réflexion contribue au débat scientifique sur les TIC et les problèmes de droit qu'elles engendrent en même temps qu'elle offre, de *lege ferenda,* au législateur, les balises de son éventuelle intervention. « TIC » et « défis » constituent les concepts de base de la présente réflexion et méritent d'être précisés pour une meilleure compréhension de notre propos. A ce sujet, selon l'Organisation de coopération et de développement économique (OCDE), « les TIC comprennent toutes les activités qui permettent de produire, traiter et transformer l'information et la communication, en utilisant un procédé électronique ». Tandis que par défi, nous entendons un « challenge » ou une « épreuve ». *In specie*, il s'agit des épreuves ou des difficultés auxquelles est confrontée la concrétisation de certaines exigences légales du contrat de travail lorsque les parties recourent aux TIC, mais principalement de nouveaux problèmes de droit que pose leur utilisation dans les rapports de travail entre employeur et salarié.

B. Défis des TIC en droit du travail et régulation

4. Après avoir inventorié les défis concernés et mentionné le silence de la législation congolaise vis-à-vis desdits défis (I), nous proposons

---

2 Tel fut le cas à l'occasion de la mise en place de la loi n° 015-2002 du 16 octobre 2002 portant code du travail telle que modifiée et complétée par la loi n° 16/010 du 15 juillet 2016 actualisant le Code du travail congolais du 09 août 1967 et lors de la mise en place de la loi-cadre 013-2002 du 16 octobre 2002 sur les télécommunications en RDC La législation congolaise en matière du travail a été successivement modifiée et complétée en 2002 et en 2016. Parmi les causes des modifications encourues, nous notons qu'elle était largement dépassée tant par rapport à l'évolution économique et sociale du pays qu'à sa conformité aux normes internationales du travail ; il importait donc de l'adapter aux conditions nouvelles. La législation sur les télécommunications en RDC n'a pas non plus visé les défis des TIC en matière du travail, elle est plutôt un moyen de développer le secteur des télécommunications jadis caractérisé par l'insuffisance des services offerts, l'usage d'une technologie dépassée, la vétusté des équipements, la mauvaise qualité du réseau fixe, etc.

l'autorégulation comme solution aux maux qui rongent l'utilisation des TIC par les parties au contrat du travail (II).

I. Bref aperçu des défis des TIC en droit du travail

5. L'exercice à ce niveau consiste à inventorier de manière non exhaustive les questions qui nous semblent problématiques lorsque les parties recourent aux outils de télécommunication dans leurs rapports de travail. Ces questions constituent donc des défis auxquels il sied de trouver des réponses de droit en vue de les régir. Elles concernent essentiellement : le consentement et la capacité de contracter (1); l'écrit, la signature, le nombre d'exemplaires ou d'originaux et la notification des documents ou des informations dans un univers dématérialisé (2) ; l'introduction et l'utilisation des TIC dans l'entreprise (3) ; les droits des travailleurs sur les TIC au service de l'entreprise (4) ; la titularité des droits intellectuels sur les créations numériques du salarié (5) ; la surveillance patronale (6) ; le droit à la vie privée des travailleurs (7) ; le temps et le lieu de travail (8) ; le lien de subordination (9) ; la rémunération du temps presté en dehors des lieu et temps convenus (10) ; la santé (11).

1. S'agissant du consentement et de la capacité de contracter

6. Le consentement des parties est une exigence primordiale pour la formation du contrat en général et du contrat de travail en particulier. Le Code du travail congolais ne déroge pas aux règles de droit civil relatives au consentement et à ses vices.[3] Ces règles sont d'ordre public absolu et permettent, selon les termes de Nadège Meyer, « de garantir la réalité et la sincérité du consentement du contractant en situation de faiblesse » (Meyer 2006 : 62). Elles permettent donc de s'assurer d'un consentement certain et réfléchi de la part de la partie faible. Ce consentement peut être exprès ou tacite, mais il doit être exempt de vices, c'est-à-dire qu'il ne doit pas résulter d'une erreur, d'une violence ou d'un dol.

7. La législation congolaise du travail consacre le principe de la liberté contractuelle en ce sens que les contrats de travail sont passés

3 Les règles régissant le consentement et ses vices sont prévus aux articles 9 à 22 du Décret du 30 juillet 1888 sur les contrats et les obligations conventionnelles (*B.O.*, 1888, p. 109).

librement.[4] Lorsque les parties sont en face l'une de l'autre, il n'y a guère de difficulté puisque c'est la rencontre des volontés qui crée le contrat ; c'est elle qui détermine le moment de formation du lien de droit et à partir de quand les parties sont irrévocablement engagées. La rencontre des volontés doit ainsi porter sur la matière qui constitue le contenu du contrat et ce, au moment et au lieu de cette rencontre que le contrat est conclu. Il ne peut, par contre, être ignoré aujourd'hui l'important nombre d'actes juridiques conclus par voie électronique (Verbiest/Wéry 2001 : 331) ; les offres et les demandes d'emploi passant par cette voie accroissent vite. Les contrats de travail y relatifs peuvent parfois être conclus par ce même moyen. Dans cet environnement immatériel, les parties ne se rencontrent pas physiquement ; elles dialoguent derrière les technologies de télécommunication. La préoccupation ici ne consiste pas à savoir comment elles manifestent leur consentement, car dans ce contexte, les parties qui appréhendent l'offre de travail, échangent le consentement, arrêtent les clauses du contrat par voie électronique ; un simple clic sur un bouton d'ordinateur suffit parfois pour marquer son accord (Demoulin et al. 2003 : 132). En outre, malgré les critiques (Fontaine 2002), les questions relatives au consentement se résolvent généralement en recourant au droit commun.[5] Il est plutôt de savoir comment, dans ce contexte, s'assurer de l'identité des personnes qui consentent si celles-ci sont cachées derrière les technologies de télécommunication ? Cette préoccupation est aussi présente dans l'exigence de capacité de contracter qui implique l'aptitude des parties à s'engager valablement dans les liens d'un contrat de travail. Elle est, selon le Code du travail congolais, régie par la loi du pays auquel appartient la personne ou à défaut de nationalité connue, par la loi congolaise[6]; elle prend en compte notamment l'âge[7], la santé mentale

4 Article 36 du Code du travail congolais.

5 Voy. E. Montero, « La conclusion du contrat par voie électronique après la loi du 11 mars 2003 », in E. Montero et al., *Le droit des affaires en évolution. Le contrat sans papier*, Bruylant, Bruxelles, 2003, p. 7; H. Jacquemin, « La conclusion du contrat de travail par voie électronique », in K. Rosier (sous la dir. de), *Le droit du travail à l'ère du numérique. Les technologies de l'information et de la communication dans les relations de travail*, Anthemis s.a., Limal, 2011, p. 16.

6 Article 6 al. 1er du Code du travail congolais.

7 La capacité de contracter est fixée à dix-huit ans, mais une personne âgée de 15 ans peut être engagée ou maintenue en service, même comme apprentie, moyennant

ou physique[8], l'état de mariage pour la femme[9]... De ce qui précède, s'il faut un consentement éclairé et exempt de vices, mais aussi des personnes aptes à poser des actes juridiques valables, il sied de s'interroger sur l'identification des personnes opérant derrière les outils de télécommunication ainsi que sur la protection des parties et notamment de la partie faible.

---

dérogation expresse du Président du Tribunal de paix, après avis psycho-médical d'un expert et de l'inspecteur du travail [(Art. 6 de la loi n° 16/010 du 15 juillet 2016 modifiant et complétant la loi n° 015/2002 du 16 oct. 2002 portant Code du travail ; art. 50 de la loi n° 09/001 du 10 janv. 2009 portant protection de l'enfant (Présidence de la République, *J.O.R.D.C*, 50e année, *n° spéc.*, 25 mai 2009)].

8 Il s'agit des personnes avec handicap, en l'occurrence des faibles d'esprit, des prodigues et des personnes dont les facultés corporelles sont altérées par la maladie ou l'âge et toute autre personne qui le demanderait. Elles sont placées sous l'assistance d'un curateur, nommé par le tribunal de paix, dès l'âge de la majorité (Art. 310 de la loi 87-010 du 1er août 1987 portant Code de la famille). En vertu de ce régime, ces personnes ne sont pas autorisées à plaider, à transiger, à emprunter, à recevoir un capital mobilier et à en donner décharge, à aliéner ou à grever leurs biens d'hypothèques, ni à faire le commerce, sans l'assistance du curateur (Article 313 de la loi 87-010 du 1er août 1987 portant Code de la famille telle que modifiée et complétée par la loi n° 16/008 du 15 juillet 2016). Mais en droit du travail congolais, le handicap ne constitue pas un empêchement pour l'accès d'une personne à l'exercice d'un emploi répondant à ses aptitudes intellectuelles, sensorielles ou physiques dans le secteur public, semi-public ou privé pour autant que son handicap ne soit pas de nature à causer un préjudice ou à gêner le fonctionnement de l'entreprise. Ces personnes ont d'ailleurs le droit de bénéficier, dans les mêmes conditions que les autres travailleurs, d'une formation professionnelle (Articles 135 et 136 du Code du travail congolais). Il sied cependant de préciser que ces personnes avec handicap, placées sous curatelle, ne peuvent valablement conclure un contrat de travail sans l'assistance d'un curateur.

9 Autrefois, la femme mariée devait obtenir l'autorisation de son mari pour tous les actes juridiques dans lesquels elle s'obligeait à une prestation qu'elle devait effectuer en personne (Article 448 de la loi 87-010 du 1er août 1987 portant Code de la famille). En modifiant et en complétant cette loi 87-010 du 1er août 1987, le législateur congolais a innové puisque les époux doivent désormais s'accorder pour tous les actes juridiques dans lesquels ils s'obligent à une prestation à effectuer (Article 448 de la loi n° 16/008 du 15 juillet 2016 modifiant et complétant la loi 87-010 du 1er août 1987 portant Code de la famille).

2. S'agissant de l'écrit, de la signature, du nombre d'exemplaires ou d'originaux et de la notification des documents ou des informations dans un univers dématérialisé

8. L'écrit : en droit du travail congolais, l'écrit peut être exigé comme condition d'existence du contrat. En effet, sauf en ce qui concerne le cas d'engagement au jour le jour, le contrat de travail doit être constaté par écrit et rédigé dans la forme qu'il convient aux parties d'adopter. Si l'écrit n'existe pas, le contrat existe ; il est verbal et présumé, jusqu'à preuve contraire, avoir été conclu pour une durée indéterminée.[10] En plus, « en l'absence d'écrit, le travailleur peut, même si la forme écrite est requise, établir par toutes voies de droit, l'existence et la teneur du contrat, ainsi que toutes modifications ultérieures. »[11] Cette liberté de preuve permet que l'écrit ne soit pas le seul mode de preuve. Cependant, s'il est écrit, le contrat de travail doit contenir les mentions obligatoires prévues à l'article 212 du Code du travail congolais.[12] L'écrit est aussi parfois requis, en droit du travail congolais, comme condition d'existence d'une clause quelconque. Ainsi, à titre illustratif, la clause d'essai dont est assorti le contrat de travail doit l'être par *écrit.*[13] Le défaut d'écrit n'entraîne pas la nullité du contrat, mais seulement celle de la clause d'essai. Ici, l'écrit est une forme substantielle ; il est un élément essentiel à l'existence de la clause d'essai, car sans écrit, cette clause n'existe pas. De même, « la partie qui se propose de résilier le contrat pour faute lourde est tenu de notifier

10 Article 44 du Code du travail congolais.

11 Article 49 du Code du travail congolais.

12 Ces mentions concernent le nom de l'employeur ou la raison sociale de l'entreprise; le numéro d'immatriculation de l'employeur à l'Institut national de sécurité sociale; le nom, les prénoms et, le ou les post-noms et le sexe du travailleur; le numéro d'affiliation du travailleur à l'Institut national de sécurité sociale et, éventuellement, le numéro d'ordre qui lui est attribué par l'employeur; la date de naissance du travailleur ou à défaut, le millésime de l'année présumée de celle-ci; le lieu de naissance du travailleur et sa nationalité; la situation familiale du travailleur (nom, prénoms, ou post-noms du conjoint; nom, prénoms ou post-noms et date de naissance de chaque enfant à charge); la nature et les modalités du travail à fournir; le montant de la rémunération et des autres avantages convenus; le ou les lieux d'exécution du contrat; la durée de l'engagement; la durée du préavis de licenciement; la date d'entrée en vigueur du contrat; le lieu et la date de la conclusion du contrat; l'aptitude au travail dûment constatée par un médecin.

13 Article 43 du Code du travail congolais.

par *écrit* à l'autre partie sa décision... »[14]. L'écrit est aussi, ici, un élément sans lequel il n'est pas concevable de parler d'une résiliation pour faute lourde.

9. Comme il ressort des dispositions ci-dessus évoquées, il n'y a pas de doute que la notion d'écrit ne s'apparente qu'à un environnement matériel en droit du travail congolais. Comment alors remplir cette exigence d'écrit dans l'univers numérique ? L'écrit peut enfin être requis pour servir de preuve du contrat. En effet, la preuve du contrat qui lie les parties est souvent exigée en cas de conflit ou de litige résultant des rapports de travail. Dans l'environnement traditionnel, cette preuve peut recourir à l'écrit tel que repris sur un support papier. Le Code du travail congolais consacre le principe de la liberté de preuve. En son article 49, il dispose qu'« en l'absence d'écrit, le travailleur peut, si la forme écrite est requise, établir par toutes voies de droit, l'existence et la teneur du contrat, ainsi que toutes modifications ultérieures ». Si la preuve est libre et qu'elle peut être établie par toutes voies de droit, il est donc possible de l'établir aussi par voie électronique. Il s'agira certainement d'un acte sous seing privé, mais il reste à rechercher la force probante d'un tel écrit. En effet, traditionnellement, « l'acte sous seing privé, reconnu par celui auquel on l'oppose ou légalement tenu pour reconnu a, entre ceux qui l'ont souscrit et entre leurs héritiers et ayants cause, la même foi que l'acte authentique »[15]. Peut-il en être de même s'agissant d'un écrit numérique ?

10. La signature et le nombre d'exemplaires : ces deux notions vont souvent ensemble, car autant il y aura d'exemplaires, autant il faudra apposer une signature sur chacun d'eux. La signature est donc une condition essentielle de la validité d'un acte juridique et manifeste le consentement des parties aux obligations qui découlent de cet acte ; elle constitue aussi « le signe dont il résulte qu'une personne se l'est approprié, l'a fait sien » (De Page 1967 : n°777). Le contrat de travail n'échappe pas à la règle de signature. En droit du travail congolais, c'est de l'article 46 du Code du travail que nous tenons implicitement l'exigence de signature et d'exemplaire du contrat de travail, preuve supplémentaire que ces deux notions sont souvent associées. En effet, selon cette disposition, « l'employeur est tenu de remettre au

14 Article 72 al. 3 du Code du travail congolais.
15 Article 204, décret du 30 juillet 1888.

travailleur, deux jours ouvrables au moins avant *la signature du contrat*, *un exemplaire* du projet de contrat et de mettre à sa disposition tous les documents essentiels auxquels il se réfère. Faute pour l'employeur d'avoir rempli cette obligation, le travailleur peut résilier le contrat dans les trente jours suivant sa conclusion sans préavis ni indemnité ». L'Arrêté ministériel n° 15/67 du 3 octobre 1967 est davantage explicite à ce sujet puisqu'il prévoit clairement que le contrat de travail soit, en droit congolais, signé par chacune des parties et que si l'une des parties ne sait pas signer, elle puisse apposer une empreinte digitale.[16] Pour le nombre d'exemplaires, l'Arrêté précité exige, en son article 2, que le contrat soit, en droit congolais, rédigé en langue française en *quatre exemplaires* au moins dont trois originaux destinés respectivement à l'employeur, au travailleur et à l'autorité habilitée à viser le contrat et, *un exemplaire* constituant le projet de contrat à remettre au travailleur deux jours ouvrables au moins avant la signature du contrat. Comment ces règles peuvent-elles être accomplies dans un monde dématérialisé ?

11. Les notifications : depuis le processus de recrutement et durant son cycle de vie, le contrat de travail va souvent nécessiter d'échanger ou de communiquer des informations, de procéder à certaines déclarations, voire de transmettre, de soumettre ou de notifier certaines décisions ou certains documents à l'une des parties ou à une autorité publique. Quelques illustrations tirées de la législation congolaise du travail peuvent mieux soutenir cette idée :

- L'employeur est, en vertu de l'article 46 du Code du travail, tenu de *remettre* au travailleur, deux jours ouvrables au moins avant la signature du contrat, un exemplaire du projet de contrat et de *mettre à sa disposition* tous les documents essentiels auxquels il se réfère ;
- L'article 47 du Code du travail oblige l'employeur à *soumettre* tout contrat écrit au visa de l'Office national de l'emploi. Ce devoir doit être accompli dans un délai maximum de quinze jours prenant cours à la date de la signature du contrat. Le travailleur a la même faculté. L'employeur doit présenter au visa les trois originaux du contrat. L'un des originaux est conservé par l'autorité qui

16 Article 1e, Arrêté Ministériel n° 15/67 du 3 octobre 1967 sur la forme, la preuve et le visa du contrat de travail (*M.C.* n° 20, 15 octobre 1967).

l'a visé. Si le travailleur use de la faculté qui lui est reconnue, il présente au visa l'original du contrat en sa possession. Chacune des parties peut d'ailleurs présenter au visa, pour être conservées par elle, autant de copies conformes qu'elle estime utiles de l'original du contrat.[17] L'article 47 précité précise que le défaut pour l'employeur d'accomplir cette formalité donne droit au travailleur de résilier le contrat de travail à tout moment, sans préavis et il peut réclamer, s'il y a lieu, des dommages intérêts. Le contrat de travail que l'Office national de l'emploi a refusé de viser prend fin de plein droit ;

- S'agissant de la résiliation du contrat de travail pour faute lourde, la partie qui en prend l'initiative est tenue de *notifier*, par écrit, à l'autre sa décision dans les quinze jours ouvrables au plus tard après avoir eu connaissance des faits qu'elle invoque.[18] Dans cet ordre d'idées, l'article 76 du même Code dispose : « Toute résiliation doit être *notifiée* par écrit par la partie qui en prend l'initiative à l'autre partie. Lorsque la résiliation intervient à l'initiative de l'employeur, la lettre de *notification* doit en indiquer expressément le motif ». S'il s'agit d'une faute lourde, ces notifications consistent en un écrit à adresser par lettre recommandée à la poste, soit à remettre à la partie concernée contre accusé de réception ou, en cas de refus, en présence de deux témoins lettrés ;[19]
- Les articles 1er et 2 de l'Arrêté ministériel n° 69/0023[20] imposent, en droit congolais, respectivement à l'employeur une obligation de *déclarer* l'ouverture d'un établissement et la fermeture de celui-ci ou de changements divers.[21] Ces déclarations doivent être établies en quatre exemplaires sur

17 Articles 3 et 4 de l'Arrêté Ministériel n° 15/67 du 3 octobre 1967.

18 Article 72 alinéas 1 à 3 du Code du travail congolais.

19 Article 72 alinéa 7 du Code du travail congolais.

20 Arrêté Ministériel n° 69/0023 du 10 août 1969 sur les modalités d'ouverture et de fermeture d'établissement (*Ministère du Travail et de la Prévoyance sociale*).

21 Parmi les changements divers à déclarer figurent : le changement d'activité principale; le changement de statut juridique de l'entreprise ou de l'établissement; le transfert d'emplacement; le changement de direction de l'entreprise ou de l'établissement.

un imprimé conforme à un modèle annexé audit Arrêté. Un de ces exemplaires datés et signés doit être adressé à l'inspecteur local du travail, géographiquement compétent, sous pli recommandé avec avis de réception ou déposé à ses bureaux contre reçu ; et dans les mêmes conditions, deux de ces exemplaires doivent être adressés au responsable provincial de l'emploi. Le quatrième exemplaire est conservé par le déclarant pour être présenté, sur demande, aux inspecteurs et contrôleurs du travail en cas de contrôle .[22];

- L'article 1er de l'Arrêté ministériel n° 69/0024[23] impose aussi à toute personne physique ou morale, publique ou privée qui, en droit congolais, embauche un travailleur d'en *faire la déclaration* dans les quarante-huit heures de l'embauchage. Tout départ de travailleur pour quelque cause que ce soit doit également faire l'objet d'une déclaration établie dans les mêmes conditions. Les modalités de déclaration sont prévues à l'article 3 du même Arrêté.[24]

12. Ces formalités procédurales, dont l'objectif vise à donner une information à l'autre partie ou à l'autorité publique, peuvent s'avérer difficiles à accomplir du fait, par exemple, de la distance, des caprices de l'autre partie qui peut refuser de réceptionner la lettre contenant la mauvaise nouvelle de la fin du contrat, des témoins qui peuvent craindre des représailles de la part de la partie victime de la cessation du contrat, mais aussi de la poste dont le dysfonctionnement est un problème réel en RDC. Ne serait-il pas, dès lors, admissible que ces notifications soient parfois faites par voie électronique ? Dans l'affirmative et, pour ce qui est en particulier de la résiliation du contrat de travail, comment accomplir les formalités relatives à la lettre recommandée à la poste et à l'accusé de réception ? Si, à première vue, il s'avère possible d'user

---

22 Article 3 de l'Arrêté Ministériel n° 69/0023 du 10 août 1969.

23 Arrêté Ministériel n° 69/0024 du 10 août 1969.

24 Ces déclarations doivent être établies en quatre exemplaires sur un imprimé conforme à un modèle annexé audit arrêté. Un de ces exemplaires datés et signés doit être adressé ou déposé sous pli fermé à l'Inspection du travail géographiquement compétente ; et dans les mêmes conditions, deux de ces exemplaires doivent être adressés au Responsable Provincial de l'Emploi. Le quatrième exemplaire est conservé par le déclarant pour être présenté, sur demande, aux inspecteurs et contrôleurs du travail en cas de contrôle.

des moyens technologiques pour différentes notifications, la législation congolaise demeure silencieuse sur la question. En est-il de même en droit belge et/ou français ?

3. S'agissant de l'introduction et de l'utilisation des TIC dans l'entreprise

13. L'introduction des TIC dans les relations de travail peut constituer un frein à l'accès ou au maintien au travail dans la mesure où l'utilisation de ces technologies comporte le risque de devenir un problème pour le travailleur actuel ou futur. La situation peut être plus délicate en RDC, pays qui n'offre pas encore beaucoup de facilités dans l'apprentissage ou la manipulation de ces nouveaux outils de travail au service de l'entreprise. Il semble, dès lors, que le travailleur qui doit les utiliser mérite de figurer au centre de leur introduction. En effet, l'article 50 du Code du travail congolais impose au travailleur l'obligation d'accomplir personnellement ses tâches. Le travailleur ne peut donc, sauf accord de l'employeur, se faire remplacer par une autre personne dans l'exécution de ses tâches. Il s'agit ici d'une obligation de faire qui « ne peut être acquittée par un tiers contre le gré du créancier lorsque ce dernier a intérêt qu'elle soit remplie par le débiteur lui-même. »[25] Dans ce cas, l'exécution du contrat dépend de la personne prise en considération. Il revient cependant à l'employeur de mettre à la disposition du travailleur les moyens que nécessite l'accomplissement des tâches qui lui sont confiées. Les TIC occupent une place de plus en plus importante parmi ces moyens. Si dans cette perspective, le travail du salarié doit obligatoirement les utiliser, il est nécessaire pour lui (travailleur) d'avoir, au préalable, la maîtrise de leur utilisation. De ce fait, ainsi que s'en est vite aperçu J.-M. Servais, « comme toujours, en période de transition, certains s'adaptent immédiatement, ou du moins rapidement, aux nouveaux instruments de travail ; d'autres prennent plus de temps ou même n'y arrivent pas » (Servais 2007 : 30-53).

14. J. Champeaux et C. Bret relèvent à ce même sujet que « le danger principal est celui d'une possible dualisation de la société, séparant ceux qui *surfent* de ceux qui *ne surfent pas* » (Champeaux / Bret 2000 : 255). Ce constat soulève le problème d'aptitude professionnelle et des moyens pour remédier à l'inaptitude

---

25 Article 135 du Décret du 30 juillet 1888.

professionnelle dans le domaine des TIC. L'employeur peut refuser du travail au salarié ou au candidat à l'embauche dont l'inaptitude à maitriser les TIC nécessaires au travail est avérée.[26] L'inaptitude à remplir ses fonctions constitue donc généralement une cause d'extinction du contrat de travail, mais aussi un motif justificatif du refus d'engager un candidat à l'embauche.

4. S'agissant des droits des travailleurs sur les TIC au service de l'entreprise

15. Les TIC comme nouveaux outils de travail créent un enthousiasme particulier au sein de l'entreprise et suscitent des interrogations multiples dans le chef des travailleurs. En effet, les salariés passent pratiquement leur journée ou la plus grande partie de leur temps au travail. La tendance est ainsi grande à maintenir les contacts avec le monde extérieur et familial grâce aux moyens de télécommunication mis à leur disposition par l'employeur. Ils ne s'empêchent pas parfois d'envoyer des messages téléphoniques et des mails, de causer au téléphone, de participer à des blogs, de surfer sur

26 En son article 62, le Code du travail congolais dispose : « Le contrat à durée indéterminée ne peut être résilié à l'initiative de l'employeur que pour un motif valable lié à l'aptitude (…) du travailleur… ». Il s'agit d'une inaptitude professionnelle ; elle est différente de l'inaptitude physique prévue à l'article 38 du même Code et qui est constatée par un certificat médical délivré par un médecin du travail ou, à défaut, par tout autre médecin. En l'absence de celui-ci, un certificat provisoire est délivré par un infirmier, sous réserve de soumettre le travailleur à un examen médical dans les trois mois qui suivent le début des prestations de travail. Une personne médicalement inapte au travail auquel elle est destinée ou affectée ne peut être engagée ni maintenue en service.

Internet[27] ou de passer leur temps sur les « médias sociaux »[28] en général… Certains travailleurs n'hésitent pas à télécharger des fichiers, à écouter de la musique ou à suivre un film, à saisir des textes personnels, à imprimer des pages privées, à les scanner ou à les photocopier, à installer des logiciels non connus de l'employeur… Les différents usages de ces outils de travail à des fins non professionnelles soulèvent certaines préoccupations sur le terrain du droit. Elles touchent particulièrement aux frais supplémentaires occasionnés à cet effet, aux éventuels dysfonctionnements qui pourraient en résulter, aux conséquences néfastes sur le travail dues à la distraction du travailleur, à la perte du temps de travail…, ce qui pousse souvent l'employeur à interdire toute affectation desdits outils à un usage privé.

16. Il paraît finalement intéressant de savoir si les travailleurs ont quelques droits à faire prévaloir sur les moyens de télécommunication mis à leur disposition à des fins professionnelles, mais aussi si l'employeur a le droit d'interdire toute utilisation, à des fins privées, des TIC mises à la disposition des travailleurs.

---

27 Notons avec C. Beyer que « si le surf sur Internet au travail à des fins personnelles n'est pas un phénomène nouveau, il s'amplifie avec la montée en puissance des réseaux sociaux. Selon une enquête annuelle réalisée par Olfeo, spécialiste du filtrage sur Internet, cela entraînerait une chute de 14 % de la productivité du personnel. En 2010, toujours selon cette étude, les salariés ont passé 94 minutes par jour sur le Web, dont 63 % à des fins personnelles, ce qui représente 29,5 jours par an ! Catégories les plus visitées : les blogs, les forums et les réseaux sociaux (20 %), suivis des sites d'actualité (17 %), de loisirs (16 %), de commerce en ligne (13 %) et de streaming (11 %) ». C. Beyer, « Comment gérer l'usage personnel d'Internet ?»; http://www.lefigaro.fr/vie-entreprise/2011/02/27/09008-20110227ARTFIG00245-comment-gerer-l-usage-personnel-d-internet.php, 14. 02. 2017.

28 C. Van Olmen et S. Baltazar précisent que « [l]es médias sociaux représentent les applications en ligne permettant à leurs utilisateurs d'interagir entre eux, notamment en partageant des informations écrites ou visuelles (photos, vidéos). C'est le cas, par exemple, de réseaux sociaux (Facebook, LinkedIn, Netlog…), de réseaux sociaux d'entreprise (Yammer, Social-cast), de sites de partage de contenu vidéo ou audio (Youtube), des 'wikis' (Wikipédia), de blogs et forums de discussion ou de services de 'micro-blogage' (Twitter). Les médias sociaux regroupent donc la variété des interactions sociales prenant place grâce aux technologies de l'Internet ». C. Van Olmen et S. Baltazar, « Médias sociaux et droit social : pièges et opportunités. Quel usage peut faire l'employeur des données et propos diffusés par les salariés via les médias sociaux, du recrutement à la fin du contrat ? », in Y. Poulet et al., *Le droit des affaires en évolution, social media : le droit ou l'anarchie ?* Bruylant, Bruxelles, 2012, pp. 151-152.

5. S'agissant de la *titularité* des droits intellectuels sur les créations numériques

17. S'il ne fait pas l'ombre d'un doute qu'en contrepartie du salaire payé au travailleur par l'employeur, ce dernier s'approprie d'office la production du salarié, peut-il en être ainsi de la propriété intellectuelle des droits générés par les salariés en usant des TIC mises à leur disposition par l'employeur ? En effet, plusieurs entreprises fonctionnent aujourd'hui à base de programmes d'ordinateurs, de bases de données, de sites Web (...). Il faut ajouter qu'hormis le fait qu'ils ont permis la création d'un grand nombre d'emplois, ces produits d'un genre tout à fait nouveau, mais tirés des applications offertes par l'informatique, ont aussi donné lieu, pour les entreprises, à la recherche de compétences spéciales ou d'un savoir-faire nouveau. Dans ce sens, il y a même eu modification de la structure organisationnelle des entreprises en vue d'inclure une nouvelle entité appelée, selon le cas, direction, département ou service d'informatique. Elle est chargée, entre autres, de s'occuper des programmes d'ordinateurs, des bases de données, des sites Web… qui constituent la base du fonctionnement des ressources informatiques dont l'entreprise a besoin pour accomplir sa mission. Malgré l'engagement, par l'entreprise, d'un personnel compétent en la matière, monter un logiciel, un programme d'ordinateur, une base de données ou un site Web peut encore nécessiter de recourir à des compétences extérieures à l'entreprise[29] et à d'autres composants[30] qui compliquent davantage, non seulement la question de la *titularité* des droits d'auteur sur le produit final unique réalisé, mais aussi celle de la protection desdits droits. Quels sont les principes qui, en droit congolais, permettent de départager les différents intervenants au sujet de la propriété intellectuelle sur le fruit de la production numérique ? Comment ces droits sont-ils protégés ? Il s'agit sans doute là de défis supplémentaires dus à l'usage des nouvelles technologies de l'information et de la communication par les parties au contrat de travail.

---

29 Il peut s'agir d'un sous-traitant, d'une entreprise spécialisée ou de ses travailleurs, d'un partenaire, …

30 Il s'agira probablement de sons ou musiques, d'images, de textes, de logiciels, …

6. S'agissant de la surveillance des travailleurs par l'employeur

18. L'employeur a autorité sur ses travailleurs, il les contrôle et les surveille non seulement pour assurer la sécurité de son entreprise, mais surtout pour s'assurer qu'ils exécutent le contrat de travail conformément aux règles établies. Pour y parvenir, il utilisait traditionnellement des moyens moins directs et moins intrusifs : différents rapports à transmettre à des moments déterminés, inspections et audits, enquêtes, registre des présences, agents de contrôle et de sécurité... Avec l'avènement des TIC dans le monde du travail, la surveillance patronale utilise de plus en plus ce que l'on pourrait considérer comme de « moyens sophistiqués »[31] essentiellement basés

31 L'instauration de moyens modernes de contrôle est indispensable aux entreprises tant qu'elle leur permet de sauvegarder les données, de se protéger contre les virus, d'éviter l'encombrement du réseau, de lutter contre la perte de temps, de prévenir l'action en responsabilité du fait du salarié (visite de sites illicites, tenue de propos racistes ou diffamatoires via la messagerie professionnelle...). À cet effet, outre les modes traditionnels de contrôle (fouille manuelle des travailleurs, appel nominal, registre des présences, audit, rapports...), l'employeur dispose de divers dispositifs de contrôle relevant des TIC et qui varient selon le domaine d'application (cf. N. Chauvet, « Les nouveaux modes de contrôle de l'activité des salariés : bilan d'une enquête », in Agence de l'informatique, *Informatique et relations de travail,* actes des quatrièmes entretiens de Nanterre de droit de l'informatique, organisés le 31 janvier 1985 par l'Université de Paris X, éd. Economa, Paris, 1986, pp. 1-25). Il peut ainsi s'agir : - d'un contrôle de l'utilisation des outils informatiques et des téléphones (il porte sur les ordinateurs, l'utilisation de l'Internet et de la messagerie, les autocommutateurs téléphoniques, les écoutes et les enregistrements des conversations téléphoniques); - d'un contrôle de l'activité, des horaires et des accès aux différents locaux dans l'entreprise [L'employeur peut utiliser la biométrie (Elle permet d'identifier une personne par la prise en compte de son anatomie « identification faciale ou morphologique » couplée aux performances de l'informatique afin de s'assurer d'être en présence de la bonne personne. X. Crettiez et P. Piazza, *Du papier à la biométrie. Identifier les individus*, Presses de la Fondation Nationale des Sciences Politiques, Paris, 2006, p. 170). Il peut aussi recourir à la vidéosurveillance et aux badges électroniques (cartes magnétiques ou à puce)] ; - d'un contrôle des déplacements grâce aux badges électroniques ou à la géolocalisation [Les dispositifs dits de géolocalisation permettent aux employeurs, privés ou publics, de prendre connaissance de la position géographique, à un instant donné ou en continu, des salariés par la localisation d'objets dont ils ont l'usage (badge, téléphone mobile) ou véhicules qui leur sont confiés. L'information relative à la géolocalisation d'un salarié peut être directement issue d'un logiciel installé au sein de l'entreprise ou accessible par l'intermédiaire d'un site Web d'un prestataire de service. Les traitements que ces dispositifs permettent sont fréquemment enrichis de données, telles que la durée

sur des ressources informatiques, ce qui induit de nouvelles réflexions pour résoudre les défis entraînés. Relevons, par rapport à ce qui précède, qu'il n'est plus nécessaire pour l'employeur de fermer à clé les portes de ses bâtiments ; il recourt plutôt aux systèmes de verrouillage automatisés de sorte que, pour y accéder ou en sortir, les travailleurs utilisent des cartes ou des codes pouvant renseigner sur leurs identités, leurs entrées et sorties. Dans ce même ordre d'idées, au sein de l'entreprise, l'employeur suit les faits et gestes des travailleurs et de bien d'autres personnes grâce aux caméras de surveillance placées dans les coins et recoins de l'entreprise. À ce sujet, beaucoup de banques et certaines grandes entreprises de la RDC se sont modernisées ; elles utilisent des caméras non seulement pour sécuriser leurs activités contre

---

d'utilisation du véhicule, le kilométrage parcouru ou les vitesses de circulation. Les systèmes de géolocalisation des véhicules basés sur le traitement d'informations issues de satellites (GPS) couplés à l'utilisation d'un réseau de communications électroniques sont de plus en plus souvent utilisés. Equipe Redactionnelle De RF Social, *Informatique et libéralités. Mode d'emploi*, Groupe Revue Fiduciaire, Paris, 2007, p. 132. Pour plus de détails au sujet de la géolocalisation, voy. E. Sadin, *Surveillance globale, enquête sur les nouvelles formes de contrôle*, éd. Climat, 2009, pp. 39-60] ; - d'un contrôle par les salariés eux-mêmes en recourant, par exemple, aux alertes professionnelles ou au whistleblowing [Les systèmes d'alerte professionnelle sont des « dispositions permettant à des individus de signaler un comportement d'un membre de leur organisation contraire, selon eux, à une législation ou à une réglementation ou aux règles primordiales établies par leur organisation ». Pour plus de détails, cf. (en droit français), P-H. Antonmattei et P. Vivien, *Chartes d'éthique, alerte professionnelle et droit du travail français : état des lieux et perspectives, rapport adressé à G. Larcher, Ministre délégué à l'emploi, au travail et à l'insertion professionnelle des jeunes*, janvier 2007, p. 25; (en droit belge), S. Gilson et al., *Secret et loyauté dans la relation de travail*, Kluwer, Waterloo, 25 juillet 2012, p. 129 ; Groupe de l'article 29, Avis 1/2006 du 1er févr. 2006 relatif à l'application des règles de l'UE en matière de protection des données aux mécanismes internes de dénonciation des dysfonctionnements dans les domaines de la comptabilité, des contrôles comptables internes, de l'audit, de la lutte contre la corruption et la criminalité bancaire et financière ; CPVP, Recommandation n° 01/2006 du 29 novembre 2006 relative à la compatibilité des systèmes d'alerte interne professionnelle avec la loi du 8 décmb 1992 relative à la protection de la vie privée à l'égard des traitements de données à caractère personnel]; - d'un contrôle du respect des règles d'hygiène et de sécurité (L'employeur peut utiliser l'alcootest, un appareil servant à mesurer le taux d'alcool dans le sang par le biais de l'air expiré. En effet, pendant le temps de travail, le règlement peut contenir une disposition permettant d'établir l'état d'ébriété d'un salarié sur le lieu de travail par le recours à un alcootest).

différents risques, mais aussi pour surveiller leurs travailleurs et le travail accompli par ceux-ci.

19. Par ailleurs, l'usage par le travailleur de l'outil informatique n'échappe pas à la surveillance patronale. En effet, pour y accéder, le travailleur doit s'identifier tantôt par un code, tantôt par un mot de passe… Et même après cet accès, la surveillance patronale ne s'arrête pas là, elle utilise des logiciels pouvant renseigner sur l'usage qu'en a fait l'employé et les activités qu'il y a menées. Il y a donc lieu de constater que contrairement au contrôle traditionnel qui ne permettait pas de tout savoir sur le salarié, la surveillance patronale moderne est presque devenue ubiquitaire en ce qu'elle centralise différentes informations de l'employé depuis son arrivée jusqu'à son départ du lieu de travail. Une telle surveillance peut probablement mettre à mal certaines libertés fondamentales du travailleur et en particulier, les droits à sa liberté d'expression, au respect de sa vie privée et à la protection de ses données à caractère personnel examiné au point suivant.

7. Prétention des travailleurs à un droit à la liberté d'expression

20. La liberté d'expression est consacrée par l'article 19 de la Déclaration universelle des droits de l'homme du 10 décembre 1948 en ces termes : « Tout individu a droit à la liberté d'opinion et d'expression, ce qui implique le droit de ne pas être inquiété pour ses opinions et celui de chercher, de recevoir et de répandre, sans considérations de frontières, les informations et les idées par quelque moyen d'expression que ce soit. » Dans cette logique :

> « [l]a liberté d'expression englobe la liberté de conscience et de pensée des salariés. De ce fait, l'employeur ne peut pas interdire les discussions politiques ou religieuses et, de manière générale, toute discussion étrangère au service. De même, aucune personne ne peut être écartée d'une embauche, sanctionnée, voire licenciée ou faire l'objet d'une mesure discriminatoire en raison de ses opinions politiques, de ses activités syndicales ou mutualistes, ou encore de ses convictions religieuses. »[32]

---

32 Cf. « La liberté d'expression sur son lieu de travail », http://www.officielce.com/fonctionnement_du_ce/assistance_juridique_des_elus/detail_dossier_comites_entreprise.php?rub=40&ssrub=61&dossid=47 , 14.02.2017.

21. De ce qui précède, le travailleur jouit de sa liberté d'expression même sur le lieu de travail et ce, en recourant à n'importe quel moyen. Si donc tout moyen est bon, il n'y a point de doute que les outils informatiques qu'utilise le travailleur sur le lieu de travail constituent aujourd'hui l'un des moyens les plus rapides et simples pour exercer ce droit. Toute la préoccupation revient à savoir si l'employeur peut interdire l'usage de ces outils à des fins d'exercice de la liberté d'expression. Mais aussi, comment ménager le travail pris dans toutes ses exigences avec l'exercice d'une telle liberté ?

8. S'agissant du droit à la vie privée des travailleurs utilisant les TIC

22. L'informatisation des entreprises a conduit à la remise en cause de la manière de gérer les informations ou les données concernant les travailleurs. En effet, depuis l'étape du recrutement jusqu'à celle de la cessation du contrat, voire même après la cessation du lien contractuel, en passant par la conclusion effective du contrat et l'exécution de celui-ci, le travailleur met plusieurs données à la disposition de l'employeur qui les manipule. L'employeur collecte lui-même aussi, d'une ou d'une autre manière, plusieurs données sur le travailleur à toutes les étapes de la vie du contrat de travail. La collecte de ces données, leur traitement, la gestion, la communication, la modification, la suppression... en est facilité par des bases de données rendues possibles grâce aux outils informatiques au service de l'entreprise. Ces outils permettent donc des opérations qui étaient impossibles dans le monde classique de gestion du contrat de travail. Il est évident que le risque d'utiliser irrégulièrement ces données se trouve constamment accru. Dans ce contexte, que prévoit le droit congolais ? Dans quelles conditions ces données peuvent-elles être traitées ? En plus, y a-t-il des droits auxquels les travailleurs peuvent prétendre à propos des mêmes données ?

23. Par ailleurs, utilisant quotidiennement les outils de télécommunication mis à leur disposition par l'employeur, les travailleurs peuvent en abuser. Et, en vertu de son droit de surveillance ou de contrôle, l'employeur peut vouloir fouiller lesdits outils en vue de se ménager des preuves y relatives. Mais, du côté des salariés, la tendance peut être d'opposer le droit au respect de la vie privée pour empêcher toute initiative de fouille de la part de l'employeur. Il peut donc en provenir un véritable conflit de droits entre le respect de la vie privée des travailleurs et le contrôle ou la surveillance de l'employeur.

9. S'agissant des temps et lieu de travail

24. Le temps apparaît, en droit du travail congolais, comme une obligation commune qui relève des conditions convenues par les parties au contrat de travail. Il invoque l'idée de la durée du travail. En effet, « le salarié doit se mettre pendant un certain temps à la disposition de son employeur. Au cours de cette période, il devra réaliser un travail dans des conditions qui résultent du contenu même de ses obligations » (Langlois 1987 : 187). Les parties doivent ainsi convenir du temps pendant lequel, non seulement la prestation de travail doit être fournie, mais encore pendant lequel le travailleur doit se mettre à la disposition de l'employeur qui lui donne les ordres à suivre. La notion de temps de travail n'a pas échappé aux profonds bouleversements entraînés par l'usage des TIC par les parties au contrat de travail. Il est, en effet, désormais aisé de travailler en tout temps, en dehors du temps conventionnel. Ainsi, comme l'a constaté Nouri Mzid, « à l'unité de temps, concrétisée par la notion de journée de travail, répond un système d'horaires flexibles conduisant à un véritable brouillage entre temps de travail et temps de repos » (Nouri Mzid 2005 : 3). Dans ce même ordre d'idées, F. Robert constate « une imbrication du temps de travail et du temps libre, qu'il définit comme le temps qui n'est réservé ni au travail ni aux occupations familiales et privées. En effet, le travailleur réalise des tâches qui ne font pas partie de son temps libre durant ses heures de travail et accomplit des tâches professionnelles lors de son temps libre : ces pratiques sont à l'origine d'un éclatement du temps de travail » (Robert 2005 : 18-19). Il y a donc une sorte d' « enchevêtrement des temps sociaux » (H. Isaac et al. 2007 : 153-172). De ce fait, F. Robert précité note que « la conception traditionnelle et linéaire du temps de travail et du temps libre est donc bouleversée par les nouvelles technologies » (Robert, *idem*, p. 26).

25. La question du temps de travail implique ou appelle celle de la durée du travail. En droit congolais, il est prévu que « dans tous les établissements publics ou privés, même d'enseignement ou de bienfaisance, la durée légale du travail des employés ou ouvriers de l'un ou de l'autre sexe, quelle que soit la forme dans laquelle est exécuté le travail, ne peut excéder quarante-cinq heures par semaine et huit heures par jour.»[33] Toutes les autres heures prestées au-delà de la durée du

---

33 Article 119 de la loi n° 16/010 du 15 juillet 2016 modifiant et complétant la loi n° 015-2002 du 16 octobre 2002 portant code du travail.

travail convenue sont considérées comme « heures supplémentaires » donnant lieu à une majoration de salaire.[34] Dans la conception classique, la comptabilité de la durée du travail pose moins de problèmes, car le travail s'accomplit dans les locaux de l'employeur. Celui-ci fixe l'heure du début et de la fin du travail, il établit aussi un dispositif matériel qui permet de signaler l'heure d'arrivée et de départ de chaque travailleur. Ce dispositif porte généralement le nom de « registre, liste ou cahier des présences ». Le travail est effectué en présence de l'employeur ou de son préposé, ce qui permet de lutter contre le gaspillage du temps de travail par l'employé. L'équation est devenue complexe avec le recours aux TIC. Cette complexité apparaît tant dans l'hypothèse où le travail s'effectue à distance que dans celle de la prestation du travail dans les locaux mêmes de l'employeur :

- Lorsqu'il s'effectue à distance, le premier problème est celui du calcul ou du contrôle du temps réellement passé au travail en l'absence de l'employeur ou de son préposé; c'est le cas notamment du télétravail. Le second problème tient, quant à lui, au temps que le travailleur consacre à répondre aux préoccupations de l'employeur ; aux appels téléphoniques ou aux courriels à caractère professionnel de l'employeur, de son préposé ou des collègues de service au-delà des heures conventionnelles de travail, le jour de repos hebdomadaire, les jours fériés ou pendant qu'il est en congé annuel. Peut-on aussi considérer ce temps comme « temps de travail » ?
- Lorsqu'il s'effectue dans les locaux de l'entreprise, le travailleur peut, sur le lieu de travail, consacrer une partie du temps de travail à ses activités personnelles ou privées enfreignant ainsi la durée légale ou conventionnelle du travail. Plutôt que de travailler pendant autant de temps convenu, le salarié utilise une partie de ce temps à faire autre chose que le travail pour lequel il est rémunéré et les outils ont été mis à sa disposition. Comment, dans cette perspective, se rendre

---

34 Selon l'article 21 de l'Arrêté Ministériel n° 68/11 du 17 mai 1968 (*Ministère du Travail et de la Prévoyance sociale*), les heures supplémentaires donnent lieu à une majoration de salaire de 30% pour chacune des six premières heures effectuées au-delà de la durée légale hebdomadaire du travail ou de la durée considérée comme équivalente, 60% pour chacune des heures suivantes et 100% pour chacune des heures effectuées pendant le jour de repos hebdomadaire. Toutefois, selon l'article 23 de la CCINT, ces dispositions ne s'appliquent pas aux cadres de direction.

compte du temps réellement consacré au travail ? En d'autres termes, l'employeur peut-il légitimement contrôler le nombre de minutes passées par le travailleur à des causeries téléphoniques personnelles ou à surfer sur le net ? L'employeur peut-il se fonder sur cet éventuel gaspillage du temps de travail pour résilier le contrat ou même ne pas payer la somme mensuelle du temps que le travailleur a consacré à des activités personnelles ?

Il semble que la législation congolaise ne règle pas ces questions.

26. Par rapport au lieu de travail, les parties au contrat de travail doivent convenir du lieu de travail, c'est-à-dire de l'endroit où la prestation doit être fournie. C'est, pour elles, à la fois une obligation commune, mais aussi et surtout une condition essentielle du travail qu'il faut déterminer à l'avance. De manière générale, le travail est accompli dans l'enceinte ou les locaux de l'entreprise, de sa succursale, de sa représentation (…). Ce lieu lie les parties au contrat. Celles-ci sont cependant libres de décider de son changement ou de sa fixité, mais il est de plus en plus devenu ambulant avec les TIC qui ont rendu possible la prestation du travail à quelque endroit où l'on se trouve. En effet, grâce aux ressources tirées des TIC, le travailleur peut désormais s'acquitter de ses prestations depuis son domicile, depuis une ville ou un pays autre que son lieu habituel de travail… De cette façon, « aussi éloignés soient-ils physiquement l'un de l'autre, deux collègues ou deux partenaires peuvent aujourd'hui travailler ensemble dans de bonnes conditions de confort et d'efficacité » (Champeaux / Bret 2000 : 89). On assiste ici à une véritable remise en cause du modèle traditionnel ou classique consistant à exécuter nécessairement le travail dans les locaux de l'entreprise. Nouri Mzid écrit à ce sujet qu' « à l'unité de lieu de travail, illustré par les locaux de l'entreprise, répond plutôt la nouvelle donne où ordinateurs et téléphones portables permettent de travailler partout et où l'entreprise va pouvoir être virtuelle » (Nouri Mzid, *op. cit*). La situation créée par le télétravail ressemble mieux à cette description. Le professeur J.-M. Servais relève à juste titre que « si la plupart des salariés travaillent dans les bâtiments de leur entreprise, certains le font chez eux. L'on a même beaucoup écrit sur ce travail à domicile que constitue « le télétravail », c'est-à-dire celui qui est effectué grâce aux techniques de pointe en matière de communication, de traitement de textes et d'information. D'aucuns lui prêtent un grand avenir. Il a, incontestablement, pris de l'extension » (Servais 1997 : 147).

27. Dans ce même ordre d'idées, Ballarin soutient : « L'utilisation de nouvelles technologies de l'information et de la communication fait éclater l'unité spatiale du processus de travail. C'est ainsi que certaines opérations du processus de travail peuvent être délocalisées aussi loin que souhaitable, on pense par exemple à des opérations de saisies et de traitement de données qui peuvent s'effectuer en dehors de l'entreprise, voire à l'étranger » (Ballarin 2001 : 235). D'ailleurs, en Europe, le livre blanc sur la croissance, la compétitivité et l'emploi, présente le télétravail comme l'un des huit développements stratégiques pour lesquels il faut stimuler les investissements car il pourrait jouer un rôle important dans le développement de l'économie européenne et la création de nouveaux emplois au XXIème siècle. La Commission européenne y voit un moyen d'accroître la flexibilité du travail, de faciliter sa redistribution et d'améliorer la compétitivité des entreprises. Encourager son développement est un des objectifs qu'elle s'est fixés, notamment par la mise en place des « autoroutes de l'information » qui devraient permettre la transmission rapide des données informatiques via les réseaux de télécommunications (Commission européenne 1994).

28. Dans ce contexte, non seulement la distinction entre lieu de travail et domicile du travailleur devient difficile à établir, mais aussi et surtout la nature des relations entre employeur et travailleur ainsi que les conséquences qui peuvent découler de la gestion à distance du lien de travail deviennent beaucoup plus complexes. Elles nécessitent un éclaircissement particulier dans le cadre de cette thèse étant donné que le droit du travail congolais ne semble pas avoir conçu, à ce jour, les solutions susceptibles de fixer, à ce sujet, les parties au contrat de travail.

10. Le lien de subordination

29. En droit congolais aussi, le travail doit être exécuté par le salarié sous la direction et l'autorité directe ou indirecte de l'employeur.[35] De ce fait, le travailleur doit exécuter son travail dans les conditions, au temps et au lieu convenus *en agissant conformément aux ordres qui lui sont donnés par l'employeur ou son préposé* et en respectant les règlements établis pour l'établissement, l'atelier ou le lieu dans lequel il

35 Articles 7*c* et 55 alinéas 2 du Code du travail congolais.

doit exécuter son travail.[36] Le travailleur ne preste donc pas le service selon ses propres ordres et décisions, il est plutôt tenu de respecter scrupuleusement les ordres[37] que lui donne l'employeur ou son préposé. Cette subordination ne semble pas échapper à l'emprise et aux bouleversements des TIC. En effet, si elle est plus facile à observer dans le monde réel ou classique d'exécution du contrat de travail, il convient de chercher ce qu'il en est de son accomplissement dans un environnement numérique.

30. C'est à propos du travail à distance que la question de subordination se pose avec beaucoup d'acuité. Une des plus célèbres formes de travail à distance est le télétravail (Ray 1996 : 121 ; Van Wassenhove 2003 : 149 et ss.) au sujet duquel se pose le problème de la subordination (Rade 2002 : 26-36) comme élément du contrat de travail. En effet, rendu possible par l'utilisation des NTIC, qu'elle soit téléphonique, électronique ou informatique, le télétravail apparaît comme un mode d'organisation et d'exécution de la prestation de travail à distance (I. De Benalcázar 2003 : 52) ; il s'inscrit dans la droite ligne de la problématique que soulève la question de la subordination de l'employé à son employeur. Caractérisé par la distance, l'absence de surveillance physique du donneur d'ordre et l'utilisation d'outils informatiques ou de télécommunication pour effectuer la prestation, le télétravail a donc remis en cause le modèle traditionnel consistant à exécuter nécessairement le travail dans les locaux de l'entreprise sur un chantier ou encore sur le lieu de mission en cas d'une opération de sous-traitance. Le législateur congolais prévoit-il le travail à distance en général et le télétravail en particulier ? La réponse à cette question est

---

36 Art. 50 du Code du travail congolais. C'est nous qui soulignons.

37 Ces ordres, qui sont l'apanage de l'employeur, figurent généralement dans le règlement d'entreprise, mais aussi et parfois dans des notes de service. Dans la législation congolaise du travail, un règlement d'entreprise est obligatoire dans tout établissement public ou privé, tel que défini par l'article 4(e), aujourd'hui article 7(e) du Code du travail, qui occupe au moins 20 travailleurs (Article 1 de l'Arrêté Ministériel n° 70/0016 du 11 août 1970 sur le règlement d'entreprise, *Ministère du Travail et de la Prévoyance sociale*). Le contenu de ce règlement concerne essentiellement les règles relatives à l'organisation du travail, à la discipline, aux prescriptions concernant l'hygiène et la sécurité nécessaire à la bonne marche de l'entreprise, de l'établissement ou du service et aux modalités de paiement des rémunérations (Article 157 alinéa 2 du Code du travail congolais).

négative. Comment finalement régir les relations de travail et les litiges qui pourraient en naître ?

11. S'agissant de la rémunération du temps presté en dehors des lieu et temps convenus

31. Le contrat de travail est, en droit congolais, un contrat à titre onéreux du fait qu'il assujettit chacune des parties à donner ou à faire quelque chose.38 Il impose, en effet, au salarié l'accomplissement d'une prestation de travail auprès d'un employeur qui le rémunère au moment opportun. C'est ainsi que « le salaire est un des principaux éléments de la condition du travailleur et une question clé du droit du travail » (Lyon-Caen 1967 :1).

32. La rémunération en elle-même ne semble, à première vue, poser aucun problème à la suite de l'envahissement du monde du travail par les TIC, car avec celles-ci ou sans elles, il n'y a pas de contrat de travail sans rémunération. Dans un univers classique d'exécution du contrat de travail, l'unité de temps et de lieu de travail joue un rôle important dans la détermination de la rémunération car le travailleur est présent en un lieu déterminé où il preste pendant un temps déterminé ou pour des tâches précises. C'est en fonction de ces éléments que son salaire est fixé soit au temps, soit au rendement. Mukadi Bonyi relève :

> « [L]e temps rémunéré par le salaire est le temps effectif. En effet, le Code du travail édicte que la rémunération est due pour le temps où le travailleur a effectivement fourni ses services (article 93 alinéa 1er). Ce temps est calculé à partir du moment où le travailleur se tient sur les lieux du travail à la disposition de l'employeur jusqu'au moment où les prestations cessent, conformément aux horaires arrêtés par l'employeur et reproduits au règlement d'entreprise (article 119 du Code du travail) » (Mukadi Bonyi 2008 : 228).

Dans cet univers, il est des cas spécifiques dans lesquels la rémunération est quand même due en dehors de toute prestation du travailleur.[39]

---

38 Article 6 du Décret du 30 juillet 1888.

39 C'est la situation lorsque le travailleur a été mis dans l'impossibilité de travailler du fait de l'employeur (article 93) ; en cas de jours fériés légaux (article 93); en cas de congés de circonstance : le travailleur a droit aux congés lors de son mariage (2 jours ouvrables), de l'accouchement de son l'épouse (2 jours ouvrables), du décès de son conjoint ou d'un parent allié au premier degré (4 jours ouvrables), du mariage de

33. La notion de rémunération devient cependant préoccupante à partir du moment où, avec les TIC permettant de servir à distance, il est possible de travailler en tout temps et en tout lieu. Dans un tel contexte, il n'y a ni unité de temps, ni unité de lieu de travail. Chacun des travailleurs à distance preste non seulement au temps et au lieu qu'il choisit, mais surtout en l'absence de l'employeur ou de sa surveillance. De là tous les questionnements nouveaux au sujet de la rémunération : comment fixer la rémunération lorsqu'on ignore la limite de temps dans laquelle le travail est effectué ? Le travailleur a-t-il aussi droit à la rémunération en cas d'impossibilité de travailler due à l'employeur, de jours fériés légaux, de congés de circonstance, de congé annuel, de maladie ou d'accident... ? La réglementation congolaise du travail semble ne pas contenir de réponse à ce sujet.

12. S'agissant de la santé

34. De nos jours, beaucoup de métiers nécessitent l'outil informatique et le téléphone. Que l'on soit donc médecin, enseignant, graphiste, technicien, avocat, magistrat, secrétaire, bibliothécaire, entrepreneur, banquier..., on passe souvent de longues heures avec un ordinateur ou un téléphone. De ce point de vue, les travailleurs passent beaucoup de temps sur une chaise à tapoter sur un clavier ou à échanger sur un téléphone, en écoutant et en parlant. D'une part, s'agissant de l'ordinateur, ces longues heures ont, sans nul doute, des conséquences

---

son enfant (1 jour ouvrable), du décès de son parent ou allié au second degré (2 jours ouvrables), l'employeur n'est cependant tenu au paiement des congés de circonstance que jusqu'à concurrence de quinze jours ouvrables par an (article 146) ; en cas de congé annuel : l'employeur est tenu d'accorder au travailleur un congé annuel au cours duquel le travailleur a droit à une allocation égale à la rémunération dont il jouit au moment du départ en congé (article 142) ; en cas de congé de maternité : à l'occasion de son accouchement, toute femme a le droit de suspendre son travail pendant quatorze semaines consécutives, dont huit semaines au maximum postérieures à la délivrance et six avant l'accouchement; pendant cette période, la femme salariée reçoit les deux tiers de sa rémunération (article 130); en cas de repos de la femme allaitant son enfant : lorsque la femme allaite son enfant, elle a droit à deux repos d'une demi-heure par jour pour lui permettre l'allaitement, ces périodes de repos sont rémunérées comme temps de travail (article 132); en cas de maladie ou accident: lorsque le travailleur est dans l'incapacité de fournir ses services par suite de maladie ou d'accident, il conserve le droit, pendant la durée de la suspension du contrat, aux 2/3 de la rémunération en espèces et à la totalité des allocations familiales, cela dure pendant les 6 mois de maladie ou d'accident non professionnel (articles 105 et 106).

sur la santé physique et spirituelle. Les troubles musculosquelettiques[40] et le célèbre syndrome du canal carpien[41] méritent d'être mentionnés à titre illustratif. Certains travailleurs peuvent donc connaître des problèmes de santé au niveau des yeux, du cou, des doigts, des poignets et du dos suite à l'usage prolongé de l'ordinateur. À ce même propos, Y. CHAIGNEAU soutient que « les problèmes psycho-physiologiques : troubles visuels, troubles vertébraux et troubles mentaux sont les conséquences fréquentes du travail sur écran en particulier… » (Y. Chaigneau 1980 : 15).

35. Par ailleurs, et même si ce sont seulement les enjeux sanitaires du travail par écran informatique qui nous intéressent, s'agissant du téléphone, il semble que maux de tête, troubles auditifs, picotements de la peau, clignements oculaires, pertes de mémoire, troubles de la concentration, bourdonnements d'oreilles… constituent des dangers que les études contradictoires qui se multiplient tentent de démontrer. Le travailleur n'en est pas épargné lorsque l'on sait que, actuellement, les appels téléphoniques constituent parfois la base du fonctionnement de certains services. De toutes les considérations précédentes il résulte que l'usage de l'ordinateur ou du téléphone par le travailleur peut provoquer certains malaises de santé. La présente réflexion s'intéresse à la réponse qu'il convient de proposer au droit du travail congolais : quel est le régime juridique de ces malaises sanitaires ? Peuvent-ils être considérés comme des maladies professionnelles ?

---

40 Les troubles musculosquelettiques (TMS) des membres supérieurs et inférieurs sont des troubles de l'appareil locomoteur pour lesquels l'activité professionnelle peut jouer un rôle dans la genèse, le maintien ou l'aggravation. Les TMS affectent principalement les muscles, les tendons et les nerfs, c'est-à-dire les tissus mous : http://www.inrs.fr/risques/tms-troubles-musculosquelettiques/ce-qu-il-faut-retenir.html, 15.02.2017.

41 Le syndrome du canal carpien est une affection fréquente caractérisée par des symptômes au niveau de la main. Il résulte d'une compression du nerf médian au poignet et il est favorisé par la répétition de certains mouvements ou postures de la main ainsi que par certaines maladies. Il désigne les troubles liés à la compression du nerf médian lors de son passage dans le canal carpien, au niveau du poignet. Voy. « Syndrome du canal carpien » ; http://www.ameli-sante.fr/syndrome-du-canal-carpien/definition-syndrome-du-canal-carpien.html, 15.02.2017.

II. L'exemple de la législation congolaise de la société de l'information face aux défis

36. Nous avons interrogé les textes qui régissent la société de l'information en droit congolais pour tenter d'y trouver les réponses aux défis :

- la loi-cadre 013-2002 du 16/10/2002 sur les télécommunications en RDC;42
- la loi-cadre 014-2002 du 16/10/2002, portant création de l'Autorité de Régulation de la Poste et des Télécommunications en RDC.[43]

37. Après analyse de cette législation sur les télécommunications en RDC, nous avons constaté qu'elle accuse beaucoup d'insuffisances générales,[44] mais le fil conducteur recommande de ne nous intéresser qu'à sa non-prise en compte spécifique des problèmes engendrés par les TIC lorsque les parties y recourent à l'occasion de leur relation de travail. Nous relevons à cet effet que ce cadre juridique constitue en lui-même la preuve de cette non-prise en compte des défis des TIC en droit du travail puisqu'il n'est qu'un cadre général ou un simple instrument de la nouvelle politique des télécommunications dégageant les principaux axes repris dans son préambule.[45] Et pourtant, ce cadre prétend doter le pays d'un instrument juridique définissant, de manière plus claire, les principes, les règles et les institutions qui régissent les activités, les réseaux et les services de télécommunications.[46] En outre,

---

42 *Journal Officiel*, Numéro Spécial du 25 janvier 2003, Poste et Télécommunications, p. 17.

43 *JORDC*, 44ème année, Numéro Spécial du 25 janvier 2003, p. 4.

44 Ces faiblesses tiennent, sans que la liste ne soit exhaustive, tant aux conflits de compétences entre Ministre des P.T.T. et A.R.P.T.C., au rôle secondaire que joue le tribunal en cas d'infraction et au défaut de précision de l'autorité compétente pour infliger les amendes, aux sanctions administratives non assorties de sanctions pécuniaires qu'à l'absence d'un délai butoir pour la signature et l'approbation de l'autorisation et du cahier des charges par le Ministre. Pour une analyse détaillée de ces insuffisances. Cf Ndukuma Adjayi Kodjo, *Cyber droit. Télécoms, Internet, contrats de e-commerce. Une contribution au droit congolais,* P.U.C., Kinshasa, 2009, pp. 264 et ss; L. Bushabu Woto, « De la mise en œuvre de la régulation des télécommunications en droit congolais (R.D.C) », Mémoire, Ecole nationale supérieure des télécommunications, Paris, nov. 2005, pp. 59 et ss.

45 *Supra,* n° 323.

46 Cf. Préambule de la loi-cadre sur les télécommunications.

les objectifs[47] poursuivis par ce cadre sont également une preuve de la non-prise en compte des défis des TIC relatifs au droit du travail.

38. Par ailleurs, le fait que le cadre juridique des télécommunications en RDC ne prévoie ni n'organise l'activité relative à l' « Internet » constitue aussi une faiblesse qui ne permet pas de résorber les problèmes créés par les TIC lorsque les parties y recourent dans le cadre du travail. En effet, même si le cadre juridique des télécommunications en RDC fait état des concepts[48] qui renvoient au réseau des réseaux, il n'en organise pas les normes régissant son utilisation dans les différentes matières en général et dans celle du travail en particulier. Ce n'est que par le biais de quelques alinéas[49] de l'article 23 de la loi-cadre sur les télécommunications que l'on peut imaginer une sorte de reconnaissance tacite de l'activité d'Internet et de Fournisseurs d'Accès à Internet (FAI).[50] Et pourtant, des entreprises entières sont aujourd'hui très dépendantes de cet outil de travail dont l'usage peut à la fois procurer du succès, mais aussi des ennuis à l'entreprise. Cet outil est déjà bien connu en RDC comme en témoigne le préambule de la loi-cadre : « concernant les services, du simple téléphone vocal, du télégramme et du télex, on est passé, grâce à la

---

47 À titre de rappel, ce cadre juridique a pour objet de : a) fixer les modalités de détention, d'installation et d'exploitation de télécommunications sur toute l'étendue du territoire national ; b) garantir le développement harmonieux et intégré des réseaux et services de télécommunications ; c) faciliter la mobilisation des ressources financières par la participation du secteur privé au développement de télécommunications dans un environnement concurrentiel loyal (art. 1er de la loi-cadre sur les télécommunications).

48 « Réseau de télécommunications » (art. 4 (2) de la loi-cadre sur les télécommunications) ; « interconnexion » (Articles 4 (17), 8 (d) et 14 de la loi-cadre sur les télécommunications). Mais l'Arrêté ministériel n° CAB/VPN/MIN/PNTC/LKNG/vx/023/2012 du 08 mars 2012 relatif à la lutte contre la fraude Télécoms en RDC mentionne clairement « Internet » (articles 3 et 5).

49 « La fourniture des services qui ne sont soumis ni au régime de concession, ni expressément à celui d'autorisation, mais qui utilisent des liaisons de capacité égale ou supérieure à 2,1 mégabits par seconde louées à des concessionnaires » et « Les services à valeur ajoutée, notamment le traitement direct de données, l'enregistrement et la recherche directs de base de données, l'échange électronique de données, le courrier électronique et la messagerie vocale ».

50 Ces Fournisseurs d'Accès à Internet existent sur le terrain même si la loi-cadre sur les télécommunications ne les désigne pas comme tels. Ils sont soumis au régime de concession ou d'autorisation de l'État ainsi qu'au contrôle de l'A.R.P.T.C. ou du Ministre.

télématique, association des télécommunications, de l'informatique et de l'audiovisuel, *à l'Internet et ses applications : le courrier électronique e-mail, le transfert des fonds (funds transfert), l'e-business, etc.* ». Cette loi entend aussi, selon les politiques de télécommunications et les innovations énumérées dans le même préambule, favoriser l'interconnexion des réseaux et définir les règles y relatives. En plus, les instances étatiques que sont le Ministère des poste, téléphones et télécommunications, le Ministère du travail et de la prévoyance sociale, l'Autorité de régulation de la poste et des télécommunications, ... qui pouvaient jouer, chacune en ce qui la concerne, un rôle en vue de remédier à la situation, ne s'y sont pas intéressées.

39. De ce qui précède, pour espérer la résolution véritable des défis en cause, l'aménagement d'un cadre juridique adapté s'impose, car les principes prévus par le cadre juridique général peuvent souvent être trop larges ou trop généraux pour pouvoir impliquer une prise en compte immédiate, et nous pensons que seul l'aménagement juridique particulier est susceptible d'apporter les garanties nécessaires. C'est dans cette optique que nous pensons qu'il soit fait recours à un mode alternatif de la réglementation de la vie sociale ; le dévolu est porté sur l'autorégulation à laquelle est consacré le point suivant.

C. Solution proposée : « autorégulation des TIC »

40. Les parties au contrat de travail manquent encore de références juridiques pouvant guider leur conduite devant les défis des TIC. Il se crée ainsi une sorte de jungle dans laquelle le plus fort, l'employeur, impose de manière arbitraire des normes qui règlent souvent les différents défis en sa faveur. De ce fait, démissionnaire, la loi comme les instances étatiques compétentes ne jouent plus leur rôle d'établir l'équilibre dans les rapports en présence et de protéger le faible qu'est le travailleur. Le scientifique est ainsi appelé à trouver une alternative consistant à permettre aux partenaires sociaux d'arrêter ensemble un minimum de règles qu'elles acceptent comme bases du règlement des défis décriés. Cette solution s'appelle « autorégulation ».

I. Définition du concept

41. L'autorégulation est définie comme une « technique juridique selon laquelle des règles de droit ou de comportement sont créées par les personnes auxquelles ces règles sont destinées à s'appliquer – soit que ces personnes les élaborent elles-mêmes, soit qu'elles soient représentées à cet effet » (Van Ommeslaghe 1995 : 238). Elle implique donc de tenir compte de ceux qui sont à l'origine des règles ou chargés de les élaborer : il doit s'agir des destinataires eux-mêmes ou de leurs représentants. Par conséquent, « le droit qui résulte de l'autorégulation est un droit « conventionnel » consenti par les intéressés et modelé par eux à leur guise » (Vannes 1995 : 107). Suivant les termes de M. Despax, ce droit représente en matière juridique comme en matière d'élégance vestimentaire, tous les avantages du vêtement fait sur mesure.

42. S'agissant de la société de l'information, cette technique d'autorégulation « renvoie aussi bien aux formes d'autorégulation spontanée, qui concernent les formes de régulation par des normes privées dans des communautés particulières, qu'aux formes d'autorégulation par délégation, qui se basent sur une délégation de pouvoir par le gouvernement à une agence autorégulée » (Maesschalck / Dedeurwaerdere 2002 : 11).

II. Pourquoi et comment autoréguler ?

1. Pourquoi autoréguler ?

43. Grâce à cette technique, il y a lieu de combler le vide juridique ou d'inspirer l'élaboration des normes juridiques par l'État,[51]

51 Même si le droit règne là où existe une société, les normes qui s'appliquent dans la société ne sont pas toujours juridiques. Cela ne signifie pas nécessairement qu'il existe un vide juridique ou des espaces « de non-droit » (J. Carbonnier, *Flexibilité et droit*, L.G.D.J., Paris, 1979, p. 14) là où il n'y a pas de réglementation étatique, c'est plutôt une occasion d'intervenir laissée à d'autres moyens de normativité, dont l'autorégulation (Pour plus de détails à ce sujet, Cf. J. Berleur et al., « Enjeux à débattre », in J. Berleur et al., *Gouvernance de la société de l'information*, Crid, Bruylant, Bruxelles, 2002, pp. 13 et ss; P. Verge, « Les instruments d'une recomposition du droit du travail : de l'entreprise-réseau au pluralisme juridique, Les Cahiers de droit, vol. 52, n° 2, 2011, pp. 156-157 »). C'est donc dire que le droit a parfois des limites ou prend souvent du retard face à certains phénomènes sociaux (Pour plus de détails à ce sujet, Cf. A. Lacroix, L. Lalonde et G.-A. Legault, « Les transformations sociales et la théorie normative du droit », R.D.U.S., 33, (2002-03), pp. 1-5 ;

de réduire le coût de la régulation,[52] d'adapter et d'assouplir les règles,[53] de tenir compte des spécificités des TIC54 et du caractère purement conventionnel du droit du travail.[55]

---

https://www.usherbrooke.ca/droit/fileadmin/sites/droit/documents/RDUS/volume_33/33-12-lacroixlalondelegault.pdf, 14.02.2017). Il y aurait, en effet, une sorte de démission de l'État. Ce silence ou ce retard est une source d'insécurité juridique qui oblige généralement les partenaires sociaux à se prendre en charge et à s'organiser en marge des normes classiques. Ils posent ainsi les principes à observer pour que règnent l'ordre et la paix dans les relations de travail.

52 La réglementation étatique classique a un prix souvent exorbitant en termes d'argent et prend aussi du temps puisqu'elle fait intervenir des élus du peuple (au sens large) dont le travail de légiférer exige des frais et du temps. Mais entre acteurs sociaux, les règles peuvent être adoptées et acceptées à moindre coût et à moindre temps. Le contrôle et le respect de ces normes peuvent aussi parfois s'avérer efficaces du fait de la simplicité de la procédure et de la réalité des sanctions.

53 Grâce à cette technique, les acteurs sociaux peuvent créer des règles qui collent au plus près aux réalités de leur domaine d'activité (E. Brousseau, « L'autorégulation des réseaux numériques : quelques réflexions d'économiste », in J. Berleur et al., *Gouvernance de la société de l'information*, Crid, Bruylant, Bruxelles, 2002, p. 129). Ces règles permettent de mieux sauvegarder la cohésion au sein de l'entreprise (C. Lazaro, « Synthèse des débats sur la gouvernance de la société de l'information », in J. Berleur et al., *idem*, pp. 159-160).

54 Le recours à l'autorégulation s'est avéré plus réaliste pour régir la société de l'information qui fonctionne avec un monde en réseau grâce aux TIC (Cf. I. Falque-Pierretin, « La gouvernance du monde en réseau », in J. Berleur et al., *idem*, p. 109. Pour elle, *l'autorégulation fut le fer de lance des Américains qui, à travers le Vice-président, Al Gore, et le conseiller de Bill Clinton, Ira Magaziner, revendiquaient un rôle déterminant sinon exclusif pour les entreprises dans la fixation des règles du Net.* Dans ce même sens, cf. I. Falque-Pierretin, « Le forum des droits sur l'Internet : un instrument de gouvernance », in G. Chatillon (sous la dir. de), *Le droit international de l'Internet*, Bruylant, Bruxelles, 2002, p. 286).

55 Le droit du travail est fortement tributaire de conventions ou d'accords de volontés. Il est de plus en plus prouvé qu'il importe de laisser aux partenaires sociaux le soin de s'entendre sur les règles qu'ils désirent appliquer aux rapports de travail. Et d'ailleurs, les relations de travail font depuis toujours parallèlement l'objet d'une régulation sans l'État étant donné le rôle de grande envergure que jouent les partenaires sociaux. L'existence de régulations qui ne sont pas élaborées par l'État ne constitue donc pas une nouveauté en droit du travail, domaine dans lequel les normes d'origine étatique cohabitent depuis longtemps avec les conventions collectives signées par les partenaires sociaux (Cf. A. Sobczak, « Quelle régulation des relations de travail dans l'entreprise-réseau ? », in *Revue Interdisciplinaire d'Etudes Juridiques,* 51, 2003, pp. 27-28).

2. Comment autoréguler ?

44. Nous pouvons autoréguler cet usage de deux manières :

- Autorégulation unilatérale par voie d'engagements unilatéraux de l'employeur : Il s'agit de tout « acte par lequel le chef d'entreprise ou l'un de ses représentants s'engage, au nom de l'employeur, à accorder un avantage déterminé à un salarié ou une catégorie déterminée de salariés, ou à l'ensemble du personnel de l'entreprise » (Bossu et al. 2008 : 37) ;
- Autorégulation conventionnelle par voie de convention collective de travail : Il s'agit de « tout accord écrit relatif aux conditions de travail et d'emploi conclu entre, d'une part, un employeur, un groupe d'employeurs ou une ou plusieurs organisations d'employeurs, et, d'autre part, une ou plusieurs organisations représentatives de travailleurs, ou, en l'absence de telles organisations, les représentants des travailleurs intéressés, dûment élus et mandatés par ces derniers en conformité avec la législation nationale.»[56]

45. De ces deux moyens, la préférence est portée sur la convention collective de travail parce que cet outil paraît conforme aux exigences de la définition de l'autorégulation;[57] il permet aussi la production des règles adaptées à la relation de travail;[58] il représente une meilleure

56 Recommandation OIT n° 91 sur les conventions collectives de travail.

57 Les éléments qui entrent dans la définition de la convention collective montrent que celle-ci est le moyen qui permet de concrétiser, en droit du travail, la technique d'autorégulation. En effet, la définition de la convention collective éclaire bien le processus d'autorégulation et « rencontre les exigences de la "régulation" définie comme "l'action de régler « ou de "mettre au point", de "maintenir en équilibre" ou d'"assurer le fonctionnement correct d'un système complexe", et celles du caractère personnel de la régulation : la règle est adoptée par les destinataires de la règle ou par leurs représentants » (V. Vannes, « La négociation collective : une autorégulation régulée » in Dieux X. et al., *L'autorégulation,* Colloque organisé à Bruxelles le 16 déc. 1992 par l'A.D.BR. et le Centre de droit privé de l'Université Libre de Bruxelles, Coll. de la faculté de droit, U.L.B., Bruylant, Bruxelles, 1995, p. 107).

58 Prévue par le cadre juridique de chaque pays, la convention collective est une importante source professionnelle de droit du travail. Elle permet aux parties au contrat de travail de produire, souvent par le biais de leurs représentants, des règles de droit adaptées à leurs besoins ou qui collent au plus près aux réalités de leur domaine de travail.

sécurité pour les parties au contrat de travail;[59] il est recommandé pour régler les conditions de travail et de l'emploi.[60] Le rejet des engagements unilatéraux de l'employeur se justifie par les risques liés à leurs caractères unilatéral et volontaire,[61] mais aussi par leur dénonciation intempestive par l'employeur[62] sans compter la modestie de la place qu'ils occupent dans la hiérarchie des sources du droit du travail.[63]

---

59 Dans la mesure où la convention collective implique une négociation collective des conditions et relations de travail par les partenaires sociaux, elle est donc, selon l'expression de V. Vannes, « un processus autorégulateur par excellence qui permet aux intéressés de créer de véritables "lois" qui réglementent la profession » (V. Vannes, *idem*, p. 107).

60 Le professeur Paul Horion renchérit en expliquant que « les conventions collectives du travail ne constituent pas seulement une faculté donnée à l'initiative privée ; il s'agit d'une institution recommandée, privilégiée, dont l'utilisation doit être la plus large pour régler les conditions d'emploi » (P. Horion, Syndicats, conventions collectives de travail, n° 9, p. 54). C'est ainsi que pour le BIT, « le dialogue social bipartite et la négociation volontaire de conventions collectives entre les employeurs, les travailleurs et les organisations chargées de les représenter restent les modes opératoires les plus appropriés pour réglementer les conditions de travail, les conditions d'emploi et les relations d'emploi, alors même qu'elles évoluent et s'adaptent à des situations nouvelles » (BIT, Dialogue social. Discussion récurrente en vertu de la déclaration de l'OIT sur la justice sociale pour une mondialisation équitable, Rapport VI de la Conférence internationale du Travail, 102e session, 2013, p. 23).

61 L'engagement unilatéral est un acte de volonté de l'employeur seul. Il en décide et en détermine les contours d'une manière souveraine sans laisser une moindre place au travailleur qui en est le bénéficiaire. Ce dernier doit simplement subir la volonté de l'employeur. Une telle norme est souvent mal perçue par les travailleurs et suscite parfois une panoplie de soupçons contre l'employeur.

62 Les normes de travail issues des engagements unilatéraux sont subordonnées aux caprices de l'employeur puisqu'il peut les maintenir ou les dénoncer à tout moment même s'il doit respecter certaines conditions62. Il en résulte clairement que la vie des engagements unilatéraux est fonction du bon vouloir de l'employeur, ce qui ne manque d'être une cause d'insécurité juridique pour les travailleurs.

63 Dans la mesure où il crée, pour les travailleurs, des garanties plus avantageuses que celles prévues par les autres normes supérieures en application dans l'entreprise, l'engagement unilatéral semble occuper une place de choix au sein des sources du droit du travail. Et pourtant, ce succès est éphémère, il le doit à l'absence de toute norme conventionnelle entre parties. L'engagement unilatéral est donc un acte fragile. Il suffit, en effet, que les parties au contrat de travail s'accordent, même en moins favorable, sur l'objet de l'engagement pour que celui-ci disparaisse ou cesse de produire ses effets (Cf. G. Auzero et E. Dockes, *Droit du travail*, 28e éd. 2014, Dalloz, Paris, 2013, p. 780).

III. L'autorégulation conventionnelle

46. L'autorégulation conventionnelle par le biais de la convention collective de travail est une technique qui a fait ses preuves en droit du travail et qui ne date pas d'aujourd'hui.[64] Elle permet aux partenaires sociaux d'arrêter ensemble les règles à appliquer aux TIC. Pour sa réussite, l'impulsion de la négociation collective doit partir de la délégation syndicale de chaque entreprise (1). Cette initiative relayée par les syndicats respectifs (2) conduit à l'autorégulation des TIC en matière de travail par le biais de la convention collective, conclue au niveau interprofessionnel national avant son adaptation aux réalités de chaque profession et de chaque entreprise (3). Cette technique d'autorégulation nous semble efficace pour régir les défis des TIC en droit du travail (4).

---

64 En Belgique, par exemple, « la plus ancienne convention collective de travail date de 1789. Elle fut conclue à Verviers entre les employeurs et les travailleurs de l'industrie drapière six ans avant l'annexion de ce pays à la France. Le régime libéral de la Révolution française illustré par les lois d'Allarde et Le Chapelier de 1791, consacra le principe de la liberté du travail et proscrivit toutes les formes d'associations professionnelles qui étaient considérées comme éléments perturbateurs. Ce régime libéral entraina l'isolement de l'ouvrier et l'impossibilité de conclure des conventions collectives. Il a fallu attendre 1898 pour voir réapparaître de nouvelles conventions collectives dans le monde industriel » (V. Vannes, *op. cit.*, p. 110, note n° 6, ainsi que les auteurs qu'elle cite: J. Fauchamps, *Les conventions collectives de travail en Belgique*, Bruxelles, 1961, p. 6; P. Horion, Relations collectives du travail, 1962, p. 61; F. Delpérée, *La relation conventionnelle du droit du travail en Belgique*, Louvain, 1938, p. 42). Et le BIT souligne également que « l'évolution des négociations collectives étant étroitement liée à celle des syndicats et au développement ultérieur des organisations d'employeurs – qui en fut d'ailleurs souvent la conséquence, c'est à partir du milieu du XIXe siècle que des syndicats permanents commencèrent à se créer. Il s'agissait alors de syndicats d'ouvriers hautement qualifiés appartenant à des branches telles que la construction mécanique, le travail du bois et l'imprimerie. Ils se créèrent tout d'abord dans les grandes villes, où il était facile de maintenir le contact entre les ouvriers sur les lieux de travail ou à l'occasion de réunions tenues à proximité des habitations. Petit à petit, ils en vinrent à exercer plus d'influence sur les conditions d'emploi. Mais ce n'est que plus tard, et surtout avec l'apparition de grandes entreprises de production en série, que le syndicalisme s'établit solidement parmi les travailleurs spécialisés et les manœuvres » (BIT, Les négociations collectives, Cours d'éducation ouvrière, BIT, Genève, 1970, pp. 13-14).

1. Impulsion par la délégation syndicale

47. Pour la conclusion de cette convention collective de travail, nous pensons que l'impulsion doit partir de la délégation syndicale parce que :

- Elle est l' « Organe de contre-pouvoir, destiné à contrebalancer l'autorité « monarchique » du chef d'entreprise et à en limiter l'étendue… »[65];
- Elle a, selon la législation congolaise du travail, un droit de consultation sur l'ensemble des conditions de travail (article 259 alinéa 2 du Code du travail), un pouvoir de sécurité sur les lieux de travail et particulièrement sur la santé au travail (art. 262 du Code du travail) et dispose même d'une mission générale d'information, notamment sur les grandes lignes du programme de développement et des perspectives d'avenir (art. 263 du Code du travail).

2. Relais des syndicats des travailleurs

48. L'impulsion donnée par les délégués syndicaux doit être relayée par les différentes organisations professionnelles auxquelles ils appartiennent. Ce relais découle du fait même que les membres de la délégation syndicale œuvrant au sein de l'entreprise sont encadrés, formés et surtout suivis dans leurs activités syndicales au sein de l'entreprise par leurs organisations professionnelles respectives.[66]

49. Chargés de défendre les intérêts professionnels et de poursuivre le progrès social de leurs membres, les syndicats, mis au parfum par leurs délégués au sein des entreprises, des problèmes de droit que pose le recours aux TIC, doivent pousser vers l'autorégulation de ceux-ci au moyen de la convention collective de travail. Ils sont d'ailleurs fondés à le faire d'autant plus que c'est à eux que revient parfois le droit de représenter l'employeur, mais obligatoirement le droit de représenter les travailleurs lors de la négociation collective.[67] Le problème semble cependant se poser s'agissant des travailleurs non syndiqués. Il n'y a cependant aucune inquiétude réelle à ce sujet, car la convention

---

65 F. Lagasse, « La délégation syndicale : son institution, sa composition, ses attributions, le statut de ses membres », *J.T.T.*, 1998, pp. 352 et 353 ; cité par M. Davagle, *Droit collectif du travail*, T. 1 – Le cadre institutionnel de la concertation sociale, Anthemiss.a., Limal, 2011, p. 595.

66 Article 255 alinéa 2 du Code du travail congolais.

67 Articles 272 et 273 alinéa 2 du Code du travail congolais.

collective, résultat de la négociation collective sur les TIC, concerne et s'applique aussi à cette catégorie de travailleurs.[68] L'important n'est donc pas de savoir si le travailleur est syndiqué, mais plutôt s'il fait partie d'une entreprise liée par la convention qui a été conclue. D'ailleurs, la disposition qui oblige l'employeur à afficher la convention et, le cas échéant, sa traduction en langue usuelle de la région en un endroit réservé à cet effet, très visible et facilement accessible aux travailleurs,[69] ne dit pas que ce devoir doit seulement l'être en faveur des travailleurs syndiqués ; il concerne tous les travailleurs puisque la convention s'applique à eux tous.

3. Champ d'application de la convention collective sur les TIC

50. La convention collective sur les TIC doit comporter une dimension interprofessionnelle et nationale. Mais invoquer la question de la dimension d'une convention collective revient à mentionner son champ d'application professionnel et territorial :

- Champ d'application professionnel de la convention collective : le caractère professionnel d'une convention collective vise, en droit congolais, l'activité ou les activités concernées. La convention peut ainsi être professionnelle ou interprofessionnelle. Si la convention professionnelle est conclue par branches d'activités économiques, l'interprofessionnelle est, en revanche, conclue pour régir les rapports entre travailleurs et employeurs non pas d'une seule branche économique ou professionnelle, mais de plusieurs. C'est le cas de la CCINT[70] qui a été conclue pour s'appliquer à plusieurs branches d'activités économiques désignées à son article 2. La RDC compte des conventions collectives professionnelles qui s'appliquent dans les secteurs respectifs de banques, pétrole, brasserie et presse ;[71]

---

68 Les dispositions d'une convention collective sont, en droit congolais, applicables à tous les travailleurs des catégories intéressées, employés dans la ou les entreprises visées par la convention, sauf disposition contraire de celle-ci (article 289, *in fine* du Code du travail congolais).

69 Article 281 alinéa 1 du Code du travail congolais.

70 Convention Collective Interprofessionnelle Nationale du Travail, Kinshasa, décembre 2005.

71 Voy. F. Butedi, *Cartographie des syndicats en RDC. Vers une compréhension du monde syndical congolais*, Presses universitaires d'Afrique, Yaoundé, févr. 2013, p.

- Champ d'application territorial de la convention collective : parler du champ d'application territorial de la convention implique l'idée de l'espace ou du territoire dans lequel elle trouve à s'appliquer. Entendue dans ce sens, la convention collective peut être conclue et trouver à s'appliquer au niveau de l'entreprise,[72] au niveau d'un territoire déterminé, au niveau provincial ou au niveau national. Chacune de ces conventions collectives, prise isolément et comparée à l'une ou l'autre, peut être restreinte par rapport à une autre qui est plus large. C'est donc la dimension du champ spatial qui est ici mise en avant. L'intérêt de cette distinction réside dans le fait que la convention collective restreinte doit se conformer aux dispositions de celle qui a un champ d'application territorial plus large. C'est ainsi que le législateur congolais a décidé que « les dispositions d'une convention collective ne peuvent restreindre les avantages résultant pour les travailleurs des conventions collectives dont le champ d'application est plus large. »[73]

51. Eu égard à cette distinction entre convention professionnelle et convention interprofessionnelle, le présent article plaide en faveur d'une convention qui est la plus large possible. Elle est à conclure au niveau interprofessionnel national. Elle est, par la suite, implémentée au niveau tant de chaque profession que de l'entreprise. En clair, les principes dégagés à l'échiquier interprofessionnel national vont servir de base à la conclusion des conventions collectives au niveau de différentes professions et entreprises. Cela permet de laisser à ces professions et entreprises l'occasion d'adapter les règles instaurées par la convention collective interprofessionnelle nationale de sorte qu'elles collent au plus près aux réalités relatives au recours aux TIC par les parties au contrat de travail. Car, il est évident que toutes les entreprises et professions ne connaissent pas, de la même façon, les défis des TIC dans le monde du travail. Ordinaire au départ, la convention collective

---

48; https://books.google.cd/books/about/Cartographie_des_Syndicats_en_RD_Congo_V.html?id=pKBEuIhpiM0C&redir_esc=y, 13.02.2017.

72 La convention collective d'entreprise est conclue au niveau de chaque entreprise, en exécution des conventions collectives professionnelles ou en l'absence de celles-ci.

73 Article 292 Code du travail congolais.

interprofessionnelle nationale sur les TIC dans le monde du travail sera étendue par la suite pour lui faire bénéficier de l'empreinte de l'État et en imposer l'application à toutes les entreprises ou professions qui ne l'auront pas voulue, ni n'y auront adhéré. Il s'agit donc d'un mécanisme qui permet d'obliger les entreprises à respecter « une convention collective à laquelle elles n'avaient consenti ni personnellement, ni par l'intermédiaire d'un groupement professionnel. »[74]

4. Efficacité de l'autorégulation conventionnelle

52. L'autorégulation prônée est efficace. Cette efficacité résulte du fait que la convention collective de travail incarne une autorégulation juridique. Elle aboutit à des véritables règles de droit avec contrainte et contrôle effectif. Ses règles sont obligatoires et offrent la possibilité de recourir aux instances judiciaires ou à l'exécution forcée de la sanction. C'est une autorégulation qui existe à la suite d'une délégation des compétences par l'Etat. Dans cet entendement, la convention collective est une loi au sens matériel. L'action des syndicats s'appréhende en un prolongement de l'activité du pouvoir étatique, c'est un processus décentralisé de création de règles de droit. D'où toute son efficacité sur les parties signataires, les représentés, les contrats de travail, les tiers et au niveau des sanctions. La convention collective de travail ne relève pas, par contre, de l'autorégulation non juridique, auquel cas elle serait spontanée et conduirait à des règles non obligatoires. Ses sanctions seraient également non juridiques, mais d'ordre moral, social ou professionnel.

D. Conclusion

53. L'État peut parfois ne pas réglementer ou peut connaître du retard pour régir certains phénomènes de la vie en société, ici les TIC en droit du travail. Comme le souligne E. Boshab :

> « Les faits précèdent le droit ; c'est un truisme ; mais, si la fonction régulatrice du droit prend du retard sur l'interaction des forces sociales, il s'observe un phénomène d'éparpillement, sinon de flottement qui décrédibilise l'État et discrédite la justice en raison du déficit des normes (…). Avec l'avènement de chaque nouvelle technologie, naissent des problèmes nouveaux que le

---

74 B. Teyssie, *Droit du travail. Relations collectives de travail*, Litec, Paris, 2002, p. 446.

droit doit nécessairement prendre en considération pour accorder la législation au niveau d'évolution de la société. »[75]

54. Le silence ou le retard observé sur le terrain des TIC devient généralement une source d'insécurité juridique qui oblige de recourir à des alternatives pour relever les défis. L'autorégulation est une meilleure alternative en droit du travail, car, grâce au mécanisme de la convention collective de travail, les partenaires sociaux se prennent en charge et s'organisent en marge du circuit classique de réglementation sociale. Ils s'accordent ainsi sur les règles qu'aurait dû poser l'Etat pour que règnent l'ordre et la paix dans les relations de travail qui subissent l'impact des outils de télécommunication. Cela ne veut pas dire que le législateur est complètement tenu à l'écart. C'est un choix qui ne se libère pas totalement de son emprise. C'est, en effet, l'État congolais qui, à travers la loi 015/2002 du 16 octobre 2002 portant Code du travail[76] telle que modifiée et complétée par la loi n° 16/010 du 15 juillet 2016, prévoit la technique d'autorégulation traduite ici par la convention collective de travail dont il trace les contours et les règles. Il va donc sans dire que l'autonomie collective prônée s'inscrit bien dans le cadre de la loi régissant le travail en RDC. Il s'agit, en quelque sorte, d'une autorégulation surveillée ou régulée par la loi qui lui procure également toute son efficacité dans la mesure où elle attache des conséquences juridiques à la violation du droit conventionnel. On dirait même qu'il y a une sorte de transfert des compétences aux partenaires sociaux par le législateur congolais en vue de les faire participer à l'élaboration, par eux-mêmes, des règles devant régir les liens de travail en RDC.

55. Par le biais de la convention collective, le législateur autorise les parties au contrat de travail de négocier, souvent par leurs représentants, les normes autoréglementaires qu'elles veulent observer en ce qui concerne telle ou telle autre matière constitutive des conditions ou des relations de travail. La convention collective est donc « un processus autorégulateur par excellence qui permet aux intéressés de créer de

---

75 E. Boshab, Préface de l'ouvrage de Ndukuma Adjayi Kodjo, *Cyber droit. Télécoms, Internet, contrats de e-commerce. Une contribution au droit congolais*, P.U.C., Kinshasa, 2009.

76 Articles 272 à 296 du Code du travail congolais.

véritables « lois » qui réglementent la profession. »[77] L'article 33 du décret du 30 juillet 1888 sur les contrats et les obligations conventionnelles permet aussi de soutenir qu'une fois conclue, la convention collective devient la loi des parties, puisqu'il dispose : « Les conventions légalement formées tiennent lieu de loi à ceux qui les ont faites… ». Le Code du travail congolais a même prévu des sanctions pour en assurer l'autorité et la force obligatoire.[78]

---

77 V. Vannes, « La négociation collective : une autorégulation régulée », *op. cit.*, p. 107.
78 Articles 295, 296 et 320 du Code du travail congolais.

L'exercice du droit de grève dans les services essentiels en République fédérale d'Allemagne. Avec regards croisés sur le droit comparé

Par

Yves-Junior Manzanza Lumingu

A. Introduction

56. Il y a exactement dix ans qu'un concept, le « *Mitsein* », tiré de l'œuvre du philosophe allemand Martin Heidegger nous avait permis de faire la rencontre de celui qui est devenu notre « Mwalimu » et à qui nous avons l'honneur d'offrir la présente réflexion. Le « *Mitsein* » heideggérien qui présente l'homme comme un « Etre avec », c'est-à-dire un être appelé à vivre ensemble avec des êtres semblables à bien des égards à lui-même (Heidegger 1986 : 155ss) nous a davantage rapprochés au point que le disciple a fini par suivre les traces du maître jusqu'à entreprendre un pèlerinage scientifique dans la ville hanséatique d'Hambourg pour communier à la source du savoir dont nous sommes à la fois bénéficiaires et multiplicateurs.

57. Ce savoir est notamment caractérisé par son esprit critique et une indépendance discursive, par un esprit qui refuse de se soumettre à la règle de la majorité, mieux de la doctrine majoritaire victime de « l'effet Matthieu »[79]. C'est avec ce même esprit critique que nous essaierons, dans la présente contribution, de traiter de la problématique du droit de grève dans les établissements et entreprises dits de « *Daseinsvorsorge* » en Allemagne avec un regard croisé sur l'état de la question en droit comparé, notamment français, québécois et congolais. Le thème abordé met en jeu plusieurs intérêts opposés dont les principaux axes sont d'une part le droit des travailleurs à recourir à la grève, droit garanti tant par la Loi fondamentale allemande (*Grundgesetz*) que par plusieurs instruments juridiques internationaux, et d'autre part l'obligation des pouvoirs publics d'assurer la protection des droits des tiers et de garantir les services essentiels à la population.

79 Voir notamment notre article « Les manifestations de l'*effet Matthieu* dans le régime fiscal de la rémunération en République Démocratique du Congo », *Librairie Africaine d'Etudes Juridiques*, vol. 6, 2011, pp. 173-196.

C'est justement ce conflit qu'il faut nécessairement résoudre, et ce, de manière on ne peut plus équitable.

58. Le travail est articulé autour de quatre grandes parties consacrées respectivement aux généralités sur la liberté syndicale et le droit de grève (A), au phénomène (B) et à la problématique de la réglementation (C) de la grève dans les entreprises dites de « *Daseinsvorsoge* », c'est-à-dire des entreprises chargées d'assurer les services essentiels à la population, et enfin au plaidoyer en faveur d'une réforme éventuelle du droit allemand de la grève (D).

B. Liberté syndicale et droit de grève en Allemagne

59. L'article 9 alinéa 3 de la Loi fondamentale allemande garantit à tous et dans toutes les professions « le droit de fonder des associations pour la sauvegarde et l'amélioration des conditions de travail et des conditions économiques ». Il rend nulles les conventions qui limitent ou tendent à entraver ce droit et considère comme illégales les mesures prises en ce sens. Par ailleurs, il garantit le droit des associations concernées de recourir, en cas de conflits collectifs du travail, à des actions collectives pour la sauvegarde et l'amélioration des conditions professionnelles et économiques de leurs membres. Cette disposition fait l'objet d'une interprétation très restrictive tant par la jurisprudence que par la doctrine. Ainsi, le droit de grève est considéré comme une annexe ou un corollaire de la liberté d'association (Rudkowski 2010 : 25). C'est un droit au service de l'autonomie tarifaire (Rieble 2005 : 204), entendue comme un système fondé sur le pouvoir reconnu aux organisations syndicales et patronales de négocier et de conclure des conventions collectives ayant une valeur normative et opposable aux pouvoirs publics (Lasserre 2005 : 7).

60. Cependant, en dépit de l'esprit de compromis allemand (Beffa 2012 : 210), il arrive que les partenaires sociaux ne parviennent pas à se mettre d'accord sur certaines questions faisant l'objet des négociations collectives. Dans ce cas, l'épreuve de force demeure l'unique moyen légitime pour les organisations professionnelles des travailleurs de faire pression sur l'employeur ou le groupe d'employeurs concerné. Au cas contraire, les négociations collectives ressembleraient à une sorte de « mendicité collective » (*kollektives Betteln*).[80] Autrement dit, le droit de grève ne saurait jouir de la

80 BAG 12.09.1984, AP Nr. 81 sur l'Article 9 GG Arbeitskampf (B II 2a).

protection constitutionnelle que s'il existe une corrélation entre la poursuite du but assigné aux syndicats, à savoir la promotion et la défense des intérêts professionnels et économiques de leurs membres, et la nécessité de recourir à une action collective pour la réalisation de ce but (Linsenmaier 2016 : § 102). Cette conception restrictive du droit de grève se reflète notamment dans les conditions et modalités concrètes de son exercice. Celles-ci sont, en l'absence d'une législation en la matière, déterminées par la jurisprudence (Rüthers 2010 : 6ss). La licéité de la grève dépend d'une part de sa subordination au droit des conventions collectives et d'autre part du respect des principes généraux du droit applicable aux conflits collectifs de travail.

61. La qualification du droit de grève comme « annexe » de la liberté d'association et comme un « droit au service de l'autonomie tarifaire » implique, selon la Cour fédérale du travail[81] suivie par la doctrine majoritaire (Gamillscheg 1997 : 1072 ; Picker 2011 : 576 ; Rieble 2005 : 206), que seules les grèves ayant pour but de conclure ou de faire appliquer les conventions collectives de travail sont considérées comme licites. En clair, une grève ne peut être déclenchée et conduite que par une organisation professionnelle qui, en vertu du paragraphe 2 al. 1 et 2 de la loi sur les conventions collectives, a qualité de négocier et de conclure des conventions collectives (*tariffähige Partei*) ; et elle ne peut viser qu'un employeur ou une organisation patronale ayant la même qualité. Par ailleurs, le recours à la grève doit être fondé sur des revendications portant sur les conditions de travail qui sont couvertes par le droit des conventions collectives ou du moins qui peuvent l'être. Il s'agit d'une part des revendications visant la conclusion d'une convention collective de travail et d'autre part de celles poursuivant l'exécution d'une clause contenue dans une convention collective en vigueur (Junker 2016 : § 605ss). Enfin, une convention collective légalement conclue joue une fonction de paix sociale qu'il faut devoir préserver (Gamillscheg 1997 : 1074). Cette obligation de respecter la trêve sociale (*Friedenspflicht*) rend illicite pendant toute la durée de validité de la convention collective toute action collective ou tout soutien à une telle action portant sur des questions faisant déjà l'objet de la convention collective (Deinert 2011 : 18 ; Junker 2016 : § 608).

---

81 BAG 21.04.1971, AP Nr. 43 sur l'Article 9 GG Arbeitskampf (III A 1) – jurisprudence constante.

62. Outre les conditions directement liées au fonctionnement de l'autonomie tarifaire des partenaires sociaux, la Cour fédérale du travail a aussi développé un certain nombre de principes généraux du droit applicables aux conflits collectifs du travail, dont le plus important est le principe de proportionnalité (*Verhältnismäßigkeitsgrundsatz*). Ce principe permet d'apprécier la licéité de la grève sur base d'une approche comparative des avantages escomptés par l'action collective et des dommages qu'elle serait susceptible de causer. Ainsi, selon la jurisprudence constante de la Cour fédérale du travail[82] confirmée par la Cour constitutionnelle fédérale[83], la grève ne peut être justifiée et bénéficier de la protection légale que si elle paraît appropriée et nécessaire au soutien des revendications professionnelles légitimes et qu'elle n'est pas disproportionnée par rapport au but poursuivi. Concernant spécifiquement l'aspect « nécessité de la grève », la jurisprudence allemande tient à écarter le danger des grèves inutiles chaque fois qu'il est possible de prouver qu'il existerait d'autres moyens beaucoup plus cléments permettant d'aboutir au même résultat.[84] Il en est ainsi notamment lorsque la grève a été déclenchée sans que les autres moyens de règlement pacifique du litige n'aient été préalablement épuisés (cf. principe d'ultime recours ou *ultima-ratio-Prinzip*).

63. Il résulte de ces conditions de licéité que les grèves dites sauvages ou *wilde Streiks* (Gamillscheg 1997 : 1085), c'est-à-dire celles qui ne sont pas conduites par un syndicat, sont illégales. En outre, les grèves qui portent sur des revendications qui ne visent ni la conclusion d'une convention collective ni l'application des clauses conventionnelles ne sont pas couvertes par la garantie constitutionnelle de l'article 9 al. 3 de loi fondamentale. Il en est ainsi notamment des grèves politiques et des grèves des fonctionnaires (Bitsch 2012 : 85 ; Leisner 2006 : 1489).

64. Au-delà du droit national marqué par son caractère prétorien, le droit de grève est également garanti par différents instruments

---

82 BAG 21.04.1971, AP Nr. 43 zu Art. 9 GG Arbeitskampf (III A 1.1b) – jurisprudence constante.

83 BVerfG 04.07.1995, AP Nr. 4 zu § 116 AFG (C I 1c); 10.09.2004, AP Nr. 167 sur l'Article 9 GG Arbeitskampf (B1).

84 Voy. notamment BAG 19.06.2007, AP Nr. 173 sur l'Article 9 GG Arbeitskampf (§ 27).

juridiques internationaux ratifiés par la République fédérale d'Allemagne, dont les Conventions 87 et 98 de l'Organisation internationale du travail, les Pactes internationaux relatifs aux droits civils et politiques et aux droits économiques, sociaux et culturels, la Convention européenne des droits de l'homme et des libertés fondamentales, la Charte sociale européenne ainsi que la Charte des droits fondamentaux de l'Union européenne. Toutefois, l'analyse croisée de ces différents instruments avec le droit allemand y compris l'interprétation qu'en donnent les organes de contrôle respectifs font apparaître quelques différences majeures dans l'étendue même du droit de grève. Il en est ainsi par exemple de la subordination de la grève au droit des conventions collectives et de l'interdiction de la grève des fonctionnaires.

C. Phénomène de grève dans les entreprises de « *Daseinsvorsorge* »

65. Le phénomène des grèves dans les entreprises dites de « *Daseinsvorsorge* » est considéré comme un cas spécifique (Rudkowski 2010 : 25). Cette spécificité relève notamment de la notion même de « *Daseinsvorsorge* » qu'il convient ici d'analyser avant de pouvoir dresser un bref aperçu de quelques mouvements de grève significatifs dans certains secteurs considérés comme relevant de ce domaine.

I. Essai de compréhension de la notion de « *Daseinsvorsorge* »

66. Il n'existe pas de définition légale de ce qu'il convient d'entendre par « *Daseinsvorsorge* ». Bien que la Loi fondamentale contienne çà et là quelques dispositions qui soient proches de ce concept, il serait néanmoins très hasardeux d'en déduire une définition concrète. De même, le parcours de certaines lois qui emploient le concept « *Daseinsvorsorge* » et la lecture minutieuse de la jurisprudence qui s'y réfère ne débouchent sur aucune définition. La doctrine tente de définir le concept « *Daseinsvorsorge* » comme l'ensemble de services essentiels dont l'individu a besoin et qui, à cause de leur importance, doivent être assurés ou du moins garantis par l'Etat (Linsenmaier 2016 : § 134). L'expression est aussi utilisée pour désigner les entreprises offrant ou fournissant ces services à la population (Rudkowski 2012 : 468). Faute d'énumération légale, la qualité de service essentiel d'une entreprise résulte de certains critères ou indices, tels que la référence faite dans certaines lois, l'appartenance au service public, l'importance pour la vie humaine, etc. (Franzen, Thüsing et Waldhoff 2012 : 35ss ; Rudkowski 2010 : 48ss). Tout bien considéré, excepté la *troïka* eau, énergie et santé, il n'existe pas de consensus sur ce qu'il convient de considérer comme services essentiels.

67. Sont considérés comme services essentiels dans le cadre de cette recherche notamment la fourniture des soins médicaux et infirmiers, la fourniture en eau, électricité et gaz, les services de secours et services anti-incendie, le ramassage et la gestion des ordures ainsi que l'épuration des eaux usées, la poste et les télécommunications, les transports publics, les services de crèche et garderie, la surveillance de la navigation aérienne, l'approvisionnement en cash et le fonctionnement des moyens de paiement, etc. Ainsi, le concept « *Daseinsvorsorge* » correspondrait mutatis mutandis aux « services publics » ou « services publics vitaux », mieux encore aux « services essentiels » tels que connus respectivement en France, en République démocratique du Congo et au Canada/Québec.

II. Aperçu de quelques mouvements de grève

68. A en croire les statistiques officielles de l'Agence fédérale pour l'emploi,[85] le secteur des transports est la branche la plus touchée par les grèves au cours de la dernière décennie. Il convient de rappeler ici les grèves des cheminots et des conducteurs de locomotive à la Deutsche Bahn, dont les plus importantes ont eu lieu en été 2007 et tout récemment entre novembre 2014 et mai 2015. Cette dernière série des grèves lancées à l'occasion du conflit collectif de travail considéré comme le plus long dans l'histoire du transport ferroviaire en Allemagne a été close grâce à un accord de conciliation intervenu le 1er juillet 2015. De même que le transport ferroviaire, le trafic aérien a aussi payé un lourd tribut suite aux différentes actions collectives organisées respectivement par le syndicat des pilotes (Vereinigung Cockpit – VC), le syndicat des contrôleurs de la navigation aérienne

85 Cf. Bundesagentur für Arbeit, Arbeitsmarkt in Zahlen – Streikstatistik (disponible en ligne sur le site: https://statistik.arbeitsagentur.de/Navigation/Statistik/Statistik-nach-Themen/Beschaeftigung/Streik/Streik-Nav.html, page consultée le 15 janvier 2017).

(Gewerkschaft der Flugsicherung – GdF), le syndicat du personnel de cabine (Unabhängige Flugbegleiter Organisation – UFO) et Verdi.

69. En dehors du secteur des transports, d'autres services essentiels touchés par les grèves sont notamment les hôpitaux, les établissements d'accueil et de garde des enfants ainsi que le service de ramassage des ordures. Dans le secteur hospitalier, l'on peut citer le mouvement de grève observé dans les cliniques universitaires et autres hôpitaux publics en 2006 à la suite de l'échec des négociations collectives entre le syndicat des médecins (Marburger Bund) et l'association patronale des « Länder » et des communes, mais aussi les grèves d'avertissement organisées entre mars et juin 2014 dans plusieurs cliniques à Berlin et celles intervenues dans certains centres de dons du sang. Les établissements d'accueil et de garde des enfants, quant à eux, ont été plusieurs fois paralysés par des grèves en série, dont les plus remarquables remontent en 2009 et 2014 et les plus dures en 2015.

70. L'analyse de ces statistiques montre que les syndicats font de plus en plus recours à la grève, ce qui justifierait la crainte exprimée dans certains médias qui pensent que la République fédérale d'Allemagne risque de se transformer en une « République de la grève » (*Streikrepublik Deutschland*).[86] Aussi des voix se lèvent-elles de plus en plus en faveur des limitations du droit de grève, du moins dans les services jugés essentiels.

D. Des restrictions du droit de grève dans les services essentiels

71. Il est essentiellement question d'examiner si et dans quelles conditions la liberté syndicale ainsi que le droit de grève qui en est le corollaire peuvent faire objet des restrictions visant à préserver les droits des usagers des services essentiels ou à épargner ces derniers des conséquences négatives de la grève.

I. Etat des lieux sur la question des limitations du droit de grève dans les services essentiels en Allemagne

72. De façon générale, les restrictions au droit de grève fondées sur la protection des tiers résultent essentiellement du principe de proportionnalité, dont l'application par les cours et tribunaux du travail

86 Spiegel Online, édition du 13.05.2015.

et l'interprétation par la doctrine méritent d'être examinées minutieusement.

73. Il sied de noter d'entrée de jeu que les juridictions fédérales compétentes, à savoir la Cour constitutionnelle fédérale et la Cour fédérale du travail n'ont pas encore eu à se prononcer spécialement sur la question des restrictions du droit de grève dans les services essentiels (Sittard 2008 : 180). L'on retrouve seulement quelques indices dans certains arrêts où les juges insistent sur l'attention à accorder à l'intérêt général en cas d'une grève.[87] Ce sont plutôt les juridictions de première instance et d'appel qui se penchent régulièrement sur cette question dans le cadre des procédures des référés. Les décisions rendues sont très divergentes – notamment en ce qui concerne les grèves des cheminots (Buchner 2007 : 2520 ; Fischer 2009 : 288). L'on distingue d'une part les tribunaux qui, pour des raisons d'intérêt général, notamment à cause des conséquences négatives sur la prestation des services essentiels en faveur des tiers,[88] ont jugé illicites certaines grèves ou ont soumis leur exercice à un certain nombre de restrictions. Il y a d'autre part des tribunaux qui considèrent les grèves intervenues dans les services essentiels comme étant licites aussi longtemps que l'approvisionnement de base en faveur de la population est assuré.[89]

74. Abondant dans le même sens que la jurisprudence, la doctrine semble également partagée en trois différents fronts. Un premier groupe (Schubert 2014 : 176 ; Hensche 2011 : § 18 ; Treber 2015 : § 192) soutient le caractère absolu du droit de grève tel que garanti par l'article 9 al. 3 de la loi fondamentale et rejette toute idée des restrictions, même celles supposées protéger l'intérêt général qui, d'ailleurs, serait déjà pris en compte par les syndicats à travers l'organisation du service minimum.

75. La doctrine majoritaire s'oppose à ce point de vue et estime que le droit de grève peut faire objet des restrictions justifiées par la protection d'autres droits également garantis par la loi fondamentale, tel que le droit à la vie et à l'intégrité physique (art. 2 al. 2). Ce

---

87 Cf. BVerfG 26.06.1991, AP Nr. 117 zu Article 9 GG Arbeitskampf (C II 3 a); BGH 31.01.1978, AP Nr. 61 sur l'Article 9 GG Arbeitskampf (I 1); BAG 21.04.1971, AP Nr. 43 zu Art. 9 GG Arbeitskampf (III A 1).

88 LAG Hamm 18.12.2006 – 8 Sa 2052/06, juris (§ 15).

89 LAG Hessen 07.11.2014 – 9 SaGa 1496/14, juris (§ 260ss); LAG Sachsen 02.11.2007, NZA 2008, 59 (F II 1).

deuxième groupe est composé de deux courants : d'une part les auteurs qui soutiennent une interdiction totale de la grève dans les services essentiels (Scherer 2000 : 105ss), notamment pour les services de secours et le service anti-incendie, les entreprises de distribution d'eau et d'énergie ainsi que la fourniture des soins médicaux et infirmiers, et d'autre part ceux qui privilégient une solution intermédiaire, c'est-à-dire celle qui autoriserait l'exercice du droit de grève en le soumettant à certaines restrictions (Bayreuther 2008 : 13 ; Hufen 2014 : 1238). La licéité de la grève supposerait dans ce cas que les droits fondamentaux essentiels des tiers soient suffisamment garantis. Il s'agit notamment d'assurer les soins indispensables aux malades, l'approvisionnement ininterrompu du sang et la fourniture en eau, électricité et gaz, de garantir la surveillance de la navigation aérienne et d'établir un plan d'urgence de trafic.

II. Regards croisés sur le droit comparé

76. Avant de procéder à une appréciation critique de différents arguments développés ci-haut autour de la problématique des limitations du droit de grève dans les services essentiels en Allemagne, il convient de jeter un regard au-delà des frontières du droit allemand et de nous imprégner de l'état de la question dans quelques pays choisis comme échantillon pour la présente étude, à savoir : la France, le Canada/Québec et la République démocratique du Congo. Cette démarche ne consiste pas en une simple juxtaposition des régimes de réglementation de la grève dans les services jugés essentiels dans les pays concernés, mais elle vise surtout à mettre en évidence quelques mesures adoptées par les législateurs français, canadien/québécois et congolais tendant à concilier l'exercice du droit de grève avec l'obligation qui incombe à l'Etat de garantir les services essentiels à la population. Les éléments ainsi recueillis pourraient éventuellement servir de référence en droit allemand.

1. Le droit de grève dans les services publics en France

77. La reconnaissance du droit de grève en France est consacrée dans le préambule de la Constitution française du 27 octobre 1946, confirmé par celui de la Constitution du 4 octobre 1958. Toutefois, tel que le constate Antoine Mazeaud (2014 : 280ss), il n'est pas toujours aisé de concilier l'exercice de ce droit qui vise à défendre les intérêts professionnels avec les exigences propres aux services publics.

78. Cette problématique de conciliation du droit de grève avec la continuité nécessaire des services publics a notamment été soulevée par le Conseil d'Etat dans son arrêt Dehaene[90] dans lequel il reconnaît la licéité de la grève dans les services publics, tout en évoquant la possibilité pour le législateur d'apporter à ce droit des limitations visant la sauvegarde de l'intérêt général. Abondant dans le même sens, le Conseil constitutionnel souligne que « la reconnaissance [constitutionnelle] du droit de grève ne saurait avoir pour effet de faire obstacle au pouvoir du législateur d'apporter à ce droit les limitations nécessaires en vue d'assurer la continuité du service public qui, tout comme le droit de grève, a le caractère d'un principe de valeur constitutionnelle. »[91]

79. En clair, le droit de grève peut faire objet des restrictions justifiées par la nécessité d'assurer la continuité des services publics (Fontaine 2004 : 19ss ; Pilczer 2010 : 7). Ces restrictions peuvent consister notamment en une obligation de préavis de grève, en l'instauration d'un service minimum obligatoire, en des mesures de réquisition ou même en une interdiction du droit de grève pour certaines catégories des agents (Guillet 2012 : 697 ; Ray 2007 : 1205).

80. Spécialement dans le secteur des transports de voyageurs par voie terrestre (cf. art. L. 1324-2ss Code des transports) et dans les écoles maternelles et élémentaires (cf. art. L. 133-2 et art. L. 133-11 Code de l'éducation), le législateur a prévu un processus préventif tendant à régler les conflits collectifs du travail par le dialogue social. En effet, dans les entreprises ou établissements relevant de ces secteurs, le dépôt d'un préavis de grève ne peut intervenir qu'après une négociation préalable entre l'employeur et les organisations syndicales représentatives qui envisagent de déposer le préavis. Par ailleurs, le législateur français instaure une disposition novatrice consistant en une obligation pour chaque salarié dont la présence détermine directement l'offre des services d'informer le chef d'entreprise de son intention de participer à la grève au plus tard 48 heures avant. De même, tout gréviste qui renoncerait à participer au mouvement de grève annoncé ou qui désirerait reprendre le travail avant la fin d'une grève en cours

---

90 CE 07.07.1950, arrêt n° 01645 (Dehaene).

91 CC 25.07.1979, décision n° 79-105 DC.

est tenu de faire une déclaration individuelle de sortie de la grève au plus tard 24 heures avant. Ces mesures permettent notamment à l'entreprise d'élaborer un plan de prévisibilité destiné à garantir l'accès des usagers aux services publics touchés par la grève.

81. Enfin, l'inobservation des dispositions légales et réglementaires en matière de grève dans les services publics entraîne l'application des sanctions à l'égard du personnel concerné. Ces sanctions peuvent en général consister en une retenue du traitement ou du salaire et de ses compléments pour chaque journée de grève[92] ou entraîner la révocation ou la rétrogradation du gréviste, s'il s'agit d'un fonctionnaire.[93]

2. Le droit de grève et les services essentiels au Canada/Québec

82. Le système juridique canadien étant tributaire de la nature fédérale de l'Etat, il sied de noter d'emblée que l'analyse comparative entreprise dans le cadre de la présente étude se limite essentiellement au droit de la grève applicable au Québec. En effet, l'article 92 point 13 de la Loi constitutionnelle canadienne de 1867 attribue aux provinces la compétence législative pour des matières relevant de la catégorie « propriété et droits civils dans la province », matières auxquelles les cours et tribunaux[94] rattachent également les relations du travail (Delorme et Nadeau 2002 : 744). L'Etat fédéral n'a le pouvoir de légiférer dans ce domaine que pour des questions directement liées à l'exercice de ses compétences exclusives en vertu de l'article 91 de la Loi constitutionnelle de 1867. Par ailleurs, le choix de la province du Québec se justifie non seulement par la spécificité du système juridique québécois avec la cohabitation de deux grandes familles juridiques (Le May 2009 : 84), mais aussi et surtout par l'existence d'un système assez particulier de garantie des services essentiels en cas de grève.

a. Des règles générales sur l'exercice du droit de grève

83. Le droit de grève au Québec est déduit de la liberté d'association garantie à l'article 3 de la Charte québécoise des droits et des libertés de la personne (Coutu 2015 : 187). Comme les autres libertés et droits fondamentaux garantis par ce texte, le droit de grève aussi ne peut

---

92 Article L. 2512-5 Code du travail ; article L. 1324-11 Code des transports.

93 Article L. 2512-4 Code du travail.

94 Voy. notamment CSC 17.05.2012 – n° 2012 CSC 23 (*Tessier Ltée*), R.C.S. 2012, p. 3, point 11.

s'exercer que « dans le respect des valeurs démocratiques, de l'ordre public et du bien-être général des citoyens (…) » (article 9.1 de la Charte). La portée et les modalités pratiques de l'exercice de ce droit peuvent être fixées par le législateur sans préjudice des dispositions constitutionnelles fédérales[95] et des engagements internationaux pris par le Canada – dans le cadre de l'OIT, de l'ONU et de l'Organisation des Etats Américains. Ces questions sont réglées notamment par les articles 52 à 59 et 105 à 111.22 du Code du travail QC. Aux termes de ces dispositions, la grève ne peut être licite que si elle a été initiée par une association des salariés accréditée et qui a acquis ce droit conformément à l'article 58 du même Code. Par ailleurs, le législateur québécois interdit toute grève organisée pendant la durée d'une convention collective, c'est-à-dire au mépris de l'obligation du respect de la trêve sociale. Outre ces restrictions de portée générale, il en existe d'autres qui interdisent l'exercice du droit de grève aux personnes chargées de certaines fonctions d'autorité telles que les policiers et les pompiers[96] ainsi que les salariés dits « agents de la paix »[97].

b. De l'exercice du droit de grève dans les services publics et dans les secteurs public et parapublic

84. Tel que nous l'avons déjà indiqué plus haut concernant le choix de la province du Québec pour la présente étude, le législateur québécois institue un mécanisme assez original quant aux modalités d'exercice du droit de grève dans les services publics et dans les institutions ou établissements des secteurs public et parapublic qu'il soumet à l'obligation du maintien des services essentiels, c'est-à-dire « au maintien d'une certaine activité en période de grève » (Fontaine 2004 : 41).

85. Pour ce faire, l'article 111.0.16 du Code du travail QC dresse une liste exhaustive des établissements chargés d'une mission des services publics qui pourraient éventuellement en vertu de l'article 111.0.17 al. 1 du Code du travail QC être assujettis à l'obligation du

---

95 Cf. article 2 d) de la Charte canadienne des droits et libertés suivant l'interprétation qu'en fait la Cour suprême du Canada dans son arrêt du 30.01.2015, n° 2015 CSC 4 (*Saskatchewan Federation of Labour c. Saskatchewan*), R.C.S. 2015, p. 245, points 3 et 24.

96 Article 105 Code du travail QC.

97 Article 69 al. 1 en combinaison avec l'article 64 point 4 Loi sur la fonction publique.

maintien des services essentiels en cas de grève. Il s'agit notamment des municipalités et des régies intermunicipales, des agences de santé et des services sociaux, des entreprises des télécommunications, des sociétés de transport terrestre des passagers, des entreprises de production, de transport, de distribution ou de vente de gaz ou d'électricité, des entreprises de ramassage et de gestion des ordures et d'épuration des eaux usées, des services ambulanciers, des entreprises de cueillette, de transport et de distribution du sang ou de ses dérivés ou d'organes humains destinés à la transplantation, etc.

86. L'autre catégorie d'institutions ou établissements soumis au régime du maintien des services essentiels, à savoir les secteurs publics et parapublics, est définie à l'article 111.2 du Code du travail QC. Sont principalement visés d'une part le gouvernement provincial ainsi que les organismes qui y sont rattachés et dont le personnel est nommé suivant les dispositions de la loi sur la fonction publique et d'autre part les établissements du réseau de la santé et des services sociaux. Contrairement aux établissements énumérés à l'article 111.0.16 du Code du travail QC qui regroupent toutes les entreprises qui, indépendamment de leur nature juridique (publique ou privée), sont chargées d'une mission des services publics[98], les institutions ou établissements relevant des secteurs public et parapublic au sens de l'article 111.2 du Code du travail quant à eux rentrent dans le régime des services essentiels non pas sur base d'un critère fonctionnel ou matériel, c'est-à-dire compte tenu des services à rendre à la population, mais plutôt à cause de leur statut.

(i) Conditions et modalités pratiques d'exercice du droit de grève

87. Dans les établissements chargés d'une mission des services publics visés par un décret pris en vertu de l'article 111.0.17 al. 1 du Code du travail QC[99], les parties sont tenues de négocier les services essentiels à maintenir en cas de grève et de transmettre leur entente à l'organe de contrôle compétent, à savoir la division des services

98 Excepté les établissements publics du réseau de la santé et des services sociaux qui eux sont plutôt soumis au régime prévu pour les secteurs public et parapublic.

99 Voir à titre d'exemples décret n° 1054-2014 du 26.11.2014, GOQ II n° 51 du 17.12.2014, p. 4535 ; décret n° 1049-2015 du 25.11.2015, GOQ II n° 50 du 16.12.2015, p. 4891.

essentiels du Tribunal administratif du travail. A défaut d'une entente, il appartient à l'organisation professionnelle qui envisage de recourir à la grève de pouvoir établir la liste des services essentiels qu'elle entend maintenir.[100] Cette liste doit être transmise à l'employeur et au Tribunal administratif du travail. Dans tous les cas, la grève ne peut être licite que si les services essentiels prévus dans l'entente ou la liste sont jugés suffisants par le tribunal[101] et que les délais de préavis ont été respectés.

88. Dans les secteurs public et parapublic en revanche, il sied de distinguer entre la fonction publique et les établissements du réseau de la santé et des services sociaux. Si les règles relatives au maintien des services essentiels dans le réseau de la santé et des services sociaux ressemblent mutatis mutandis à celles prévues pour les services publics en général, il existe cependant une différence majeure avec le régime prévu pour la fonction publique. En effet, dans les établissements du réseau de la santé et des services sociaux, le maintien des services essentiels lors d'une grève est assuré au moyen d'un système basé sur les pourcentages d'effectifs à maintenir en poste par quart de travail parmi les salariés qui seraient habituellement en fonction pendant cette période.[102] Le législateur a donc prévu ici un critère quantitatif (Fontaine 2008 : 729). C'est que les parties sont tenues de négocier non pas les services essentiels, mais plutôt le nombre de salariés à maintenir par unité de soins et catégories de services. Cette entente ou liste doit respecter le minimum d'effectifs exigés par le législateur pour chaque catégorie d'établissements concernés et doit être soumise à l'approbation du tribunal administratif du travail.[103]

89. Toutefois, dans la pratique, les parties recourent à une alternative assez pragmatique (Conseil des services essentiels 2011 : 7) consistant à laisser travailler tous les salariés à la hauteur du pourcentage correspondant du temps prévu à leur horaire habituel de travail et ce, pour chaque quart de travail, mais de manière à assurer la

---

100 Article 111.0.18 Code du travail QC.

101 Voy. notamment CRT 13.08.2013 – n° 2013-QCCRT 0400 (*Coopération d'urgences-santé c. Syndicat du personnel de soutien de la CUS-CSN*), points 14ss. ; 23.01.2014 – n° 2014-QCCRT 0041 (*Syndicat des employés manuels de la Ville de Terrebonne c. Ville de Terrebonne*), points 21ss.

102 Cf. art. 111.10 du Code du travail QC.

103 Articles 111.10.1 et 111.10.3 Code du travail QC.

continuité entre les quarts de travail.[104] Ainsi, les salariés concernés peuvent exercer leur droit de grève pour le reste de temps de travail. Par ailleurs, l'on constate d'une part une tendance pour les syndicats à appliquer volontairement des effectifs plus élevés des salariés à maintenir au travail par rapport aux pourcentages fixés par la loi (Coutu et al. 2012 : 89 ; Fontaine 2008 : 732ss) et d'autre part la tendance pour les établissements relevant normalement des services publics à appliquer volontairement les dispositions prévues pour les seuls établissements publics et parapublics du réseau de la santé et des services sociaux.[105]

90. Notons que contrairement à l'évaluation de l'entente ou de la liste des services essentiels dans les services publics, le tribunal peut, dans le cas des établissements du réseau de la santé et des services sociaux et si la situation particulière de l'établissement lui paraît le justifier, augmenter ou modifier d'office les services qui sont prévus dans l'entente ou la liste avant de l'approuver.[106]

91. Enfin, dans la fonction publique, l'exercice du droit de grève par les fonctionnaires auxquels ce droit est reconnu, ne peut être licite qu'en cas d'échec de la procédure de médiation dûment constaté par un médiateur désigné à cet effet par le Ministre du travail et après que ce dernier ait reçu l'avis constatant l'échec.[107] Dès lors, les parties sont tenues de négocier les services essentiels à maintenir en cas de grève ou, à défaut d'entente, de demander au Tribunal administratif du travail

---

104 Cf. TAT 06.05.2016 – n° 2016 QCTAT 2722 (*CSH-HCN Lessee c. syndicat québécois des employées et employés de service*), point 12 ; 23.01.2017 – n° CQ-2017-0195 (*CSH-HCN Lessee c. syndicat québécois des employées et employés de service*), point 23.

105 Voir à titre d'exemples CRT 18.12.2012 – n° 2012 QCCRT 0586 (*Syndicat québécois des employées et employés de service c. Société Senna SENC., Seigneurie de Salaberry*), point 17 ; 17.05.2013 – n° 2013 QCCRT 0247 (*Groupe Valeo inc. c Syndicat québécois des employées et employés de service*), point 36.

106 Article 111.10.5 Code du travail QC ; voir aussi CRT 09.07.2015 – n° CM-2015-4108 (*Centre intégré universitaire de santé et de services sociaux de l'Ouest-de-l'Île-de-Montréal c. SPSDLL-FIQ*), point 5 ; 13.07.2015 – n° CM-2015-4496 (*Centre intégré universitaire de santé et de services sociaux de Saint-Léonard et Saint-Michel c. Syndicat des travailleuses et travailleurs du CSSS St-Léonard et St-Michel*), point 5.

107 Articles 46ss Loi sur le régime de négociation des conventions collectives dans les secteurs public et parapublic.

de les déterminer.[108] Ainsi, le syndicat qui veut appeler à la grève doit, après réception de la décision du tribunal, transmettre un avis de grève qui tienne compte des délais prévus par la loi.[109]

92. Il convient donc de retenir que contrairement aux règles applicables aux services publics et aux établissements du réseau de la santé et des services sociaux, dans la fonction publique le Tribunal n'a pas le pouvoir d'évaluer une entente sur les services essentiels conclue entre les parties (Coutu et al. 2012 : 92). En outre, au cas où une entente n'aurait pas été conclue malgré l'intervention d'un médiateur, il n'appartient pas au syndicat de présenter une liste des services essentiels à maintenir comme c'est le cas dans les services publics et dans le réseau de la santé et des services sociaux. C'est plutôt le Tribunal qui doit déterminer les services essentiels et les modalités de leur application.[110]

(ii) Organe et mécanisme de contrôle

93. En vue de garantir la mise en œuvre des dispositions du Code du travail consacrées aux services essentiels, le législateur québécois avait créé en 1982 un organe spécial, le Conseil des services essentiels qui fut transformé plus tard en Division des services essentiels de la Commission des relations du travail (CRT) avant de devenir une division du Tribunal administratif du travail (TAT)[111] à partir de janvier 2016. Et pour bien remplir sa mission de garant du respect des services essentiels, le tribunal jouit de larges pouvoirs de redressement et de réparation (Bertrand 2009 : 71 ; Lemieux 1996 : 335), pouvoirs qu'il exerce dans tous les cas où il est d'avis que les services essentiels prévus par les parties sont insuffisants ou qu'ils ne sont pas rendus conformément à l'entente ou à la liste approuvée par lui.[112] Ainsi, il peut enquêter et, le cas échéant, faire aux parties les recommandations qu'il juge appropriées en vue d'améliorer l'entente ou la liste.[113]

---

108 Articles 69 al. 3 et 4 Loi sur la fonction publique.

109 Article 111.11 al. 1 Code du travail QC.

110 Articles 111.15.1 et 111.15.2 Code du travail QC.

111 Articles 1, 4 et 7 point 1 Loi instituant le Tribunal administratif du travail.

112 Articles 111.16ss du Code du travail QC.

113 Article 111.0.19 al. 3 du Code du travail QC ; voir à ce sujet TAT 06.05.2016 – n° 2016 QCTAT 2722 (*CSH-HCN Lessee c. Syndicat québecois des employées et employés de service*), points 14 ss.

94. Mais au cas où les parties ne parviendraient pas à satisfaire à ses recommandations, le tribunal doit faire rapport au ministre en précisant en quoi les services essentiels prévus ou effectivement rendus sont insuffisants et dans quelle mesure cela constitue un danger pour la santé ou la sécurité publique.[114] L'impact de ce rapport est tel qu'il peut entraîner la suspension du droit de grève par décret pris sur recommandation du ministre jusqu'à ce qu'il soit démontré à la satisfaction du gouvernement que les services essentiels seront maintenus de façon suffisante dans le service public concerné.[115] Il sied de retenir que le gouvernement a déjà à plusieurs reprises recouru à cette arme ultime avec l'adoption des lois spéciales de retour au travail (Delorme et Nadeau 2002 : 762ss ; Fontaine 2014 : 51).

95. Enfin, le tribunal administratif du travail peut, en vertu du pouvoir de réparation qui lui est reconnu, ordonner l'application d'une réparation appropriée au bénéfice des utilisateurs du service auquel il a été porté préjudice. Il s'agit d'une réparation sui generis (Fontaine 2004 : 625) qui consiste à compenser un préjudice collectif (Conseil des services essentiels 2009 : 11) et non pas à indemniser des victimes prises individuellement. L'on peut citer à titre d'exemples la construction d'abribus, l'offre de transport gratuit pendant une période déterminée, l'exécution bénévole de certains travaux communautaires qui ne sont pas habituellement exécutés par la municipalité, etc. (Bernier et Lemieux 1994 : 228 ; Coutu et al. 2012 : 97).

(iii) Perspectives

96. Depuis le célèbre arrêt de la Cour suprême du Canada du 30 janvier 2015[116] qui a invalidé une loi provinciale – en l'occurrence la *Public Service Essential Services Act* (PSESA) de la Saskatchewan – ayant notamment pour effet d'interdire la grève aux salariés du secteur public assurant les services essentiels, le régime québécois du maintien des services essentiels en cas de grève fait l'objet d'une controverse doctrinale. Certains auteurs estiment que la décision de la Cour suprême du Canada susmentionnée devrait sans doute influencer l'avenir du droit de la grève applicable au Québec (Coutu 2015a) allant

---

114 Article 111.0.20 du Code du travail QC.

115 Articles 111.0.24 al. 1 et 2 du Code du travail QC.

116 CSC 30.01.2015 – n° 2015 CSC 4 (*Saskatchewan Federation of Labour c. Saskatchewan*), R.C.S. 2015, p. 245.

éventuellement jusqu'à l'invalidation des dispositions pertinentes du Code du travail. D'autres par contre soutiennent que cette décision n'aurait pas d'impact majeur sur le régime québécois qui, tant de par sa composition législative que par sa mise en œuvre, ne contient pas d'éléments problématiques identifiés par la Cour suprême[117] comme motifs d'invalidation de la PSESA (Talarico 2015 : 243ss).

97. Abondant dans le même sens que le dernier groupe, nous estimons également que les dispositions québécoises consacrant l'obligation de maintenir les services essentiels en cas de grève ne sont pas à comparer avec la loi de Saskatchewan invalidée par le juge fédéral. En effet, contrairement à la PSESA qui, dans son article 9, reconnaît à l'employeur public le pouvoir de déterminer de manière unilatérale les services essentiels sans toutefois prévoir en même temps un mécanisme neutre de règlement des différends qui pourraient en résulter, le régime québécois, quant à lui, est fondé sur le principe de négociation des services essentiels par les parties ou, à défaut, sur la responsabilité des syndicats concernés à présenter la liste des services essentiels qu'ils entendent maintenir en cas de grève. Il faut ajouter à cela le rôle d'arbitre que joue le Tribunal administratif du travail/Division des services essentiels. Le seul point qui pourrait à notre avis alimenter les débats à la suite de cet arrêt concerne le pouvoir dont dispose le gouvernement de mettre fin à une grève en cours au moyen d'une loi spéciale de retour au travail (Trudeau 2015 : 485ss).

3. Le droit de grève dans les services publics vitaux en République démocratique du Congo (RDC)

a. Base légale

98. Le droit de grève en République démocratique du Congo est reconnu et garanti à l'article 39 de la Constitution du 18 février 2006 comme une liberté fondamentale qui doit s'exercer dans les conditions fixées par la loi qui peut en interdire ou en limiter l'exercice dans les domaines de la défense nationale et de la sécurité ou pour toute activité ou tout service public d'intérêt vital pour la nation. Cette reconnaissance constitutionnelle du droit de grève peut être perçue comme une mesure d'application, mieux de mise en œuvre des instruments juridiques internationaux ratifiés par la République

117 CSC 30.01.2015 – n° 2015 CSC 4 (*Saskatchewan Federation of Labour c. Saskatchewan*), R.C.S. 2015, p. 245, points 85ss.

Démocratique du Congo en la matière, notamment les conventions de l'OIT (Kalay 2016 : 125ss) et le Pacte international relatif aux droits économiques, sociaux et culturels du 16 décembre 1966.

99. Les modalités concrètes d'exercice de ce droit sont fixées par la loi n° 015/2002 du 16 octobre 2002 portant Code du travail et, le cas échéant, par des mesures d'application prises en vertu de l'article 315 al. 4 du même Code. Parmi les mesures d'application les plus importantes, il convient de retenir notamment l'arrêté ministériel n° 12/CAB-MIN/ETPS/039/08 du 08 août 2008 portant fixation des droits et obligations des employeurs et des travailleurs, parties à un conflit collectif du travail. Par ailleurs, pour les agents de carrière des services publics de l'Etat, la loi se limite à leur garantir le droit de grève dans les mêmes termes que ceux utilisés par la Constitution, sans en déterminer les modalités d'exercice.[118]

b. Conditions de licéité d'une grève

100. Le législateur congolais subordonne la licéité de la grève à l'existence d'un conflit collectif du travail au sens de l'article 303 du Code du travail et à l'épuisement préalable des moyens conventionnels ou légaux de règlement pacifique du conflit.[119] Ainsi, l'exercice du de droit de grève ne peut se justifier que comme « ultime recours » (Dekossago 1998 : 28).

101. Les moyens conventionnels dont il est question ici renvoient à « la procédure de conciliation et d'arbitrage » que les parties à une convention collective doivent obligatoirement prévoir comme moyens de règlement des conflits collectifs pouvant éventuellement survenir entre employeurs et travailleurs liés par la convention.[120] C'est seulement en cas d'absence des moyens conventionnels que les parties à un conflit collectif du travail peuvent recourir à la procédure légale.[121] Celle-ci est organisée par les articles 307 à 315 du Code du travail et comporte deux étapes, à savoir la conciliation devant l'Inspecteur du travail du ressort et, en cas de non-conciliation totale ou partielle, la médiation devant une commission ad hoc.

---

118 Cf. article 93 Loi n° 16/013 du 15 juillet 2016 portant statut des agents de carrière des services publics de l'Etat ; article 99 al. 3 Ordonnance n° 81-160 du 7 octobre 1981 portant statut du personnel de l'enseignement supérieur et universitaire.

119 Article 315 al. 1 Code du travail.

120 Article 279 al. 2, 6ème tiret Code du travail.

121 Article 306 Code du travail.

102. Au cas où les moyens de règlement pacifique des conflits collectifs du travail prévus par l'une ou l'autre des procédures ci-haut évoquées seraient épuisés sans que les parties ne parviennent à un accord, le recours à la grève pourrait être considéré comme l'arme ultime dont disposeraient les travailleurs en vue de faire valoir leurs revendications.

103. Contrairement aux points de vue développés par une partie de la doctrine (Dekossago 1998 : 28 ; Masanga 2015 : 269ss), nous estimons que l'échec de la procédure conventionnelle équivaut à l'épuisement des moyens pacifiques de règlement du conflit et ne saurait plus par conséquent justifier le recours à la procédure légale qui, faut-il le rappeler, revêt un caractère subsidiaire. Déjà l'utilisation de la conjonction « ou » à l'article 315 al. 1 du Code du travail et à l'article 3 al. 1 de l'arrêté ministériel n° 12/CAB-MIN/ETPS/039/08 du 08 août 2008 prouve que le législateur n'entendait pas imposer aux parties l'épuisement de ces deux procédures. En effet, si les parties, se conformant à l'article 279 al. 2 du Code du travail, prévoient dans leur convention collective la procédure applicable pour le règlement d'éventuels conflits collectifs, c'est exactement pour échapper à l'application de la procédure légale. Au cas contraire, cette disposition légale n'aurait pas sa raison d'être. Autrement dit, il ne servira plus à rien de prévoir une telle procédure dans la convention collective liant les parties, si au finish ces dernières sont traitées indifféremment des partenaires sociaux qui ne sont pas liés par une convention collective ou qui n'ont pas prévu une telle procédure.

104. Toutefois, l'exercice du droit de grève ainsi acquis devrait tenir compte de certaines obligations qui consistent notamment à observer un délai de préavis de six jours ouvrables[122] et à assurer les prestations d'intérêt public,[123] telles que la dispensation des soins médicaux, chirurgicaux et pharmaceutiques, le transport des malades et blessés, le fonctionnement des hôpitaux, cliniques, maternités, sanatoriums, établissement pour malades mentaux, crèches et pouponnières, le fonctionnement des services publics et privés veillant à la prophylaxie des maladies contagieuses, les services techniques dans les entreprises de distribution d'eau et d'électricité, etc. Cette obligation d'assurer les

122 Cf. Article 3 al. 1 arrêté ministériel n° 12/CAB-MIN/ETPS/039/08 du 08.08.2008.

123 Article 10 arrêté ministériel n° 12/CAB/MIN/TPS/113/2005 du 26 octobre 2005.

prestations d'intérêt général, mieux de garantir le fonctionnement régulier des services publics vitaux[124] trouve son fondement juridique dans la nécessité de concilier le droit de grève avec les exigences résultant du « principe de continuité » (Vunduawe te Pemako 2007 : 562) des services publics en général.

105. En résumé, il sied de retenir que les restrictions du droit de grève en République démocratique du Congo ne peuvent être tolérées que si elles sont proportionnelles au but poursuivi et qu'elles visent à protéger la population. Cela exclut la possibilité d'ériger une interdiction générale d'exercice du droit de grève, excepté pour les forces armées, la police et autres forces de l'ordre (Kumbu et Kimvuidi 2013 : 25 ; Ngondankoy 2013 : 118).

III. Appréciation critique

106. Sans préjudice des arguments avancés par les uns et les autres, nous estimons que si l'on part du principe d'interdépendance des droits de l'homme et des libertés fondamentales et de l'évidence qu'il n'existe pas de droit à la violation des droits d'autrui, l'on peut admettre que le droit de grève, en dépit du caractère sacro-saint que lui confère l'article 9 al. 3 de la Loi fondamentale allemande, ne saurait être absolu à tel point qu'il puisse échapper à toutes sortes de restrictions. Bien au contraire, il existe, dans le cas d'espèce, plusieurs raisons qui justifieraient pareilles restrictions. Il s'agit notamment des dommages non pas collatéraux mais plutôt directs que la grève dans les services essentiels provoque pour des personnes autres que le partenaire social (Bayreuther 2008 : 14), partie au conflit collectif du travail et censé répondre aux revendications des grévistes. C'est avec raison que la doctrine compare ce genre de grèves à une « prise d'otage » (*Geiselhaft*) (Scherer 2000 : 36 et 39 ; Schliemann 2012 : 18). A cet aspect de « tripartisme » s'ajoute également la nature substantielle même des biens et services concernés par la grève et dont l'interruption risquerait de mettre en danger la vie, la sécurité ou la santé de la personne dans l'ensemble ou dans une partie de la population (BIT 2006 : 122 et 123).

---

124 Article 93 al. 2 de la Loi n° 16/013 du 15 juillet 2016 portant statut des agents de carrière des services publics de l'Etat ; article 99 al. 3 de l'Ordonnance n° 81-160 du 7 octobre 1981 portant statut du personnel de l'enseignement supérieur et universitaire.

107. Partant, la mesure la plus efficace pour protéger les droits fondamentaux des tiers contre les effets négatifs de la grève dans les services essentiels consisterait en une interdiction pure et simple de cette dernière. Une telle mesure d'interdiction pourrait être soit totale, soit limitée uniquement à certains services. Elle aurait l'avantage d'épargner les usagers des services essentiels des dommages liés à la grève avant même que ceux-ci ne surviennent ou ne deviennent une réelle menace pour la population concernée.

108. Cependant, le souci d'assurer une protection efficace aux tiers victimes des conséquences de la grève ne saurait justifier n'importe quelles restrictions au droit de grève (Weißleder 2013 : 88). Ici s'impose l'application du principe de proportionnalité. La question qui se poserait dans ce cas est celle de savoir s'il n'existe pas des mesures plus douces qui permettraient de garantir les services essentiels à la population même en cas de grève et de concilier les différents intérêts en présence. Un tel résultat est possible grâce au principe dit de « concordance pratique ». Tout bien considéré, l'interdiction du droit de grève ne peut être retenue comme mesure proportionnelle au but poursuivi.

109. Il reste à privilégier des restrictions fondées sur la nature et l'importance des services visés par la grève. Toutefois, il faut garder à l'esprit que certains services connexes ne présentant pas à première vue la même importance que d'autres services peuvent avoir un impact non négligeable sur l'organisation et la prestation de ces derniers. Il en est ainsi notamment des services d'hygiène et de prise en charge alimentaire des malades ou encore de l'administration chargée de commande d'appareils et de médicaments nécessaires au fonctionnement d'une clinique (Bayreuther 2013 : 708).

110. Il sied de relever au regard des développements précédents que le droit de grève peut connaître certaines restrictions au profit d'autres droits fondamentaux des tiers, tel que le droit à la vie et à l'intégrité physique, etc. Ces restrictions résultent, en l'état actuel du droit allemand, de l'application des principes de proportionnalité et de concordance pratique par les cours et tribunaux. Toutefois, l'analyse de la jurisprudence en la matière montre qu'il existe encore des lacunes dans le système actuel de protection des tiers contre les conséquences de la grève dans les services essentiels. Ces lacunes apparaissent notamment à travers les divergences de jurisprudence. En effet, tel qu'il a déjà été mentionné plus haut, les différentes juridictions de première instance et d'appel saisies en procédure de référé ont rendu des décisions diamétralement opposées, ce qui constitue une véritable source d'insécurité juridique (Lörcher 2011 : 114 et 115).

111. En outre, lorsqu'ils procèdent à l'examen de la proportionnalité d'une grève, les cours et tribunaux accordent aux partenaires sociaux, en l'occurrence aux syndicats, un large pouvoir d'appréciation du caractère approprié et de la nécessité de leur action syndicale – un aspect sévèrement critiqué dans la doctrine notamment par Konzen (2010 : 615), Rieble (2008 : 1510), Jacobs (2011 : 80) et Otto (2010 : 135). C'est qu'il n'est pas évident qu'un syndicat agissant comme juge et partie (Konzen 2010 : 616) puisse considérer son action comme inappropriée ou non nécessaire. L'on peut objecter à cet argument le fait qu'un syndicat qui commet une négligence dans l'appréciation de ces critères court le risque de voir son action être jugée illicite par le tribunal et d'être éventuellement condamné au paiement des dommages et intérêts (Berg et al. 2013 : § 285ss). Cette objection ne saurait cependant justifier un tel pouvoir discrétionnaire au profit des syndicats.

112. En effet, l'expérience montre que trop peu d'actions en dommages et intérêts fondées sur l'exercice illicite du droit de grève ont abouti à une condamnation des syndicats concernés. Même s'il pouvait en être autrement, la condamnation d'un syndicat aux dommages et intérêts pour abus du droit de grève ne saurait nullement profiter aux tiers victimes du préjudice subi. Pour ces derniers, le plus important n'est pas une réparation a posteriori, mais plutôt une protection consistant à empêcher la survenance même du préjudice. Par conséquent, l'examen de proportionnalité de la grève dans les services essentiels ne devrait pas se limiter à une évaluation classique des intérêts opposés de deux parties au conflit, mais devrait plutôt et surtout prendre en compte l'intérêt général et la nécessité de protéger les droits des tiers (Franzen, Thüsing et Waldhoff 2012 : 11 ; Hufen 2014, 1239).

E. Plaidoyer en faveur d'une réforme du droit allemand de la grève

113. Si d'aucuns sont d'avis que les lacunes observées dans l'application du principe de proportionnalité par les cours et tribunaux appellent un renforcement du mécanisme de protection des tiers contre les conséquences néfastes de la grève dans les services essentiels, il n'est pas cependant aisé de trouver un consensus sur la manière dont une telle réforme devrait être réalisée. Deux principales pistes sont envisagées : le revirement de jurisprudence ou l'adoption d'une loi spéciale.

I. Revirement de jurisprudence

114. Pour une partie de la doctrine (Fischer 2012 : 131 ; Schubert 2014 : 184), le renforcement des restrictions du droit de grève dans les services essentiels peut être atteint grâce à l'évolution de la jurisprudence dans un sens beaucoup plus sensible à la protection de la population. C'est que les juges devraient être appelés à prendre davantage en compte les intérêts des tiers, chaque fois qu'il sera question d'examiner la proportionnalité d'une grève qui risque d'avoir un impact négatif sur la fourniture ou la prestation des services jugés essentiels pour la survie et le bien-être de la population. L'hypothèse du revirement de la jurisprudence est complétée par d'autres aspects qui rendraient superflue toute intervention du législateur sur cette question. Il s'agit notamment de l'interdiction pour les fonctionnaires de recourir à la grève (*Beamtenstreikverbot*) et du sens de compromis qui caractérise les partenaires sociaux allemands.

115. Les premiers éléments d'analyse de cette piste montrent qu'il s'agit du moyen le plus simple de renforcement des restrictions du droit de grève dans les services essentiels parce qu'il permet de contourner, mieux, d'éviter les barrières politiques inhérentes à toute procédure législative, surtout qu'il s'agit d'une matière pour laquelle le législateur s'est illustré par un mutisme inexplicable. Toutefois, à analyser de plus près le développement de la jurisprudence de la Cour fédérale du travail en matière de grève, l'on serait tenté de douter que le revirement ici souhaité pourrait intervenir dans un avenir proche (Schliemann 2012 : 21 ; Rüthers 2015 : 5).

116. Par ailleurs, l'interdiction pour les fonctionnaires de recourir à la grève constitue un véritable socle pour la protection de la population en cas de grève dans les services essentiels. En effet, la plupart de secteurs jugés essentiels relèvent traditionnellement du secteur public. Interdire le droit de grève aux agents œuvrant dans ce secteur profiterait automatiquement à toute la population en général et aux potentielles victimes de la grève en particulier. Or, les services essentiels ne sont pas fournis exclusivement par le secteur public, mais sont aussi assurés en grande partie par les entreprises privées (Greiner 2013 : 624 et 625) dont les salariés sont soumis à un régime juridique différent de celui qui régit les fonctionnaires. Même si l'ensemble des services essentiels relevaient exclusivement du secteur public et étaient assurés par les fonctionnaires, de telle sorte que l'interdiction de faire la grève qui pèse sur ces agents garantirait leur fonctionnement ininterrompu, il n'est pas exclu que le droit allemand connaisse une évolution allant dans le sens de supprimer, d'atténuer ou de préciser cette interdiction (Gooren 2011 : 406 ; Seifert 2009 : 377). En effet, plusieurs organes de contrôle de certains instruments juridiques internationaux garantissant le droit de grève condamnent l'interdiction générale faite aux fonctionnaires de recourir à la grève et prient le gouvernement allemand d'adopter des mesures nécessaires pour reconnaître ce droit aux fonctionnaires qui n'exercent pas des fonctions d'autorité au nom de l'Etat.[125] Au demeurant, l'interdiction de la grève des fonctionnaires ne constitue qu'une demi-mesure. Enfin, l'argument fondé sur l'esprit de compromis et le sens de responsabilité sociale dont font montre les syndicats ne peut convaincre. Même si les partenaires sociaux peuvent, par leurs comportements, tenir compte de l'intérêt général, cela ne saurait empêcher le législateur d'envisager une protection légale.

II. Adoption d'une loi spéciale sur la grève dans les services essentiels

117. Les arguments en faveur d'une intervention du législateur se fondent notamment sur la théorie dite du caractère substantiel d'une part et sur la nécessité de garantir la sécurité juridique d'autre part (Engels 2008 : 327ss ; Hufen 2014 : 1240 ; Konzen et Schliemann 2015

---

125 CEACR, rapport 2012 - ILC.101/III/1A, pp. 54-55 ; OIT, Rapport n° 291 – cas n° 1692 (*Allemagne*), points 191ss. et point 227b ; CEDS, recommandation n° ChS (98) 2 relative à l'application de la Charte sociale européenne (13ème cycle de contrôle – IVème partie), AuR 1998, p. 156; CESCR, observations finales du 20.05.2011 (E/C.12/DEU/CO/5), point 20; CESCR, rapport du 29.03.2012 (E/C.12/2011/3), point 94.

: 16). Selon la théorie dite du caractère substantiel développée par la Cour constitutionnelle fédérale,[126] seul le législateur est habilité à régler les questions de droit qui présentent un certain intérêt substantiel pour le fonctionnement de la nation. Il s'avère que le règlement des conflits collectifs du travail constitue l'une de ces questions. Par ailleurs, en vue d'assurer la sécurité juridique tant pour les partenaires sociaux que pour la population en général, il n'est pas indiqué de continuer à recourir à des décisions isolées ni à une jurisprudence qui a démontré quelques lacunes. Le législateur est donc appelé à se servir des compétences que la loi fondamentale lui attribue à son article 74 al. 1 point 12. Des projets de loi élaborés par certains scientifiques peuvent lui servir de modèle. En effet, il existe plusieurs projets de lois relatifs à la réglementation de la grève. Ils sont présentés soit sous forme d'amendements à la loi sur les conventions collectives (Hromadka 2014 : 1109 ; Heinze 1988 : 161 et Rieble 2005 : 223), soit sous la forme des lois autonomes dont les unes sont à portée générale (Birk et al. 1988) et les autres consacrées spécialement à l'exercice du droit de grève dans les services essentiels (Franzen, Thüsing et Waldhoff 2012 ; Stegmüller 2015 : 723).

118. Abstraction faite de quelques différences mineures, ces textes prévoient un certain nombre des formalités à observer avant et pendant l'organisation d'une grève ou d'un lock out. Mais en réalité, c'est plus l'action collective des travailleurs qui est visée plutôt que la réaction patronale. Ainsi donc, la licéité de la grève est soumise au respect des conditions suivantes : l'épuisement des moyens pacifiques de règlement du conflit, y compris le recours à la conciliation, un vote positif de la majorité des travailleurs syndiqués concernés par le mouvement de grève envisagé, la notification du préavis à l'employeur et l'information en faveur des usagers et l'organisation d'un service minimum.

119. Sans préjudice d'autres points de vue qui considèrent que ces projets de lois visent à instituer une sorte de « *no strike area* » (Fischer 2012 : 131 ; Schubert 2014 : 176ss), nous estimons plutôt qu'il est plus question pour les auteurs de ces différents projets de chercher à concilier l'exercice du droit de grève avec d'autres droits fondamentaux dont la violation pourrait avoir des conséquences néfastes sur l'ensemble ou une partie de la population.

---

126 Cf. notamment BVerfG 26.06.1991, AP Nr. 117 sur l'article 9 GG Arbeitskampf (C.I.2).

120. Cette conciliation peut bien évidemment être réalisée en recourant au principe de concordance pratique qui constitue la méthode traditionnelle de résolution des conflits entre différents droits fondamentaux. Mais la difficulté est que cette méthode s'applique le plus souvent a posteriori. En effet, la saisine du tribunal du travail chargé d'examiner la licéité d'une grève et, le cas échéant, de l'interdire intervient le plus souvent soit pendant que la menace pour les tiers est imminente soit après la survenance même du préjudice (Schliemann 2010 : 939 ; Uhl et Raif 2012 : 310). Par conséquent, l'adoption d'un cadre légal conçu pour encadrer l'exercice du droit de grève dans les services essentiels se présente comme le meilleur moyen de protection des tiers. C'est ici que le recours au droit comparé, notamment français,[127] congolais,[128] canadien[129] et surtout québécois[130] est d'une importance non négligeable.

121. Il reste à savoir à quel niveau le législateur devrait-il intervenir : est-il nécessaire de procéder à une révision de l'article 9 al. 3 de la Loi fondamentale ou bien faut-il simplement adopter une loi d'application ?

122. La première option consisterait à modifier ou à compléter l'article 9 al. 3 de la loi fondamentale afin de préciser les contours du droit de grève et de faciliter éventuellement son interprétation par les cours et tribunaux. La formulation utilisée pour la rédaction de certains articles de la Loi fondamentale tels que l'article 8 al. 2 et l'article 11 al. 2 peut servir de modèle. Mais cette option semble moins appropriée tant du point de vue juridique que pratique. Premièrement, il est presque inhabituel de régler dans une constitution les modalités concrètes d'exercice d'un droit fondamental. La plupart des constitutions modernes se limitent à poser les principes fondamentaux et laissent au législateur le soin d'organiser *in concreto* les modalités d'exercice. Deuxièmement, la modification de la loi fondamentale nécessite une majorité de deux tiers des membres composant les deux chambres du parlement allemand, ce qui n'est pas facile à réaliser surtout lorsque

127 Cf. article L 2512-2 ss du Code du travail-FR.

128 Article 315 al. 1er du Code du travail-CD.

129 Article 87.1 ss code canadien du travail-CA.

130 Article 111.0.15 ss Code du travail-QC.

l'on considère l'attitude du législateur[131] en rapport avec l'adoption d'une loi ordinaire portant sur cette matière.

123. Il ne reste donc qu'à envisager la deuxième option qui, s'appuyant sur l'article 9 al. 3 de la loi fondamentale et sur plusieurs autres instruments juridiques européens et internationaux, permet l'adoption d'une loi générale sur le droit de grève ou du moins d'une loi spéciale sur la grève dans les services essentiels. Notons qu'en cas du silence du législateur fédéral, il est possible que les parlements des Etats fédérés puissent adopter des mesures s'appliquant à leurs circonscriptions respectives, étant donné que les relations collectives du travail constituent une matière relevant de la compétence concurrente de l'Etat fédéral et des *Länder*.[132] Toutefois, il est souhaitable qu'une telle loi soit adoptée au niveau fédéral pour assurer une protection efficace sur toute l'étendue du territoire national.

III. Mesures concrètes

124. Les mesures concrètes sur lesquelles le législateur devrait se pencher sont de deux ordres ; elles visent respectivement la prévention des grèves et, à défaut, l'atténuation des conséquences des grèves inévitables.

1. Mesures préventives

125. Les mesures préventives visent à empêcher la survenance ou l'avènement du dommage plutôt que de se contenter de le réparer plus tard. Elles consistent en une obligation de conciliation préalable et de consultation à la base. L'obligation des parties à un conflit collectif du travail de procéder à une conciliation préalable avant de recourir à l'épreuve de force a déjà été évoquée comme faisant partie du principe de proportionnalité, notamment en tant que concrétisation du principe d'ultime recours (ulitma-ratio-Prinzip). Toutefois, eu égard à la controverse doctrinale sur cette question, l'intervention du législateur permettrait de préciser la portée de cette obligation. Dès lors, les parties à un conflit collectif ne devraient plus jouir du pouvoir d'appréciation sur la nécessité ou non de saisir l'organe chargé de la conciliation et de

---

131 Rüthers (2010 : 9) qualifie l'attitude du législateur allemand de « Regelungsphobie », c'est-à-dire un refus catégorique de légiférer.

132 Cf. article 72 al. 1er en combinaison avec l'article 74 al. 1er point 12 de la Loi fondamentale.

la médiation. Il leur reste cependant la liberté d'accepter ou de rejeter le résultat de cette procédure.

126. Plus qu'une simple consultation à la base, le concept allemand de « *Urabstimmung* » consiste en l'organisation d'un véritable vote formel en faveur ou en défaveur de la grève. En tant que tel, il constitue l'expression de la participation des syndiqués concernés à la prise des décisions en rapport avec l'action syndicale envisagée au moyen d'une procédure démocratique. Toutefois, à analyser de plus près, cette procédure semble moins adaptée à épargner les tiers des conséquences d'une grève dans les services essentiels. Non seulement il s'agit d'une mesure interne à l'organisation et au fonctionnement d'un syndicat (Scholz 2016 : § 205), une matière qui exclut toute intervention de l'Etat (Hamacher 2012 : § 29), mais il est aussi difficile de reconnaître à cette procédure un rôle préventif dont les potentielles victimes de la grève pourraient profiter. En effet, qu'une grève soit organisée avec ou sans organisation préalable d'un vote des salariés ne modifie en rien le sort de la population concernée.

2. Atténuation des conséquences

127. Au cas où toutes les mesures mises en œuvre pour empêcher une grève se révélaient inefficaces, il demeure encore possible de protéger la population en atténuant les effets de la grève grâce au préavis de grève et à l'organisation d'un service minimum. Ainsi, la cessation concertée du travail à la suite d'un conflit collectif devrait être précédée d'un préavis précisant les motifs du recours à la grève, sa durée, le lieu et les services concernés. Ce préavis devrait être déposé dans un délai à déterminer par loi, par exemple cinq jours avant la date prévue pour le déclenchement de la grève envisagée.

128. Il se pose par ailleurs la question de savoir si le dépôt d'un préavis de grève ne serait pas de nature à compromettre les chances d'une éventuelle entente de dernière minute, étant donné que son annonce suffit déjà pour faire subir à l'employeur certaines pertes financières (Bayreuther 2013 : 706, 707). En réalité, un tel problème se poserait si l'obligation de préavis commençait à courir pendant la phase même des négociations. Or elle ne commence à s'appliquer qu'après épuisement de toutes procédures de conciliation, c'est-à-dire au moment où toutes les pistes de règlement pacifique du conflit ont été exploitées sans succès.

129. Enfin, il faut admettre que l'obligation de préavis ne produit pas des effets escomptés dans tous les domaines des services essentiels de la même manière. Si le résultat paraît satisfaisant dans le secteur des transports et d'accueil d'enfants (Kolbe 2009 : 1415 ; Rudkowski 2010 : 267), il ne l'est pas en ce qui concerne la fourniture en eau, électricité et gaz ainsi que les soins urgents en faveur des malades (Rudkowski 2010 : 101, 102). Par conséquent, cette obligation n'est appropriée que dans les services où elle permet réellement à la population de prendre des précautions nécessaires (Rudkowski 2010 : 103).

130. Outre l'obligation de donner préavis, les parties au conflit collectif du travail devraient être tenues d'assurer les travaux qui sont nécessaires à l'approvisionnement de la population en produits et services présentant une importance capitale pour l'existence humaine. L'organisation d'un service minimum en vue de l'exécution de ces travaux incombe aux deux parties. La difficulté pourrait surgir en cas de désaccord. En principe, plusieurs hypothèses sont envisageables. Il s'agit notamment du recours à la compétence d'exception de l'employeur, à la procédure de conciliation ou de référé (Deinert 2011 : 22, 23 ; Treber 2013 : 152), de l'application des mesures de coercition (Stegmüller 2015 : 728), etc.

131. Il serait cependant souhaitable d'exiger des partenaires sociaux qu'ils prévoient dans les conventions collectives des clauses sur l'organisation du service minimum (Kursawe et Pirpamer 2014 : 276). Cet accord qui serait conclu *in tempore non suspecto* aurait l'avantage de régler la question en dehors du contexte de conflit. Pour éviter le risque d'arbitraire, il faudrait prévoir la possibilité de soumettre cette clause au contrôle d'un organe tripartite indépendant qui serait chargé d'examiner la portée des mesures envisagées en vue d'assurer les services essentiels en faveur de la population et, le cas échéant, de faire des recommandations ou d'apporter des modifications nécessaires. L'on pourrait se référer ici au modèle québécois avec la Division des services essentiels du Tribunal administratif du travail. Contrairement à une juridiction traditionnelle, cet organe intervient principalement en matière gracieuse. Il peut être saisi soit par l'un des partenaires sociaux, soit par les particuliers ayant un certain intérêt subjectif, soit enfin d'office.

3. Autres mesures

132. Outre les mesures de prévention et d'atténuation analysées ci-haut, il est aussi possible de recourir à d'autres mesures touchant cette fois le droit matériel même de la grève. Il en est ainsi de la possibilité accordée aux pouvoirs publics d'ordonner la suspension ou l'arrêt d'une grève qui serait de nature à porter atteinte au fonctionnement des services essentiels. Nonobstant leur efficacité pour la garantie des services essentiels en faveur de la population, ces mesures constitueraient une violation disproportionnée de l'autonomie tarifaire au sens de l'article 9 al. 3 de la loi fondamentale et devraient par conséquent être rejetées (Rudkowski 2010 : 124ss).

F. Conclusion et perspectives

133. Il est difficile de prédire si le législateur allemand serait prêt un jour à sortir de son mutisme. D'une part, il existe plusieurs indices qui prouvent que le droit de la grève restera encore longtemps un droit prétorien. C'est ce qui ressort notamment de l'exposé des motifs de la loi sur l'unité tarifaire du 3 juillet 2015.[133] D'autre part, des voix se lèvent de plus en plus au niveau politique pour plaider en faveur d'une législation en matière de grève dans les services essentiels. C'est le cas notamment du document de discussion présenté par le parti « Union Chrétienne Sociale » (CSU)[134] et du projet de résolution déposé au *Bundesrat* par le gouvernement bavarois.[135] Quelle que soit l'orientation que pourrait prendre ce débat politique, une chose reste vraie : le tabou qui entourait la question de la règlementation de la grève en Allemagne semble être levé.

133 Cf. BR-Drs. 635/14 du 29.12.2014, p. 7.

134 *CSU*, Für ein modernes Streikrecht – Koalitionsfreiheit achten – Daseinsvorsorge sicherstellen, Beschluss des Parteivorstandes, Munich, 26 janvier 2015.

135 BR-Drs. 294/15 du 16 juin 2015.

L'engagement au jour le jour en droit du travail congolais : problèmes posés et piste de solution

Par
Jules Masuku Ayikaba

A. Introduction

134. Le développement fulgurant des contrats de travail conclus pour des engagements au jour le jour en République Démocratique du Congo (RDC) interpelle tout juriste-chercheur averti à s'interroger sur le degré de protection des travailleurs liés par ce type de contrat et sur les différentes questions de droit qu'il soulève. Le but ultime de cette étude est de tenter d'apporter des réponses à ces différentes questions, eu égard aux violations des droits sociaux, aux atteintes aux droits des travailleurs sous l'engagement au jour le jour en RDC. A ce propos, Masanga Phoba affirme que dans un pays comme la RDC, l'importance d'aborder les problèmes relatifs au droit du travail n'est pas à démontrer. En effet, aussi bien pour les employeurs que pour les travailleurs, le droit du travail est d'une importance capitale en ce sens que les uns et les autres devront connaitre leurs droits et obligations.[136] En sus, dans une recherche abordant les problèmes du travail, les pouvoirs publics eux-mêmes pourront y découvrir les imperfections qui existent en matière de protection du travailleur. Ils pourront par ricochet entreprendre des réformes nécessaires en vue de la pacification des rapports sociaux.

135. En effet, le droit positif congolais, plus particulièrement le code du travail,[137] protège en général les relations du travail et plus particulièrement celles des engagements au jour le jour. Bien plus, cette nouvelle loi, contrairement à l'ancienne,[138] a apporté bien

136 J. Masanga Phoba Mvioki, *Droit congolais du travail*, Harmattan, Paris, 2015, p. 9.

137 Loi n° 015/2002 du 16 octobre 2002 portant code du travail, telle que modifiée et complétée à ce jour par la loi n° 16/010 du 15 juillet 2016 modifiant et complétant la loi n° 015-2002 portant code du travail.

138 L'ordonnance-loi du 9 août 1967 portant code du travail. Les rédacteurs de ce code l'ont considéré comme *l'initiative la plus importante prise depuis l'indépendance en matière de législation sociale.* Cependant, plus de trente ans après sa promulgation, ce code laissa apparaitre certaines lacunes en ce qu'il était dépassé

d'innovations, notamment, en matière d'engagements au jour le jour. Pour s'en convaincre, l'article 40 a réduit à 22 jours la durée pour que le contrat de travail sous l'engagement au jour le jour soit réputé conclu à durée indéterminée, alors que l'article 29 de l'ancienne loi prévoyait 30 journées de travail pour que ce droit soit acquis par le journalier.

136. Par ailleurs, l'on se pose les questions de savoir que faut-il entendre par engagement au jour le jour ? A la lumière de code du travail, est-il un contrat de travail à durée « déterminée » ? Quid du respect de l'établissement du certificat d'aptitude physique lors de la conclusion de ce contrat ? Comment les litiges relatifs à ce contrat sont-ils tranchés ? Le contrôle de respect, des normes assurant la protection, exercé par l'inspecteur du travail produit-il le résultat escompté ? Quid de la remise du certificat de fin des services aux journaliers ? Quel juste milieu peut-on trouver entre la protection des journaliers et la sauvegarde de l'emploi dans le cadre du contexte congolais ? Enfin, quelle sécurité sociale pour les travailleurs sous l'engagement au jour le jour ?

137. La présente contribution veut fournir quelques éléments des réponses à ces différentes interrogations. Par conséquent, elle examine les points ci-après : définition (B), le contrat d'engagement au jour le jour est-il un contrat du travail à durée « déterminée » ou non ? (C), Quid du certificat d'aptitude physique ? (D), du règlement des litiges naissant de ce type de contrat (E), quid de la remise du certificat de fin des services aux journaliers ? (F), la protection du journalier et la sauvegarde de l'emploi en RDC (G) ? Quelle sécurité sociale pour les journaliers ? (H).

---

tant par rapport à l'évolution économique et sociale du pays qu'à sa conformité aux normes internationales du travail. Par ailleurs, à ce jour, le code de 2002 qui avait abrogé celui de 1967 a, lui aussi, été modifié. L'exposé de motif de la loi qui l'a modifié indique ceci : « Avec l'évolution socio-économique et celle des normes internationales en matière du travail, certaines dispositions de la loi n° 015-2002 du 16 octobre 2002 portant Code du travail sont apparues inadaptées, entraînant ainsi des difficultés pour leur application. Il s'est avéré dès lors nécessaire de les conformer aux réalités ». Cependant, bien de questions, notamment celles relatives aux engagements au jour le jour, que nous souhaitions que la loi de modification puisse organiser dans les plus amples détails, sont malheureusement restées telles quelles.

B. Définition

138. L'expression *Engagement au jour le jour*, nous la tirons de l'article 40 al.2 du code du travail qui dispose « (...) néanmoins, dans le cas *d'engagement au jour le jour*, si le travailleur a déjà accompli vingt-deux journées de travail sur une période de deux mois, le nouvel engagement conclu, avant l'expiration de deux mois est, sous peine de pénalité, réputé conclu pour une durée indéterminée ». On peut d'ores et déjà comprendre que le législateur se limite juste à utiliser l'expression « *engagement au jour le jour* » sans pourtant lui donner un contenu juridique limpide et précis. En fait, le législateur, à la différence d'autres types de contrats tels que le contrat de travail à durée déterminée, le contrat d'apprentissage, n'a pas défini ce qu'il faut entendre par contrat de travail sous l'engagement au jour le jour ! Est-ce que c'est un contrat instantané ou toujours un contrat successif comme ses paires ? C'est celui dont l'exécution ne prend que toutes les 8 heures de travail par jour[139] ou celui dont l'exécution ne doit pas continuer jusqu'au jour suivant ?

139. Bien plus, lorsque nous interrogeons la doctrine, nous ne trouvons pas non plus du coup une définition claire et nette de cette catégorie de contrat de travail. Bien de doctrinaires, en l'occurrence, le feu professeur Mukadi Bonyi, se sont limités juste à présenter la conséquence que la loi réserve au contrat d'engagement au jour le jour, si le travailleur a déjà accompli vingt-deux journée de travail sur une période de deux mois, le nouvel engagement conclu, avant l'expiration de deux mois est, sous peine de pénalité, conclu pour une durée indéterminée.[140] L'article 29 de la loi antérieure prévoyait pour ce faire trente journées de travail. L'innovation consiste en l'espèce à avoir

---

139 L'article 119 du code du travail, tel que modifié et complété à ce jour, dispose : « Dans tous les établissements publics ou privés, même d'enseignement ou de bienfaisance, la durée légale du travail des employés ou ouvriers de l'un ou de l'autre sexe, quelle que soit la forme dans laquelle est exécuté le travail, ne peut excéder quarante-cinq heures par semaine et huit heures par jour. Elle se calcule à partir du moment où le travailleur se tient sur les lieux du travail à la disposition de l'employeur jusqu'au moment où les prestations cessent, conformément aux horaires arrêtés par l'employeur et reproduits au règlement d'entreprise. Elle ne comprend pas le temps nécessaire au travailleur pour se rendre au lieu du travail ou pour en revenir, sauf si ce temps est inhérent au travail. Les heures effectuées au-delà de la durée légale du travail sont considérées comme heures supplémentaires et donnent droit à une majoration de salaire ».

140 Mukadi Bonyi, *Droit du travail*, CRDS, Bruxelles, 2008, p. 184.

réduit de trente à vingt-deux journées la durée de l'engagement des journaliers sur une période de deux mois pour que le nouvel engagement conclu avant l'expiration du délai de deux mois soit réputé conclu à durée indéterminée.[141]

140. A ce propos, la Cour d'Appel de Mbandaka a, à bon droit, admis l'existence d'un contrat de travail à durée indéterminée entre l'employeur et des individus qui, après leur stage de formation professionnelle de six mois, ont travaillé au service dudit employeur en qualité de journaliers durant six mois au moins (RTA 066/89 du 17 août 1990, Onatra c/Bonkenke et crts). En l'espèce, l'employeur soutenait qu'il n'y avait jamais eu contrat de travail entre lui et les intéressés. Il reconnaissait seulement les avoir reçus en stage professionnel et à la fin de celui-ci, avoir remis à chacun une attestation de fin de stage. Selon lui, c'était donc à tort que le juge *aquo* l'avait condamné à payer de dommages-intérêts pour rupture abusive du contrat de travail. En considérant cette fin du contrat d'apprentissage comme étant une rupture abusive du contrat de travail, le premier juge avait mal dit le droit. Cependant, la cour d'appel a rejeté ces allégations de l'employeur après avoir constaté qu'à l'issue de leur stage de formation professionnelle de six mois, les apprentis concernés avaient travaillé au service de cet employeur durant six autres mois en qualité de journaliers. Pour la Cour, le nouvel engagement intervenu avant l'expiration des deux mois après qu'ils avaient déjà accompli trente journées de travail sur cette période était réputé conclu pour une durée indéterminée. Se fondant sur les pièces intitulées « note au secteur médical III » signées par les préposés de l'employeur et versés au dossier auquel elle a eu égard, la Cour en a déduit que les intéressés avaient établi à suffisance de droit l'existence de leur contrat de travail à durée indéterminée pour avoir travaillé au service de l'employeur en qualité de journaliers pendant la période allant de juillet jusqu'au mois de décembre 1986. L'arrêt de la Cour est non seulement conforme à l'article 29, al.2 (40, al. 2) du code du travail, mais également à son article 38(49) qui dispose qu'en l'absence de contrat écrit, le travailleur peut établir par toutes voies de droit l'existence et la teneur du contrat ainsi que toutes les modifications ultérieures.[142]

---

141 *Ibid.*, p. 185.

142 Mukadi Bonyi, *op. cit.*, p. 185.

141. Bien plus, la Cour d'Appel de Mbuji-Mayi a admis l'existence d'un contrat de travail à durée indéterminée dans l'espèce ci-après : Kutelemuka fut engagé par la Société nationale d'électricité en qualité de facturier par un premier contrat daté du 29 juin 1984 et qui devait prendre fin le 9 juillet 1984. Un deuxième contrat fut signé pour la période allant du 2 au 17 août 1984. Ce second contrat fut prolongé par tacite reconduction jusqu'au-delà de la date du 18 août 1985, Kutelemuka ayant reçu l'ordre de mission de s'occuper du recensement des abonnés sur le réseau Snel de la ville de Mbuji-Mayi. Pour la Cour d'Appel, étant donné qu'il s'agissait au départ d'un contrat au jour le jour et que le travailleur qui en était à son second contrat successif avait accompli plus de trente jours de travail sur une période de deux mois, ce nouveau contrat était réputé conclu pour une durée indéterminée (Mbuji-Mayi, RTA, 222/113 du 9 septembre 1988, Kutelemuka c/Snel).[143]

142. Soulignons que la même Cour d'Appel a décidé qu'est à durée indéterminée, en vertu de l'article 29 (40) de code du travail, l'engagement au jour le jour ayant dépassé trente (vingt-deux) journées de travail sur une période de deux mois. La résiliation de pareil engagement par l'employeur, sans motif valable, constitue un licenciement abusif donnant lieu aux dommages et intérêts au profit du travailleur (Mbuji-Mayi, RTA 012 du 27 avril 1999, BAT Congo c/Nyembwe et crts).[144] En outre, lorsque nous nous référons à notre Maître, le professeur Kumbu ki Ngimbi Jean-Michel, dans son manuel de droit du travail, la question des engagements au jour le jour n'y est abordée aussi que dans la facette *Conséquence* que le législateur y attache si un nouvel engagement est conclu avant l'expiration d'une période de deux mois est, sous peine de pénalités, réputé conclu pour une durée indéterminée.[145]

143. Eu égard aux aspects législatifs, jurisprudentiels ainsi que doctrinaux sus invoqués ; on peut réaliser qu'aucune définition précise n'est donnée à ce qu'il faut entendre par contrat de travail sous l'engagement au jour le jour. La question étant plus abordée qu'au regard de la conséquence y attachée par le législateur en cas du renouvellement d'engagement avant l'expiration d'une période de deux

---

143 *Ibid.*, pp. 185-186.
144 *Ibid.*, p. 186.
145 J.M. Kumbu ki Ngimbi, *Droit du travail*, Galimage, Kinshasa, 2014, p. 25.

mois. Cependant, la législation aussi bien la jurisprudence que la doctrine, bien que n'ayant abordé la question plus sous un seul aspect, nous fournissent quand-même bien d'éléments pouvant nous permettre de définir ce type de contrat de travail qui apparait *sui generis*. Ce contrat peut, en effet, être entendu comme un contrat de travail dont les prestations des parties s'épuisent par jour. Durant les 8 heures de travail prévues par jour, chacune de parties au contrat exécute l'ensemble de ce à quoi elle s'est engagée. Il convient de signaler que lorsque le « travailleur » quitte son domicile, le contrat n'existe pas encore et, également, lorsqu'il quitte le lieu du travail pour regagner son domicile, le contrat n'existe plus aussi. D'où, l'un des caractères *sui generis* de ce type du contrat de travail. Enfin, nous estimons qu'au regard de la conclusion fulgurante des contrats de travail sous l'engagement au jour le jour en RDC, il est de bon-à-loi que, de *lege ferenda,* le législateur donne à ce type de contrat un contenu précis pour éviter toute confusion qui pourrait exister dans les têtes de ceux à qui la législation est destinée.

C. Le contrat d'engagement au jour le jour est-il un contrat de travail à durée « déterminée » ?

144. D'entrée de jeu, lorsque nous nous referons à l'article 428 du décret du 30 juillet 1888 sur des contrats ou des obligations conventionnelles qui dispose : « on ne peut engager ses services qu'à temps ou pour une entreprise déterminée », l'on peut conclure qu'en fait tous les contrats sont limités dans le temps, même celui qu'on qualifierait de durée indéterminée connait toujours une certaine limitation dans le temps. En effet, le contrat de travail sous l'engagement au jour le jour est aussi à durée déterminée dans la mesure où il connait une limitation dans le temps. Cependant, à la lumière de code du travail congolais, il n'est pas un contrat de travail à durée déterminée comme celui prévu à l'article 40 du code du travail.[146] Le contrat d'engagement au jour le jour se distingue, sous divers aspects, du contrat de travail à durée déterminée prévu dans le présent code.

145. L'on peut en premier lieu, quant à la forme, noter que l'*Ecrit* est une des conditions du contrat de travail à durée déterminée, en ce

146 L'article 40 du code du travail dispose : « Est à durée déterminée le contrat qui est conclu soit pour un temps déterminé, soit pour un ouvrage déterminé, soit pour le remplacement d'un travailleur temporairement indisponible.

sens qu'à défaut d'écrit, ce contrat est présumé jusqu'à preuve du contraire avoir été conclu pour une durée indéterminée (article 44 al.2), alors que cet article ne s'applique pas dans le cadre d'engagement au jour le jour.[147] Ainsi, en cas d'engagement au jour le jour, l'écrit n'est pas imposé par le législateur.[148]

146. Ensuite, aucun travailleur ne peut conclure avec le même employeur plus de deux contrats à durée déterminée, ni renouveler plus d'une fois un contrat à durée déterminée (article 41 alinéa 1 et 2) sauf dans le cas d'engagement des travaux saisonniers, d'ouvrages bien définis et autres travaux déterminés par l'arrêté ministériel. Pourtant, telle condition n'est pas prévue pour le contrat d'engagement au jour le jour. Car le législateur n'a pas limité le nombre de fois que ce type de contrat devra être renouvelé avec le même employeur. Il a juste prévu une conséquence au cas où ce type de contrat serait renouvelé au moins une fois sur une période de deux mois. Mais l'employeur, pourvu du génie humain inépuisable surtout lorsqu'il s'agit d'inventer le mal, pourra développer des mécanismes pour échapper à cette conséquence, notamment en laissant passer que quelques jours à la fin de cette période de deux mois, pour conclure par la suite le même type de contrat avec le même travailleur au cas où il serait satisfait du travail accompli par ledit travailleur mais qu'il refuserait de l'embaucher définitivement pour éviter les dépenses. Ainsi, il pourra engager la même personne pour des engagements journaliers autant de fois qu'il le voudra. C'est pour cela nous estimons qu'en l'occurrence du contrat de travail à durée déterminée, le législateur puisse limiter le nombre de fois qu'on peut passer avec le même travailleur des contrats de travail pour les engagements au jour le jour.

D. Quid du certificat d'aptitude physique ?

147. Soulignons que l'exécution du contrat de travail est subordonnée à la constatation de l'aptitude au travail du travailleur.[149] En effet, l'aptitude au travail est constatée par un certificat médical

147 J.M. Kumbu ki Ngimbi, *op. cit.*, p. 25.
148 L'on devra, cependant, noter que le contrat de travail peut être écrit ou verbal dans la mesure où l'article 7 du code du travail dispose que : « (…) Contrat de travail : toute convention, *écrite ou verbale*, par laquelle une personne, le travailleur, s'engage à fournir à une autre personne, l'employeur, un travail manuel ou autre sous la direction et l'autorité directe ou indirecte de celui-ci et moyennant rémunération. »
149 Article 38 du Code du travail congolais.

délivré par un médecin du travail ou, à défaut, par tout autre médecin. En l'absence de celui-ci, un certificat provisoire est délivré par un infirmier, sous réserve de soumettre le travailleur à un examen médical dans les trois mois qui suivent le début des prestations de travail.[150] L'exigence du certificat d'aptitude constitue une limitation à la capacité d'exercice des travailleurs. L'examen médical est préalable à la prestation du service et le certificat doit être produit à l'embauche du travailleur. Suivant une démarche téléologique, l'examen d'aptitude physique serait prévu pour éviter qu'une personne médicalement inapte au travail auquel elle est destinée ou affectée ne soit engagée ou maintenue à un tel service. Ce certificat est institué pour mieux garantir la santé des travailleurs.[151]

148. Par ailleurs, les travailleurs sous l'engagement au jour le jour sont embauchés sans moindre allusion à ce certificat. L'on peut se demander si, en instaurant le certificat d'aptitude au travail, le législateur voulait protéger juste les travailleurs issus de contrat à durée déterminée ou indéterminée, ou alors toutes les catégories de travailleurs dépendants ? Nous pensons que l'objectif poursuivi par le législateur c'est de protéger tout travailleur dépendant contre tout travail incompatible avec son aptitude physique et/ou qui pourrait mettre en péril sa santé. Cependant, dans la pratique, cet objectif du législateur n'est pas respecté par bien d'employeurs. D'où, la nécessité d'une protection efficace des travailleurs sous l'engagement au jour le jour. Ces travailleurs sont soumis à des travaux qui ne garantissent pas au mieux leur santé mais ils les acceptent quand-même faute de mieux. Face à une telle situation, les pouvoirs publics devront intervenir pour mettre fin aux violations de la législation en vigueur dont sont victimes, notamment, les travailleurs sous l'engagement au jour le jour.

E. Du règlement des litiges naissant de ce type de contrat

149. Notons d'entrée de jeu que, comme tout litige individuel du travail, le litige individuel du travail né du contrat de travail sous l'engagement au jour le jour n'est recevable devant le tribunal du travail que s'il a été préalablement soumis à la procédure de conciliation préalable initiée par l'une des parties devant l'inspecteur du travail du ressort. Avant la saisine du tribunal, il faut une phase de conciliation

---

150 J. Masanga Phoba, *op. cit.*, p. 39.

151 CADICEC, Code du travail annoté, Editions CADICEC, Kinshasa, 2003, p. 10.

préalable devant l'inspecteur du travail du ressort[152] qui serait sanctionnée par un procès-verbal de conciliation ou de non conciliation. Ce procès-verbal est un acte authentique.[153] Certaines décisions affirment même qu'il fait pleine foi des mentions qu'il contient jusqu'à l'inscription en faux.[154] Cependant, Mukadi Bonyi estime qu'il s'agit là d'une affirmation inexacte dans la mesure où la procédure d'inscription en faux n'est pas organisée par le droit congolais. Il suffit pour renverser la force probante d'un tel procès-verbal d'apporter la preuve littérale contraire (CCCLIII article 201).[155]

150. Bien de décisions de justice ont lieu en matière d'engagement au jour le jour. En effet, la Cour d'Appel de Mbandaka a, à bon droit, admis l'existence d'un contrat de travail à durée indéterminée entre l'employeur et des individus qui, après leur stage de formation professionnelle de six mois (RTA 0.66/89 du 17 août 1990 Onatra (actuelle SCTP) c/ Bonkenke et...).[156] La Cour d'Appel de Mbuji-Mayi a admis l'existence d'un contrat de travail à durée indéterminée dans l'espèce ci-après[157] : Kutelemuka fut engagé par la société nationale d'électricité (Snel) en qualité de facturier par un premier contrat daté du 29 juin 1984 et qui devait prendre fin le 9 juillet 1984. Un deuxième contrat fut signé pour la période allant du 2 au 17 août 1984. Ce second contrat fut prolongé par acte de reconduction jusqu'au-delà de la date du 18 août 1985, Kutelemuka ayant reçu l'ordre de mission de s'occuper du recensement des abonnés sur le réseau Snel de la ville de Mbuji-Mayi. Pour la Cour d'Appel, étant donné qu'il s'agissait au départ d'un contrat au jour le jour et que le travailleur qui en était à son second contrat successif avait accompli plus de trente jours de travail sur une période de deux mois, ce nouveau contrat était réputé conclu pour une durée indéterminée (Mbuji-Mayi, RTA, 222/113 du 9 septembre 1988, Kutelemuka c/Snel).

151. La même Cour a décidé qu'est à durée indéterminée, en vertu de l'article 29(40) du code du travail, l'engagement au jour le jour ayant dépassé trente (vingt-deux) journées de travail sur une période de deux

---

152 Article 298 du code du travail.

153 Article 197 point C du code du travail.

154 Kinshasa, RTA 119 du 04 novembre 1993, cité par Mukadi Bonyi, *op. cit.*, pp. 661-662.

155 Mukadi Bonyi, *op. cit.*, p. 662.

156 *Ibid.*, pp. 185-186.

157 Mukadi Bonyi, *op. cit.*, p. 186.

mois, la résiliation de pareil engagement par l'employeur sans motif valable constitue un licenciement abusif et donnent lieu aux dommages et intérêts au profit du travailleur (Mbuji-Mayi, RTA 012 du 27 avril 1999, BAT Congo c/ Nyembwe et crts).

152. Il sied de noter qu'en cas d'engagement au jour le jour, l'écrit n'est pas imposé par le législateur. A défaut d'écrit, le contrat est considéré comme ayant été conclu pour une durée indéterminée. Cela est une faveur pour le travailleur car la législation congolaise prévoit la primauté du contrat du travail à durée indéterminée.[158] Lorsqu'il est contesté que les parties fussent liées par un contrat verbal, leur contrat est présumé, faute de preuve contraire, avoir été conclu pour une durée indéterminée (C.A Kin./Gombe, RTA 3680 du 24 juillet 1997)159. En cas d'engagement verbal, la preuve peut être faite par tous les moyens de droit et le juge de fond dispose d'un grand pouvoir d'appréciation.[160]

153. Bien plus, il a été jugé qu'est lié à son employeur par un contrat de travail non écrit, l'agent qui a reçu de ce dernier l'autorisation de se rendre à l'étranger pour des raisons de soins de santé et qui a signé plusieurs lettres et actes par lesquels il l'engageait vis-à-vis des tiers (C.S.J RTA 73 du 28/08/1991, Muananteba c/ Oberson).[161] De même, il a été jugé qu'à défaut d'un contrat de travail écrit signé en bonne et due forme par les parties, une attestation délivrée au travailleur par l'employeur et indiquant que l'intéressé est engagé en qualité d'agent de sécurité peut aider à établir l'existence du contrat de travail (C.A Kananga RTA 006, Kasongo c/ Fontshi) ;[162] il a été jugé aussi établi à suffisance de droit l'existence d'un contrat de travail à durée indéterminée, l'agent qui produit une pièce intitulée « note au secteur médical III» signée par le préposé de l'employeur pendant six mois (C.A Mbandaka RTA 066/89 du 17/08/1990).[163] Enfin, il a été jugé qu'un travailleur peut être engagé par un contrat verbal, l'établissement d'un écrit étant un devoir incombant principalement à l'employeur.[164]

---

158 Article 41 et 42 de Code du travail congolais.

159 J.M. Kumbu ki Ngimbi, *op. cit.*, p. 25.

160 *Ibid.*

161 *Ibid.,* p. 26.

162 *Ibid.*

163 J.M. Kumbu ki Ngimbi, *op. cit.*, p. 26.

164 *Ibid.*

154. Par ailleurs, l'on remarquera que rares sont des travailleurs sous l'engagement au jour le jour qui saisissent l'inspecteur du travail, lorsqu'ils sont victimes des violations de leurs droits par l'employeur et bien de causes expliquent cela. Soulevons en premier lieu le cas du phénomène parapluie. Ce phénomène consiste pour l'employeur (opérateur économique, investisseur, chef d'entreprise, etc...) de se tisser des relations avec des autorités publiques (les généraux, les ministres), voire avec les proches du Président de la République, afin qu'au moment du contrôle ou en cas de violation de la loi par lui, qu'il puisse échapper à la répression de par la protection que lui assurent ces autorités et/ou ces personnalités.

155. En cela, l'on s'est posé la question de savoir : « le fait pour les employeurs de chercher ce genre de soutien, c'est seulement par mauvaise foi d'enfreindre la loi ou cela serait dû à autre chose ? ». Et, d'après quelques réactions reçues des employeurs, s'ils recourent à ce genre de protection, ce n'est pas par simple mauvaise foi d'enfreindre la loi, bien au contraire, ils préfèrent, eux aussi, respecter la loi. Cependant, à chaque fois qu'ils ont tenté d'abandonner ce genre de soutien pour ne choisir comme seul bouclier que le comportement digne, c'est-à-dire le respect de la loi et, même lorsqu'ils se déterminaient fermement pour cela, les mêmes autorités leur créaient beaucoup d'ennuis : tracasseries, injustice, à tél enseigne qu'ils se retrouvent contraints de satisfaire à leurs exigences. Ainsi, pour eux, le phénomène parapluie n'est pas une œuvre propre à eux, mais plutôt, une coutume ancrée et dont l'éradication nécessite à tout le moins, un Etat débout qui veillera sur tout en vue d'assurer le bien-être de sa population. Bien évidemment, ce phénomène constitue un blocage considérable à l'application de la législation en vigueur régissant le monde du travail en général et celui des travailleurs sous l'engagement au jour le jour en particulier, dans la mesure où, l'employeur, sachant qu'il est ou qu'il sera protégé, s'enfiche de respecter les dispositions impératives et traite les journaliers comme il l'entend. C'est ce que l'on constate dans les industries de Limeté/Kinshasa qui emploient beaucoup de jeunes kinois comme journaliers et, le traitement qu'elles réservent à ces journaliers laisse à désirer.[165]

165 J. Masuku Ayikaba, *Plaidoyer pour une protection efficace des travailleurs sous l'engagement au jour le jour en RDC*, mémoire de licence en Droit, Université de Kinshasa, 2014, p. 57.

156. Ensuite, la position de force de l'employeur est vue comme un deuxième obstacle à l'application de la législation en vigueur. En effet, grâce à ses moyens financiers, l'employeur impose de fois des conditions de travail inacceptables. Et, le travailleur, manquant suffisamment des moyens financiers et se trouvant dans le besoin ardent d'avoir ne serait-ce que le minimum vital, face à un employeur disposant suffisamment de moyens financiers et relationnels, ne peut que se plier afin de gagner quelque chose à la fin et ce, peu importe les conditions dans lesquelles il travaille. C'est d'ailleurs suite à cette position de force de l'employeur que le législateur a pensé organiser les relations du travail. Cependant, en dépit de cette belle intervention du législateur, le travailleur sous l'engagement au jour le jour ne cesse de se tordre de souffrances suite, notamment, à l'inapplication de la législation en vigueur.[166]

157. Bien également, avec ses importants moyens, l'employeur recourt à de différentes voies pour échapper à la loi, notamment, à la corruption qui est aujourd'hui l'un des fléaux qui gangrènent les pays en voie de développement en général et la RD Congo en particulier. Aussi, les agents qui devraient veiller à l'application de la loi font face à cette corruption. D'après les enquêtes menées, très peu résistent à cette corruption. D'où, la position de force de l'employeur, de par les moyens financiers dont il dispose, est l'un de blocage à l'application de la législation en vigueur. C'est pour cela qu'il faudra mettre en place des mécanismes idoines pouvant faire face à ce fléau. A tout le moins, il faudra un contrôle très efficace pour faire face aux violations de la législation sociale par les employeurs et/ou opérateur économiques qui sont vus comme des criminels en col blanc. Signalons, sans doute, que l'aboutissement de la lutte contre la corruption dépend à la foi d'une application plus rigoureuse des règles et d'une amélioration des conditions de vie des agents chargés de veiller à l'effectivité de ce qui doit être fait.[167] La position de force de l'employeur s'explique aussi du fait qu'à ce jour, il n'y a pas assez d'emplois, pourtant il y a un nombre très élevé de demandeurs d'emploi. Dans un tel contexte, où il y a plus de demandeurs et très peu d'offres d'emploi, la loi de l'offre et de la

---

166 J. Masuku Ayikaba, *op. cit.*, pp. 58-59.

167 R. Masamba Makela, *Droit Economique Congolais*, 2ème éd., Droit et Idées Nouvelles, Kinshasa, 2006, p. 186.

demande ne peut que retrouver sa pleine application. D'où celui qui présentera l'offre est vu comme l'eau dans le désert. Il s'en suit que peu importe les conditions de son offre, il est fort probable que cette offre ne trainerait pas dans le marché d'emploi.[168]

158. L'employeur développe plusieurs mécanismes pour que les violations commises par lui ne soient pas dénoncées auprès des autorités compétentes. Par conséquent, bien d'infractions commises par lui restent dans le chiffre noir ou gris de la criminalité. A titre illustratif, Bwanyangi[169] nous a raconté ceci : « un jour, à cause d'une petite erreur qu'il avait commise, son patron (un sujet indien) lui avait projeté une tasse à café et, il s'était grièvement blessé à la tête. Craignant le pire, son patron, pour le flatter et éviter toute poursuite judiciaire, lui proposa non seulement de le faire soigner mais encore de lui faire signer un contrat de travail à durée indéterminée. Ayant été très attiré par cette offre, il l'accepta sans moindre hésitation et, ainsi se solda cette affaire ».

159. La chose malheureuse que nous décrions à ce stade, c'est l'absence de dénonciation par le travailleur de la violation de ses droits commise par l'employeur. Cette réticence ou ce désintéressement à la dénonciation se justifie par plusieurs raisons. D'abord, bon nombre de journaliers que nous avons rencontrés voient en des employeurs un homme puissant ayant des relations protectrices importantes à telle enseigne qu'ils peuvent se permettre d'enfreindre la loi sans rien craindre de pire et que les accuser ne serait que se lancer dans une aventure dont on ne sait l'issue. Bien davantage, ces travailleurs ont de fois de la méfiance à l'égard de la justice congolaise, en estimant seuls les financièrement forts y gagnent la plupart de cas. Raison pour laquelle, pour eux, dénoncer ou ne pas dénoncer les violations des droits de travailleurs journaliers que commettent l'employeur ne servirait à rien. Cette absence de dénonciation s'explique aussi par l'ignorance car, dit-on, mon peuple périt par manque de connaissance. Nombre de journaliers ignorent leurs droits en tant que tels et, comment peuvent-ils alors en dénoncer la violation d'autant plus qu'ils en ignorent la substance.

---

168 J. Masuku Ayikaba, *op. cit.*, p. 59.

169 C'est un nom fictif que nous avons collé à un ancien journalier du Groupe Congo future ; ce pseudonyme lui est collé à sa propre demande en vue de préserver sa sécurité.

160. Il est honnête d'avouer que la loi n°015/2002 du 16 octobre 2002 avait apporté bien d'innovations par rapport à l'ancienne loi qui organisait les relations du travail devenait anachronique qu'elle nécessitait d'être modifiée. En effet, ces innovations se remarquent dans plusieurs des relations du travail dont, notamment, le contrat du travail au jour le jour. Pour s'en convaincre, l'article 40 du nouveau code dispose : « (…) Néanmoins, dans le cadre d'engagement au jour le jour, si le travailleur a déjà accompli vingt-deux journées de travail sur une période de deux mois, le nouvel engagement conclu, avant l'expiration de deux mois est, sous peine de pénalité, réputé conclu pour une durée déterminée ». Alors que l'article 29 du code de 67 prévoyait, pour ce faire, trente journées de travail. L'innovation ici consiste en la réduction de trente à vingt-deux journées de travail la durée de l'engagement des journaliers sur une période de deux mois pour que le nouvel engagement conclu avant l'expiration de deux mois soit réputé conclu pour une durée indéterminée. Et pour cela, nous saluons l'œuvre du législateur qui a cru en l'amélioration de la situation du travailleur sous l'engagement au jour le jour qui, chaque jour qui passe, ne cesse de lancer des cris d'alarmes quant à la situation exécrable qu'il vit face à l'employeur.

161. Bien évidemment, l'on notera que le nouveau code du travail comporte 334 articles.[170] Ces articles sont contenus dans seize titres intitulés successivement : des dispositions générales, de la formation et du perfectionnement professionnels, du contrat d'apprentissage, du contrat de travail, du salaire, des conditions générales de travail, de la santé et de la sécurité au travail, du service médical d'entreprise, de l'administration du travail, des relations professionnelles, des litiges individuels et collectifs, des sanctions administratives, des pénalités ainsi que des dispositions transitoires.

162. Cependant, il sied de relever que, malgré de nombreux articles que contient ce code, deux alinéas seulement abordent de façon spécifique la question d'engagements au jour le jour, à savoir l'article 40 *in fine* qui dispose : « (…) néanmoins, dans le cas d'engagement au jour le jour, si le travailleur a déjà accompli vingt-deux journées de

170 Il sied de souligner qu'avec la loi modifiant et complétant la loi n° 015-2002 portant code du travail, sur les 334 articles que comporte ce code, 15 articles ont subi des modifications à savoir les articles 1er, 6, 7, 62, 119, 121, 125, 129, 190, 216, 217, 218, 219, 241 et 321. Il y a également l'ajout de deux articles 61 bis et 61 ter.

travail sur une période de deux mois, le nouvel engagement conclu, avant l'expiration des deux mois est, sous peine de pénalité, réputé conclu pour une durée indéterminée » et l'article 44 alinéa 3 qui stipule : « (...) le présent article ne s'applique pas dans le cas d'engagement au jour le jour ». De ce fait, l'on se demande si le législateur n'a pas trouvé assez d'intérêts d'organiser ce type de contrat du travail dans bien de dispositions, comme il l'a fait pour d'autres types de contrats prévus dans le code du travail ou alors c'est juste un oubli ? Dans le cas où la dernière hypothèse serait vraie, l'on déduira alors que le code a été élaboré dans la précipitation au motif que celui de 67 était devenu anachronique et qu'il fallait à tout le moins le changer.

163. Nous estimons qu'il y a intérêt à organiser le contrat d'engagement au jour le jour dans bien de dispositions. De prime abord, cela se justifie du fait que le législateur, lui-même, érige ce type de contrat en un contrat particulier (une exception au principe...) en disposant à l'article 40 dernier alinéa du code que : « (...) néanmoins, dans le cas d'engagement au jour le jour... ». Bien plus, bon nombre de jeunes congolais, en général et kinois en particulier, œuvrent sous l'engagement au jour le jour du fait de manque d'emploi. De par déjà l'évolution importante des engagements au jour le jour, nous pensons qu'il est opportun pour le législateur d'organiser ce type de contrat de façon particulière pour mieux garantir l'intérêt des journaliers. Aussi, nous estimons que cette catégorie de travailleurs mérite une rémunération spéciale afin de décourager cette mauvaise politique des employeurs privés qui consiste à éviter des charges et partant, à maintenir les gens sous l'engagement au jour le jour et ce, avec un peu plus de malignité comme, dit-on, le génie humain, surtout lorsqu'il faut inventer le mal est inépuisable.

F. Quid de la remise du certificat de fin des services aux journaliers ?

164. Signalons qu'aux termes de l'article 79 alinéa 1 du Code du travail, lorsque le contrat de travail prend fin pour quelque cause que ce soit, l'employeur est tenu de délivrer au travailleur un certificat attestant la nature et la durée des services prestés, la date de début et de la fin des prestations ainsi que son numéro d'immatriculation à l'institut national de sécurité sociale... Quant à son contenu, le certificat doit porter l'indication exacte des fonctions remplies en dernier lieu par l'employé sans qu'il y ait lieu d'y ajouter une assimilation ou une insinuation quelconque à d'autres fonctions. Bien évidemment, notons que le salarié peut obtenir l'allocation des dommages intérêts pour non délivrance du certificat de fin des services ou pour rédaction défectueuse de celui-ci, à la condition de justifier l'existence d'un rapport de causalité et d'un préjudice. Il a été jugé qu'est sans fondement et sera rejetée la demande de l'appelant tendant à se faire allouer l'équivalent en Nouveau Zaïre (Franc congolais) de 200 USD pour l'attestation de fin des services (Cour d'Appel de Kinshasa/Gombe, RTA 3604, 1996, Nkosi Mbenga c/ Ass. Zaïroise pour le bien-être familiale « AZBEF »).[171]

165. Le certificat permet au travailleur d'attester son expérience auprès d'autres offreurs d'emploi. Ce certificat trace une certaine carrière suivie par le travailleur. Cependant, le travailleur journalier, lui, ne connait aucune carrière en tant que tel, d'où on ne sait lui établir un certificat à la fin de son contrat avec l'employeur. Par conséquent, il aura difficile à prouver son expérience auprès d'autres employeurs. Et dans le contexte actuel de la RDC où il n'y a presque pas d'emploi, les employeurs, avec leurs rares offres d'emploi, recourent souvent aux engagements journaliers (telles sont le cas de beaucoup d'industries installées à Kinshasa/Limete Industrielle) et partant, les travailleurs qui œuvrent sous ce contrat ne sauront jamais prouver sur papier leur expérience ailleurs et ce, peu importe le temps qu'ils auraient trainé sous le contrat d'engagement au jour le jour. Le contrat d'engagement au jour le jour n'assure aucune stabilité au journalier, ni aucune protection face aux risques sociaux.

E. Le juste milieu entre la protection du journalier et la sauvegarde de l'emploi dans le cadre du contexte congolais

166. La question fondamentale qui se pose sous ce point est bien celle de savoir : « eu égard au contexte d'emploi actuel en RDC, peut-on protéger le travailleur tout en assurant la sauvegarde de l'entreprise ? ». Il convient de noter, d'entrée de jeu, que la notion de travail et celle de l'entreprise sont tellement liées que l'on ne saurait concevoir l'existence de l'une sans l'autre. L'on ne sait parler d'entreprise sans travail ; tout comme l'on ne saurait parler de

171 K. Ndombele Kisusa et Kienge-kienge Intudi, *Les arrêts en matière du travail*, vol. 1, Editions LULE, Kinshasa, 1996, p. 266.

travailleur dépendant dans un monde où il n'existe pas d'entreprise. Si d'un côté, l'on chercherait à protéger le travailleur, il serait absurde qu'on ne pense pas à la sauvegarde et la perpétuation de l'entreprise qui donne le travail, de l'autre côté. A l'ère actuelle, d'aucuns voient en l'entreprise une poule aux œufs d'or qu'il faudrait à tout prix protéger. Et donc trop coincer l'entreprise aurait comme risque de faire perdre au travailleur, même, le peu qu'il pouvait gagner. Car l'entreprise se sentant trop coincée dans la réalisation de ses objectifs, il y a un grand risque qu'elle ferme. Pourtant, dans le contexte, tel que celui de la RDC où le marché de l'emploi évolue à dents de scie, il y a lieu que le peu d'emplois qui y existent soient sauvegardés. Cependant, cela ne devrait pas être une cause de justification pour que les droits des travailleurs soient violés. Il y a donc ici une situation appétence-appétence en ce sens que d'un côté, l'on veut bien assurer au travailleur la protection la plus satisfaisante mais, de l'autre, l'on voudrait aussi bien sauvegarder l'existence de l'entreprise qui donne de l'emploi au travailleur. C'est pour cela, le bon sens voudrait que le juste milieu soit trouvé. Puisse que l'un et l'autre rhument ensemble, il y a lieu de trouver le point qui contribue au bonheur de deux. En effet, le droit positif congolais, dans son état actuel, met en place plus ou moins cet équilibre.

167. La dernière modification du code du travail est plus éloquente à ce sujet puisqu'il indique dans son exposé des motifs qu' « *avec l'évolution socio-économique et celle des normes internationales en matière du travail*, certaines dispositions de la loi n° 015-2002 du 16 octobre 2002 portant Code du travail sont apparues inadaptées, entraînant ainsi des difficultés pour leur application. Il s'est avéré dès lors nécessaire de les conformer aux réalités ». Cependant, l'équilibre entre la protection du travailleur et la sauvegarde de l'emploi mis en place par le législateur est à maintes fois dérangé par la violation de droits du travailleur par l'employeur. Cela est dû, notamment, au manque d'un contrôle efficace de respect de la législation sociale en vigueur par les employeurs.

168. Par ailleurs, d'aucun n'ignore que la ressource humaine fait partie des éléments de la production. Tant qu'elle est dérangée, l'entreprise ne saurait mieux prospérer. Ainsi, il est aussi de l'intérêt de l'entreprise de bien traiter ses travailleurs si elle entend vraiment obtenir d'eux de bons résultats. Ceci laisse entendre qu'aussi bien l'entreprise, le travailleur que les pouvoirs publics, tous ont intérêt à ce que ce juste milieu dans la protection des intérêts de l'un comme de l'autre soit trouvé ; sinon autant qu'on voudrait tirer le drap de son côté dans la satisfaction de ses intérêts, au tant qu'on pourrait aussi beaucoup perdre sans le savoir.

F. Quelle sécurité sociale pour les journaliers ?

169. D'après le Bureau International du Travail, la sécurité sociale est entendue comme la protection que la société accorde à ses membres grâce à une série de mesures publiques contre le dénuement économique et social où pourraient les plonger, en raison de la disparition ou de la réduction sensible de leur gain, la maladie, la maternité, les accidents de travail, le chômage, l'invalidité, la vieillesse et décès.[172] L'on retiendra que le but de la sécurité sociale est de favoriser le développement social et économique en luttant contre la misère et la pauvreté grâce, d'une part, aux prestations sociales qu'elle est appelée à octroyer aux individus et aux membres de leur famille et, aux divers investissements qu'elle peut réaliser, d'autre part. Elle constitue une réponse à une aspiration à la sécurité dans son acception la plus large. Elle a comme objet fondamental d'apporter aux personnes protégées l'assurance que leur niveau de vie et la qualité de leur vie ne seront pas, pour autant que cela soit possible, gravement entamés par une éventualité sociale ou économique quelle qu'elle soit.[173]

170. Par ailleurs, la question fondamentale qui reste posée est celle de savoir « en RDC bénéficient-ils, les journaliers, de cette noble mission de la sécurité sociale ? ». Cette mission est l'une des clés de la justice sociale au sein d'une communauté humaine. Notons en premier lieu que pour bénéficier des allocations qu'assure l'Institut national de sécurité sociale, il faut avoir préalablement accompli le temps de stage pour la contribution.[174] Or, de par le caractère éphémère et instable du contrat de travail sous l'engagement au jour le jour, le journalier ne sait pas accomplir le temps de stage exigé par l'institut. Aussi, de par le caractère instantané de ce type du contrat de travail, l'employeur ne sait l'immatriculer auprès de l'institut. Pour s'en convaincre, lorsque le

---

172 J.M. Kumbu ki Ngimbi, *op. cit.*, p. 149.

173 Mukadi Bonyi, *quelle sécurité sociale pour la troisième république ?*, Kinshasa, Editions NTOBO, 1993, p. 8.

174 Ceci ressort de notre entretien avec le professeur Joseph Loko en date du 16 juin 2015 dans son Bureau, à la Faculté de Droit de l'Université de Kinshasa.

journalier quitte chez lui, le contrat n'existe pas encore, pourtant en cours de route il peut connaitre un accident qui peut le rendre invalide toute la vie. La chance lui ayant souri, il attrapa un job pour le jour, le soir le contrat finit et à sa rentrée à la maison, il peut également connaitre le même accident : voilà l'exemple d'un risque auquel le journalier peut faire face. Ce risque peut également être connu par un travailleur permanent. Pourtant, ce dernier face à un même risque bénéficie de la protection, alors que tel n'est le cas pour le journalier. Surtout, comme on le sait, l'accident est un évènement soudain, anormal, produit par l'action d'une force extérieure et quelle qu'en soit la cause, survenu à un travailleur par le fait ou à l'occasion du travail qu'il y ait faute ou non de sa part. Aux termes de l'article 20.1 du décret-loi du 29 juin 1961 organique de la sécurité sociale « est considéré comme accident du travail, quelle qu'en soit la cause, l'accident survenu à un travailleur par le fait ou à l'occasion du travail, qu'il y ait faute ou non »[175]. Et, comme nous l'avons souligné, le journalier, lorsqu'il quitte et il rentre chez lui, le contrat de travail n'existe pas.

171. A ce jour, la situation économique de notre pays, surtout le taux de chômage très élevé, a fait qu'il y ait une évolution importante de contrats de travail conclus pour des engagements journaliers, pourtant ces journaliers n'ont aucune protection sociale face aux divers risques sociaux auxquels ils peuvent faire face à tout moment. Par ailleurs, les conditions de vie se sont davantage détériorées dans les campagnes au point que cela a entrainé une grande mobilité de la population rurale. L'exode rural ainsi provoqué engendre la diminution de la population active et la baisse de la production agricole. Dans les villes (Kinshasa, notamment), on assiste à l'accroissement de la population, avec comme conséquences la crise de logements, le développement des bidonvilles, les maladies, bref la dégradation de l'environnement et la baisse de la qualité de vie. Cette situation a conduit à l'augmentation du chômage et rend inopérant les mesures prises dans le domaine de l'emploi. Un système de sécurité sociale étendu à tous permettrait de lutter contre cette pauvreté, qui mérite de la part des pouvoirs publics la plus sérieuse considération.[176]

175 J.M. Kumbu ki Ngimbi, *op. cit.*, p. 151.
176 Mukadi Bonyi, *Quelle sécurité sociale…*, *op. cit.*, p. 23.

G. Conclusion

172. Le développement fulgurant de contrats de travail conclus pour des engagements au jour le jour en RDC interpelle tout juriste-chercheur averti à s'interroger sur le degré de protection des travailleurs liés par ce type de contrat et, sur les différentes questions de droit que soulève ledit contrat. Le but ultime étant de concevoir une étude pouvant apporter des réponses aux différentes questions que soulève ce contrat afin de contribuer à la paix sociale et à la véritable protection des journaliers.[177]

173. C'est dans cette optique que la présente étude a visé l'examen du contrat de travail sous l'engagement au jour le jour en République Démocratique du Congo, concernant les différents problèmes de droit qu'il soulève et ce, afin de proposer quelques mesures pour un changement en perspective. Cette catégorie de contrat du travail n'a cessé de poser des problèmes, notamment de sa définition, de sa qualification de contrat à durée « déterminée », de l'exigence légale du certificat d'aptitude physique, de règlement des litiges naissant de ce type de contrat, de remise du certificat de fin de service, du contrôle de l'effectivité des normes assurant la protection exercé par l'inspecteur du travail, de l'équilibre entre la protection du journalier et la sauvegarde de l'emploi, notamment dans le cadre du contexte congolais actuel ainsi celui de la protection des journaliers face aux risques sociaux : quelle sécurité sociale pour ce type des travailleurs ?

174. Au terme de cette étude, en dépit de la présence très importante de contrats de travail conclus pour des engagements journaliers, sur les 334 articles que comporte le code congolais du travail, deux alinéas seulement abordent de façon spécifique la question d'engagements au jour le jour. Aussi, ces engagements n'y sont abordés que dans l'unique aspect de la conséquence que la loi attache au contrat d'engagement au jour le jour lorsque celui-ci est révisé sur une période de deux mois. Contrairement aux autres types de contrat du travail tel que le contrat à durée déterminée et indéterminée, le législateur ne donne pas une définition claire et précise de ce qu'il faille entendre par contrat d'engagement au jour le jour. La jurisprudence comme la doctrine abondante en la matière se sont limitées, elles aussi, à l'unique aspect

177 D. Diumi Shutsha, *Transaction et contrat de travail : une analyse comparative en droits congolais, français et belge*, Thèse de doctorat en droit, Université de St. Louis, 2013, p. 7.

de conséquence. En plus, au sens du code du travail congolais, le contrat d'engagement au jour est un contrat de travail qui n'est ni à durée déterminée, encore moins à durée indéterminée. Le législateur n'a pas limité le nombre de fois qu'on peut conclure avec une même personne le contrat d'engagement au jour le jour. Et pourtant, à l'article 40 du code du travail, le législateur reconnait le caractère particulier de ce contrat et ce, en l'écartant de cas d'application du principe posé à cet article. D'où, nous avons estimé que l'organisation de façon spécifique de ce contrat, à l'instar de ses paires, vaut son pesant d'or. En outre, il se pose la question du respect, par les employeurs, de la législation sociale en vigueur.

175. Le constat sur le terrain révèle que les employeurs violent à maintes reprises les droits des journaliers. Il se fait aussi, malheureusement, que le contrôle du respect des normes du travail qu'assure l'inspection du travail ne produit pas le résultat escompté. Il y a également de la part de certains journaliers, le manque de dénonciation de la violation de leurs droits. Cela s'explique, notamment, par l'ignorance de ces droits. Dans le cadre du contexte congolais, le journalier ne se voit pas bénéficier des avantages de la sécurité sociale, pourtant il peut encourir les mêmes risques sociaux qu'un travailleur permanent. Par ailleurs, pour faire face à ce genre de risque, on peut accorder au journalier un salaire minimum interprofessionnel garanti (SMIG) très spécial et ce, en raison du caractère très instable de son contrat. La dernière question est celle de trouver, dans le cadre du contexte congolais actuel, le juste milieu entre la protection du journalier et la sauvegarde de l'emploi. Un tel juste milieu dans l'idée de protéger le journalier tout en assurant la sauvegarde de l'emploi, est-il possible ?

176. A ce propos, il sied de noter que la notion de travail et celle de l'entreprise sont tellement liées que l'on ne saurait concevoir l'existence de l'une sans l'autre. L'on ne sait parler d'entreprise sans travail ; tout comme l'on ne saurait parler de travailleur dépendant dans un monde où il n'existe pas d'entreprise. Si d'un côté, l'on chercherait à protéger le travailleur, il serait absurde qu'on ne pense pas à la sauvegarde et la perpétuation de l'entreprise qui donne le travail, de l'autre côté. A l'ère actuelle, d'aucuns voient l'entreprise comme une poule aux œufs d'or qu'il faudrait à tout prix protéger. Et donc trop coincer l'entreprise aurait comme risque de faire perdre au travailleur, même, le peu qu'il pouvait gagner de son emploi. Car l'entreprise se sentant trop coincée dans la réalisation de ses objectifs ; il y a un grand risque qu'elle ferme. Pourtant, dans un contexte, tel que celui de la RDC où il y a déjà une grande rareté d'offres d'emploi, il y a lieu que le peu d'emplois qui y existent soient sauvegardés. Cependant, cela ne devrait pas être une cause de justification pour que les droits des travailleurs soient violés. Il y a donc ici une situation appétence-appétence. En ce sens que d'un côté, l'on veut bien assurer au travailleur la protection la plus satisfaisante mais, de l'autre côté, l'on voudrait aussi bien sauvegarder l'existence de l'entreprise qui donne de l'emploi au travailleur.

177. C'est pour cela, le bon sens voudrait que le juste milieu soit trouvé. Puisse que l'un et l'autre rhument ensemble, il y a lieu de trouver le point qui contribue au bonheur de deux. En effet, le droit positif congolais, dans son état actuel, met plus ou moins cet équilibre en place. La dernière modification du code du travail en est plus éloquente en ce sens qu'il est indiqué en son exposé de motif « *avec l'évolution socio-économique et celle des normes internationales en matière du travail*, certaines dispositions de la loi n° 015-2002 du 16 octobre 2002 portant Code du travail sont apparues inadaptées, entraînant ainsi des difficultés pour leur application. Il s'est avéré dès lors nécessaire de les conformer aux réalités ».

178. Cependant, l'équilibre entre la protection du travailleur et la sauvegarde de l'emploi mis en place par le législateur est à maintes fois bafoué par la violation de droits du travailleur par l'employeur. Cela est dû, notamment, au manque d'un contrôle efficace de respect de la législation sociale en vigueur par les employeurs. En outre, à l'ère actuelle, la ressource humaine fait partie, à tout point de vue, des éléments de production. Tant qu'elle est dérangée, l'entreprise ne saurait mieux prospérer. Ainsi, il va de l'intérêt de l'entreprise de bien traiter ses travailleurs si elle entend vraiment obtenir d'eux de bons résultats. Les intérêts du travailleur et de l'entreprise peuvent concourir dans une même direction tant qu'il y a bonne foi dans l'exécution des obligations de tout un chacun.

179. Il reste évident que nous n'avons pas rencontré, de façon exhaustive, toutes les questions ainsi que les zones d'incertitude que soulève le contrat d'engagement au jour le jour, nous estimons néanmoins avoir rencontré les questions principales que soulève ce contrat, tout en espérant que nous aurions fait œuvre utile.

Prospection et nécessité d'une assurance-chômage en droit congolais

Par

Giresse Kimvuidi Vela

A. Introduction

180. La sécurité sociale est assise sur le principe que la communauté doit assurer la sécurité contre les risques élémentaires de la vie. Ainsi, tout individu, dans une économie sociale de marché, doit bénéficier des moyens nécessaires pour mener dignement sa vie, lorsqu'il devient vieux et ne peut plus travailler pour gagner sa vie, lorsqu'il est atteint de la maladie pendant une longue période, en cas d'accident qui le rend invalide ou lors qu'il perd son emploi. C'est dans cette optique que les dispositions des articles 23[178] et 25[179] de la Déclaration universelle des droits de l'homme de 1948[180] ont reconnu parmi les droits fondamentaux de l'être humain, la protection contre le chômage et la sécurité en cas de chômage.

181. Le chômage s'entend d'un arrêt involontaire et prolongé du travail dû à l'impossibilité de trouver un emploi pour des raisons indépendantes des capacités de l'intéressé et liées à l'état du marché du travail.[181] Le chômage était souvent considéré comme résiduel et volontaire jusqu'au début du XXème siècle. Lors de la grande dépression des années 1930, le chômage devient par son ampleur un des problèmes sociaux et économiques les plus préoccupants des pays développés. La détermination du niveau de l'emploi devient l'une des questions les plus fondamentales de la réflexion économique, mais aussi un sujet de confrontation sur la prise en charge de personnes ayant perdu leurs emplois.

---

178 « Toute personne a droit au travail, au libre choix de son travail, à des conditions équitables et satisfaisantes de travail et à la protection contre le chômage.»

179 « En outre, elle a droit à un niveau de vie suffisant pour assurer sa santé, son bien-être et ceux de sa famille, notamment pour l'alimentation, l'habillement, le logement, les soins médicaux ainsi que pour les services sociaux nécessaires. Elle a droit à la sécurité en cas de chômage. »

180 Déclaration universelle des droits de l'homme de 1948, *in Journal Officiel du Zaïre*, N° spécial, Avril 1989, p. 7.

181 Mukadi Bonyi, *Droit de la sécurité sociale*, Ntobo, Kinshasa, 1993, p. 237.

182. « La République Démocratique du Congo est parmi les pays qui ont le taux de chômage le plus élevé, et aussi le taux de sous-emploi global, le plus élevé. Les conditions de travail sont pénibles pour la grande majorité bien que l'absence de statistiques ne permette pas de relever des évidences. »[182] Malheureusement, avec le taux accru du chômage, la République Démocratique du Congo (RDC) n'a pas encore intériorisé les multiples avantages attachés à un régime attractif et intégré de la sécurité sociale. Cette dernière n'a qu'une envergure restreinte et ne touche qu'une faible portion de la population. En outre, l'assurance-chômage y reste une terre inconnue.

183. Contrairement au prescrit de l'article 2 point 1.b[183] de la Convention n°102 de l'OIT[184], la sécurité sociale congolaise ne couvre qu'un nombre de risque minime, soit trois risques à savoir les risques professionnels, les pensions et les allocations familiales.[185] Cependant, il est de notoriété[186] que le système de sécurité sociale le plus parfait est celui qui accorde la plus grande somme de protection à un grand nombre de personnes exposées à des risques sociaux. Pour atteindre cet

---

182 A lire dans ce sens Le Programme des Nations Unies pour le Développement en RDC (PNUD), « Le travail au service du développement humain », *in Rapport sur l'indice du développement humain (IDH)*, Décembre 2015.

183 « Un Etat pour lequel la présente convention est en vigueur devra appliquer trois au moins des parties II, III, IV, V, VI, VII, VIII, XI, et X (traitant respectivement des soins médicaux, des indemnités de maladie, des prestations de chômage, des prestations de vieillesse, des prestations en cas d'accidents du travail, et des maladies professionnelles, des prestations aux familles, des prestations de maternité, des prestations d'invalidité et des prestations de survivants), comprenant l'une au moins des parties IV, V, VI, IX, et X.»

184 Ordonnance-Loi n°86/201 du 27 mars 1986 portant ratification de la convention N°102 de l'OIT sur la sécurité sociale, *in Journal Officiel du Zaïre*, n°10, 15 Mai 1986, p. 11.

185 L'article 1, alinéa 1 du Décret-Loi organique du 29 juin 1961 sur la sécurité sociale (*M.C., 1961,* p. 319) dispose à cet effet : « Il est institué un régime de sécurité sociale couvrant le service :

- des prestations en cas d'accident du travail et de maladie professionnelle (branche des risques professionnels);
- des pensions d'invalidité, de retraite et de décès (branche des pensions) ;
- des allocations familiales (branche des allocations familiales) ;
- de toutes autres prestations de sécurité sociale à instituer ultérieurement en faveur des travailleurs salariés. »

186 Mukadi Bonyi, *op.cit.,* p. 25 ; J. Chauchard, *Droit de la sécurité sociale*, 3ème éd, L.G.D. J, Paris, 2001, p. 7 ; F. Kessler, *Droit de la protection sociale*, Montchrestien, Paris, 2002, p. 9.

objectif, la RDC peut, à l'instar d'autres pays, intégrer dans son système de sécurité sociale le risque éventuel pouvant affecter le travailleur dans son travail : l'assurance-chômage. D'où l'idéal d'extension du système congolais de la sécurité sociale par l'instauration de l'assurance-chômage.

184. Sauf qu'il est à constater que nonobstant l'adhésion de la République Démocratique du Congo à la précitée convention, les travailleurs congolais ne sont habilités à retrouver se réconfort, faute de soubassement légal. Il est indispensable de réfléchir sur la nécessité de l'instauration de l'assurance-chômage en RDC, malgré, les difficultés que présente son institutionnalisation. Ainsi, pour mieux assoir convaincre l'opinion congolaise sur l'institution de l'assurance-chômage comme perspective d'extension, il sera indispensable que nous analysions la question de l'instauration de l'assurance-chômage en droit congolais, afin de mieux assoir nos idées sur la matière prospective de l'assurance-chômage en droit congolais.

B. De l'instauration de l'assurance- chômage en droit congolais

185. Le chômage entraîne des conséquences dramatiques pour les personnes qui ne disposent que de leur force de travail pour vivre. Il s'agit donc d'un risque économique qui, en raison de ses conséquences sur la capacité de gain de l'individu, est rangé parmi les risques sociaux par la Convention n°102 de l'OIT. En effet, le réconfort pour les personnes qui ne disposent que de leur force de travail pour vivre, ne peut venir qu'en accordant une sécurité sociale à cette catégorie des personnes, d'où Nécessité de l'instauration de l'assurance-chômage en RDC. Il sied toutefois de signaler que ladite instauration ne sera pas si facile à côtés des difficultés liées au système congolais de sécurité sociale.

I. Nécessité de l'instauration de l'assurance-chômage en RDC

186. L'impact négatif des crises économiques qui frappent la République Démocratique du Congo et qui fragilisent de plus en plus le secteur de l'emploi rend le système congolais de la sécurité sociale déficitaire. Cette situation appelle, comme on dit dans *le jargon médical*, à une autopsie en vue d'un remède, bien avant de présenter l'intérêt de l'instauration de l'assurance-chômage en République Démocratique du Congo.

1. Autopsie au système congolais de la sécurité sociale : la crise d'emploi

187. « Si l'on considère le taux de chômage doublement élargi, le taux de chômage pour l'ensemble de la RDC est de 17,7% dont près de 31% au niveau urbain contre 10,4% au niveau rural. »[187] En revanche, la Banque Centrale Congolaise (BCC) dans le condensé hebdomadaire d'information statistique n°15/2015 fixe le taux de chômage à 43%[188] de la population active. Il se dégage de cette statistique médiocre qu'une des causes de cette déplorable situation est principalement les différentes crises économiques et financières que traverse le pays.[189] Il faut aussi citer la destruction et la dégradation de l'outil de production, le mauvais état des infrastructures de communication, les guerres, les tracasseries administratives, l'insécurité juridique, la mauvaise gouvernance et la corruption, bref, le faible taux d'accroissement des investissements dû au mauvais climat d'investissement.

---

187 Institut National de la Statique (INS), Résultat de l'enquête sur l'emploi, le secteur informel et sur la consommation des ménages, septembre 2014, p. 88.

188 Chiffre corroboré par les données statistiques communiquées par le Gouvernement congolais au mois de mai 2017, à la suite de sa réunion de la « troïka politique ».

189 A titre illustratif, nous citons la crise économique qui a frappé le monde en 2015, aucun secteur ne fut épargné de ces effets négatifs. Les entreprises publiques et privées procédèrent à des licenciements massifs pour anticiper ces effets dévastateurs. La province de KATANGA, le poumon économique du pays, dépendant essentiellement de l'exploitation minière du cuivre et du cobalt, connut une grande régression économique. « Selon la Chambre des mines, la production de cuivre a chuté de -11,6% sur un an au premier trimestre, celle de cobalt de 16,3, et plusieurs entreprises ont arrêté leur production. Certains temporairement, d'autres définitivement. D'ores et déjà, la Chambre des mines estime que les entreprises minières ont supprimé 3.000 emplois et leurs sous-traitants plus de 10.000 emplois » (A lire dans ce sens Jeune Afrique, « A Lubumbashi, capitale minière de la RDC, la crise affecte des milliers de familles, *in Googleweblight.com*, consulté le 29 juin 2016 à 20h).

2. Remède au système congolais de la sécurité sociale

188. Face à cette situation macabre, l'on a toujours dénoncé le déficit de la législation du travail et de la sécurité sociale. Le défi à ce niveau est double, à savoir à court terme améliorer la gestion de la sécurité sociale et, à moyen terme, étendre les prestations sociales à celles non encore couvertes, conformément à la Convention 102 de l'OIT. Face aux maux qui gangrènent la sécurité des travailleurs congolais, nous nous focalisons sur des prestations non encore couvertes en RDC, le risque social appelé « chômage ». En effet, l'assurance-chômage est un régime d'assurance sociale qui vise à compenser la perte de revenus des assurés privés d'emploi. Ceci renforce et personnalise le dispositif d'accompagnement des chômeurs pour un retour à l'emploi plus rapide. En plus, elle permet au chômeur de ne pas avoir la tête sous l'eau pendant la période qualifiée de vache maigre.

3. L'intérêt de l'instauration de l'assurance-chômage en RDC

189. L'intérêt de l'assurance-chômage est tributaire de la nécessité que plusieurs Etats du monde ont donnée à cette institution, surtout pendant les grandes dépressions économiques.[190] Comme nous l'avions évoqué ci-haut, avec le taux accru du chômage, l'instauration de l'assurance chômage permettra à la RDC de s'approprier d'un régime attractif de la sécurité sociale.

---

190 En 2003, avec la hausse du chômage en Suisse dont l'estimation fut 2.000.000 chômeurs, soit 5,2 de la population active, l'association Faîtière des Salariés réclamait principalement des mesures conjoncturelles en faveur de l'emploi, entre autres, la prolongation de 400 à 520 jours du délai-cadre durant lequel les chômeurs peuvent percevoir les indemnités de chômage (assurance chômage). Une solution similaire avait déjà été prise par la France et les USA lors de dépression économiques antérieures. En effet, la France avec la crise économique de 1958, sous l'impulsion du général DE GAULLE qui avait demandé aux partenaires de créer un système national d'aide aux salariés involontaires privés d'emploi. Au milieu de la grande dépression, le Wisconsin devient le premier Etat des USA à adopter une loi sur l'assurance-chômage. Cela s'est produit au cours de la Grande dépression, lorsque le taux de chômage aux USA dépassait le 25%. Six autres Etats ont promulgué des lois de ce genre avant la loi de 1935 portant sur la sécurité social (« the Social Security Act »). En 1935, le Président Franklin DELANO ROOSEVELT a promulgué la loi sur la sécurité sociale, qui contenait des dispositions en matière d'assurance vieillesse, d'aide sociale et d'assurance-chômage (A lire dans ce sens S. Aurey et D. Fuller, *L'assurance-chômage aux Etats-Unis, Unemployment across the US*, 2014, p. 11).

II. Difficultés et solutions à l'institutionnalisation de l'assurance-chômage en RDC

190. Au cours des travaux préparatoires du décret-loi du 29 juin 1961 organique de la sécurité sociale, la question de l'institutionnalisation de l'assurance-chômage avait été examinée, sans que la commission soit parvenue à prendre une décision positive suite à quelques difficultés présentées.[191] Parmi les difficultés qui ont poussé la précitée commission à renoncer à la couverture du risque chômage, il y a lieu de mentionner des charges financières, le caractère structurel de chômage en RDC et les difficultés d'établir un contrôle efficace des conditions devant limiter l'octroi des indemnités. Au regard de ce qui précède, il y a lieu de présenter les difficultés éventuelles de l'instauration de l'assurance-chômage en droit congolais, avant d'envisager des solutions à adopter aux réalités actuelles de la RDC.

1. Le financement de la caisse d'assurance-chômage

191. Le système congolais de sécurité sociale est toujours sensible à la conjoncture salariale. Le financement du régime congolais de la sécurité sociale est assuré pour la plus grande partie par les cotisations des travailleurs et des employeurs. Les autres occupent une place extrêmement faible : le produit des placements de fond, les dons et legs ainsi que toutes autres ressources attribuées à l'INSS par un texte législatif ou réglementaire.[192] La grande difficulté à ce niveau est ce que nous qualifions « *de la paradoxale entre recette et dépense* ». En effet, une réduction de la masse salariale entraîne la réduction corrélative des ressources assises sur cette masse (cotisation). En opposé, l'augmentation des chômeurs entraine l'augmentation des dépenses liées aux allocations de chômage. Ce qui produit l'asphyxie de la caisse.

192. En principe, le régime d'assurance chômage est financé par les contributions des employeurs et des salariés pour indemniser les personnes privées d'emploi qui ont travaillé et cotisé. Dans le contexte actuel du système congolais de la sécurité sociale, l'employeur cotise

191 Mukadi Bonyi, *op.cit.*, p. 237.

192 A lire dans ce sens l'article 12 du Décret-Loi organique du 29 juin 1961 sur la sécurité sociale.

déjà à lui seul 9% de cotisations sociales.[193] Envisager une fois de plus une part des contributions aux employeurs aurait des répercussions sur les investissements en RDC. Trop surcharger les employeurs repousserait les investisseurs et, partant, augmenterait le taux de chômage.

193. Néanmoins, la solution proviendrait du métissage du modèle BISMARKIEN et du modèle BEVERIDGIEN de la protection sociale,[194] en ce que le financement doit être assuré à la fois par le travailleur (le régime d'assurance) et par l'appel d'aide à l'Etat (le régime de solidarité). En effet, le travailleur doit se prémunir contre d'éventuelles situations malheureuses qui pourraient subvenir ; mais l'Etat aussi doit la subsistance aux citoyens malheureux, soit en leur procurant du travail, soit en assurant les moyens d'exister à ceux qui sont hors d'état de travailler, car les secours publics sont une dette sacrée aux personnes démunies.[195]

2. Le caractère structurel du chômage en RDC

194. La courbe du taux de chômage en RDC marche toujours dans une phase ascendante. En effet, lors des années prospères de la RDC jusqu'au recensement scientifique de 1982, ce taux était estimé à 8%. Selon les études menées par le BIT et la BCC, le chômage et l'auto-emploi engobent une grande partie de la population congolaise. Il se dégage de cette étude que dans le secteur formel, avec la crise économique mondiale de 2009, le taux de chômage fut estimé à 76%.[196] Certes, ce taux baissa sensiblement lors des trois dernières années.[197] Cependant, avec la chute actuelle des matières premières (cuivre et

---

193 3,5% pour la branche des pensions, 1,5% pour la branche des risques professionnels et 4% pour la branche des allocations familiales (la dernière branche citée n'est organisée que dans la province de Katanga).

194 Dans le modèle BISMARKIEN, la sécurité sociale vise un système de garantie des salaires tirés de l'activité professionnelle salariée, tandis que dans le modèle BEVERIDGIEN, la sécurité sociale consiste en un mécanisme de redistribution des revenus en fonction des besoins.

195 Pour la modalité pratique de la combinaison de ces deux systèmes, cf. point II.2.2.

196 G. Mpembele, *Crise financière en RDC*, UNTC, 2009.

197 « Il se crée en RDC depuis 2012, 100.000 emplois en moyen chaque année et le taux de chômage en 2014 est de 43% tandis que en 2000, il était de 67% » (A. Muzitu, « Hier, Aujourd'hui et demain », La 5ème tribune, Kinshasa, Le potentiel, 8 juin 2015).

pétrole), rien ne laisse croire que cette situation pourra s'améliorer dans un délai proche.

195. Or, théoriquement, s'il y a moins de chômeurs, il est donc plus facile et moins coûteux de mettre en place une assurance chômage fiable. En effet, le taux accru du chômage amène un déficit d'un régime d'assurance chômage. Pour pallier à ce taux accru, il faut des bonnes politiques d'emploi. Celles-ci renvoient à l'ensemble des mesures étatiques de politiques économiques visant à agir sur l'emploi. Leur objectif le plus courant est la réduction du chômage et la recherche de plein emploi. Ainsi, on distingue généralement deux grands types de politiques d'emploi : les politiques actives qui cherchent à modifier le niveau de l'emploi dans l'économie, et les politiques passives dont l'objectif est de limiter le chômage dans la mesure où l'Etat doit ainsi prendre des mesures efficaces pour éviter des licenciements massifs.

3. Le contrôle de conditions d'octroi des indemnités

196. Il se pose un problème de contrôle effectif sur le nombre des personnes ayant perdu leurs emplois c'est-à-dire un contrôle effectif de masses de chômeurs pris en charge ou à prendre en charge dans un contexte institutionnel. Surtout à ce niveau, il y a déjà un sérieux problème sur l'effectif normal des travailleurs tant dans le secteur public que dans le secteur privé. En effet, avant de marteler sur les conditions d'indemnisation, le contrôle doit se faire d'abord sur le nombre des personnes qui travaillent effectivement et qui contribuent à la sécurité sociale. Ce faisant, toute personne qui sera privée d'emploi doit s'adresser au bureau de chômage. Ainsi, le bureau aura à vérifier toutes les déclarations et les documents introduits par le chômeur. Il peut procéder à toutes les enquêtes et investigations nécessaires, notamment auprès de l'administration et de l'employeur. Après la vérification efficace de conditions d'indemnisation, le bureau, une filière de l'INSS, pourra donner son avis conforme auprès de l'organe assureur pour le paiement des allocations.

C. Feuille de route pour la reforme de système congolais de sécurité sociale : et de l'instauration d'une assurance-chômage

197. Le régime d'assurance-chômage est une pompe aspirante et refoulant, c'est-à-dire qu'il opère des prélèvements par la condition de stage-salarié pour les redistribuer sous forme des prestations de chômage. Ainsi, pour être bénéficiaire du régime d'assurance-chômage en RDC, il faut au préalable avoir satisfait aux conditions d'admissibilité au bénéfice des allocations ainsi qu'aux conditions d'octroi des allocations. Une fois ces préalables cumulatifs réunis, « le chômeur » aura droit aux allocations. Mais avant tout, précisons d'abord ce que pourrait être le champ d'application de l'assurance chômage en RDC.

I. Le champ d'application

198. Le champ d'application du régime d'assurance chômage prendra en compte l'assujettissement ainsi que l'éventualité couverte.

1. L'assujettissement

199. L'assujettissement des travailleurs sera obligatoire à l'institut national de sécurité sociale (organe assureur). Ainsi, la personne protégée est le travailleur salarié lié à l'entreprise par un contrat de travail et dûment immatriculé.

2. L'éventualité couverte

200. Se référant à l'Article 20 de la Convention n°102 de l'OIT, l'éventualité couverte doit comprendre la suspension du gain due à l'impossibilité d'obtenir un emploi convenable dans le cas d'une personne protégée, capable de travailler et disponible pour le travail : le chômage.

II. Les conditions d'admissibilité aux allocations de chômage

201. Le droit de recevoir une indemnité ou une allocation peut être subordonné à l'accomplissement d'un stage comportant soit le versement d'un nombre déterminé de cotisations au cours d'une période déterminée précédant la demande d'indemnités ou d'allocations soit une combinaison de deux méthodes mentionnées ci-dessus. A l'instar du droit français,[198] le candidat à la prestation du chômage doit avant la survenance du sinistre exécuter son contrat de travail pendant une durée prévue et avoir contribué suffisamment (la retenue des cotisations et l'existence d'une rémunération suffisante).

1. Durée de stage

202. Il convient de préciser de prime abord que stage constitue une période d'affiliation pouvant permettre à la caisse sociale d'apprécier les conditions d'éligibilité de l'éventuel bénéficiaire, d'une part et d'autre part, de déterminer la période d'octroi des allocations de chômage. Le stage visera à réserver le bénéfice du régime aux personnes qui auront au préalable démontré par leur travail et par le payement de cotisations suffisantes, leur appartenance à la catégorie sociale que le législateur entend protéger.

203. En droit congolais, le mois d'assurances est le mois au cours duquel l'assuré a pendant 15 jours au moins, ouvrables ou non, continus ou discontinus prestés et dont la durée journalière n'est pas inférieure à la durée prévue par le contrat de travail. La durée de stage sera calculée en termes de journées de travail. Ainsi, la journée de travail, de même que les journées d'activités assimilées à des journées de travail, devront se situer dans la période de référence qui précède la demande d'allocation. A cet effet, nous proposons ce qui suit :

- Pour le travailleur de moins de 18 ans, la période de référence doit être de 12 mois de la demande d'admission et de 160 jours de travail durant cette période ;
- Pour le travailleur dont l'âge varie de 18 à 50 ans, la période de référence doit être de 36 mois de la demande et de 480 jours de travail durant cette période ;
- Pour le travailleur de plus de 50 ans, la période de référence doit être de 48 mois de la demande d'admission et de 640 jours de travail durant cette période.

198 A lire dans ce sens les articles 3 et 4 du Règlement général annexé à la Convention du 14 avril 2017 relative à l'assurance-chômage (*Unedic*).

2. La retenue des cotisations

204. Pour l'assurance-chômage, le travailleur contribuera à concurrence de 2% de sa rémunération mensuelle, l'employeur supportera 1% et, l'Etat sur base de revenu provenant des impôts aura à subventionner 1%. Le taux global de cotisation sera 4% du salaire brut. Aux termes de l'article 13 du Décret-Loi du 29 juin 1961 sur la sécurité sociale,[199] « les cotisations dues à l'Institut sont assises sur l'ensemble des rémunérations, telles qu'elles sont définies au Code du travail et payées aux personnes assujetties. » Ainsi, ne peuvent pas être pris en considération, des prestations de travail qui ne donnent pas lieu à l'assujettissement à la sécurité sociale. Nous citons à cet effet les frais de transport et de logement.

3. L'existence d'une rémunération suffisante

205. Sera considérée comme rémunération suffisante, toute rémunération qui répond aux taux fixés par l'Ordonnance n°08–040 du 30 Avril 2008 portant salaire minimum interprofessionnel garanti (SMIG).[200] Pour le travailleur dont le montant est inférieur au taux actuel du SMIG[201], sa rémunération sera toutefois prise en considération, s'il est prouvé que l'employeur a retenu les cotisations dues à la sécurité sociale pour un montant conforme aux dispositions réglementaires du SMIG.

III. Les conditions d'octroi des allocations

206. L'assuré voulant bénéficier de l'octroi des allocations de chômage doit être involontairement en état de chômage, être disponible sur le marché d'emploi et être apte pour le travail.

1. L'état de chômage

207. La personne protégée est en état de chômage lorsqu'elle est privée de travail et de rémunération c'est-à-dire être totalement ou partiellement sans emploi et avoir subi une perte de salaire. En effet, le

---

199 *MC*, 1961, p. 319.

200 Journal Officiel de la RDC, 49ème année, n° spécial, Kinshasa, mai 2008.

201 Aux termes des articles 2 et 4 l'Ordonnance n°08–040 du 30 Avril 2008 portant SMIG, le taux journalier du SMIG est fixé à 1.680Fc pour le manouvre ordinaire. La tension salariale allant du manœuvre ordinaire au cadre de collaboration est de 1 à 10, soit de 100 à 1000.

droit à la rémunération suffit à faire obstacle à l'indemnisation. Ainsi, le seul fait pour la personne protégée de prétendre ou d'avoir droit, en raison de la rupture de son contrat de travail, à une indemnité ou à des dommages et intérêts, aura pour conséquence qu'elle n'ait pas droit aux allocutions pendant la période couverte par cette indemnité ou par ces dommages et intérêts. C'est ainsi que les allocations de chômage cesseront chaque fois que la personne privée d'emploi ne remplira plus la condition relative à l'absence de la rémunération suffisante.

2. Le caractère involontaire du chômage

208. L'assuré sera réputé avoir perdu son travail pour une circonstance indépendante de sa volonté lorsqu'il a été licencié pour un motif qui ne lui est pas imputable. Par ailleurs, le travailleur privé involontaire d'emploi qui bénéficie de la disposition de l'article 63[202] du Code du travail[203], perd son droit d'obtenir toute allocation de chômage.

3. La disponibilité pour le marché d'emploi

209. Le chômeur doit être en mesure d'accepter et être disposé à exercer tout emploi convenable. La disponibilité pour le marché de l'emploi consistera pour le chômeur à s'inscrire au bureau du chômage en tant que chercheur d'emploi. Le travailleur perdra le droit aux allocations lors qu'il se présente ou se place dans une situation d'indisponibilité objective ou subjective pour le marché de l'emploi.[204]

---

202 « La résiliation sans motif valable du contrat à durée indéterminée donne droit, pour le travailleur, à une réintégration. À défaut de celle-ci, le travailleur a droit à des dommages intérêts fixés par le tribunal du travail calculés en tenant compte notamment de la nature des services engagés, de l'ancienneté du travailleur dans l'entreprise, de son âge et des droits acquis à quelque titre que ce soit. »

203 Loi n°015/2002 portant code du travail, Journal officiel de la RDC, 43ème année, n° spécial, 25 octobre 2002.

204 L'indisponibilité est objective, lorsqu'en raison des dispositions légales ou réglementaires ou d'une situation de fait, le travailleur se trouve dans l'impossibilité d'accepter tout emploi convenable qui lui sera offert. Tel est le cas de la travailleuse, pendant la période du congé de maternité obligatoire. En revanche, l'indisponibilité subjective est celle qui résulte de déclaration faites par le chômeur, lorsque celui-ci soumet sa remise au travail à des réserves qui, compte tenu de critères de l'emploi convenable, ne sont pas fondées. Les déclarations permettent de présumer que le

4. L'aptitude au travail

210. Le travailleur doit être apte au travail au sens de la législation relative à l'assurance maladie-invalidité. Est considéré comme invalide au sens de l'article 40 point 2 du précité Décret-Loi organique du 29 juin 1961, « le travailleur qui, par suite de maladie ou d'accident, subit une diminution permanente de ses capacités physiques ou mentales le rendant inapte à gagner un tiers de la rémunération qu'un travailleur ayant la même formation peut se procurer par son travail. » Ainsi, pour harmoniser les législations d'assurance maladie-invalidité et d'assurance-chômage en matière de règle de cumul, le bénéficiaire des indemnités d'incapacité de travail perd tout droit aux allocations de chômage. Par ailleurs, le travailleur ayant perdu d'emploi à l'âge de 65 ans (âge de la retraite en droit congolais) ne sera plus d'admis sur la liste des allocations de chômage car invraisemblablement il aura droit à la pension de retraite.

IV. Les allocations de chômage et procédure d'octroi de cette allocation

211. Une fois remplies toutes les conditions d'admission, le chômeur aura droit aux allocations de chômage après qu'il ait respecté la procédure prévue à cet effet.

1. Les allocations de chômage

212. Les allocations dues aux chômages seront versées durant une époque, avec un montant et à échéance déterminée.

a. La durée d'indemnisation

213. Calculée en jour calendrier, la durée d'indemnisation dépendra de la durée d'activité antérieure et de l'âge de l'allocataire. Ainsi, nous proposons 3 durées d'indemnisation trois catégories suivantes :

- *Catégorie* A : pour les travailleurs qui ont moins de 18 ans, la durée d'indemnisation est de 6 mois ;
- *Catégorie B* : pour les travailleurs dont l'âge varie de 18 ans à 50 ans, la durée d'indemnisation sera de 6 mois pour chaque période de prestation de 36 mois ;

---

chômeur refuserait la plupart des emplois qui ne seraient pas conforme aux conditions qu'il a lui-même fixées.

- *Catégorie C* : pour les travailleurs de plus de 50 ans, la durée d'indemnisation sera de 9 mois pour chaque période de 48 mois d'activités.

b. Montant de l'allocation

214. Les allocations d'assurance-chômage seront calculées en fonction du salaire antérieur du bénéficiaire des allocations. Quant à la modalité de calcul, les allocations seront égales à 50% du SMIG par catégorie. Si le travail n'était pas payé en fonction du SMIG, son montant journalier moyen serait calculé en divisant par 90 le total des rémunérations mises à la cotisation perçues par le travailleur au cours des 3 mois précédant celui au cours duquel le chômage est survenu. Aucun cumul ne sera toléré à n'importe quelle prestation de la sécurité sociale ou à n'importe quelle indemnisation à des dommages et intérêts prononcés par la justice en ce qui concerne la rupture du travail.

c. Période de paiement d'indemnisation

215. A l'instar de la majorité des prestations de la sécurité sociale couvertes en RDC, l'allocation de chômage sera payée à terme échu à l'expiration d'un trimestre civil.

2. La procédure d'octroi des allocations

216. Le certificat de fin de service, prévu à l'article 79 du Code de travail, constituera l'une des pièces maîtresses du dossier. Ce dossier contiendra toutes les informations qui serviront au bureau du chômage d'apprécier les conditions d'admission et les conditions d'octroi. Le chômeur devra en outre introduire une demande d'allocation motivée par la nécessité de bénéficier des allocations.

217. La décision de l'octroi des allocations prises par le bureau de placement, après les enquêtes sur le dossier et sur la nécessité de bénéfice des allocations sera notifiée à l'organe payeur (INSS). Les décisions accordant une allocation de chômage feront l'objet d'un brevet qui doit comporter les mentions obligatoires suivantes : le nom du travailleur-chômeur ainsi que son numéro d'affiliation à la sécurité sociale, le numéro du dossier ou de la décision, la nature de la prestation, le montant mensuel des allocations ou prestation ainsi que la date de prise d'effet de la prestation ou allocation et, éventuellement, la date de la révision.

D. Conclusion

218. Trouvant sa justification dans un souci de justice sociale, l'assurance-chômage répondra à la préoccupation de débarrasser les travailleurs congolais de l'incertitude du lendemain, laquelle incertitude crée dans leur chef un sentiment d'infériorité. Ainsi, la conception mercantiliste de certains dirigeants qui qualifient la sécurité sociale d'un secteur non stratégique pour un enrichissement rapide d'un Etat, sera galvanisée par l'idéal d'une protection sociale des travailleurs, en général, et par l'aide aux chômeurs involontairement privés d'emploi, en particulier.

219. Envisagée sous cet angle, la sécurité sociale appelle l'amélioration d'une vaste organisation nationale d'entraide par l'Etat mais aussi de la contribution par le travailleur et/ou par l'employeur pour l'assurance-chômage, car celle-ci ne peut atteindre sa pleine efficacité que si elle présente un caractère de très grande généralité à la fois aux personnes et au risque qu'elle couvre. Le but final à atteindre est la réalisation d'un plan qui couvre l'ensemble de la population active du pays contre l'ensemble de facteurs d'insécurité.

220. Toutefois, un résultat ne s'obtiendra qu'au prix de longues années d'efforts persévérants. Cependant, ce qui est possible aujourd'hui, c'est d'organiser le cadre dans lequel se réalisera progressivement ce plan. D'où la proposition d'une feuille de route de l'assurance chômage en droit congolais.

Plaidoyer pour la mise en place d'un observatoire du droit au travail en RDC

Par

Jean Masiala Muanda Vi Y.

A. Introduction

221. Le travail est une donnée tellement importante qu'il mérite, et mobilise effectivement, l'attention de tous les gouvernements responsables. Il constitue le cadre dans lequel s'inscrit toute une série d'aspirations individuelles et communautaires ; et il n'est pas étonnant, comme le note Antoine Artous, que l'absence de travail soit un facteur profondément désocialisant (Artous 2003 : 3). Une étude commandée par quelques membres du gouvernement français est très explicite : « le travail est un espace essentiel de la vie, même s'il est impossible d'en mesurer pour chacun l'importance intime. Il soutient l'identité, contribue à la réalisation personnelle, fait support à la valeur que tout homme consent à s'accorder. Au-delà d'être source de revenus, c'est un vecteur d'épanouissement par la participation à la vie sociale et par la reconnaissance d'autrui. C'est la raison pour laquelle tout système social doit veiller à protéger le droit au travail, le droit à s'y réaliser » (Busnel et alii 2009 : 4). Une résolution de l'Internationale Socialiste des Femmes souligne d'ailleurs, et à juste titre à nos yeux, que « le chômage n'est pas seulement un problème d'ordre macro-économique. Les chômeurs perdent non seulement leurs moyens d'existence, mais aussi une partie de leur dignité et de leur citoyenneté » (L'Internationale Socialiste des Femmes 1997). Il s'agit, pour ainsi dire, d'une question qui relève de l'ordre économique et social, de la politique de l'emploi, mais qui est aussi éminemment éthique dans la mesure où les solutions qu'elle requiert s'inscrivent inéluctablement dans « les efforts communs pour l'accroissement des possibilités d'optimisation de la vie et de la joie d'exister pour tous au sein de la cité », et pour l'ensemble de la communauté (Ngoma-Binda 2004 : 7). C'est sans doute la raison pour laquelle, bien que d'apparition relativement récente[205], le droit au

205 Il est inscrit dans la Déclaration des droits de l'homme et du citoyen votée par l'Assemblée constituante française le 26 août 1789, et deviendra, toujours en France,

travail est déjà porté par plusieurs normes internationales[206] comme l'un des principaux droits humains fondamentaux relevant des droits économiques, sociaux et culturels.

222. Reconnaissant le travail comme un bien premier, indispensable pour chaque individu, le droit au travail signifie, avant tout, le droit d'obtenir un emploi. Ceci apparaît clairement dans la manière dont il est formulé par certains instruments juridiques. L'article 1er de la Charte sociale européenne affirme, notamment, qu'en vue d'assurer l'exercice effectif du droit au travail, les Parties contractantes s'engagent « à reconnaître comme l'un de leurs principaux objectifs et responsabilités la réalisation et le maintien du niveau le plus élevé et le plus stable possible de l'emploi en vue de la réalisation du plein emploi (…) ». Le préambule de la Constitution française du 27 octobre 1946 spécifie, pour sa part, que « chacun a le devoir de travailler et le droit d'obtenir un emploi ».

223. Il va de soi que le droit au travail ou le droit d'obtenir un emploi ne met à la charge des Etats qu'une obligation de moyens. C'est ce qu'affirme Jacques Freyssinet en ces termes : « le droit au travail est analysé comme engendrant pour les Etats non pas une obligation de résultat mais un engagement moral impliquant une obligation de moyens » (Freyssinet 2000 : 28). Les pouvoirs publics n'ont pas l'obligation de donner de l'emploi à tous les chômeurs, mais ils doivent prendre toutes les dispositions qui s'imposent pour que ce droit au travail soit effectif et exercé par le plus grand nombre de personnes intéressées. Et c'est à l'aune des efforts déployés et des moyens mis en œuvre pour que des emplois soient créés en quantité et en qualité suffisantes que les dirigeants d'un Etat seront jugés et, le cas échéant, sanctionnés sur cette question.

224. Il est clair que même avec une très bonne politique de l'emploi, il paraît presque impossible de donner de l'emploi à toutes les personnes qui en cherchent, de sorte que le chômage s'affiche comme une réalité

---

un principe constitutionnel à la suite de son affirmation dans le préambule de la Constitution de la deuxième République en 1848, puis dans le préambule de la Constitution du 27 octobre 1946.

206 On peut citer la Déclaration universelle des droits de l'homme (DUDH) (article 23), le Pacte international relatif aux droits économiques, sociaux et culturels (PIDESC) (article 6), la Convention n° 122 de l'Organisation internationale du travail (OIT) (article 1), la Charte sociale européenne (article 1), la Charte africaine des droits de l'homme et des peuples (article 15), etc.

vécue par tous les pays. On constate même que, depuis quelques années, les problèmes d'emploi sont devenus une préoccupation majeure pour les Etats, et s'imposent dans tous les débats concernant les questions sociales. Il n'est pas exagéré d'affirmer qu'il est devenu un phénomène profondément enraciné, « un mal chronique et opiniâtre » (BIT 1975 : XI) dans de nombreux pays, surtout ceux en développement.

225. S'il est vrai que le chômage sévit presque partout au monde, il revêt néanmoins ces dernières années un caractère de gravité extrême en République démocratique du Congo (RDC). Déjà en 1990, Madame le Ministre du travail de l'époque, faisant le diagnostic de la situation, affirmait : « Le Zaïre est confronté, à l'instar d'autres pays en développement, à la crise générale de l'emploi due à la faiblesse des investissements, à l'explosion démographique nationale et à l'inadéquation entre la formation et l'emploi dans le secteur industriel (…) » (Muduka 1990 : 15). Mais, en plus de toutes les causes de chômage ci-dessus énumérées, ce pays, déjà sous-développé, fait face depuis plus de deux décennies à de sérieuses difficultés économiques accentuées par le fait qu'il a connu, outre les pillages des années 1991 et 1993, des guerres successives qui ont davantage effrité sa très faible base industrielle.[207] Or, on sait qu'une conjoncture économique de plus en plus hostile entraîne de graves répercussions sur la situation de l'emploi (Lemesle 1989 : 75). En 2003, le Directeur du Bureau de l'OIT à Kinshasa annonçait qu'en RDC, « le nombre d'emplois du secteur formel représente 4% de la population potentiellement active (plus de 48 millions d'individus), tandis que le pays subit un taux de croissance de la population estimé à plus de 3% l'an jusqu'en 2000 et à 2,7% depuis lors » (Toudjida 2003 : 90).

226. Ceci rend absolument nécessaire la conception de solutions nouvelles et originales pour garantir tant soit peu, en dépit de ces conditions extrêmement difficiles, le droit au travail affirmé, à l'instar d'autres législations, par les dispositions constitutionnelles et légales en vigueur en RDC. En effet, l'article 36 de la Constitution du 18 février 2006 dispose : « le travail est un droit et un devoir sacrés pour chaque Congolais. L'Etat garantit le droit au travail, la protection contre le chômage et une rémunération équitable et satisfaisante assurant au travailleur ainsi qu'à sa famille une existence conforme à la dignité

---

207 A la suite de ces pillages qui ont eu lieu le 23 septembre 1991 et le 30 janvier 1993, le nombre d'entreprises est passé de 22.000 à 2.200 (cf. Mabiala 2003 : 75).

humaine, complétée par tous les autres moyens de protection sociale, notamment, la pension de retraite et la rente viagère (...). Tout Congolais a le droit et le devoir de contribuer par son travail à la construction et à la prospérité nationales (...) ». L'article 2 de la loi n° 015/2002 du 16 octobre 2002 portant Code du travail énonce pour sa part que « le travail est pour chacun un droit et un devoir. Il constitue une obligation morale pour tous ceux qui n'en sont pas empêchés par l'âge ou l'inaptitude au travail constatée par un médecin (...) »[208]. Le droit au travail apparaît ainsi, tel que le souligne Mukadi Bonyi, comme étant la contrepartie du devoir moral de travailler que les dispositions constitutionnelles et légales imposent à chaque individu (Mukadi 1999 : 53). L'obligation qui incombe aux pouvoirs publics congolais, comme dans les autres pays, est d'instaurer le plein emploi ou, pour user d'une expression beaucoup plus courante et juste, de réduire le chômage au minimum (Werneke/Broadfield 1980 : 153).

227. Peut-on pour autant affirmer que les pouvoirs publics congolais n'ont pris aucune mesure pour promouvoir et protéger le droit au travail ? Si des mesures ont tout de même été prises, sont-elles suffisamment efficaces et convenablement appliquées pour atteindre l'objectif qui leur est assigné, celui de créer des emplois décents et de réduire le chômage ? Si non, qu'est-ce qui peut encore être fait pour améliorer la qualité des mesures prises et en garantir une bonne application ? Pour répondre à toutes ces préoccupations, nous allons, après avoir évoqué l'étendue du droit au travail (B), examiner en grandes lignes l'évolution du processus de la mise en place des mécanismes juridiques et institutionnels de promotion et de protection de ce droit en RDC (C). Nous relèverons enfin, globalement, les faiblesses majeures que comportent lesdits mécanismes dans leur contenu et dans leur mise en œuvre, et nous indiquerons quelques pistes de solution. Nous insisterons largement sur l'urgence et la nécessité de mettre en place un observatoire du droit au travail (D).

---

208 On peut regretter que le Code insiste davantage, à ce niveau, sur le travail comme devoir (en explicitant qu'il constitue une obligation morale pour tous ceux qui n'en sont pas empêchés par l'âge ou l'inaptitude au travail constatée par un médecin), mais n'insiste pas de la même manière sur le travail comme droit, c'est-à-dire en mettant en relief l'obligation qu'a l'Etat de créer des conditions de possibilité d'obtention de l'emploi par ceux qui désirent travailler.

B. Etendue du droit au travail

228. Si les droits humains se donnent comme l'ensemble des principes et normes fondés sur la reconnaissance de la dignité inhérente à tous les êtres humains et qui visent à en assurer le respect universel et effectif, il n'y a alors aucun doute que le droit au travail est un droit humain, dont la mise en œuvre est d'ailleurs une condition nécessaire pour que les autres droits et libertés soient pleinement exercés. Il constitue réellement une question juridique et un droit humain fondamental, ainsi que l'écrit Diane Roman (Roman 2010 : 1). Il participe des droits sociaux, à propos desquels Nikitas Aliprantis estime qu'ils ne relèvent pas du luxe, mais qu'ils répondent plutôt à des besoins fondamentaux de l'être humain, au souci de protéger les droits des plus faibles et de garantir la justice sociale (Aliprantis 2006 : 3).

229. La promotion et la protection du droit au travail impliquent un certain nombre de mécanismes juridiques et institutionnels qui peuvent être regroupés en trois catégories de mesures, à savoir : les mesures relatives à l'accès à l'emploi (I), celles répondant au souci de protéger le salarié (II), et celles liées à la nécessité de protéger la main-d'œuvre nationale contre la concurrence étrangère (III).

I. L'accès à l'emploi

230. L'accès à l'emploi, dans le cadre d'un emploi décent[209] et principalement de l'emploi subordonné, suppose que l'Etat garantisse la liberté du travail (1), et investisse dans la formation professionnelle et technique (2). Enfin, la liberté du travail ne serait que formelle si rien n'était fait par l'Etat pour promouvoir la création d'emplois en vue d'assurer le plein-emploi (3).

1. La liberté du travail

231. L'alinéa 1er de l'article 6 du PIDESC stipule que « [l] Etats parties au présent Pacte reconnaissent le droit au travail, qui comprend le droit qu'a toute personne d'obtenir la possibilité de gagner sa vie par un travail librement choisi ou accepté, et prendront des mesures appropriées pour sauvegarder ce droit ». Le principe de la liberté du

---

209 Le concept d'emploi décent est utilisé par le BIT : « Le but fondamental de l'OIT aujourd'hui est que chaque femme et chaque homme puissent accéder à un travail décent et productif dans des conditions de liberté, d'équité, de sécurité et de dignité ». Pour le BIT, la notion de travail décent repose sur quatre piliers : l'emploi, la protection sociale, les droits des travailleurs et le dialogue social (BIT 1999 : 3).

travail se traduit par le fait que l'employeur est libre d'embaucher qui il veut de même que le travailleur est théoriquement libre de louer ses services à l'employeur de son choix (Gonidec 1966 : 213), sous réserve de quelques limitations qui résultent de la loi et des règlements. Il concerne essentiellement trois problèmes particulièrement importants, à savoir : l'élimination du travail forcé (a), l'élimination de toute forme de discrimination dans l'emploi (b), et l'interdiction des engagements à vie (c).

a. L'élimination du travail forcé

232. Souvent associé à l'esclavage,[210] le travail forcé ou obligatoire est en principe presque universellement mis au ban. Les deux conventions de l'OIT qui traitent de l'abolition de ce genre de travail sont les plus largement ratifiées (Kern/Sottas 2004 : 43)[211]. Mais en dépit d'un important dispositif juridique et du nombre impressionnant de ratifications des conventions y relatives, on constate que le travail forcé continue de se manifester, dans pratiquement toutes les régions et tous les pays du monde, sous de nouvelles formes telles que la servitude pour la dette, le servage, l'emploi contractuel, les contrats d'apprentissage, etc., et les vestiges de l'esclavage traditionnel continuent de persister, notamment dans certaines parties de l'Afrique. Il existe donc plusieurs manifestations sournoises du travail forcé qu'il faut pouvoir déceler et supprimer comme incompatibles avec la règle fondamentale et catégorique de la liberté du travail et de la dignité attachée à la personne humaine.

---

210 Comme le fait remarquer la CSI, la Convention relative à l'esclavage (1926), de la Ligue des nations, définit l'esclavage comme « l'état ou condition d'un individu sur lequel s'exercent les attributs du droit de propriété ou certains d'entre eux. » Or quand un individu est forcé de travailler contre son gré, sous la contrainte d'une menace ou de la violence ou de toute autre peine, sa liberté est restreinte et un droit de propriété est, d'une certaine façon, exercé vis-à-vis de lui. C'est la raison pour laquelle le terme esclavage contemporain est souvent employé pour faire allusion aux nouvelles formes de travail forcé et de traite des êtres humains (cf. CSI – Confédération Syndicale Internationale 2008 : 22).

211 A ce jour, la Convention n° 29 sur le travail forcé, 1930, a été ratifiée par 173 Etats, tandis que la Convention n° 105 sur l'abolition du travail forcé, 1957, l'a été par 169 Etats.

b. L'élimination de toute forme de discrimination dans l'emploi

233. L'élimination de toute forme de discrimination dans l'emploi doit aussi être une priorité. Il va de soi qu' « il ne saurait y avoir de véritable liberté du travail si l'accès à celui-ci est restreint ou interdit aux salariés du fait de leur sexe, de leur nationalité, de leur race, de leurs préférences sexuelles, voire de leur âge » (Le Crom 2006 : 154). Il s'agit donc de respecter le principe fondamental de non-discrimination qui vise à garantir l'égalité, non pas dans la réalité sociale, mais dans les chances offertes à tous pour accéder à un emploi.

234. L'élimination de la discrimination sur le marché du travail apparaît d'abord comme une exigence de respect du principe de l'égalité des chances fondée sur le droit premier et inaliénable de la dignité inhérente à la personne humaine en tant qu'individu comme tel et en tant que membre de la société. Mais elle est aussi indispensable pour le développement économique, social et politique des sociétés, lequel développement serait impossible avec une généralisation de la mise à l'écart du marché du travail de certaines catégories de personnes non dotées d'un certain capital social et/ou relationnel. L'histoire l'a montré à maintes reprises : marginalisation, exclusion et dualisation riment avec insécurité, dépression. Ainsi, une insertion sociale appropriée, à savoir fondée sur l'égalité des droits et des chances, est la condition indispensable pour éviter la création de « réservoirs » de marginaux et pour ne pas alimenter le travail au noir, l'économie souterraine, l'évasion fiscale, le non-paiement des contributions sociales, voire la criminalité économique et la violence (Smeesters 1998 : 1-2).

c. L'interdiction des engagements à vie

235. Enfin, en régime libéral, le contrat de travail constitue la principale source des rapports individuels de travail. Et lorsqu'il est conclu pour une durée indéterminée, le contrat de travail est régi par le principe du droit civil selon lequel « on ne peut engager ses services qu'à temps ou pour une entreprise déterminée »[212]. En d'autres termes, il peut prendre fin par la volonté d'une seule partie. C'est dire que la liberté de s'engager entraîne la réciprocité : libres de s'engager, les

---

212 Ce principe est repris par de nombreuses législations nationales. C'est le cas de l'article 1780 du Code civil français, ou de l'article 428 du Code civil congolais, livre 3.

parties sont aussi libres de se dégager de leurs obligations. On le voit, cette disposition qui interdit l'engagement à vie, vise principalement tant à sauvegarder la liberté individuelle, qu'à assurer la mobilité nécessaire de la main-d'œuvre pour l'entreprise. Mais elle porte aussi une tonalité antiféodale et « peut se lire comme une réaction contre le lien perpétuel de vassalité » (Le Crom 2006 : 143). C'est ainsi qu'elle a notamment beaucoup influencé la conclusion de contrats de travail à durée déterminée.

2. La garantie du droit à l'orientation et à la formation techniques et professionnelles

236. Comme on l'aura déjà constaté, le droit au travail pose fondamentalement le problème de la justice sociale, laquelle se traduit essentiellement par l'égalité des chances que l'Etat doit veiller à réaliser par une politique intelligente (Girod/De Laubier 1982 : 13). Cette égalité des chances sur le marché du travail est impossible si les Etats ne s'emploient pas à garantir l'employabilité[213] de tous, à s'assurer notamment que les jeunes, hommes et femmes, prennent un bon départ dans la vie professionnelle, qu'ils ont tous « des chances égales de participation à la production et à la consommation du fait social » (Fontan 1990 : 4).

237. Par conséquent, l'Etat est tenu de mettre en place, à sa charge, des plans d'orientation, de formation et d'éducation techniques et professionnelles facilitant l'accès à l'emploi, de veiller au bon fonctionnement des formations et des enseignements techniques et professionnels destinés en particulier aux jeunes, mais aussi au reclassement des travailleurs ainsi qu'à l'augmentation de leurs connaissances et compétences par la formation continue (Texier 2003 : 15-16). Les acteurs de la formation initiale, notamment l'éducation nationale, et ceux de la formation continue sous contrat de travail, les employeurs, exercent toute leur responsabilité dans la formation professionnelle et ont donc un impact sur la sécurisation des parcours

---

213 L'employabilité, concept apparu dans les sociétés anglo-saxonnes au début du 20ème siècle, est présentée par plusieurs auteurs comme l'ensemble des compétences et des conditions de gestion des ressources humaines nécessaires et suffisantes pour permettre au salarié de retrouver à tout moment un emploi, à l'intérieur ou à l'extérieur de l'entreprise, dans des délais et des conditions raisonnables ou encore la capacité relative que possède un individu à obtenir un emploi satisfaisant compte tenu de l'interaction entre ses propres caractéristiques personnelles et le marché du travail.

professionnels. Particulièrement dans un environnement économique et technologique en mouvement, les politiques de formation professionnelle participant à la sécurisation des parcours professionnels doivent s'inscrire dans des stratégies d'anticipation des besoins en compétences et en qualifications pour un développement durable des ressources humaines (La sécurisation … 2008 : 1-4).[214]

3. Le plein-emploi productif

238. Le principe de la liberté du travail est vain s'il ne s'accompagne pas de mesures permettant aux chômeurs de trouver un emploi (Le Crom 2006 : 19). D'ailleurs, à la lecture du PIDESC, il apparaît que la mise en œuvre du droit au travail requiert l'élaboration et la mise en œuvre par tout Etat partie d'une politique de l'emploi en vue de « stimuler la croissance et le développement économique, d'élever les niveaux de vie, de répondre au besoin de main-d'œuvre et de résoudre le problème du chômage et du sous-emploi » (Texier 2003 : 17). Dans ce sens, le droit au travail présuppose l'existence d'emplois et implique l'obligation pour l'Etat de prendre des mesures qui visent la création des emplois en nombre suffisant pour que les travailleurs puissent valablement invoquer ce droit. L'Etat doit également encourager non seulement les services du travail à placer des demandeurs d'emploi, mais aussi ceux-ci à s'organiser de leur gré pour mener des activités productrices et à chercher eux-mêmes du travail ; à mettre en place des agences de placement et à étendre l'envergure de la formation professionnelle pour élever la qualification des travailleurs et multiplier leur chance de trouver un emploi. C'est ce qui a été fait notamment en France où l'apparition d'une politique publique de l'emploi après la première guerre mondiale s'est d'abord manifestée par l'organisation du placement de la main-d'œuvre (Le Crom 2006 : 20). C'est sans doute ce que suggère également Jacques Freyssinet lorsqu'il écrit que « la régulation par l'Etat de la demande globale d'emploi constitue l'instrument principal de la réalisation du plein-emploi » (Freyssinet 2000 : 30).

---

214 Pour le Conseil national de la formation professionnelle tout au long de la vie, « l'anticipation est un enjeu majeur de la sécurisation professionnelle. Ce besoin d'anticipation commence dès l'orientation, se poursuit dans l'emploi et doit être le fil conducteur de toute réflexion globale sur la sécurisation des parcours professionnels ».

239. Force est donc d'admettre que « face au vaste chômage que tant de pays connaissent aujourd'hui, jusque dans les économies riches d'Europe occidentale, il est juste de s'attacher à créer des emplois, des possibilités de travail » (Sen 2000 : 130). C'est ainsi qu'à l'heure actuelle, « tous les pays tentent de conduire une politique permettant de déboucher sur le plein emploi » (Lemesle 1989 : 133).

II. La protection du salarié

240. Une fois qu'une personne a eu accès à un emploi, il faut lui assurer une protection efficace dans l'exécution de ce travail. Le droit au travail, qui postule pour être pleinement garanti un travail décent, exige, en effet, que le travail puisse être exécuté dans des conditions qui soient compatibles avec la dignité humaine. Il s'agit alors de protéger la personne même du salarié en garantissant sa sécurité physique et économique (1). Mais il est aussi important de protéger le salarié contre tout ce qui peut lui faire perdre injustement l'emploi qu'il a obtenu ou le priver des perspectives de carrière et de promotion. C'est la question de la protection de l'emploi du salarié (2). Enfin, protéger le salarié implique également l'idée d'assurer l'expression des droits collectifs qui se matérialisent dans les libertés collectives ainsi que dans la participation à la détermination des conditions de travail et à la gestion des entreprises (3).

1. Des conditions de travail satisfaisantes et humaines

241. Aux termes de l'article 7, alinéa premier du PIDESC, « les Etats parties au Présent Pacte reconnaissent le droit qu'a toute personne de jouir de conditions de travail justes et favorables (…) ». L'amélioration des conditions de travail dans l'optique d'un travail décent est ainsi devenue l'un des objectifs prioritaires de l'OIT et se retrouve traduite dans les préoccupations de plusieurs Etats dans leurs législations internes. Cette dynamique tendant à valoriser l'homme au travail et le travail de l'homme est traduite par la volonté et le souci pour un travail décent, décelables à travers les efforts normatifs en vue de limiter la durée du travail du salarié, de lutter contre toute forme de harcèlement en milieu de travail, d'amener employeurs et travailleurs à respecter les règles de sécurité et d'hygiène du travail, et de garantir au salarié une rémunération juste.

242. Il a été démontré à maintes reprises qu'un lien direct existe entre le travail décent en tant que moyen de développement et l'élimination de la pauvreté, et qu'il est donc possible de s'affranchir de la pauvreté par le travail. En témoigne notamment le rapport du Directeur général du BIT à la 91ème session de la Conférence générale du travail : « C'est par le travail que chacun peut élargir sa gamme de choix et accéder à une vie meilleure. C'est le travail qui crée la richesse, rend possible sa diffusion et son accumulation. Le travail est le moyen de sortir dignement de la pauvreté » (BIT 2003 : 2-3). Au Sommet social de Copenhague tenu en 1995, les 117 chefs d'Etat et de gouvernement présents ont également établi ce lien entre l'élimination de la pauvreté et le plein-emploi, c'est-à-dire le travail décent qui doit permettre de lutter contre la pauvreté et l'exclusion sociale, et d'induire le développement.

243. Dans la Déclaration du millénaire,[215] les chefs d'Etat et de gouvernement proclament leur détermination à lutter contre la pauvreté qui vide l'être humain de sa dignité et qui le rend parfaitement vulnérable. Tous ces objectifs ne peuvent être atteints, en ce qui concerne le travail salarié, que si une rémunération appropriée est assurée aux travailleurs, celle qui peut justement les mettre à l'abri de la misère et établir la paix sociale, condition du développement. L'emploi rémunérateur, fait remarquer Dharam Ghai, est un attribut important du travail décent, qui fait partie intégrante de la qualité de l'emploi (Ghai 2003 : 128). En effet, au-delà du chômage déclaré existent d'autres problèmes, dont celui des salariés qui ne peuvent pas tirer profit de leurs prestations à cause de la trop grande modicité de leurs rémunérations. Ceci résulte notamment du fait que « beaucoup de pays ont suivi le message suivant : croissance d'abord, redistribution ensuite. Cette recette n'a malheureusement pas récolté un grand succès pour la simple raison que la redistribution tardant à se concrétiser, la cohésion sociale se trouve menacée et la population perd l'espoir qu'elle plaçait dans le gouvernement, les institutions et ceux qui ont le pouvoir de changer les choses » (BIT 2003 : 7), entraînant ainsi

215 Déclaration du millénaire, Résolution adoptée par l'Assemblée générale des Nations-unies (8 septembre 2000). (147 chefs d'Etat et de gouvernement, sur les 189 Etats membres de l'Organisation des Nations-unies, représentant les pays riches et les pays du sud, avaient participé, du 6 au 8 septembre 2000, à New York, au Sommet du Millénaire. La réunion s'était terminée par l'adoption d'une « Déclaration du Millénaire » le 8 septembre 2000).

l'instabilité des systèmes politiques et sociaux et un frein au processus de développement, et aggravant du même coup la misère et la pauvreté.

244. Même si les disparités de revenus peuvent parfois être utiles en tant que reflet d'une meilleure récompense des efforts au travail, pour l'innovation et le développement des qualifications, il est tout aussi évident que de trop fortes inégalités de revenus sont à la fois socialement préjudiciables et économiquement problématiques.[216] L'expérience montre que les conflits sociaux se multiplient quand les inégalités sont perçues comme excessives. Le soutien de l'opinion aux politiques de croissance s'érode si les catégories à bas salaires et les classes moyennes pensent que ces politiques font peu de chose pour améliorer leur situation ou celle de leurs enfants, alors qu'elles bénéficient aux catégories les mieux rémunérées (Bolle 2008 : 477-478).

2. La protection de l'emploi du salarié

245. L'emploi acquis doit être protégé contre les risques d'éviction injustifiée du salarié par l'employeur. C'est là également une manière de protéger le salarié et de préserver l'exercice par lui de son droit au travail. La protection de l'emploi est assurée par plusieurs mécanismes relatifs à la formation permanente et au recyclage (a), ainsi qu'à la réglementation de la suspension (b) et de la rupture (c) du contrat de travail.

a. La formation permanente et le recyclage

246. Il y a d'abord la formation permanente et le recyclage. En effet, étant donné l'évolution constante de la technologie et des techniques et méthodes de travail, dans l'optique de la compétitivité des entreprises, les travailleurs doivent jouir d'un véritable droit à une formation professionnelle continue et au recyclage pour entretenir et adapter leurs qualifications professionnelles, et continuer ainsi à être utiles pour

---

216 Pour P. Ngoma-Binda, appuyant Joseph Vialatoux (J. Vialatoux, *La signification humaine du travail*, Paris, Les éditions ouvrières, 1953), le juste salaire donne au travail une signification humaine. « Le travail donne sens à la vie s'il est correctement rémunéré. C'est que le salaire comporte, de manière intrinsèque, une grande portée éthique. Il y a, en l'occurrence, des écarts de salaire inhumains qui mènent à méditer, et qui imposent à la conscience une exigence d' « humanisation de la rémunération », une nécessité de salaire minimum en-dessous duquel il n'est simplement pas possible à un être humain de mener une vie digne » (Ngoma-Binda 2012 : 351).

l'entreprise. Plusieurs aspects peuvent être dégagés dans l'exigence de la formation permanente comme réalisation du droit au travail, mais il y a lieu de distinguer principalement le droit individuel à la formation permanente qui appartient à chaque travailleur pris de manière isolée, et les droits collectifs en matière de formation permanente.

b. La réglementation de la suspension du contrat de travail

247. Le deuxième mécanisme intéressant est la réglementation de la suspension du contrat de travail. La technique de la suspension du contrat de travail revêt un grand intérêt surtout pour le salarié. Elle concourt incontestablement à la protection de son emploi et à la conservation des avantages que lui confère son ancienneté dans l'entreprise. Peu utilisée en droit civil, elle l'est abondamment en droit du travail lorsque des circonstances rendent de manière temporaire l'exécution du contrat impossible par l'une ou l'autre partie. Au lieu de mettre directement un terme au contrat, ce qui ferait perdre au travailleur son emploi, on préfèrera en suspendre l'exécution pour la reprendre à la disparition de la cause qui a motivé la suspension. Résilier purement et simplement le contrat ferait perdre l'emploi au travailleur qui rentrerait ainsi dans le chômage involontaire. Mais même si on prenait l'option de résilier le contrat quitte à reprendre le salarié quand aura cessé le motif qui en avait empêché temporairement l'exécution, cette option préjudicierait aussi au travailleur car on se retrouverait devant un nouvel engagement. C'est l'hypothèse de la novation qui aurait pour conséquence de créer un nouveau contrat et de faire perdre au travailleur l'ancienneté acquise du fait du contrat antérieur et les avantages y rattachés. La technique de la suspension sauvegarde donc les intérêts du salarié et lui permet de mieux exercer et de mieux jouir de son droit au travail.

c. La réglementation de la rupture du contrat de travail

248. Enfin, la rupture du contrat de travail mérite assurément d'être réglementée à cause des multiples problèmes qu'elle peut engendrer. Plusieurs situations juridiques peuvent être distinguées dans le droit de la rupture du contrat de travail, selon qu'on a affaire à un contrat à durée déterminée ou à durée indéterminée, et selon le mode de rupture envisagé. Mais ce qui est intéressant à constater ici, c'est qu'on se trouve parfois devant des impératifs contradictoires : d'une part, le droit de chaque partie de mettre fin au contrat, puisqu'il ne peut être question d'un engagement à vie ; mais d'autre part, la sauvegarde du droit au travail en tant que droit fondamental qui impose la stabilité de l'emploi. C'est pour tenter de concilier ces deux exigences que la rupture du contrat de travail doit être bien réglementée, afin surtout de ne pas priver injustement le salarié de son emploi. Le droit à l'emploi doit alors primer le droit du contrat, pour assurer le triomphe des libertés publiques et des droits fondamentaux de la personne.

249. La rupture du contrat peut ainsi être réputée abusive lorsqu'elle ne respecte pas certaines conditions établies par la loi, et donner lieu à réparation. Toutefois cette réparation se fait très rarement en nature (réintégration du salarié s'il est victime de la rupture, ou obligation faite au salarié de regagner son poste s'il est l'auteur de la rupture), mais par le versement de dommages-intérêts à la partie qui a été préjudiciée par ladite rupture.

3. Les libertés collectives et la participation à la gestion de l'entreprise

250. Une autre expression majeure du droit au travail à laquelle les normes internationales, singulièrement les Conventions et Recommandations de l'OIT, attachent une très grande importance, est le droit dont disposent les salariés de défendre eux-mêmes leurs intérêts. Mais on sait, par ailleurs, que « la relation individuelle de travail est caractérisée aussi bien par une inégalité juridique tirée de la subordination du travailleur à l'employeur que par l'inégalité de fait résultant de la dépendance économique de celui-là vis-à-vis de celui-ci » (Mukadi 2008 : 93). Etant donné cette double inégalité manifeste qui existe dans les rapports entre l'employeur et chaque travailleur pris isolément, ce droit ne peut être exercé avec efficacité que collectivement, mécanisme par lequel « le droit du travail institue au plan collectif l'égalité irréalisable au plan individuel » (Mukadi 2008 : 93). C'est ainsi que les travailleurs l'exercent bien souvent à travers des syndicats qu'ils peuvent créer ou auxquels ils peuvent adhérer librement, et en participant, par l'intermédiaire de représentants qu'ils élisent parmi eux, à la détermination des conditions de travail et des modalités de gestion des entreprises au sein desquelles ils prestent. En outre, lorsque naissent des conflits entre employeur et travailleurs, ces derniers ont le droit, tant que le climat social le permet, de négocier et d'élaborer, avec l'employeur, dans le cadre d'un dialogue et d'une autonomie normative des partenaires sociaux, des normes destinées à régir leurs rapports (conventions collectives du travail), ou, le cas échéant, de recourir à des procédés de lutte qu'illustre fort bien le droit de grève.

III. La protection de la main d'œuvre nationale

251. Les mesures relatives à la protection de la main-d'œuvre nationale contre la concurrence étrangère diffèrent, quant à elles, des deux séries de mesures précédentes en ce que celles-ci relèvent de la politique du travail dont les règles protectrices, d'essence universelle, s'appliquent indistinctement à tous les salariés œuvrant dans un pays donné, sans tenir compte de leurs origines, alors que la protection de la main-d'œuvre nationale instaure des règles inégales en faveur des nationaux, auxquels il faut réserver en priorité les emplois disponibles, surtout en période de pénurie d'emplois rémunérés.

252. En effet, « à l'heure actuelle, presque tous les pays – se trouvant là en contradiction avec le principe de non-discrimination des travailleurs face à l'emploi, établi par l'OIT, et repris dans les Constitutions et les Codes du travail de ces Etats eux-mêmes – ont bâti une réglementation protectrice de leur main-d'œuvre nationale. La plupart des législations prévoient donc des règlements pour (...) déterminer les possibilités d'embauchage des étrangers par les entreprises, et cela en fonction des nécessités économiques, démographiques et sociales du pays » (Lemesle 1989 : 140).

253. La protection de la main-d'œuvre nationale nécessite donc la réglementation du travail des étrangers, notamment en s'appuyant sur un droit de l'entrée et du séjour, sur des mesures en matière d'autorisations administratives préalables pour l'embauchage du personnel expatrié, ainsi que sur diverses restrictions visant les étrangers en matière d'emploi.

C. Evolution du processus de la mise en place des mécanismes de promotion du droit au travail en RDC

254. Le droit au travail, tel que nous l'analysons dans cette étude, concerne ceux qui ont un emploi ou qui en cherchent, c'est-à-dire ceux qui travaillent ou cherchent à travailler de façon subordonnée. Il apparaît comme l'un des plus basiques des droits sociaux et un fondement essentiel de tous les autres droits. Comme le fait remarquer Javillier, les conceptions au sujet de ce droit sont divergentes entre les partisans du « laisser-faire » les lois du marché du travail et ceux qui prônent un dirigisme étatique en matière d'emploi pour imposer les normes devant régir les relations de travail et pour une répartition des emplois entre tous. Ainsi, deux philosophies s'affrontent : d'un côté, la philosophie individualiste et libérale, et de l'autre, la philosophie sociale et dirigiste.

255. Pour les partisans de la première philosophie, l'intervention de l'Etat en matière économique en général doit être strictement limitée au profit des libertés économiques (notamment la liberté du travail), car ils contestent l'efficacité, et même la légitimité des actions de l'Etat dans le secteur économique. La liberté individuelle doit primer sur toutes les formes de pouvoir ainsi que sur les contraintes réglementaires sur la vie de chacun ; et le libre jeu des intérêts individuels conduit, comme par une main invisible, à un ordre, à une harmonie des intérêts individuels et collectifs. Particulièrement en matière d'emploi, il serait possible que les individus libres organisent librement leurs relations de travail (durée hebdomadaire du travail, conditions de rémunération, âge de la retraite, …) en dehors des normes légalement fixées, hormis quelques règles de base destinées à garantir la liberté et une certaine stabilité de l'ordre social, propice à la conclusion des contrats. En tant qu'êtres indépendants et responsables, l'employeur et le travailleur sont libres de déterminer les modalités de leurs relations professionnelles. Le contrat est ainsi perçu comme le meilleur moyen d'organiser les rapports de travail entre partenaires sociaux considérés comme libres, égaux, responsables, raisonnables (Castel 1995 : 422).

256. Les tenants de la deuxième philosophie pensent plutôt que l'Etat ne peut rester indifférent devant des individus qui subissent des problèmes économiques et sociaux. Il doit intervenir pour les protéger et pour organiser la solidarité. On sait par exemple que, sur le plan historique, la période qui a suivi la Révolution française de 1789 était hostile aux corporations autour desquelles était organisée l'activité économique durant la période antérieure. Le décret d'Allarde du 17 mars 1791 avait supprimé les corporations et posé le principe fondamental de la liberté du travail en mettant en exergue la capacité contractuelle des partenaires sociaux ainsi que leur aptitude à se doter, en pleine autonomie et par leur seule volonté, de règles devant régir leurs rapports de travail. Selon ce principe de la liberté du travail, *chaque homme est libre de travailler là où il le désire, et chaque employeur libre d'embaucher qui lui plaît grâce à la conclusion d'un* *contrat dont le contenu est librement déterminé par les intéressés.* On considérait alors que l'intervention de l'Etat dans le contrat de travail ne pouvait être acceptée parce que liberticide, et que les groupements professionnels de travailleurs pouvaient conduire à une emprise du groupe sur l'individu ; ce qui est contraire à l'expression de la liberté individuelle. Les parties n'étaient donc liées que par le contrat de travail, seule source du droit du travail, et la grève, manifestation par excellence de l'action collective des travailleurs, était incriminée et sanctionnée comme délit de coalition.

257. Les travailleurs, isolés, étaient devenus, dans ces conditions, la proie des employeurs qui les ont exploités de manière scandaleuse. En effet, le travailleur n'avait, en réalité, aucun pouvoir de négociation vis-à-vis de l'employeur avec qui on voulait le mettre en situation d'égalité conformément au principe civiliste de l'égalité des contractants. Une telle égalité n'existe pas dans le contrat de travail car le travailleur est sous une double dépendance à l'égard de l'employeur : une dépendance économique et une dépendance juridique matérialisée par sa subordination à l'employeur. La situation des travailleurs fut si misérable qu'elle appela impérativement une intervention de l'Etat pour garantir le droit au travail, et même le droit du travail. Des règles d'ordre public furent édictées par les pouvoirs publics en rapport, notamment, avec l'âge de la capacité contractuelle en matière du travail, la limitation de la durée journalière de travail, ... L'idée sous-jacente à la philosophie sociale est finalement celle de reconnaître à l'Etat la légitimité d'intervenir pour protéger les plus faibles (Radbruch 1931 : 387). Et c'est dans le monde du travail que ce souci de protection des personnes socialement faibles trouve un terrain de prédilection : on va voir l'Etat intervenir dans les relations entre employeurs et salariés essentiellement dans le but de sécuriser les salariés et d'améliorer leur sort. Dans ce cadre, l'Etat est pleinement fondé à produire des normes visant à mettre en place des outils juridiques de protection et à garantir des droits pour l'individu, notamment le droit au travail, et à un travail décent. L'épisode du libéralisme instauré après la Révolution française et la pléthore de misères qu'il a engendrée pour les travailleurs ont donc démontré qu'on ne peut méconnaître totalement l'apport de l'interventionnisme de l'Etat dans la reconnaissance, la protection et la promotion du droit au travail.

258. Lorsqu'on examine le développement du cadre juridique destiné à la promotion du droit au travail en RDC, on doit conclure qu'il est marqué par ces deux conceptions, en combinant à la fois des techniques juridiques relevant de la philosophie libérale (techniques contractuelles) et celles inspirées par la philosophie dirigiste (techniques interventionnistes). Mais il faut aussi ajouter que ce développement ne s'est pas fait de manière linéaire ; il a été influencé par les modifications que le pays a connues essentiellement dans l'ordre politique, mais aussi sur les plans économique et social, ainsi que par l'évolution des rapports de forces entre les salariés, représentés par leurs syndicats, les employeurs et leurs organisations professionnelles, et l'Etat. Ces différents facteurs ont, en effet, inéluctablement des incidences notamment sur l'évolution des relations individuelles et collectives du travail, sur l'embauchage, et donc sur la question du chômage, ainsi que sur l'amélioration des conditions de travail des salariés. On peut aussi se rendre compte que ce développement a connu trois périodes différentes : la première commence à la création de l'EIC et s'arrête à la fin de la deuxième guerre mondiale (I), la deuxième va de 1945 à l'accession du pays à l'indépendance (II) et la troisième est celle allant de l'accession du pays à l'indépendance à ce jour (III).

I. La première période : tendance à un interventionnisme fort de l'Etat

259. La première période, qui commence à la création de l'EIC et s'arrête à la fin de la deuxième guerre mondiale, a été caractérisée par un interventionnisme fort de l'Etat en matière d'emploi et, par conséquent, une quasi absence de l'autonomie normative des partenaires sociaux, ainsi qu'une limitation drastique de l'expression des libertés collectives du travail (liberté syndicale, négociation collective, droit de grève). Parmi les raisons majeures de cette prééminence de la conception sociale et dirigiste, nous pouvons retenir :

- La protection des travailleurs indigènes qui n'étaient pas encore initiés au salariat. Il fallait donc des mesures de la part de l'Etat pour sauvegarder leur liberté du travail afin que leurs maîtres Blancs ne profitent pas de leur naïveté ou de la peur qu'ils leur inspiraient pour leur faire revivre l'esclavagisme et tout ce qui s'y apparente. Il fallait aussi veiller à ce que les conditions de travail et de rémunération des travailleurs indigènes restent dans des limites humainement acceptables et que ces derniers soient, dans ces domaines, à l'abri des abus et de l'arbitraire auxquels pouvait les exposer leur inexpérience face à ce nouveau mode de travail qu'était le salariat ;[217]

- Des considérations idéologiques et l'impératif de civilisation du travailleur indigène. En effet, les dispositions prises à cette période en matière du travail étaient en partie justifiées par la nécessité de civiliser l'indigène pour l'amener à intérioriser la culture du salariat, ainsi que le respect du contrat de travail, afin de garantir l'employeur contre la paresse, la négligence, l'indiscipline des engagés, et les ruptures abusives des contrats de travail par ces derniers.[218] Des sanctions répressives étaient ainsi jugées indispensables pour assurer l'exécution correcte des contrats

217 Tel était le sens du Décret du 8 novembre 1888 sur le louage ou contrat de service entre Noirs et non indigènes (in *BO,* 1888, pp. 270-275). Ce texte, pris trois ans à peine après la création de l'EIC pour protéger les travailleurs indigènes, est le point de départ du droit social congolais, et certaines des mesures qu'il a instaurées sont encore en vigueur aujourd'hui. Ses dispositions qui plaçaient les travailleurs indigènes pratiquement sous la tutelle des autorités administratives et judiciaires furent reprises dans d'autres textes, à l'instar du décret du 17 août 1910 sur le contrat de louage de services et le recrutement de travailleurs (in *BO*, 1910, pp. 688-706). Signalons aussi que l'article 6 de la Charte coloniale tel que modifié par la loi du 5 mars 1912 portant modifications de la loi du 18 octobre 1908 sur le gouvernement du Congo belge, articles 6, 10, 12, 15 et 18 (in *BO*, 1912, pp. 269-275), avait institué une Commission permanente chargée de veiller sur tout le territoire de la Colonie à la protection des indigènes et à l'amélioration de leurs conditions morales et matérielles d'existence. La loi du 5 mars avait abrogé et remplacé le décret du 18 septembre 1896 portant institution d'une commission pour la protection des indigènes, pris à l'époque de l'EIC avec toutes les incohérences qui ont caractérisé cette période (voir *BO*, 1896, pp. 253-254).

218 C'est ainsi que dans le décret du 16 mars 1922 (in *BO*, 1922, pp. 354-379), il avait été admis que le maître inflige aux travailleurs qui se montraient paresseux au travail, ou qui n'exécutaient pas convenablement leurs obligations contractuelles, ou encore qui ne respectaient pas la discipline du travail ou de l'établissement, des sanctions pécuniaires en termes d'amendes à retenir sur leurs salaires. En outre, de tels travailleurs pouvaient même être condamnés à des peines de servitude pénale, avec privation de salaire pendant le chômage occasionné par les poursuites, la contrainte ou la servitude pénale. La durée du contrat pouvait, au gré du maître, se prolonger de celle de la servitude pénale, tant principale que subsidiaire, et de la contrainte par corps subie par l'engagé, même si ce dernier n'était obligé à servir que jusqu'à un jour déterminé.

et apprendre aux nègres que les conventions légalement formées tiennent lieu de loi à ceux qui les ont faites et qu'elles doivent être exécutées de bonne foi. Mais en même temps, et dans le même souci de civiliser l'indigène, un accent particulier avait été mis sur la sécurité et l'hygiène du travail, couvertes par un important arsenal juridique imposant des obligations multiples et aux employeurs et aux salariés.[219] A cet égard, les salariés Blancs, présentés comme supérieurs aux indigènes, avaient un devoir d'exemplarité vis-à-vis de ceux-ci, et leur mauvaise conduite était sanctionnée sévèrement pour ne pas porter atteinte à l'influence civilisatrice des Blancs. C'est même ici l'un des lieux d'expression majeure du souci de l'image de marque du Blanc et de son action civilisatrice vis-à-vis du Nègre;

- Des raisons d'ordre économique et sécuritaire. Ce sont ces raisons qui, en un certain sens, ont le plus dicté la prééminence de la conception dirigiste du droit au travail, surtout sous l'EIC, eu égard à l'idée de Léopold II qui considérait cet Etat avant tout comme une affaire financière dans laquelle il avait investi des capitaux qu'il fallait rentabiliser à tout prix, sans retard, et en minimisant le coût de l'exploitation pour un profit plus consistant. C'est ainsi qu'on peut d'ailleurs affirmer que si Léopold II a fourni de gros efforts pour protéger les indigènes vis-à-vis des ennemis extérieurs, singulièrement les esclavagistes et leurs complices,[220] il s'est par contre montré très peu cohérent

219 Il s'agit principalement du décret du 15 juin 1921 sur l'hygiène et la sécurité des travailleurs (in *BO*, 1921, pp. 560-562), lequel fut suivi de nombreuses mesures générales et provinciales d'exécution. L'ordonnance du Gouverneur général du 2 juin 1927 (in *BAC*, 1927, pp. 196-198) institua, au chef-lieu de chaque province, un Comité consultatif du travail et de l'industrie chargé de donner son avis sur les questions en rapport avec l'hygiène et la sécurité du travail, ainsi qu'avec la situation morale et matérielle des travailleurs indigènes.

220 Le Professeur Akele Adau note qu'à l'origine, « l'idée de la constitution au cœur du continent africain, de part et d'autre de l'Equateur, de ce qui sera appelé l'Etat Indépendant du Congo, est née et s'est développée dans le cadre (…) de la nécessité d'ouvrir à la civilisation cette partie du globe et de lutter contre la traite des Noirs. C'est sans doute la mise en œuvre de cette idée dont était porteur le roi Léopold II qui pèsera en sa faveur dans la décision de la Communauté internationale de l'époque

dans les dispositions destinées à sauvegarder la liberté du travail à l'intérieur du pays pour les travailleurs indigènes.[221] Plusieurs de ces dispositions laissent transparaître une dose d'ambiguïté due au fait qu'elles sont écartelées entre la préoccupation de protéger les travailleurs indigènes et le désir de les utiliser, de gré ou de force, dans son entreprise d'occupation et d'exploitation des richesses du territoire occupé. Quelques dispositions sont même allées jusqu'à contrarier clairement sa volonté affichée de protéger les indigènes, notamment contre toute forme de travail forcé ou obligatoire et contre les entraves à la liberté du travail.[222] En quête d'une main-d'œuvre suffisante et peu coûteuse pour ses plantations et ses entreprises minières, il n'a pas hésité à réglementer le travail en recourant à la contrainte. En témoignent, le portage, les corvées en nourriture, la récolte du caoutchouc (cf Ndaywel 1993 : 337-340) qui a même conduit à parler du caoutchouc « rouge » de Léopold II, expression qui traduit la brutalité et les cruautés qui accompagnaient ce travail forcé (Lukoki 1984 : 16-17).

260. Ce sont aussi les raisons d'ordre économique et sécuritaire qui ont incité le pouvoir colonial à organiser la formation professionnelle et technique des Nègres pour avoir des auxiliaires formés afin de mieux assurer l'exploitation des richesses naturelles du Congo, et la défense de son vaste territoire devant les menaces de tous genres (cf Ndaywel 1993 : 354-357). Au départ, en effet, il s'était avéré prudent pour une fraction de l'opinion belge de freiner le plus longtemps possible la formation et la scolarisation des populations noires, particulièrement le

---

réunie en 1885 en conférence à Berlin de lui reconnaître à titre personnel la souveraineté de l'Etat Indépendant du Congo (26 février 1885). Cet Etat durera vingt-trois ans, de 1885 à 1908, au cours desquels Léopold II explorera le pays, le délimitera et l'occupera, mais aussi fera campagne contre les esclavagistes arabes, arabisés et mahdistes soudanais » (Akele 2004 : 15).

221 « Dès le départ, écrit Mwabila Malela, le droit du travail appliqué au Congo s'est trouvé confronté aux questions relatives au déséquilibre social lié à l'instabilité du marché du travail lui-même. Le manque de liberté des demandeurs de travail les a longtemps exposés au travail forcé, proche de l'esclavagisme, avant de subir les recrutements forcés en vue d'alimenter les plantations et les entreprises minières en main-d'œuvre » (Mwabila 2000 : 80).

222 Par exemple, le décret du 3 juin 1906 sur le recrutement des travailleurs pour travaux d'utilité publique (in *BO*, 1906, pp. 254-255).

départ des étudiants congolais dans les universités de la métropole (Mutamba 1998 : 136).

261. Les circonstances de guerre, résultant essentiellement des deux guerres dites mondiales, ont aussi grandement joué dans le ralentissement de l'évolution vers la liberté du travail. En effet, il y avait, avec cette situation de guerre, comme une sorte de compromis à faire entre, d'une part, les impératifs de la liberté du travail consécutifs aussi bien aux pressions et instruments internationaux qu'à l'évolution de la propre législation coloniale qui tendait de plus en plus à humaniser les relations de travail, et d'autre part, le dirigisme de guerre qui imposait certaines contraintes comme effort de guerre de la part de toute la population[223]. Dans le cadre de cette organisation mixte, certaines libertés fondamentales ont été mises au rancart au nom de l'intérêt supérieur de la Nation en danger.

262. Nous pouvons ainsi noter que la politique sociale et dirigiste pratiquée par le pouvoir colonial jusqu'à la fin de la deuxième guerre mondiale a eu comme conséquences : une législation sociale discriminatoire, les salariés Blancs et les salariés Noirs étant régis par des textes différents ;[224] des restrictions à la liberté du travail justifiées par le souci de rentabilité financière de l'entreprise coloniale et l'effort de guerre ; et enfin le musèlement des rapports collectifs du travail. L'interdiction des organisations syndicales a rendu quasiment

---

223 A titre illustratif, l'ordonnance-législative n° 30 bis/A.I.M.O. prévoyait la possibilité, en cas d'insuffisance de travailleurs volontaires, de requérir tout indigène du Congo belge ou des colonies voisines, immatriculé ou non, et de l'affecter aux activités économiques indispensables à l'effort de guerre. Toute tentative de faire obstacle à une réquisition de travailleurs décidée par le Gouverneur général pendant la durée de la guerre était considérée comme une infraction punissable d'une peine de servitude pénale de six mois au plus et/ou d'une amende (Ordonnance-législative n° 30 bis/A.I.M.O. du 1er février 1943, sur la réquisition de la main-d'œuvre indigène, in *BA*, 1943, pp. 261-263).

224 Les Blancs et les Noirs étaient soumis à des législations et régimes différents, depuis le décret du 8 novembre 1988, dont le caractère tutélaire vis-à-vis des indigènes a déjà été souligné, et qui ne pouvait naturellement s'appliquer que lorsqu'il s'agissait d'un travailleur noir. En outre, tandis que le décret du 16 mars 1922 sur le contrat de travail entre indigènes et maîtres civilisés s'appliquait au contrat par lequel un indigène du Congo ou des colonies voisines, immatriculé ou non, engageait ses services envers les personnes indiquées à l'article 1er dudit décret, le décret du 31 octobre 1931 sur le contrat d'emploi s'appliquait au contraire au contrat par lequel une personne qui n'était pas indigène du Congo ou des colonies voisines engageait ses services à autrui.

inimaginables la représentation des travailleurs dans l'entreprise et les négociations collectives, principaux éléments générateurs des rapports collectifs du travail.[225] La grève était considérée et sanctionnée comme un délit.[226]

II. La deuxième période : vers une conception libérale du droit au travail

263. Au cours de la deuxième période, celle qui va de 1945 à l'accession du pays à l'indépendance, il s'est dessiné une tendance vers une meilleure prise en charge du droit au travail par le pouvoir colonial et un début de reconnaissance du droit des partenaires sociaux d'organiser librement leurs relations de travail dans le cadre des rapports collectifs du travail. Les circonstances de guerre qui ont été à la base d'un certain durcissement de la politique dirigiste de l'Etat et d'une généralisation du système de réquisition de la main-d'œuvre

---

225 Le rapport du Conseil colonial sur un projet de décret réglementant le statut des associations de fonctionnaires et agents civils de la Colonie (in *BO*, 1921, p. 347) est clair sur la situation des organisations syndicales et de la liberté d'association tout court à l'époque : « jusqu'à présent, dans la Colonie, aucune disposition légale ne garantit à personne le droit d'association. Le projet actuel est la première mesure qui autorise la constitution d'associations professionnelles et accorde à celles-ci la personnification civile ». L'article 1er du décret n'autorisait que les fonctionnaires et agents civils de la Colonie de race européenne à s'associer pour la sauvegarde et le développement de leurs intérêts professionnels, mais avec beaucoup de restrictions (Décret du 23 mars 1921 relatif aux associations de fonctionnaires et agents civils de la Colonie, in *BO*, 1921, pp. 349-355). Les indigènes ont dû attendre longtemps encore avant de se voir reconnaître un tel droit (Ordonnance n° 128/A.I.M.O. du 10 mai 1946, organisant les syndicats professionnels indigènes, in *BA*, 1946, pp. 936-962).

226 L'article 3 du décret du 3 juin 1906 sur le recrutement de travailleurs pour travaux d'utilité publique (in *BO*, 1906, pp. 254-255) punissait de cinq années au maximum de servitude pénale et/ou d'une amende la révolte ou la résistance aux ordres de leurs chefs par plus de dix travailleurs, agissant en suite d'un concert préalable. L'article 3 du décret du 23 mars 1921 relatif aux associations de fonctionnaires et agents civils de la Colonie (in *BO*, 1921, pp. 349-355), tout en admettant que ces associations s'occupent de questions concernant les intérêts professionnels de leurs membres, interdisait la coalition de fonctionnaires et agents de la Colonie entre eux ou avec des tiers en vue d'abandonner le service ou le travail, sous peine de dissolution de l'association, et sans préjudice des sanctions disciplinaires individuelles. Pour l'ordonnance-législative n° 277/A.P.A.J. du 18 septembre 1942 sur les atteintes à la liberté du travail ou de l'industrie (in *BA*, 1942, pp. 1445-1446), toute personne qui participait à une coalition ayant pour objet la cessation de travail était punie d'une servitude pénale de cinq ans au plus et/ou d'une amende.

civile, vont paradoxalement entraîner, par la suite, un sérieux assouplissement de cette politique et une tendance vers la prééminence de la conception libérale du droit au travail. En effet, au sortir de la guerre, le pouvoir colonial s'était senti redevable vis-à-vis des populations indigènes dont la participation à l'effort de guerre avait été remarquable, et s'était vu moralement obligé de leur concéder quelques droits dont ils étaient privés jusqu'alors. Sans compter le fait que cette guerre a révélé certaines faiblesses des Blancs dont l'image de marque a été quelque peu écornée.

264. A ces circonstances de guerre, s'étaient ajoutées les pressions de plus en plus fortes de l'opinion internationale pour l'amélioration du sort des travailleurs indigènes, et également le fait que l'argument du manque de qualification professionnelle de la main-d'œuvre africaine sur lequel reposait la dualité de la législation sociale ne tenait plus debout, un grand nombre de travailleurs indigènes ayant acquis une formation professionnelle de grande qualité et revendiquant, par conséquent, son assimilation aux Blancs.

265. Les progrès réalisés durant cette période dans la prise en compte du droit au travail vont se manifester à trois niveaux :

- Une amélioration des conditions de travail des salariés indigènes, perceptible à travers la fixation d'un salaire minimum pour leur garantir un minimum de rémunération raisonnable,[227] la réglementation de la durée du travail,[228] et l'organisation du contrôle de la réglementation du travail avec l'institution de l'Inspection du travail ;[229]

227 A défaut du SMIG, on conçut tout d'abord un budget-type d'un célibataire représentant le salaire minimum théorique à faire respecter dans toutes les provinces. Cette idée fut remplacée par celle d'un salaire global, puis celle d'un salaire familial calqué sur le budget-type d'un ménage sans enfant. Ces notions, qui ont précédé celle du SMIG proprement dit, ont permis de garantir aux travailleurs indigènes un minimum de rémunération raisonnable.

228 Décret du 14 mars 1957 sur la limitation de la durée du travail, le repos dominical et le repos des jours fériés (in *BO*, 1957, pp. 970-983).

229 Pour garantir une meilleure application de la réglementation du travail, il fut créé l'Inspection du travail par le décret du 16 mars 1950 (in *BO*, 1950, pp. 350-356), sur les cendres de l'Inspection de l'industrie et du travail créée en 1913, mais balayée par la crise mondiale.

- La consécration progressive des libertés collectives avec la reconnaissance du droit d'association et du droit syndical,[230] l'ébauche d'une représentation des travailleurs dans l'entreprise et de la négociation collective par la création des Conseils indigènes d'entreprise et des Comités locaux des travailleurs indigènes,[231] la reconnaissance du droit à la cessation collective du travail dans la mesure où les travailleurs avaient la possibilité de former ou de participer à une coalition ayant pour objet la cessation collective du travail, sous réserve d'avoir régulièrement épuisé les moyens de conciliation et d'arbitrage prévus par la loi ;[232]
- Les germes de l'unification de la législation du travail, portés par la soumission de tous les salariés, sans distinction de race, aux mêmes textes régissant le contrat d'apprentissage,[233] le droit de constitution d'associations professionnelles et d'organisations syndicales, la limitation

230 A partir de l'ordonnance n° 128/A.I.M.O. du 10 mai 1946, qui fut modifiée par la suite par l'ordonnance n° 21/21 du 20 janvier 1948 (in *BA*, 1948, pp. 397-402), la constitution des syndicats professionnels indigènes fut enfin légalement organisée avec, il est vrai, des conditions tellement difficiles qu'il n'était pas facile pour les indigènes de l'époque de créer des syndicats. Ne pouvant résister éternellement à la pression de l'opinion internationale, le législateur colonial prit enfin en 1957, une série de textes en rapport avec la liberté d'association : le décret du 25 janvier 1957 réglant l'exercice du droit d'association des habitants du Congo Belge et du Ruanda-Urundi, à l'exception des agents et agents auxiliaires de l'Administration d'Afrique et de l'ordre judiciaire, y compris les agents temporaires (in *BO*, 1957, pp. 206-208) ; le décret du 25 janvier 1957 réglant l'exercice du droit d'association des agents et agents auxiliaires de l'Administration d'Afrique et de l'ordre judiciaire, y compris les agents temporaires (in *BO*, 1957, pp. 184-186), et l'arrêté royal du 25 janvier 1957 portant le statut syndical du personnel de l'Administration d'Afrique (in *BO*, 1957, pp. 224-238).

231 Ordonnance n° 98/A.I.M.O. du 6 avril 1946, modifiée plus tard par l'ordonnance n° 21/18 du 20 janvier 1948, organisant les Conseils indigènes d'entreprise et les Comités locaux des travailleurs indigènes (in *BA*, 1948, pp. 391-392) ; et arrêté royal du 25 janvier 1957 créant des Conseils de consultation syndicales des agents de l'Administration.

232 Ordonnance du 6 avril 1946 sur le règlement des conflits collectifs du travail survenant entre employeurs et leur personnel indigène (in *BA*, 1946, pp. 929-935).

233 Décret du 23 juillet 1957 sur le contrat d'apprentissage (in *BO*, 1957, pp. 1669-1675).

de la durée du travail, le repos dominical et le repos des jours fériés.[234]

III. La troisième période : apparition de problèmes nouveaux

266. La troisième période, allant de l'accession du pays à l'indépendance à ce jour, s'est employée à consolider les progrès déjà amorcés à la fin de la période coloniale, notamment en renforçant les mesures visant à garantir la liberté du travail, par l'éradication des dispositions discriminantes en matière d'emploi[235] et du travail forcé ou obligatoire,[236] en assurant une meilleure expression des libertés collectives par l'institution de la représentation des travailleurs dans l'entreprise avec le principe de l'élection des représentants des travailleurs exclusivement par leurs pairs,[237] et la réglementation des conventions collectives du travail[238] pour faciliter davantage les

234 Tous les textes pris en 1957 en rapport avec la liberté d'association, en général, ainsi qu'avec la limitation de la durée du travail, le repos dominical et le repos des jours fériés, portaient des dispositions identiques pour tous les habitants de la Colonie, dans le dessein de mettre fin à la discrimination raciale.

235 Le décret-loi du 1er février 1961 sur le contrat de louage de services (in *MC*, n° 9, 28 mars 1961, pp. 71-82) était principalement mû par le souci de supprimer définitivement le régime discriminatoire institué par le législateur colonial en matière sociale. Dans l'exposé des motifs du projet de ce décret, on peut lire : « le présent projet de décret-loi est destiné à réglementer les relations du travail sans faire de distinction de race, de nationalité ou de sexe entre les employeurs et les travailleurs. Il est la base d'une législation sociale nouvelle, applicable à tous les employeurs et travailleurs de ce pays. Il abolit toute discrimination raciale en matière sociale. La suppression de la discrimination fondée sur la différence de race est un des objectifs que nous nous sommes fixé dans le cadre de la lutte pour notre indépendance ».

236 L'exposé des motifs du projet de décret-loi (du 1er février 1961) sur le contrat de louage de services (in *MC*, n° 9, 28 mars 1961, p. 83) précise que ce projet abroge les décrets sur le recrutement.

237 Cf. ordonnance n° 123 du 1er mai 1964 relative à la représentation du personnel dans les entreprises, in *MC*, n° 11, 1964, pp. 326-330. Cette ordonnance eut pour base l'ordonnance-loi n° 122 du 1er mai 1964 portant réglementation des relations collectives du travail (in *MC*, n° 11, 1964, pp. 323-325). La grande innovation de cette nouvelle disposition était que les représentants des travailleurs étaient exclusivement élus par leurs pairs, afin notamment que la représentation conserve vis-à-vis de l'employeur une pleine indépendance, condition première de son efficacité.

238 Ordonnance-loi n° 250 du 25 octobre 1963 sur les conventions collectives du travail, in *MC*, n° 23, 1963, pp. 485-488. Pour le législateur de 1963, en laissant le règlement de leurs problèmes à la négociation des parties, « les conventions collectives faciliteront la solution des problèmes du travail et notamment du problème

contacts et les négociations entre employeurs et salariés dans le cadre de l'autonomie normative des partenaires sociaux.[239] Des efforts ont également été fournis pour une amélioration des conditions de travail des salariés, principalement dans le domaine de la rémunération où ont été levés des principes clairs relatifs à l'égalité de salaire pour tous les travailleurs à conditions égales de travail, de qualification professionnelle et de rendement, ainsi qu'à la fixation d'un SMIG.[240]

267. Mais cette troisième période a aussi vu apparaître des problèmes nouveaux qui ont sollicité l'intervention du législateur. Aux premières heures de l'indépendance, le départ massif des cadres et techniciens expatriés a incité les pouvoirs publics à consolider les mécanismes de formation professionnelle et technique[241] pour combler le vide ainsi créé, mais aussi pour faire face aux besoins de développement économique et social du pays. Il était également question d'offrir à toutes les personnes formées une qualification professionnelle qui leur ouvre des perspectives d'emploi en augmentant leur employabilité. Vers la fin des années soixante, après que le vide laissé par les cadres et techniciens Européens a été comblé, il s'est posé deux autres problèmes. Le premier était celui du remplacement des cadres expatriés qui occupaient des postes de travail par des cadres nationaux, dans l'optique de la reconquête de l'indépendance économique et sociale du pays. Ce qui a nécessité des mesures de « zaïrianisation » du personnel.[242]

---

salarial, d'une façon conforme aux réalités du pays et en fonction de la hiérarchie professionnelle » (Rapport au Président de la République sur l'ordonnance-loi n° 250 du 25 octobre 1963 sur les conventions collectives du travail, in *MC*, n° 23, 1963, pp. 484-485).

239 Pour Gustave Beya Siku, actuellement, « notre code du travail tend à donner préséance, dans la hiérarchie des sources de droit du travail, aux normes émargeant de l'autonomie collective, encore que, faut-il le signaler, bien des dispositions légales ne sont que des donnés actes des accords scellés préalablement par les partenaires sociaux » (Beya 2007 : 312-314).

240 Voir, par exemple, l'ordonnance n° 08/040 du 30 avril 2008 portant fixation du salaire minimum interprofessionnel garanti, des allocations familiales minima et de la contre-valeur du logement.

241 Notamment avec la création de l'Institut national de préparation professionnelle (INPP) par l'ordonnance-loi n° 206 du 29 juin 1964.

242 C'est dans cet esprit que fut prise l'Ordonnance n° 74/098 du 6 juin 1974, révisée par l'Ordonnance n° 75/304 bis du 26 novembre 1975, portant protection de la main-d'œuvre nationale, qui a eu pour objet, selon son article 1er, « d'organiser la protection

268. Le deuxième problème résulte de la carence d'emplois rémunérés qui s'est aggravée à la suite de l'accroissement du nombre de jeunes diplômés sur le marché de l'emploi, l'exode rural, et la réduction de l'offre d'emplois, due à plusieurs facteurs d'ordre politique et économique. Tout ceci a conduit au renforcement des mécanismes de placement des personnes sans emploi avec la création du Service national de l'emploi,[243] plus tard remplacé par l'ONEM[244]; au raffermissement des règles relatives à la suspension et à la rupture du contrat de travail ; à des stratégies multiples visant la création d'emplois par des actions directes de l'Etat à travers ses services administratifs, mais aussi par la main-tendue de l'Etat aux investisseurs nationaux et étrangers;[245] et surtout à toute une politique de la protection de la main-d'œuvre nationale vis-à-vis de la concurrence étrangère. Cette politique se caractérise, comme nous l'avons déjà dit, par le principe de la priorité d'embauche des nationaux et par des restrictions à l'emploi des étrangers.[246] Une Commission nationale de l'emploi des

---

de la main-d'œuvre nationale contre la concurrence étrangère, de réglementer le travail des étrangers et de créer une Commission de l'emploi chargée de statuer sur les demandes d'engagement des travailleurs étrangers, et de prendre toutes mesures utiles afin d'assurer la zaïrianisation du personnel dans les entreprises ».

243 Arrêté ministériel n° 69/0021 du 10 août 1969 relatif aux modalités d'organisation et de fonctionnement du Service national de l'emploi, in *Code du travail,* T. II, Mesures d'application, Edition CADICEC, s.d., pp. 24-25.

244 Décret n° 012/003 du 19 janvier 2012 fixant les statuts d'un établissement public dénommé « Office national de l'emploi », « ONEM », en sigle, in *JORDC*, n° 4, 15 février 2012, col. 20-29.

245 C'est dans ce cadre qu'il faut situer notamment la loi n° 004-2002 du 21 février 2002 portant Code des investissements (in *JORDC*, 43è année, n°6, 15 mars 2002, pp. 3-15), la création de l'Agence nationale pour la promotion des investissements, du Guichet unique de création d'entreprise, des tribunaux de commerce et du travail, ainsi que l'adhésion de la RDC à l'Organisation pour l'harmonisation en Afrique du droit des affaires « l'OHADA », qui devrait pouvoir renforcer la sécurité judiciaire des activités économiques et inciter les investissements à s'implanter dans le pays.

246 Ce qui justifie par exemple l'arrêté ministériel n° 121/CAB.MIN/TPS/112/2005 du 26 octobre 2005 fixant les pourcentages maxima autorisés des travailleurs étrangers au sein des entreprises (in *JORDC*, 46ème année, n° 23, 5 décembre 2005, col. 51-52) ; l'arrêté ministériel n°12/CAB.MIN/ETPS/080/2008/ du 19 septembre 2008 fixant la liste des emplois réservés exclusivement aux Congolais ; l'ordonnance-loi n° 69-007 du 10 février 1969 relative à l'impôt exceptionnel sur les rémunérations versées par les employeurs à leur personnel expatrié, texte instituant un impôt-sanction dont le but est, donc, de favoriser l'embauchage de la main-d'œuvre nationale, en dissuadant les employeurs de recourir aux travailleurs étrangers.

étrangers a même été instituée au sein du Ministère du travail et de la prévoyance sociale.[247]

D. Appréciation du cadre juridique et institutionnel de promotion du droit au travail

269. Après cette remontée historique qui vient de nous renseigner sur les péripéties qui ont marqué la mise en œuvre du droit au travail en RDC, il convient à présent de procéder à une évaluation du cadre juridique et institutionnel ainsi construit (I) et d'indiquer, en guise de perspectives, quelques pistes de solution aux faiblesses éventuelles qu'il pourrait comporter (II).

I. Evaluation des mécanismes de promotion du droit au travail

270. Nous avons noté que la mise en œuvre du droit au travail en RDC est allée en s'améliorant. D'abord, d'une conception essentiellement dirigiste qui a prédominé durant toute la période qui a précédé la fin de la deuxième guerre mondiale, et au cours de laquelle des pans importants de ce droit ont été ignorés, on est finalement passé à une conception un peu plus libérale qui a notamment permis aux salariés de s'organiser avec une relative liberté en vue d'exiger l'amélioration de leurs conditions de travail. Les revendications des « évolués », couplées aux pressions des organisations internationales et de certains pays, dont les Etats-Unis d'Amérique, ont rendu possible ce revirement normatif. Après l'accession du pays à l'indépendance, cette dynamique s'est accentuée et accélérée à la faveur de la liberté et la dignité retrouvées pour l'homme noir qui se considérait désormais comme l'égal du Blanc. Les lois relatives aux rapports de travail vont être prises à un rythme tel qu'un travail de codification a été estimé nécessaire pour les rassembler dans un seul instrument. D'où l'ordonnance-loi n° 67/310 du 9 août 1967 portant code du travail. Tenant compte de l'évolution économique et sociale du pays et de

---

247 Art. 208 de la loi n° 015/2002 du 16 octobre 2002 portant Code du travail (in *JORDC*, 43ème année, n° spécial, 25 octobre 2002, pp. 4-80). L'arrêté départemental n° 181/0014 du 23 février 1981 a créé, auprès du Ministère du travail et de la prévoyance sociale, la Commission nationale de l'emploi pour étrangers (CNEE), organe interministériel et tripartite ayant pour missions de statuer sur les demandes d'engagement des travailleurs étrangers et de proposer au Ministre du travail et de la prévoyance sociale, qui en est le président, les demandes valables pouvant bénéficier d'une carte de travail pour étranger.

l'impérieuse nécessité de se conformer davantage aux normes internationales du travail,[248] un nouveau code du travail a été élaboré pour remplacer celui de 1967, avec la loi n° 015/2002 du 16 octobre 2002 portant code du travail. Mais ni l'abondance des textes, ni leur codification n'ont permis d'élaguer toutes les faiblesses des dispositions législatives (1) et des institutions (2) mises en place.

1. Au niveau législatif

271. Nous ne croyons pas utile de revenir ici sur tous les écarts que comportent les dispositions législatives relatives aux rapports de travail, qu'on peut aisément trouver dans plusieurs écrits spécialisés. Il suffit, pour illustrer l'existence de ces faiblesses, d'invoquer quelques cas.

272. Signalons d'abord la présence de certains textes qui, en matière de travail forcé ou obligatoire, posent encore des problèmes du fait du manque de clarté sur leur sort. En effet, si pour le Code du travail de 2002, le travail forcé n'est plus concevable sous aucune forme, quelques textes dérogeant au principe et pris avant l'élaboration de ce code n'ont jamais été formellement abrogés. Il s'agit de la loi n° 76-011 du 21 mai 1976 relative à l'effort de développement national et son arrêté d'application, l'arrêté départemental n° 00748/BCE/AGRI/76 du 11 juin 1976 portant exécution de tâches civiques dans le cadre du programme national de production vivrière. Selon la Commission d'experts pour l'application des conventions et recommandations (CEACR), et de toute évidence, ces textes, qui visent à accroître la productivité dans tous les secteurs de la vie nationale, sont contraires à la Convention n° 29 sur le travail forcé et devraient être formellement abrogés, dans la mesure où ils obligent, sous peine de sanction pénale, toute personne adulte et valide, qui n'est pas considérée comme apportant déjà sa contribution dans le cadre de son emploi, à effectuer des travaux agricoles et de développement décidés par le Gouvernement. Pour le Gouvernement congolais l'exigence d'une telle démarche ne s'impose pas pour la simple raison que ces textes sont caducs, et donc abrogés de fait. Il est vrai que la caducité est l'une des voies de disparition des actes juridiques et qu'on peut considérer, en effet, que le Code du travail de 2002 a rendu caducs les différents textes visés par la CEACR. Mais, en même temps, les tergiversations du

248 Cf. Exposé des motifs de la loi n°015/2002 du 16 octobre 2002 portant Code du travail, in *JORDC*, 43ème année, n° spécial, 25 octobre 2002, p. 4.

Gouvernement devant l'insistance de la Commission pour une abrogation formelle de ces dispositions est difficile à justifier. En tout état de cause, nous ne voyons pas ce que l'Etat congolais perdrait en procédant à cette abrogation formelle. Bien au contraire cela aurait l'avantage d'éviter toute ambiguïté juridique et apporterait ainsi, comme le souligne la Commission, une meilleure sécurité juridique à sa propre population de même qu'il rendrait sa législation plus conforme à l'esprit et à la lettre de la convention sur le travail forcé.

273. Il faut aussi regretter le fait que si la loi congolaise prévoit des dispositions concernant les droits collectifs à la formation permanente, elle ne dit par contre rien en rapport avec le droit individuel à cette formation. Aucune obligation n'est faite aux employeurs d'accorder à leurs travailleurs des congés de formation qui permettraient à chacun d'eux de suivre à son initiative, à titre individuel, et indépendamment de sa participation aux stages compris dans le plan de formation de l'entreprise dans laquelle il exerce son activité, des actions de formation susceptibles de lui offrir des possibilités de mobilité, de reconversion et de sécurisation de son parcours professionnel. Et pourtant, il s'agit là d'une exigence de l'économie moderne, en perpétuelle mutation grâce notamment à la rapidité des progrès technologiques.

274. Quant à la lutte contre le harcèlement sexuel ou moral, un texte y relatif a bien été pris : il s'agit de l'Arrêté ministériel n° 12/CAB.MIN/TPS/ 114/2005 du 26 octobre 2005 portant interdiction du harcèlement sexuel ou moral dans l'exécution d'un contrat de travail. Malheureusement, cet arrêté ministériel, dont l'article 2 a bien fait d'interdire formellement « tout fait constitutif de harcèlement sexuel ou moral (...) dans les relations professionnelles, notamment en matière d'apprentissage, d'embauche, de rémunération, de formation, d'affectation, de mutation, de résiliation ou de renouvellement du contrat », n'a pas pu prévoir des sanctions suffisamment claires et intimidantes pour empêcher que de tels faits ne se commettent facilement. En effet, ses articles 4 et 5 établissant les sanctions se contentent de disposer que toute personne victime de harcèlement sexuel ou moral peut résilier son contrat pour faute lourde à charge de l'autre partie, et que les règlements d'entreprises ou les conventions collectives peuvent prévoir des sanctions disciplinaires proportionnelles à la gravité des faits. Le verbe « pouvoir » utilisé par l'arrêté veut signifier que l'auteur d'un acte de harcèlement sexuel ou moral ne sera sanctionné disciplinairement que si les règlements d'entreprises ou les conventions collectives prévoient des sanctions, étant entendu qu'ils peuvent tout aussi bien ne pas en prévoir. Et au cas où aucune sanction n'est prévue par ces instruments, la conséquence logique est que l'auteur de l'acte échappera à toute sanction en vertu du principe de la légalité des sanctions. La seule solution demeurera, pour la victime, la résiliation du contrat pour faute lourde à charge de l'auteur de l'acte, hypothèse difficilement envisageable si la victime est le salarié, dans un contexte de grave pénurie d'emplois.

275. Le cas de la résiliation du contrat de travail pour incarcération du travailleur, prévu aux articles 57, 7) et 60, d) du Code du travail de 2002 est assez symptomatique des failles que comporte cet instrument juridique par rapport à la protection de l'emploi du salarié. Ces dispositions accordent à l'employeur le pouvoir de résilier le contrat de travail sans indemnité après trois mois de suspension pour détention non suivie d'une décision de condamnation. Il s'agit ici d'une violation de la présomption d'innocence (Masanga 2003-2004 : 10) dont doit jouir le travailleur tant qu'il est en détention préventive, conformément à l'article 17 de la Constitution de la RDC du 18 février 2006 et aux principes généraux et universels du droit, et aussi d'un recul par rapport au Code du travail de 1967 qui n'avait pas limité le délai d'attente dans le temps en cas de détention préventive.

276. Le droit de grève est menacé par la possible immixtion du juge dans le règlement des conflits collectifs du travail, voulue par le législateur depuis le Code du travail de 2002 et la loi portant création, organisation et fonctionnement des tribunaux du travail. En effet, l'article 304 du Code du travail de 2002 et les articles 16 et 27 de la loi portant création, organisation et fonctionnement des tribunaux du travail donnent compétence au tribunal du travail de connaître des conflits collectifs du travail lorsque ceux-ci n'ont pas trouvé une issue heureuse après épuisement de la procédure de conciliation et de médiation. Et l'article 28 de la loi portant création, organisation et fonctionnement des tribunaux du travail dispose qu' « en cas de non-conciliation, de conciliation partielle ou de recommandations frappées d'opposition, le tribunal du travail est saisi par l'une des parties dans le délai de dix jours à dater de l'expiration du préavis de grève ou de lock-out notifié à l'autre partie. Dépassé ce délai, l'Inspecteur du travail du ressort saisit le tribunal. La saisine du tribunal du travail suspend la grève ou le lock-out ». Ainsi, dès que le tribunal du travail est saisi par l'une des parties en conflit ou par l'Inspecteur du travail, les grévistes sont obligés de reprendre le travail en attendant la décision que rendra le tribunal du travail. Continuer la grève, dans ces conditions, serait considéré comme participer à une grève illicite, et l'employeur pourrait légitimement tirer les conséquences de cette inexécution fautive du contrat de travail.

277. La question que nous sommes en droit de nous poser est celle de savoir si cette innovation introduite par les deux textes est heureuse ou si, au contraire, elle ne remet pas en cause toute possibilité de jouissance effective du droit de grève, dont l'exercice sera automatiquement suspendu dès la saisine du tribunal du travail, et tant que durera la procédure devant cette juridiction. D'aucuns estiment qu'il s'agit là d' « une malicieuse méthode d'éradiquer légalement un droit pourtant constitutionnellement garanti » (Kumbu 2010 : 112). Nous partageons cet avis, surtout au regard du fonctionnement de notre justice, car il suffira, pour l'employeur qui ne veut rien céder face aux revendications des travailleurs, d'attendre les recommandations de la Commission de médiation et de les frapper d'opposition. Une fois la grève déclenchée, il saisira alors le tribunal ; encore que même s'il ne le fait pas lui-même, l'Inspecteur du travail devra, selon la loi, le faire. Et Dieu seul sait quelle sera la décision du tribunal, dans un contexte où l'iniquité et la corruptibilité des juges sont de notoriété publique. Cette innovation menace donc sérieusement l'effectivité de l'exercice du droit de grève par les travailleurs qui œuvrent en RDC.

278. L'ordonnance-loi n° 69-007 du 10 février 1969 relative à l'impôt exceptionnel sur les rémunérations versées par les employeurs à leur personnel expatrié s'est voulu un instrument de protection de la main-d'œuvre nationale en sanctionnant les employeurs qui recourent à des travailleurs expatriés par un impôt qu'ils devront supporter pour chaque expatrié employé. Mais en y regardant de très près, elle constitue une mesure antiéconomique et antisociale car elle est susceptible de faire fuir les investisseurs, pourtant créateurs d'emplois (cf Masiala 2011 : 71-92).

2. Au niveau institutionnel

279. A ce niveau également, nous nous contenterons de relever quelques failles que connaissent les institutions mises en place par les pouvoirs publics pour la mise en œuvre du droit au travail. Notre attention se focalisera sur l'inefficacité des structures visant la création d'emplois (a), le dysfonctionnement des organismes de placement (b) et les défaillances de l'Inspection du travail (c).

a. L'inefficacité des structures visant la création d'emplois

280. De nombreuses mesures visant la création d'emplois ont été prises, soit en termes d'actions directes de l'Etat, seul ou en collaboration avec des organismes internationaux, soit pour promouvoir les investissements privés, nationaux et étrangers, et plusieurs structures ont vu le jour à ce sujet.[249] Mais ces structures n'ont pas donné les résultats escomptés. Le rythme de création d'emplois est extrêmement bas et la capacité d'absorption de la main-d'œuvre est très faible. En particulier, il y a un désajustement « entre les attentes des jeunes et les perspectives réelles d'embauche » (Makabu 2007 : 2), un « déséquilibre entre l'offre et l'emploi » (Bureau de pays de l'OIT pour l'Afrique centrale 2012 : 6). Plus de 70 % de jeunes demandeurs d'emploi sont au chômage. Sur plus ou moins 9.000 étudiants sortant chaque année des universités congolaises, moins de 100 trouvent un travail décent (Congo, Rép. dém. 2012 : 2). Seulement 4% de la population active avaient en 2007 un emploi structuré ou salarié, ce qui illustre le déficit qui caractérise le secteur de l'emploi en RDC. « Pour une population active évaluée à près de 27,5 millions de personnes, seulement 4 % sont employés dans l'économie formelle, 72 % œuvrent dans l'économie informelle, et 24 % sont de véritables chômeurs. En 2006, l'économie formelle ne représenterait qu'un effectif de 660.089

---

249 C'est le cas de l'Agence nationale pour la promotion des investissements, du Guichet unique de création d'entreprise, du Document de la stratégie de croissance et de réduction de la pauvreté (1ère et 2ème générations), de l'arrêté ministériel n°12/CAB.MIN/ETPS/ 061 /2008 du 18 septembre 2008 portant création, organisation et fonctionnement de la Commission chargée de la formulation du programme national pour la coopération internationale en vue de la promotion de l'emploi, de l'arrêté ministériel n°12/CAB.MIN/ETPS/059 /2008 du 18 septembre 2008 portant création, organisation et fonctionnement de la Commission chargée de la formulation du programme national pour l'élaboration et la mise en œuvre de la politique nationale de l'emploi et de la formation professionnelle, du Programme-cadre d'urgence de création d'emplois et de revenus, du programme « Création d'emplois ruraux et péri urbains décents », du Programme-cadre de création d'emplois et de revenus, du Programme emploi diplômé, du Programme national pour l'emploi des jeunes (Pro-Yen), du Programme national d'appui aux organismes publics et privés pour la promotion de l'emploi, etc.

actifs, soit 2,4 % des actifs, répartis de la manière suivante : 272.580 dans l'administration publique, 290.509 dans le secteur moderne privé, 100.000 dans les forces armées » (Bureau de pays de l'OIT pour l'Afrique centrale 2012 : 6).

281. Cette question mérite une attention sérieuse et devrait conduire les pouvoirs publics à affecter en priorité les ressources réservées à la politique sociale en priorité à l'expansion et à la promotion de l'emploi (Mukadi 1999 : 57). En effet, dans un contexte où les emplois sont quasiment inexistants, le droit au travail, la lutte contre le chômage et la protection sociale de manière générale risquent de sonner comme des slogans creux. La vraie politique de lutte contre le chômage doit commencer par la création des emplois que les demandeurs d'emplois peuvent occuper.

282. R. Ngub'Usim nous apprend par exemple que pour une population active congolaise disponible estimée entre 17 et 20 millions de personnes des deux sexes, l'ensemble des emplois existants était estimé en 1999 par la Banque centrale du Congo à 415.300 emplois pour le secteur public et 219.900 pour le secteur privé, soit un total de 635.200 emplois pour tout le pays, alors qu'en 1994 la même source indiquait 429.000 pour le secteur public et 888.000 pour le secteur privé, soit un total de 1.317.000 emplois (Ngub'Usim 2004 : 463-465). On voit même qu'au lieu de croître, le nombre d'emplois décroît énormément. D'autres études révèlent que près de 91 % des actifs occupés sont employés par le secteur informel, qui ne garantit pas le respect des normes d'un travail décent, et où le niveau de satisfaction dans l'emploi occupé est très faible (not. Makabu 2007 : 8-9). On le voit, le manque d'emploi décent contribue à élargir le secteur informel, et la faiblesse des structures d'encadrement conduit nombre de jeunes vers la délinquance (Congo, Rép. dém. 2012 : 2).

b. Le dysfonctionnement des organismes de placement

283. La connaissance du marché de l'emploi, associée à un système d'informations permanent des candidats à l'emploi sur les postes disponibles correspondant à leur profil, est une des conditions de soutien au développement et à la promotion de l'emploi. Ce travail incombe de manière particulière aux organismes de placement, publics et privés, qui doivent notamment organiser le recueil et l'analyse des données sur le marché du travail. C'est un préalable indispensable à la conception et à la mise en œuvre des politiques du marché du travail

(Atelier AMSEP Région Afrique 2010 : 3). Or, en RDC, l'action des organismes de placement, et singulièrement celle de l'ONEM en tant que service public de placement, ne se fait pas sentir sur le terrain. L'ONEM a pratiquement démissionné de son rôle d'intermédiation ou de « bourse du travail » qui consiste, pour lui, à recenser tous les demandeurs d'emploi avec le profil de chacun d'eux, à enregistrer les demandes de main-d'œuvre des employeurs, et à orienter les demandeurs d'emploi vers les entreprises demanderesses de main-d'œuvre.

284. Le pays ne dispose ni de statistiques fiables des personnes en quête d'emploi, avec leur profil, ni de celles qui travaillent, de sorte que le nombre exact des travailleurs et le rapport entre ceux-ci et les sans emploi ne sont connus de personne. Les données statistiques socio-économiques de base sont quasi inexistantes depuis près de quatre décennies, alors que l'emploi devrait être au cœur du dispositif des systèmes statistiques nationaux afin de permettre de répondre au besoin d'orientation des politiques d'emploi et de stratégies de lutte contre le chômage et le sous-emploi, tâche très difficile dans un contexte de manque de visibilité de la situation de l'emploi (Makabu 2007 : 6). Comme le fait remarquer Kabambi Ntanda, « aucune structure bien identifiée, à l'heure actuelle, n'assure une centralisation des données sur le marché du travail » (Kabambi 2010). Dans sa fiche de présentation, l'ONEM affirme lui-même ne pas remplir correctement sa tâche de production des données statistiques sur l'emploi, de la collecte à la production en passant par l'analyse desdites données. « Cet axe, écrit-il, reste embryonnaire du fait que les données ne peuvent pas être collectées sur toute l'étendue du territoire national (couverture incomplète de l'Onem) et que les procédures de collecte doivent être harmonisées »[250]. La conséquence est que « la RDC est absente des statistiques du travail de l'OIT » (Kabambi 2010).

285. S'agissant justement de l'implantation de l'ONEM, on note avec regret que cet organisme de placement n'est pas encore présent dans certaines provinces du pays (Kasaï occidental et Maniema avec l'ancienne configuration des provinces), mais aussi que là où elle est

---

250 La présentation de l'Onem, texte publié en ligne, www.mintravail.gouv.cd/ nav. php? num= 116& style=bleu.

installée, elle ne l'est qu'au niveau des chefs-lieux des provinces et non à l'intérieur.[251]

286. Les mêmes faiblesses qui avaient caractérisé le Service national de l'emploi et justifié la création de l'ONEM persistent, et le changement de statut[252] et de dénomination de l'organisme public de régulation du marché de l'emploi n'a induit aucun changement sur le travail effectif de régulation qui est attendu de cet organisme. Les quelques entreprises qui embauchent encore du personnel le font en s'adressant directement au public, sans la collaboration des services de placement. A Kinshasa, par exemple, en moyenne, moins de 5 % des chômeurs sont inscrits dans un système de placement (Makabu 2007 : 24). Selon l'étude réalisée par le Professeur Kabambi, la majorité des chômeurs recourent le plus souvent aux relations personnelles (80%) et aux prospections directes (11%). L'ONEM n'est sollicité que par 0,8% des chômeurs (Kabambi 2010). Ainsi, la mobilisation du réseau des solidarités familiales et des relations personnelles est l'option privilégiée des chômeurs dans leur recherche d'emploi. Cette option est suivie de celle de la prospection directe auprès des employeurs et de la stratégie du recours aux petites annonces insérées de plus en plus dans quelques organes des médias.

287. Parmi les causes de ces faiblesses affichées par les services de placement, on peut citer : la méconnaissance de ces institutions par les chômeurs (près de deux-tiers des non-inscrits n'en ont jamais entendu parler (Makabu 2007 : 24)), l'absence d'une politique nationale cohérente et bien suivie de l'emploi, un personnel moyennement si pas faiblement qualifié en matière de l'emploi, une méfiance injustifiée des candidats à l'emploi vis-à-vis de l'administration de l'ONEM, la faible implantation territoriale de l'ONEM, une présentation des offres d'emploi imprécises, mal décrites et quelques fois muettes sur la qualification souhaitée de la part des employeurs et attitude de refus, d'hésitation ou de réticence à l'égard des candidats présentés par l'ONEM, un équipement informatique insuffisant, l'insuffisance de

251 La présentation de l'Onem, précité.

252 En effet, le Service national de l'emploi était un simple service administratif placé sous l'autorité hiérarchique du ministère du travail et dépourvu de personnalité juridique, alors que l'ONEM est un établissement public doté de la personnalité juridique.

moyens financiers (dotation budgétaire) et d'investissements (Kabambi 2010).[253]

c. Les défaillances de l'Inspection du travail

288. L'Inspection du travail, on le sait, est un organe technique de l'administration du travail, essentiel dans la vulgarisation et l'application des normes légales, réglementaires et conventionnelles liées au régime du travail. En fait, elle a une mission d'information, de formation, de contrôle et de suivi sur toute la politique de travail. Elle doit pouvoir contribuer ainsi au contrôle et à l'application rigoureuse, par tous les partenaires sociaux, des mesures visant la promotion et la protection du droit au travail, en l'occurrence celles destinées à encadrer le développement de l'emploi, la sécurisation des parcours professionnels, la qualité du travail dans tous ses aspects et la promotion du dialogue social. Dans certains cas, elle dispose d'un réel pouvoir de décision, notamment lorsque l'employeur doit procéder à un licenciement massif ou au licenciement d'un représentant des travailleurs dans une entreprise.

289. Le constat que l'on peut faire est que les normes destinées à protéger l'emploi du salarié ne sont pas les mieux respectées en RDC. A la base de cette situation se trouve, bien sûr, l'ignorance de ces normes par leurs principaux destinataires que sont les travailleurs, dont la plupart sont d'ailleurs dans le secteur informel très mal couvert par la législation du travail et le contrôle de son application,[254] malgré le souci manifesté par le Code du travail de 2002 d'élargir son champ d'application notamment aux petites et moyennes entreprises et aux petites et moyennes industries du secteur informel.

290. Mais il y a également le laxisme de l'Administration du travail, principalement l'Inspection du travail, face aux violations de la loi, dénoncé par certains doctrinaires (not. Kalonji 2000 : 76), et parfois l'incompétence ou la complicité de cette Administration avec les employeurs, de qui elle reçoit de petites faveurs en récompense de son aide dans l'éviction irrégulière des travailleurs, notamment dans le cadre des licenciements massifs. En témoigne, l'arrêté ministériel n° 12/CAB-MIN/ETPS/038/08 du 08 août 2008 portant interdiction

253 Cf. La présentation de l'ONEM, précité, et J.V. Kabambi Ntanda, *op. cit.*

254 Cf. exposé des motifs de la loi n° 015/2002 du 16 octobre 2002 portant code du travail, in *JORDC*, n° spécial du 25 octobre 2002, p. 5.

provisoire de licenciement massif des travailleurs par les Inspecteurs du travail qui, face aux nombreux abus commis par ces derniers dans le traitement des dossiers relatifs aux licenciements massifs et aux nombreuses réclamations reçues de ce fait par la hiérarchie, interdit provisoirement l'application par les Inspecteurs du travail des dispositions de l'arrêté ministériel n° 12/Cab.Min/TPS/116/2005 du 2 octobre 2005 fixant les modalités de licenciement des travailleurs. Désormais, tout employeur dont l'entreprise ou l'établissement se trouve en difficulté pour des raisons d'ordre économique ou de nécessités de fonctionnement, doit demander l'autorisation de licenciement au Ministre ayant l'emploi, le travail et la prévoyance sociale dans ses attributions, en espérant qu'il se montrera lui-même moins appâté par les offres des employeurs qui souvent ne lésinent pas sur les moyens pour atteindre leurs desseins funestes. Dans tous les cas, cette disposition est l'aveu, par l'Autorité elle-même, des lacunes et de la complaisance qu'affichent ses collaborateurs dans l'application des textes censés protéger les travailleurs, au détriment de ces derniers et pour le bonheur des employeurs.

291. Un autre cas qui illustre nos propos est cette plainte contre le Gouvernement de la RDC figurant dans une communication adressée par la Confédération syndicale du Congo en date du 22 octobre 2007 à l'OIT pour des allégations de rupture des négociations collectives du fait de l'employeur et licenciement de délégués syndicaux (cf BIT 2008 : 141-144). Dans l'espèce, des délégués syndicaux élus pour la première fois dans l'entreprise audiovisuelle RAGA à l'issue d'élections organisées le 27 février 2007, auraient entamé des négociations avec la Direction pour l'amélioration des conditions de travail des salariés de l'entreprise. Malheureusement, l'employeur a, non seulement rompu les négociations, mais aussi saisi l'Inspection urbaine du travail le 19 mai 2007 afin de solliciter le licenciement des neuf délégués syndicaux. L'autorisation de licenciement de l'Inspection urbaine du travail a été délivrée par la lettre n° 22/121/DPIT/178/IUT/MBK-OPJ/2007 du 23 mai 2007 et les neuf délégués syndicaux ont reçu une notification de licenciement sans préavis le 28 mai 2007. Face à cette situation, le personnel de l'entreprise a observé un arrêt de travail exigeant la réintégration des délégués syndicaux. Par ailleurs, une réunion convoquée par le Ministère du travail et de la prévoyance sociale, le 4 juin 2007, a abouti à l'adoption d'un arrêté ministériel n°12/CAB/MIN/TPS/OY/RN/12/2007 annulant la décision de l'Inspection urbaine du travail, au motif que les délégués syndicaux ont agi dans l'exercice de leur mandat légitime et n'ont pas outrepassé leurs droits de revendication de meilleures conditions de vie et de travail. Contre toute attente, malgré la notification de la décision ministérielle à la Direction de l'entreprise par l'Inspecteur général du travail, l'entreprise n'a pas réintégré les délégués syndicaux licenciés, remettant ainsi en cause, avec l'appui de la Fédération des entreprises du Congo (FEC), la décision de la Ministre du travail et de la prévoyance sociale.

292. Ce cas constitue bien évidemment une violation flagrante des dispositions internes protégeant la liberté syndicale et des conventions (n° 87) sur la liberté syndicale et la protection du droit syndical (1948), (n° 98) sur le droit d'organisation et de négociation collective (1949), et (n° 135) concernant les représentants des travailleurs (1971), ratifiées par la RDC. Mais il est également révélateur de la légèreté avec laquelle les autorisations de licenciement sont accordées par l'Administration du travail, en sacrifiant les travailleurs, y compris même les salariés protégés. Or, un des principes fondamentaux de la liberté syndicale, tels que dégagés par l'OIT dont est membre la RDC, est que les travailleurs doivent bénéficier d'une protection adéquate contre tous actes de discrimination tendant à porter atteinte à la liberté syndicale en matière d'emploi (licenciement, transfert, rétrogradation et autres actes préjudiciables), et que cette protection est particulièrement souhaitable en ce qui concerne les délégués syndicaux, étant donné que, pour pouvoir remplir leurs fonctions syndicales en pleine indépendance, ceux-ci doivent avoir la garantie qu'ils ne subiront pas de préjudice en raison du mandat syndical qu'ils détiennent. Une des manières d'assurer la protection des délégués syndicaux est de prévoir que ces délégués ne peuvent être licenciés ni dans l'exercice de leurs fonctions ni pendant un certain laps de temps suivant la fin de leur mandat, sauf évidemment en cas de faute grave (cf BIT 2006 : § 799, 801 et 804).

293. Cet incident montre également qu'une meilleure justice distributive et une bonne politique salariale sont indispensables pour remédier à de tels comportements, car beaucoup d'agents de l'Administration se laissent séduire par les employeurs à cause de la précarité de leurs conditions de vie due essentiellement à leurs mauvaises conditions salariales. Devant la misère ainsi entretenue par l'Administration elle-même, même les agents les plus vertueux fléchissent devant les solutions palliatives que leur offrent les employeurs qui savent exploiter cette faiblesse.

II. Perspectives : nécessité d'un observatoire du droit au travail

294. Plusieurs types de solutions ont déjà été proposés par des analystes avertis, aussi bien pour corriger les imperfections constatées sur le plan des dispositions légales et réglementaires que pour l'opérationnalité des mécanismes institutionnels. Les choses ne semblent guère évoluer et il n'est pas évident que ces propositions, qui ne sont pas mauvaises du tout, atteignent leurs premiers destinataires. De même, il existe visiblement un réel déficit de coordination entre toutes les structures concernées par la mise en œuvre du droit au travail qui fait notamment que les efforts que certaines d'entre elles pourraient consentir seraient immédiatement anéantis par l'inertie des autres. Une synergie et une complémentarité agissantes sont donc nécessaires entre ces structures, car, telle une toile d'araignée qui bouge lorsqu'on touche à l'un quelconque de ses fils, toute faiblesse de l'une des structures a inévitablement des répercussions négatives sur l'ensemble des mécanismes mis en place. Ainsi, au lieu de revenir sur les solutions sectorielles évoquées à l'envi dans différentes études, nous estimons qu'il serait bon de tenter une solution nouvelle avec la mise sur pied d'un observatoire du droit au travail,[255] structure qui aurait une vue globale sur l'ensemble des questions liées à ce droit afin, non seulement d'exercer un suivi plus efficace de tous les mécanismes, de relever les failles de chacune des structures et de suggérer des correctifs, mais aussi de penser des voies de concertation et de dialogue entre elles pour créer une unité de vue et d'action.

295. Pour aider à la conception de cette structure spécialisée, qui serait dénommée « Observatoire national du droit au travail » (ONDT,

255 Il existe bien un projet « programme-observatoire du marché de l'emploi » (POME), mais son mandat ne correspondrait pas à celui, plus large, de l'observatoire du droit au travail. En effet, le POME se spécialiserait dans la production et la diffusion d'informations statistiques sur le marché de l'emploi afin, notamment, de mieux connecter les besoins du marché de l'emploi au système de formation professionnelle. Ce travail est bien en-deçà de celui qui serait confié à l'observatoire du droit au travail.

en sigle), nous nous proposons d'en fournir, dans les lignes qui suivent, les motivations (1) et de préciser les éléments essentiels en rapport avec sa position stratégique (2) ainsi que sa composition et son fonctionnement (3).

1. Motivations

296. On peut se poser la question de savoir pourquoi créer un observatoire du droit au travail. Quel est l'intérêt d'une telle structure surtout si l'on sait qu'il existe une Commission nationale des droits de l'homme,[256] « organisme technique et consultatif chargé de la promotion et de la protection des droits de l'homme »[257], étant entendu que le droit au travail relève aussi des droits humains. En plus, il existe un Conseil national du travail, organisme consultatif institué, par l'article 223 de la loi n° 015/2002 du 16 octobre 2002 portant code du travail, auprès du Ministre ayant le travail et la prévoyance sociale dans ses attributions,[258] et un Conseil économique et social institué par l'article 208 de la Constitution de la RDC du 18 février 2006, et dont les règles ont été fixées par la loi organique n° 13/027 du 39 octobre 2013 portant organisation et fonctionnement du Conseil économique et social. En dépit de l'existence de ces institutions, nous pensons que la mise sur pied d'un observatoire du droit au travail ne serait pas dénuée d'utilité pour plusieurs raisons.

297. La première raison est l'importance et le particularisme qui caractérisent le droit au travail. Il s'agit d'un droit « premier » en l'absence duquel l'exercice des autres droits devient difficile. C'est dans ce sens que plusieurs conventions internationales, on l'a vu,

---

256 Loi organique n° 13/011 du 21 mars 2013 portant institution, organisation et fonctionnement de la Commission nationale des droits de l'homme, in *JORDC*, n° spécial du 1er avril 2013.

257 Article 4 de la loi organique n° 13/011 du 21 mars 2013 portant institution, organisation et fonctionnement de la Commission nationale des droits de l'homme.

258 En principe, l'avis de ce Conseil est requis sur tous les projets de lois, décrets-lois, décrets et arrêtés ministériels lorsqu'ils ont pour objet de modifier ou de créer des obligations ou des droits pour les travailleurs et les employeurs en matière de travail ou de la sécurité sociale. Il a également pour mission générale de : a) étudier toutes les questions concernant le travail, la main-d'œuvre et la prévoyance sociale ; b) étudier les éléments pouvant servir de base à la détermination du salaire minimum interprofessionnel garanti et ses incidences économiques ; c) émettre des avis et formuler des propositions et résolutions sur la réglementation à intervenir en ces matières (Article 225 du Code du travail de 2002).

insistent sur la nécessité pour chaque pays d'adopter des stratégies afin de permettre à chaque individu de jouir de ce droit et de lutter contre le chômage qui avilit. Il n'y a ni liberté réelle, ni dignité effective pour une personne privée de toute possibilité de gagner sa vie par un travail décent, librement choisi ou accepté. Or, la situation de l'emploi n'est pas des plus roses en RDC et plusieurs mesures qui, du reste, ne sont pas toujours prises de manière coordonnée, n'ont pas donné les résultats escomptés. D'où la nécessité d'une structure spécialisée qui pourrait permettre au gouvernement de prendre des décisions mieux informées, par un suivi permanent de la mise en œuvre du droit au travail, par des propositions et recommandations résultant d'une mutualisation des intelligences de représentants de toutes les parties concernées par la question du droit au travail, et tendant à garantir l'amélioration qualitative, la mise en application et le succès des mesures prises. Cette structure mettrait aussi à la disposition des parties impliquées dans les relations de travail des outils nécessaires pour vérifier que les mesures et les interventions déployées par elles ont un impact significatif sur la prise en charge du droit au travail et la protection contre le chômage. Elle s'emploierait à collecter des données fiables pour réaliser une évaluation objective, scientifique, équilibrée et transparente des progrès accomplis et des difficultés rencontrées dans la mise en application des stratégies arrêtées dans le cadre de la promotion et de la protection du droit au travail.

298. La deuxième raison est tirée du constat selon lequel généralement lorsque des institutions nationales des droits de l'homme à caractère général (du genre Commission nationale des droits de l'homme ou Observatoire national des droits de l'homme) sont créées, elles mettent plus l'accent sur ce que l'on a coutume de considérer comme les droits humains de la première génération, c'est-à-dire les droits civils et politiques qui constituent des libertés publiques. Les droits sociaux fondamentaux, dont relève le droit au travail, ne rentrent pas dans les préoccupations majeures de telles instances au motif qu'il s'agit de droits programmatoires, alors que leur importance et leur rôle dans la construction d'une dignité et d'une liberté véritables pour tout individu sont indiscutables. Aucun individu et aucune société ne peuvent aspirer à un développement intégral en l'absence de la garantie et de la mise en œuvre effective du droit au travail. Cette situation peut justifier, à notre avis, qu'une institution lui soit spécifiquement consacrée afin de veiller de manière plus spéciale aux questions qui intéressent ce droit social fondamental. La logique ici est la même que celle qui légitime, à côté des institutions nationales des droits de l'homme à caractère général, des institutions spécialisées destinées à protéger des groupes spécifiques (minorités ethniques, linguistiques ou religieuses, populations autochtones, étrangers, migrants, immigrants, réfugiés, enfants, femmes, pauvres et invalides) (cf Murhola 2012 : 11). Par ailleurs, comme l'affirme si bien Fernandez Murhola, plusieurs organismes considérés comme des institutions nationales des droits de l'homme peuvent coexister dans un même pays.[259]

299. Quant au Conseil national du travail, elle a un mandat tellement limité qu'elle ne saurait couvrir l'ensemble du champ de compétence qui pourrait être celui d'un observatoire du droit au travail. Sa composition est aussi plus réduite que celle de l'observatoire dont nous suggérons la mise en place.

300. En plus, le Conseil national du travail ne se réunit que sur convocation du Ministre ayant le travail et la prévoyance sociale dans ses attributions, qui en est le président, ou si des organisations professionnelles des employeurs et des travailleurs le demandent, alors que l'observatoire fonctionnerait de manière permanente et indépendante. Il s'agirait véritablement d'un service technique décentralisé et non d'une simple structure non autonome fonctionnant sous la coupe d'un ministre.[260] L'indépendance, si nécessaire dans le

---

259 Il écrit à ce sujet : « Dans certains pays coexistent deux ou plusieurs organes pouvant être considérés comme des INDH. Par exemple, une commission des Droits de l'Homme et un médiateur ou plusieurs commissions chargées chacune d'un certain type de problème des Droits de l'Homme. Prenons la possibilité qu'offre la Constitution du 18 Février 2006 en RDC d'avoir un Conseil Economique et Social (Art 206 à 210), organe conseil qui donne avis et recommandations notamment au Gouvernement sur des questions économiques et sociales, ceci ne signifie pas qu'une INDH ne peut plus s'impliquer dans les Droits Economiques, Sociaux et Culturels. La pluralité d'institutions est généralement quelque chose de positif, mais à condition d'éviter de conflit de compétences. On y parviendra en veillant à ce que chacune de ces institutions soit chargée de fonctions distinctes. Un autre moyen d'y parvenir est d'établir et de préserver un réseau de communication entre institutions similaires ou ayant des compétences connexes » (Murhola 2012 : 18).

260 L'observatoire projeté serait une institution nationale des droits de l'homme, spécialisée. Or ces institutions « ne sont pas placées sous l'autorité directe de l'exécutif, du législateur ou de l'ordre judiciaire, bien qu'elles soient, en règle générale, responsables devant ce dernier, directement ou indirectement. Elles sont

rôle constructif que les institutions nationales des droits de l'homme peuvent jouer à l'égard des pouvoirs publics, fait défaut au Conseil national du travail. Ce qui en limite l'utilité pratique.

301. S'agissant du Conseil économique et social, institution consultative mise en place dans le but « de voir tous les acteurs de la vie socio-économique partager la responsabilité du développement national dans le cadre de la démocratie économique et sociale »[261], son mandat est tellement large qu'il ne saurait accorder à la question spécifique du droit au travail toute l'attention que requiert son importance dans la vie de tout individu et de toute société.

2. Position stratégique

302. La position stratégique d'une institution sous-entend la prise en compte des questions institutionnelles (cf. Gotz/Mack 2010 : 26) : son statut juridique (a), son mandat (b) et son rôle (c).

a. Statut juridique de l'ONDT

303. Les observatoires sont des structures qui servent à faire de la « veille d'informations », à suivre en continu l'évolution d'un sujet afin d'informer et d'orienter les choix des décideurs concernés.[262]

304. Il existe principalement deux formules relativement au statut juridique des observatoires. Ils peuvent être des structures privées, mais conçues pour remplir une mission d'intérêt public. Ils prennent alors, dans ce cas, le statut d'association à but non lucratif. C'est le cas, en France, de l'Observatoire de la déontologie de l'information constitué le 12 septembre 2012 à Paris selon la loi du 1er juillet 1901 et le décret du 16 août 1901[263], de l'Observatoire régional de la santé d'Aquitaine dont les statuts ont été adoptés le 11 avril 2012[264], de l'Observatoire des

---

indépendantes du gouvernement, mais sont financées exclusivement ou principalement par celui-ci » (Haut-commissariat des Nations-Unies aux droits de l'homme, 2010 : 15).

261 Exposé des motifs de la loi organique n° 13/027 du 39 octobre 2013 portant organisation et fonctionnement du Conseil économique et social.

262 Présentation de l'observatoire - Pays du Ventoux Comtat Venaissin http://www.cbeventoux.com/ index.php/ observatoire-socio-economique/presentation-de-lobservatoire.

263 www.sdllemonde.fr/.../Statuts%20ODI%20(12%2009%2012).pdf.

264 www.ors-aquitaine.org/upload/documents/Statuts%202012.pdf.

droits des marins[265] qui travaille en partenariat avec le ministère de l'emploi et de la solidarité et celui de l'équipement et des transports. En RDC, on peut citer, entre autres, l'Observatoire congolais des droits de l'homme (OCDH), l'Observatoire congolais des prisons (OCP), l'Observatoire congolais de la pauvreté et des inégalités (OCPI) et l'Observatoire des médias congolais (OMEC).

305. Les observatoires peuvent aussi être des institutions nationales des droits de l'homme, dans le sens où les entendent les instruments internationaux concernant le statut des institutions nationales pour la promotion et la protection des droits de l'homme, c'est-à-dire « des organes étatiques dotés d'un mandat constitutionnel et/ou législatif visant à assurer la protection et la promotion des droits humains » (Haut-commissariat des Nations-Unies aux droits de l'homme 2010 : 15).[266] Ainsi, les institutions nationales des droits de l'homme « ne représentent pas l'administration, même si les différents ministères participent à leurs travaux, pas plus qu'elles ne sont des associations privées, émanant de la société civile. La qualification de « nationales » est là pour souligner qu'il ne s'agit pas de structures gouvernementales, mais d'instances officielles (…) » (Decaux 2003 : 25). Tel est le cas de l'Observatoire national des droits de la femme au Sénégal.[267] Tel était aussi le cas de l'Observatoire national des droits de l'homme institué, en RDC, par le Parlement de transition en application de la Résolution n° 8/DIC/CHSC du Dialogue intercongolais.

306. L'observatoire que nous proposons devrait, pour plus d'efficacité d'action, être plutôt un organisme public, technique et consultatif à créer par une loi,[268] doté de la personnalité juridique, et jouissant de l'autonomie administrative, financière et technique. Bien que n'étant pas lui-même un instrument politique en tant que tel,

265 www.obs-droits-marins.fr/_bibli/pages_docs/46/statuts.pdf.

266 On peut également lire : « Les institutions nationales des droits de l'homme en tant que mécanismes nationaux de prévention : Opportunités et défis », Association pour la prévention de la torture, Janvier 2014, p. 3.

267 Décret n° 2008-1047 du 15 septembre 2008 portant création et fixant les règles d'organisation et de fonctionnement de l'observatoire national des droits de la femme, in *Journal officiel du Sénégal*, http://www.jo.gouv.sn.

268 En effet, « Les Principes de Paris exigent que l'INDH ait une base constitutionnelle ou législative, ou les deux. Il ne convient pas que la création de l'INDH résulte d'un acte du pouvoir exécutif » (Haut-commissariat des Nations-Unies aux droits de l'homme 2010 : 189).

l'observatoire serait néanmoins un instrument essentiel à l'élaboration et à la mise en œuvre des politiques de promotion du droit au travail et de lutte contre le chômage. En effet, il est de plus en plus évident que même si la responsabilité politique reste aux mains des décideurs, ces derniers ont besoin d'informations objectives, factuelles et fiables pour prendre des décisions informées.

307. Insistons sur notre souhait de voir le mandat de l'ONDT être clairement énoncé dans un texte législatif car, comme le souligne Emmanuel Decaux, cette précaution « conditionne à l'évidence le 'statut juridique des Institutions', et partant leur stabilité tout comme leur 'autorité' dont dépend largement leur crédibilité. Certes la hiérarchie institutionnelle n'est pas en elle-même un gage d'indépendance, mais on peut considérer qu'une consécration législative, faisant intervenir le Parlement et non le seul Exécutif, est une garantie très précieuse (…) » (Decaux 2003 : 21).

b. Mandat de l'ONDT

308. Comme toutes les institutions nationales des droits de l'homme, l'ONDT devrait être de nature administrative, en ce sens qu'il ne serait ni une institution judiciaire, ni une institution législative. Il serait plutôt un organe de veille, d'alerte, d'orientation, de conseil et de contrôle investi d'un mandat permanent, fonctionnant sous le mode d'un cadre de concertation, d'analyse, de réflexions et de propositions sur toutes les questions touchant à la promotion du droit au travail et à la lutte contre le chômage.

309. Sa fonction consultative se traduirait par des avis et recommandations au gouvernement et aux provinces sur les questions essentielles relatives au droit au travail. Les avis de l'ONDT auraient un caractère obligatoire pour toutes les décisions à prendre dans le domaine du droit au travail tel que son étendue a été définie au premier point de la présente étude. Des recommandations seraient faites, de l'initiative propre de l'ONDT, à toutes les parties prenantes à la mise en œuvre du droit au travail chaque fois qu'une situation le requerrait.[269]

---

269 Ceci est conforme au point 3 a) des principes concernant le statut des institutions nationales pour la promotion et la protection des droits de l'homme, dits Principes de Paris, qui assignent aux Institutions nationales des droits de l'homme la tâche de « Fournir à titre consultatif au gouvernement, au parlement et à tout autre organe compétent, soit à la demande des autorités concernées, soit en usant de sa faculté d'autosaisine, des avis, recommandations, propositions et rapports concernant toutes

310. L'action de l'ONDT devrait s'adresser en priorité aux pouvoirs publics (pouvoir central et provinces) ; mais elle intéresserait également, tout en les impliquant, les institutions de formation et d'apprentissage professionnels, les porteurs de projets de création d'entreprise, les entreprises existantes, les services de l'Etat impliqués dans la promotion du droit au travail, les décideurs (dirigeants politiques, économiques ou sociaux, chefs d'entreprises, élus…), ainsi que les services privés de placement.

311. L'indépendance de l'ONDT ne signifie pas qu'il serait totalement coupé de tout lien avec l'Etat pour agir comme un électron libre. La loi qui le créerait devrait d'ailleurs préciser le type de liens qu'il entretiendrait avec l'Etat et les limites de son champ d'action. Cette origine législative, et les limitations qui en découleraient le distingueraient des organisations non gouvernementales et autres associations privées émanant de la société civile. Et comme pour toute institution nationale des droits de l'homme, il aurait l'obligation de présenter des rapports annuels aux pouvoirs publics qui mettraient à sa disposition les moyens financiers nécessaires à son fonctionnement. Mais les limites et restrictions à son indépendance vis-à-vis des pouvoirs publics, et particulièrement du gouvernement, ne devraient pas avoir pour effet d'entraver son aptitude à s'acquitter efficacement de ses responsabilités, sans ingérence ni obstruction de la part de ces derniers. Une façon forte d'éviter de telles intrusions du gouvernement qui risqueraient de nuire à l'efficacité de l'ONDT serait de le rendre directement responsable devant le parlement (Murhola 2012 : 15). Du reste, cette pratique ne ferait pas qu'affirmer l'indépendance de l'ONDT, elle permettrait aussi d'assurer que ses rapports sont entendus par l'organe élu représentatif du pays. Vu que le parlement est responsable devant le peuple, rendre directement compte au parlement confirmerait aussi que l'ONDT est en fin de compte responsable devant l'ensemble des citoyens (Haut-commissariat des Nations-unies aux droits de l'homme 2010 : 144).

---

questions relatives à la promotion et à la protection des droits de l'homme; les institutions nationales peuvent décider de les rendre publics (…) » (Haut-commissariat des Nations-Unies aux droits de l'homme 2010 : 182).

c. Rôle de l'ONDT

312. Le rôle spécifique de l'ONDT serait multiple et orienté essentiellement vers :

- L'identification et la dénonciation des différentes formes de violation du droit au travail sous tous ses aspects ;
- La contribution à l'élaboration de données statistiques sur l'emploi, la formation et les entreprises ;
- L'émission de recommandations auprès des institutions compétentes sur des mesures propres à induire la création d'emplois décents ;
- La projection de stratégies visant l'amélioration des qualifications professionnelles des candidats à l'emploi, notamment par l'adéquation entre l'enseignement et les attentes des utilisateurs de la main-d'œuvre, dans le but d'améliorer l'employabilité de celle-ci et de réduire l'inadéquation entre la qualification des actifs et la qualification des postes offerts ;
- La réalisation d'études nécessaires à une compréhension de l'évolution du marché de l'emploi de manière à anticiper les besoins de formation et à orienter les partenaires intervenant dans le domaine de la formation ;
- Le suivi et l'information des acteurs politiques et économiques sur l'impact de leurs actions sur la quantité et la qualité des emplois, ainsi que sur la valorisation de la main-d'œuvre nationale vis-à-vis de la concurrence étrangère tant sur le marché national que sur le marché international de l'emploi ;
- La collecte et la mise à la disposition du public (entreprises, chercheurs, pouvoirs publics, organisations professionnelles, associations de défense des droits de l'homme …) sous une forme adaptée aux besoins de chaque bénéficiaire, des données sur l'emploi en vue de stimuler des réflexions et des actions croisées sur les conditions de possibilité d'une meilleure prise en charge de la question de la garantie du droit au travail et de la lutte contre le chômage ;

- La réalisation d'études ponctuelles dans le domaine du droit au travail et de la lutte contre le chômage à la demande de tout acteur politique, économique ou social intéressé ;
- La constitution d'un outil d'aide à l'établissement d'états des lieux, à l'évaluation des politiques publiques en matière d'emploi, ainsi qu'à l'examen de l'évolution des règles édictées en rapport avec le droit au travail pour en évaluer la pertinence et la conformité aux instruments internationaux ratifiés par la RDC.

3. Composition et fonctionnement de l'ONDT

313. L'ONDT devrait avoir une composition (a) qui puisse lui permettre un fonctionnement (b) normal en vue d'atteindre aisément les objectifs qui lui seraient assignés.

a. Composition

314. L'ONDT devrait reposer sur un cadre coopératif à plusieurs partenaires. Sa composition devrait donc être pluraliste et largement représentative de différentes forces sociales impliquées directement ou indirectement dans la promotion du droit au travail : les associations de défense des droits humains, les organisations professionnelles, les organisations issues de la communauté éducative, les pouvoirs publics. En outre, l'ONDT devrait être articulé avec la direction de l'emploi du ministère du travail et de la prévoyance sociale, l'Office national de l'emploi, la Commission nationale de l'emploi des étrangers, l'Institut national de la sécurité sociale, l'Institut national de la statistique, l'Institut national de préparation professionnelle, la Commission nationale des droits de l'homme, le Conseil économique et social et le Conseil national du travail.

315. Les membres de l'ONDT devraient être désignés par voie élective tout en veillant à la représentation pluraliste des forces sociales concernées par la protection et la promotion du droit au travail et la lutte contre le chômage. Et pour éviter à ce niveau une mainmise de l'exécutif sur l'ONDT, l'élection des membres de l'ONDT devrait être confiée au parlement sur base de critères de sélection et d'un mode de scrutin clairement établis par la loi qui le créerait.

316. Pour la stabilité du mandat des membres de l'institution, sans laquelle il n'est pas de réelle indépendance, leur nomination serait faite par un acte officiel (en l'occurrence une ordonnance du Président de la

République) précisant, pour une période déterminée (qui serait par exemple de cinq ans), la durée du mandat. Il peut être renouvelable, sous réserve que demeure garanti le pluralisme de sa composition, tant au niveau sociologique que politique, et ne pourrait être retiré que pour des actes graves dont la liste serait dressée dans la loi qui le créerait.

317. Pour mieux garantir l'indépendance d'action des membres de l'ONDT, ils devraient pouvoir jouir de l'immunité contre toute poursuite civile ou pénale pour les actes accomplis dans l'exercice de leurs fonctions.

b. Fonctionnement de l'ONDT

318. Conformément aux Principes de Paris concernant le statut et le fonctionnement des institutions nationales pour la protection et la promotion des droits de l'homme,[270] l'ONDT devrait disposer d'une infrastructure adaptée au bon fonctionnement de ses activités, en particulier de crédits suffisants. Ces crédits devraient avoir notamment pour objet de lui permettre de se doter de personnel et de locaux propres, afin d'être autonome vis-à-vis de l'Etat et de n'être soumise qu'à un contrôle financier respectant son indépendance. Son fonctionnement normal et régulier serait également tributaire d'organes clairement définis (i), et d'un mode de prise de décision qui permettrait la transparence (ii).

(i) Organes de l'ONDT

319. L'ONDT fonctionnerait avec deux principaux organes :

- L'assemblée générale qui comprendrait tous les membres, et qui se présenterait comme l'organe de délibération et de contrôle ;
- Le Bureau qui comprendrait quatre membres : le Président, le Vice-président, le Rapporteur et le Rapporteur-adjoint. Les membres du Bureau seraient désignés, par voie élective, par leurs pairs.

320. Etant donné son caractère d'institution permanente, l'ONDT devrait être doté d'un secrétariat permanent qui assurerait l'administration dans tous ses compartiments, et d'un personnel d'appoint.

270 Points B 2 et 3 des Principes de Paris concernant le statut et le fonctionnement des institutions nationales pour la protection et la promotion des droits de l'homme.

(ii) Mode de prise de décision

321. Le processus de prise de décision devrait être clair pour en faciliter l'aboutissement et recueillir le consentement des membres. Dans la mesure du possible, les décisions devraient être prises par consensus, forme de négociation intégrative, coopérative dont résulte, non pas une simple unanimité au sens d'une similitude quasiment totale des points de vue, ni un simple compromis entendu comme un jeu de concessions réciproques permettant de rapprocher des points de vue divergents, mais une transformation des points de vue des protagonistes, un changement de perceptions et/ou de positions qui permet la création d'une solution susceptible de satisfaire tous les partenaires de la décision de manière beaucoup plus profonde. Ainsi, le consensus pourrait être défini comme « le produit d'un mode de prise de décision par un groupe dans son ensemble, mode de décision dans lequel chacun vise à trouver la meilleure solution possible pour ce groupe tel qu'il est à un moment donné : ce qui implique que l'ensemble du groupe accepte de prendre part à la mise en œuvre de la décision élaborée » (Vodoz 1994 : 58). Mais toutes les décisions ne devraient pas requérir le consensus ; certaines décisions seraient prises par le mécanisme démocratique du vote majoritaire. En outre, il serait fait recours au vote majoritaire chaque fois qu'un consensus semblerait impossible à dégager, pour éviter une paralysie d'action. Il serait, par conséquent, indispensable de bien déterminer les types de décisions nécessitant le consensus, et ceux qui requéraient un vote majoritaire.

E. Conclusion

322. Au cours de cette étude, nous avons voulu procéder à un bref état des lieux et à une évaluation des mécanismes juridiques et institutionnels mis en place par les pouvoirs publics pour permettre au Congolais d'exercer effectivement son droit d'obtenir un emploi et pour le mettre ainsi à l'abri du chômage. Nous avons tenté de jauger de ce fait, par une réflexion compréhensive, et d'ordre historique, les efforts fournis jusque-là, en vue de mieux entrevoir de nouvelles pistes de solutions par rapport à la situation que connaît le pays en matière d'emploi. L'histoire a en effet un rôle moteur dans tout processus de changement. Elle nous donne à mieux lire, dans les leçons du passé, les changements à opérer en vue d'aboutir à des solutions plus efficaces, car, comme le souligne Ntedika Konde, « le passé ne nous intéresse que pour autant qu'il éclaire le présent et engage l'avenir » (Ntedika 1977 : 15).

323. Nous avons également envisagé ces mécanismes selon qu'ils sont d'ordre juridique ou d'ordre institutionnel. Ainsi, nos analyses sur la garantie du droit au travail ont nécessité une interaction prospective, sélective et dialectique des mécanismes juridiques et institutionnels, prenant en compte, dans une perspective diachronique, les mesures d'hier et d'aujourd'hui aux fins d'une percée prospective.

324. Ces analyses ont révélé la persistance de faiblesses dans les mécanismes juridiques et institutionnels de promotion du droit au travail et la nécessité de déployer encore de gros efforts pour le contrôle et l'application effective des mesures déjà prévues. En réalité, tous les outils ne sont pas mauvais. Quelques-uns sont même très bons si leur mise en œuvre pouvait se faire de manière correcte et s'ils étaient articulés correctement avec d'autres, conçus en vue du même objectif : promouvoir et protéger le droit au travail. Ceci nous a conduit à proposer notre modeste contribution en indiquant, au-delà des solutions habituelles caractérisées par la production de normes et la création de structures disparates et déconnectées les unes des autres, une solution plus ou moins originale consistant en la mise sur pied d'un observatoire du droit au travail en tant que lieu d'examen, de critique, d'articulation et de surveillance de toutes ces normes et structures, ainsi que de toutes les politiques adoptées en faveur de l'emploi. L'observatoire ferait aussi le lien entre le système de formation et les besoins du monde du travail en compétences essentielles. Les grandes lignes de ce que pourrait être cet observatoire ont été présentées.

L'Etat-employeur et la reconnaissance des avantages sociaux de l'agent marié de sexe féminin en République Démocratique du Congo : analyse comparative des lois n° 81-003 du 17 juillet 1981 et n° 16/013 du 15 juillet 2016 portant statut des agents de carrière des services publics de l'Etat

Par

Dady Mumbanika Mbwisi et Bill Augustin Mikambu

A. Introduction

325. Dans son ouvrage *« La crise de la culture »*, Hannah Arendt affirme que « la tâche de la conscience est de comprendre ce qui s'est passé, et cette compréhension, selon Hegel, est la manière pour l'homme de se réconcilier avec la réalité ; sa fin réelle est d'être en paix avec le monde. L'ennui est que si la conscience est incapable d'apporter la paix et de produire la réconciliation, elle se trouve immédiatement engagée dans son genre propre de guerre (H. Arendt 1972 : 17). C'est donc guidés par ce que nous appellerions volontiers la « conscience de la culture du droit » que nous voulons revisiter la prétention des lois à la justice et la réalité de leurs prescriptions en vue de réconcilier l'esprit et la lettre des lois pour plus de justice. Pour ce faire, nous nous servirons d'un principe sacro-saint, celui d'égalité et de non-discrimination[271] basé sur le sexe dans la jouissance des avantages sociaux ; principe, par ailleurs, bien reconnu en République Démocratique du Congo (RDC) tant dans ses différentes

271 La non-discrimination et l'égalité constituent deux aspects fondamentaux du droit des droits de l'homme qui sont indispensables à l'exercice et à la jouissance des droits économiques, sociaux et culturels y compris les avantages sociaux découlant du droit au travail. Voir Comité des droits économiques, sociaux et culturels (ci-après CDESC), Observation générale n° 20 : la non-discrimination dans l'exercice des droits économiques, sociaux et culturels (article 2, paragraphe 2 du Pacte international relatif aux droits économiques, sociaux et culturels) E/C.12/GC/20 2 juillet 2009 (ci-après Observation générale 20), para 1. Voir aussi Comité des droits économiques, sociaux et culturels : Observation générale n° 16 : Droit égal de l'homme et de la femme au bénéfice de tous les droits économiques, sociaux et culturels (article 3 du Pacte international relatif aux droits économiques, sociaux et culturels), E/C.12/2005/4, 2005 (ci-après Observation Générale 16), paragraphe 3.

Constitutions[272] que dans tous les instruments internationaux des droits de l'homme qu'elle a ratifiés tant sur le plan international, régional que sous régional.[273] S'agissant du domaine d'emploi ou du travail en particulier, l'une des implications de ce principe est que, la femme mariée, travailleur ou employé (agent du sexe féminin), est censée bénéficier des mêmes avantages sociaux que ceux dont bénéficie l'employé marié de sexe masculin d'une part, et d'autre part ses membres de famille à savoir son époux et ses enfants à charge doivent jouir des mêmes avantages sociaux que l'épouse et les enfants du travailleur marié de sexe masculin.[274]

326. La présente étude analyse donc l'application théorique[275] du principe d'égalité et celui de non-discrimination fondée sur le sexe dans

---

272 Voir à titre d'exemples article 1 et 2 de la loi fondamentale du 17 Juin 1960 relative aux libertés publiques ; article 13 et 14 de la Constitution de la République Démocratique du Congo du 1er août 1964 ; article 5 de la Constitution de la République Démocratique du Congo du 24 juin 1967 ; articles 11, 12 et 14 de la Constitution de la RDC du 18 février 2006 telle que modifiée à ce jour.

273 Déclaration Universelle des Droits de l'Homme (ci-après DUDH) adoptée et proclamée par l'Assemblée générale des Nations Unies dans sa résolution 217 A (III) du 10 décembre 1948), articles 1 et 2 ; Pacte International Relatif aux Droits Economiques, Sociaux et Culturels (ci-après PIDESC), adopté et ouvert à la signature, à la ratification et à l'adhésion par l'Assemblée générale dans sa résolution 2200 A (XXI) du 16 décembre 1966, et entré en vigueur le 3 Janvier 1976, articles 2 (2) et 3 ; Convention sur l'élimination de toutes les formes de discrimination à l'égard des femmes (ci-après CEDF), adoptée et ouverte à la signature, à la ratification et à l'adhésion par l'Assemblée générale dans sa résolution 34/180 du 18 décembre 1979 et, entrée en vigueur le 3 septembre 1981, article 3 ; le Protocole à la charte africaine des droits de l'homme et des peuples relatif aux droits de la femme en Afrique (ci-après : le Protocole sur les droits de la femme en Afrique) , adopté le 7.11.2003 et entré en vigueur le 25.11.2005, article 2 ; le Protocole de la SADC sur le genre et le développement (ci-après le Protocole de la SADC) signé le 17.08.2008, entrée en vigueur le 22.02.2013, article 3.

274 Voir article 13 du Protocole sur les droits de la femme en Afrique.

275 Sous réserve de toute évolution en la matière, selon le rapport du gouvernement congolais au CDESC, les fonctionnaires (agents de l'Etat) font partie des groupes qui ne jouissent pas du droit à la sécurité sociale au motif que le régime de pension prévu par le statut n'est pas opérationnel par suite des contraintes budgétaires. Voir deuxième, troisième, quatrième et cinquième rapports périodiques de la RDC au Comité des droits économiques, sociaux et culturels, E/C.12/COD/5 21 janvier 2009 (ci-après le Rapport de la RDC au CDESC), para 148.

l'allocation par l'Etat-employeur[276] des avantages sociaux à ses agents (mariés) de sexe féminin[277] ainsi qu'aux membres de leurs familles tels que prévus par la loi n° 81-003 du 17 juillet 1981 d'une part et par la loi n° 16/013 du 15 juillet 2016 d'autre part portant chacune statut des agents de carrière des services publics de l'Etat.[278]

327. En effet, outre les animateurs traditionnels et principaux de ses institutions tels que reconnus et définis par la Constitution, l'Etat fait recours à une abondante main d'œuvre d'autres personnes. A titre illustratif, la loi de 2016 porte sur l'une de ces catégories, en ce qu'elle concerne le personnel relevant de la Fonction publique nationale, appelé agent des services administratifs (article 2). Le même article 2, pour montrer l'importance de cette catégorie d'agents, mentionne quinze institutions de l'Etat qui ont besoin de ceux-ci, soulignant que les missions dévolues aux institutions telles que le Président de la République, le Premier Ministre, l'Assemblée nationale, le Sénat, la Cour constitutionnelle et le Parquet général près la Cour constitutionnelle, les ministères, les juridictions de l'ordre judiciaire et de l'ordre administratif, les parquets près les juridictions de l'ordre judiciaire et de l'ordre administratif, ainsi que la Cour des comptes pour ne citer que celles-là, demeureraient illusoires sans le concours des agents constituant l'administration y rattachée.

---

276 Cette notion de l'Etat-employeur découle d'une lecture combinée des points 16 et 22 de l'article 3 de la loi de 2016, lesquels définissent d'une part le Pécule de congé comme étant une rémunération payée par l'employeur à l'agent pendant ses jours de congés de reconstruction, et d'autre part la rémunération comme étant la contrepartie pécuniaire du travail fourni que reçoit mensuellement l'agent à terme échu. Il sied de préciser que la définition du pécule susmentionnée est donnée selon la loi de 2016. Du coup le concept « employeur » ne peut être que synonyme de l'Etat. En outre, le fait que la rémunération soit considérée comme contrepartie pécuniaire du travail fourni due à l'agent, prouve à suffisance que le bénéficiaire de ce travail demeure l'Etat, mieux l'Etat-employeur.

277 En vertu de l'article 1er de la loi de 2016, l'agent de carrière des services publics de l'Etat, ci-après l'agent, est la personne nommée à un grade de la hiérarchie administrative pour occuper un emploi permanent budgétairement prévu dans un des services publics.

278 Pour plus de souplesse et de fluidité langagières, nous adoptons la forme brève de lois de 1981 et de 2016 pour désigner les lois n° 81-003 du 17 juillet 1981 et n° 16/013 du 15 juillet 2016 portant statut des agents de carrière des services publics de l'Etat.

328. La présente analyse part du postulat selon lequel, lorsqu'il agit entant qu'Etat-employeur, l'Etat est censé être soumis aux mêmes obligations que tout autre employeur, du moins en ce qui concerne l'allocation des avantages sociaux à ses agents, sans discrimination basée sur le sexe. Malheureusement, l'existence des dispositions pertinentes de la Constitution et des instruments internationaux des droits de l'homme en vigueur en RDC relatives au principe d'égalité et de non-discrimination basée sur le sexe n'a pas pu empêcher l'adoption et l'entrée en vigueur de la loi de 1981 dont certaines dispositions relatives aux avantages sociaux se sont avérées discriminatoires à l'égard de la femme mariée, agent de l'Etat (Mumbanika Mbwisi 2012 : 46) sous deux angles. Premièrement elle exclut la femme mariée, agent de l'Etat de la jouissance des allocations familiales dès lors que son époux exerçait une activité lucrative.[279] Toutefois nous pensons que cette justification faisant mention de l'activité lucrative du conjoint de la femme-agent n'éteint pas cette discrimination.

329. Deuxièmement, elle exclut indirectement ou directement l'époux de la femme mariée, agent de l'Etat de certains avantages sociaux expressément reconnus à l'épouse de l'agent de sexe masculin du vivant[280] comme après le décès de ce dernier.[281] Il a fallu attendre l'écoulement de 35 ans en général dont 10 ans après l'entrée en vigueur de la Constitution du 18 février 2006[282], pour voir la loi de 1981 consacrant des inégalités institutionnalisées à travers certaines de ses dispositions discriminatoires[283] faire l'objet d'une abrogation par la loi

279 Voir article 41 de la loi de 1981.

280 A l'exception des frais funéraires sous l'article 45, la loi ne fait aucune allusion à l'époux de l'agent marié de sexe féminin dans la jouissance des allocations familiales et des soins de santé tels que garantis dans ses articles 41 et 42.

281 Pour tous les droits après le décès de l'agent notamment l'allocation de fin de carrière, allocations familiales, soins de santé ainsi que la rente de survie, la loi ne parle que de la seule veuve et ne fait aucune allusion au veuf. Voir les articles 80, 85, 86, 88 et 91 de la loi de 1981.

282 L'article 14 de la Constitution du 18 février 2006 telle que révisée enjoint à l'Etat l'obligation d'éliminer toutes les formes de discriminations à l'égard de la femme dans tous les domaines tant dans la sphère publique que privée.

283 Ces dispositions discriminatoires constituent des inégalités institutionnalisées car comprises dans la loi. Voir Rapport unique d'États parties valant sixième et septième rapports périodiques soumis au Comité pour l'élimination de la discrimination à l'égard des femmes par la République Démocratique du Congo, CEDAW/C/COD/6-7, 2011 (ci-après le Rapport de la RDC au CEDF), para 22.

de 2016[284], même si cette dernière ne le mentionne pas expressément parmi la liste publicitaire de ses innovations apportées.[285] En effet, la loi 2016 apporte deux innovations majeures, lesquelles constituent une sorte de thérapie aux deux types de discrimination aménagés par la loi de 1981. En clair, sous la loi de 2016, non seulement que le droit aux allocations familiales de la femme mariée, agent de l'Etat est reconnu sans aucune condition liée au statut de son époux,[286] mais aussi ce dernier a désormais droit à tous les avantages sociaux reconnus à l'épouse de l'agent de sexe masculin tant du vivant[287] qu'après le décès[288] de son épouse. Il sied de souligner en passant que, le fait que la loi de 2016 soit déjà entrée en vigueur et ait abrogé celle de 1981 ne fait perdre en rien l'actualité ni la pertinence de la question.[289]

330. Notre travail a donc la préoccupation d'analyser, en les comparant, les différentes situations de la femme mariée, agent des services publics de l'Etat en RDC sous les lois de 1981 et de 2016 à la lumière des dispositions constitutionnelles et conventionnelles relatives au principe d'égalité et de non-discrimination basée sur le sexe relatives aux avantages sociaux en vigueur en RDC. Pour ce faire, quelques instruments de droits humains consacrant le principe d'égalité de

284 Article 142 de la loi 2016.

285 L'exposé des motifs de la loi de 2016 mentionne expressément d'autres innovations que celles sous examen.

286 En vertu de l'article 52 de la loi de 2016 ; la jouissance des allocations familiales par l'agent de sexe féminin n'est plus soumise au non-exercice par son époux d'une activité lucrative.

287 Tel est le cas des allocations familiales, les soins de santé qui sont désormais reconnus au conjoint de l'agent selon les libellés des Articles 52 et 58 de la loi de 2016.

288 La loi parle respectivement du conjoint survivant, du conjoint ayant en charge les orphelins de l'agent ainsi que des membres de famille de l'agent à qui elle reconnait le droit aux allocations familiales et soins de santé, la rente de survie et l'allocation de décès. Voir les articles 122, 123, 124, 126 et 129.

289 Deux raisons majeures justifient encore l'actualité et la pertinence de la question sous examen. Premièrement, en vertu de l'article 140 de la loi de 2016 les règlements d'administration et les circulaires administratives pris en application de la loi de 1981 demeurent d'application autant qu'ils soient en conformité avec la loi de 2016. Deuxièmement le thème couvert par cet article est d'actualité dans d'autres textes sur l'octroi des avantages sociaux de certains agents. Voir article 88 de l'ordonnance n° 81-160 du 7 octobre 1981 portant statut du personnel de l'enseignement supérieur et universitaire ; art. 30 du Décret n° 06/130 du 11 Octobre 2006 portant statut spécifique des médecins des services publics de l'Etat.

traitement des agents seront analysés car ils ont après leur adoption ou ratification une valeur supérieure à la loi de 1981 (A). Nous procéderons ensuite à l'analyse comparative des lois de 1981 et 2016 (B) avant de cerner quelques facteurs juridiques ayant permis à la loi de 1981 de subsister en dépit de certaines de ses dispositions contraires aux normes supérieures d'ordre constitutionnel et conventionnel (C).

331. Quelle est donc la situation de l'agent marié de sexe féminin quant à la question de la jouissance des avantages sociaux sous la houlette de certains instruments juridiques qui ont côtoyé la loi de 1981 ?

B. Le principe d'égalité et de non-discrimination dans la jouissance des avantages sociaux de l'agent de sexe féminin sous quelques instruments juridiques de valeur supérieure à la loi de 1981

332. La présente section porte sur l'aménagement des principes d'égalité et de non-discrimination basé sur le sexe sur la jouissance des avantages sociaux de l'agent de sexe féminin tel que prescrit par quelques instruments juridiques de valeur supérieure à celle de la loi de 1981 en RDC, notamment la Constitution (I) et les traités et conventions relatifs aux droits de l'homme (II).

I. La Constitution et la question de l'égalité et de non-discrimination dans la jouissance des avantages sociaux

333. Il n'est nullement question ici de passer en revue toutes les Constitutions qu'a connues la RDC avant comme après 1981. Seules les dispositions de la Constitution de 1967 et de 2006 adoptées respectivement avant et après la loi de 1981 feront l'objet à titre illustratif d'un commentaire particulier en vue d'épingler leurs trois principaux points communs dans les lignes qui suivent.

334. Premièrement, réaffirmant l'adhésion du peuple congolais à la DUDH[290] qui est non seulement la mère de tous les instruments

290 La reprise récurrente de la Déclaration universelle des droits de l'homme dans les différents Préambules des Constitutions congolaises, en dépit du fait que par elle-même cette Déclaration soit pourvue de la valeur purement déclaratoire, son intégration dans le corps du texte constitutionnel notamment sous l'article 45 de la Constitution de 2006, lui aurait permis, comme sous d'autres cieux, d'acquérir une valeur juridique obligatoire qui est dans le cas d'espèce, une valeur constitutionnelle. Voir J. Kazadi Mpiana, *La position du droit international dans l'ordre juridique*

internationaux des droits de l'homme après 1945 (Morsink 2009 : 18), mais aussi une source indispensable des droits et des lois (Hannum 1996 : 290), les Constitutions de 1967 et de 2006 reconnaissent et garantissent l'égalité de tous les Congolais, hommes et femmes devant la loi et interdisent toute discrimination fondée sur le sexe en matière d'éducation et d'accès aux fonctions publiques, qu'elle résulte d'une loi ou d'un acte du pouvoir exécutif.[291] De manière plus particulière, l'article 14 de la Constitution de 2006 va jusqu'à enjoindre à l'Etat d'éliminer toute forme de discrimination à l'égard de la femme et d'assurer la promotion et la protection de ses droits et ce, dans tous les domaines en vue d'assurer son total épanouissement.

335. Adoptée en 2015 en vue de donner effet partiel à l'article 14 sous examen, la loi sur la parité révèle que malgré la ratification, par la RDC, de plusieurs instruments de droits de l'homme proclamant l'égalité des droits entre l'homme et la femme, la persistance des disparités entre homme et femme qui, du reste, entrainent des discriminations, est constatée dans presque tous les domaines de la vie nationale, particulièrement dans les domaines politique, économique, social et culturel.[292] Et pourtant, s'agissant du domaine du travail, l'article 36 de l'actuelle Constitution qui insiste sur une rémunération équitable devant assurer au travailleur ainsi qu'à sa famille une existence conforme à la dignité humaine, complétée par tous les autres moyens de protection sociale, proscrit le fait pour tout travailleur d' être lésé dans son travail en raison notamment de son sexe. Quant à la famille du travailleur, elle est composée du conjoint (époux ou épouse) et des enfants.[293]

336. Il découle de ces dispositions constitutionnelles qu'aucune discrimination fondée sur le sexe dans n'importe quel domaine ne saurait être justifiable en RDC, qu'elle résulte de la loi ou de tout autre acte. Ceci constitue donc le deuxième principal point commun aux deux Constitutions sous examen, car elles renforcent toutes l'idée de la conformité des lois et actes règlementaires à la Constitution comme

---

congolais et l'application de ses normes, thèse en ligne, Sapienza Università Di Roma, 2011-2012, p. 91.

291 Voir articles 5 de la Constitution de 1967 et 11 et 12 de la Constitution de 2006.

292 Lire Exposé des motifs de la Loi N°15 /013 du 1er Août 2015 Portant modalités d'application des droits de la femme et de la parité (ci-après Loi sur la parité).

293 Article 7 de la loi n° 16/010 du 15 juillet 2016 modifiant et complétant la loi n° 015 -2002 portant code du travail en RDC.

norme supérieure. Et pour en assurer l'effectivité, le constituant de 1967 et 2006 aménage le mécanisme du contrôle de constitutionalité des lois et actes ayant force des lois afin que tout acte reconnu et déclaré non conforme à la Constitution soit abrogé et devienne nul de plein droit.[294]

337. Enfin, à côté de la supériorité de la Constitution, le constituant de 1967 et 2006 a aussi consacré le principe de supériorité de la norme internationale sur les lois nationales[295] sans aucune autre indication en cas de non-conformité de celles-ci à celles-là. Force est de constater malheureusement que, ni le principe d'égalité et de non-discrimination consacré par le constituant de 1967 et 2006 ni l'existence de sanction constitutionnelle contre toute disposition légale ou réglementaire contraire à la Constitution n'a pu barrer la route à la loi de 1981 ou du moins à certaines de ses dispositions jugées discriminatoires à l'égard de la femme mariée agent de l'Etat d'entrer sur l'arsenal juridique congolais.

II. Quelques instruments internationaux des droits de l'homme

338. Comme pour le point ci-haut sur les dispositions constitutionnelles, il ne s'agit pas ici de passer en revue tous les instruments des droits de l'homme ratifiés par la RDC et ce, pour deux raisons majeures. Premièrement, ces instruments sont tellement nombreux que même certaines instances étatiques ayant compétence en la matière ne parviennent souvent pas à en donner une énumération exacte et exhaustive (Kifwabala Tekilazaya et al. 2013). Deuxièmement, une liste exhaustive de tous les instruments des droits de l'homme ratifiés par la RDC tant sur le plan international, régional africain que sous-régional[296] ne sera d'aucune importance pratique. Ceci parce que, tous travaux, recherches, analyses, rapports, études ou discours faisant état des traités et accords internationaux relatifs aux droits de l'homme ratifiés par la RDC contiennent un et un seul message sur le plan national : rappeler qu'une fois dûment ratifiés, ces traités et accords internationaux ont une valeur supérieure à celles des lois

294 Lire les articles 71, 72 et 73 de la Constitution de 1967 ainsi que les articles 160, 164 et 168 de la Constitution de 2006.

295 Voir par exemple les articles 68 in fine de la Constitution de 1967 et 215 de la Constitution de 2006.

296 Voir exposé des motifs de la Loi sur la parité.

nationales.[297] Dès lors, une seule disposition d'un instrument international des droits de l'homme dûment ratifié consacrant le principe de non-discrimination basée sur le sexe, suffirait pour faire échec à toute loi nationale qui aurait pour effet la violation dudit principe tel que contenu par le traité ou la convention ratifiée.

339. Plusieurs instruments des droits de l'homme ratifiés par la RDC depuis la période d'avant et après 1981 y compris ceux expressément dédiés à la femme reconnaissent et garantissent le principe d'égalité et de non-discrimination basée sur le sexe.[298] Dans le cadre de cette section, seuls la DUDH, le PIDESC et le protocole sur les droits de la femme en Afrique seront analysés.

340. S'agissant de la DUDH[299] et du PIDESC, ils reconnaissent et garantissent non seulement le principe d'égalité et de non-discrimination basée sur le sexe[300], lequel entraine une obligation immédiate de la part des Etats Parties au PIDESC[301], mais aussi les droits au travail, à une rémunération équitable et satisfaisante assurant à quiconque travaille ainsi qu'à sa famille une existence conforme à la dignité humaine et complète, laquelle rémunération doit être accompagnée de tous les moyens de protection sociale.[302]

341. Il est vrai que cet article ne parle pas expressément de l'agent marié de sexe féminin. Par contre il parle de toute personne sans aucune discrimination y compris donc toute femme mariée. Il sied aussi d'insister sur le fait que le travail dont question ici peut être presté tant dans le secteur privé que dans le secteur public. En outre, la personne qui travaille, qu'elle soit femme mariée ou homme marié a droit à une rémunération équitable et satisfaisante, laquelle devrait lui assurer ainsi qu'à sa famille une existence conforme à la dignité humaine et complète. Il sied de préciser que, conformément aux articles 29 de la DUDH et 4 du PIDESC, il est expressément souligné que dans l'exercice de ses droits et dans la jouissance de ses libertés, chacun n'est soumis qu'aux limitations établies exclusivement par la loi, lesquelles

297 Voir article 215 de la Constitution du 18 Février 2006.

298 Voir le préambule de la Constitution de la RDC et la loi sur la parité.

299 Presque tous les instruments des droits de l'homme auxquels fait partie la RDC sur le plan international et régional Africain se réfèrent directement ou par ricochet à la DUDH.

300 Lire les articles 1 et 2 de la DUDH ainsi que les articles 2 (2) et 3 du PIDESCR.

301 Observation générale N° 20, para 7.

302 Lire l'article 23 de la DUDH et les articles 6 et 7 du PIDESC.

limitations doivent répondre aux exigences de la morale, de l'ordre public et du bien-être général dans une société démocratique. En d'autres mots, toute limitation non-fondée sur l'un de ces trois impératifs serait contraire au principe d'égalité et de non-discrimination. Enfin, le PIDESC oblige à chacun des Etats parties à assurer le plein exercice de tous ces droits par tous les moyens appropriés, y compris en particulier l'adoption de mesures législatives.[303]

342. De son côté, le Protocole à la Charte Africaine enjoint aux Etats de combattre la discrimination à l'égard des femmes sous toutes ses formes en adoptant les mesures appropriées aux plans législatif, institutionnel et autre. Concrètement, aux termes de l'article 2 du Protocole, les Etats s'engagent entre autres à inscrire dans leur Constitution et autres instruments législatifs, si cela n'est pas encore fait, le principe d'égalité entre les hommes et les femmes, et à en assurer l'application effective. Traitant particulièrement d'égalité en matière d'emploi, l'article 13 du même Protocol oblige les Etats à adopter et à mettre en œuvre des mesures législatives et autres visant à reconnaitre aux femmes salariées le droit de bénéficier des mêmes indemnités et avantages que ceux alloués aux hommes salariés en faveur de leurs conjoints et enfants. Comme on peut le constater, cet article a le mérite de rendre plus explicite l'implication du principe d'égalité et de non-discrimination basée sur le sexe concernant la jouissance des avantages sociaux par la femme mariée, agent de l'Etat ou prestant dans un secteur privé.

343. Pris dans l'ensemble, les traités internationaux relatifs aux droits de l'homme entrainent différents types d'obligations telles que celle de s'abstenir de prendre des mesures discriminatoires,[304] de prendre de nouvelles lois pour donner effet au principe d'égalité et de non-discrimination, d'abroger, modifier ou amender les dispositions existantes contraires.[305] Malheureusement, comme il sera démontré dans les lignes qui suivent, tous ces instruments internationaux n´ont eu

303 Article 2 du PIDESC.

304 Comité des droits économiques, sociaux et culturels : Observations finales concernant les deuxième à quatrième rapports périodiques de la République démocratique du Congo sur l'application du Pacte, E/C.12/COD/CO/4, 16 décembre 2009 (ci-après CDESC Observations finales), paragraphe 20.

305 Voir par exemple article 2 de la CEDF et article 2 du Protocole sur les droits de la femme en Afrique.

aucun impact pratique[306] dans la jouissance de certains avantages sociaux par l'agent de sexe féminin. En d'autres termes, l'analyse de la loi de 1981 constitue une illustration du constat selon lequel, nonobstant la ratification de différents traités et accords internationaux, la RDC a soit méconnu ces textes internationaux par le biais d'une législation postérieure contraire ou par le maintien d'une législation antérieure en contraste (Kazadi 2012 : 42).

C. L'analyse comparative des avantages sociaux de la femme mariée, agent de l'Etat sous les lois de 1981 et 2006

344. Une analyse attentive du contenu de la loi de 1981 révèle qu'elle consacre les avantages sociaux alloués en cours[307] et à la fin de la carrière.[308] Signalons déjà que seule la formulation de certaines dispositions jugées discriminatoires à l'égard de l'agent marié de sexe féminin, notamment celles relatives aux allocations familiales et aux frais médicaux et soins de santé fera l'objet d'une analyse critique particulière. La raison y relative tient au fait que, contrairement au libellé des autres dispositions en rapport avec d'autres avantages, celui de ces trois dernières ne peuvent être compris sans une certaine gymnastique interprétative. En outre, il ne sera pas question d'une analyse détaillée du contenu de ses avantages sociaux, mais plutôt de la

306 La portée pratique de ces différents engagements internationaux est néanmoins très faible. Non seulement la RDC ne s'acquitte pas toujours de son obligation d'adaptation de sa législation interne à ses engagements internationaux, mais aussi la législation congolaise reste contradictoire et discriminatoire envers les femmes à différents niveaux et plus particulièrement au niveau du travail et d'autres droits socio-économiques. Voir Kifwabala Tekilazaya, Defi Fataki Wa Luhindi et Marcel Wetsh'okonda Koso, *République Démocratique du Congo, le secteur de la justice et l'Etat de droit : un Etat de droit en pointillé : essai d'évaluation des efforts en vue de l'instauration de l'Etat de droit et perspectives d'avenir*, Open Society Foundations, 2013, p. 2. Lire aussi Matundu Mbambi et Faray-Kele, *L'inégalité du genre et les institutions sociales en RD. Congo*, WILPF (the Women's International League for Peace and Freedom), 2010, p. 2.

307 Conformément à son chapitre VI, rentrent dans le lot de ces avantages : les allocations familiales pour enfants en charge, les frais médicaux et soins de santé, l'indemnité de logement, l'allocation d'invalidité, les frais funéraires, les frais d'équipement, l'octroi des crédits et l'avance sur traitement ainsi que les frais de transport.

308 Voir titre V de la loi de 1981.

manière dont les dispositions s'y rapportant traitent de la jouissance de ces droits par l'agent et/ou son conjoint.

I. Des allocations familiales pour enfant en charge

345. Conformément à l'article 41 de la loi de 1981, « entrent en ligne de compte pour l'octroi des allocations familiales : *l'épouse de l'agent* et pour autant qu'ils soient célibataires et à charge de l'agent les enfants… ». Le même article poursuit dans son avant dernier alinéa que « par dérogation au 1er alinéa ci-dessus, *l'agent de sexe féminin ne* bénéficie d'allocations familiales que si son mari n'exerce aucune activité lucrative. Il découle du libellé de cet article que l'intitulé « allocations familiales pour enfant en charge » parait trompeur dans la mesure où lesdites allocations s'étendent aussi à l'épouse de l'agent de sexe masculin, même si aucune allusion n'est faite à l' « époux de l'agent » de sexe féminin.

346. En outre, le fait que ces allocations ne soient dues qu'à la seule épouse de l'agent, pousserait à croire que seuls les hommes mariés sont censés être agents de l'Etat. En d'autres termes, le concept d' « agent » auquel s'adjoint celui de son « épouse » sans référence à son « époux » tel qu'employé par cet article parait discriminatoire à l'égard de l'agent marié de sexe féminin, car il ne couvre pas l'époux de ce dernier (Mumbanika 2014 : 156).

347. Enfin, l'article sous examen utilise expressément l'expression « agent de sexe féminin » dont la jouissance des allocations familiales est soumise au non-exercice par son mari d'une activité lucrative. En dépit de l'interdiction formelle de discriminer sur base de sexe prônée tant par les instruments internationaux des droits de l'homme liant la RDC que par la Constitution, la loi de 1981 se singularise en utilisant une expression allant justement à l'encontre desdits instruments auxquels elle est censée se conformer. Etant donné qu'il est question d'un avantage qui n'est reconnu qu'aux membres de famille de l'agent, cette disposition suggère donc que les membres de famille de la femme mariée, agent de l'Etat, ne peuvent bénéficier des allocations familiales que si son époux n'exerce aucune activité lucrative, une notion dont la loi ne définit même pas la portée exacte. Il s'agit ici d'un cas concret d'une discrimination formelle[309] basée sur le sexe, car ces avantages

309 La discrimination formelle est entendue comme le fait pour la constitution, les lois et les textes de politique générale d'un État d'entraîner de discrimination fondée

sociaux sont alloués « intuitu personae » et donc, en tenant compte de l'agent marié, qu'il soit de sexe féminin ou masculin.

348. Et pourtant le rapport de la RDC au Comité pour l'élimination de toutes les formes de discrimination à l'égard de la femme mentionne cette loi parmi les textes juridiques et légaux nationaux en faveur de la femme dans la mesure où elle déterminerait sans discrimination basée sur le sexe les conditions relatives à la rémunération et à la jouissance des avantages sociaux.[310] En somme, même si elle est instituée par la loi, la cause de limitation des droits aux allocations familiales par l'agent marié de sexe féminin demeure contraire à l'objectif de favoriser le bien-être général dans une société démocratique tel que l'exige l'article 4 du PIDESC. Les dispositions relatives aux frais médicaux et soins de santé ont été élaborées presque de la même manière que celles analysées ci-dessus.

II. Des frais médicaux et soins de santé

349. L'avantage social de l'agent relatif aux frais médicaux et soins de santé est régi par l'article 42 de la loi sous examen, qui est ainsi libellé : « sont à charge du Trésor Public, les frais médicaux, les soins de santé, chirurgicaux, obstétricaux, dentaires et hospitaliers ainsi que les médicaments … nécessités par l'état de santé *de l'agent, de son épouse* et des enfants entrant en ligne de compte pour l'octroi des allocations familiales… ». De cet article découle le fait que l'agent de sexe féminin ainsi que les enfants à charge sont bénéficiaires des avantages sociaux relatifs aux frais médicaux et soins de santé. Cependant, contrairement à l'épouse de l'agent de sexe masculin qui a aussi droit à cet avantage de par le fait de son lien conjugal, l'époux de l'agent de sexe féminin, lui, n'est pas pris en compte dans le cadre de cet article. Ceci devient d'autant plus clair que les termes de cet article ne font aucune référence à l'expression de « son époux ». Il s'agit ici aussi d'une autre forme de discrimination basée sur le sexe et associée au statut conjugal ou situation matrimoniale.[311] Il aurait été recommandable que le législateur Congolais puisse utiliser les concepts

---

sur des motifs interdits. Tel est le cas des lois refusant aux femmes l'égalité de prestations de sécurité sociale au motif de leur situation matrimoniale. Voir Observation générale N° 16.

310 Rapport de la RDC au CEDF.

311 Protocol de la SADC, article 19 (5).

neutres du genre « conjoint » en vue d'éviter ce cas de discrimination indirecte.[312]

D. La question des avantages sociaux sous la loi de 2016

I. Quelques observations générales

350. Comme le renseigne sa date de promulgation, cette loi vient d'être adoptée en 2016, soit 35 ans après l'entrée en vigueur de celle de 1981 qu'elle vient abroger.[313] De toutes ses innovations expressément mentionnées,[314] aucune allusion n'est faite à certaines dispositions de la loi de 1981, jugées discriminatoires à l'égard de l'agent de sexe féminin tel qu'analysé plus haut. Et pourtant, une étude soutenue de son contenu révèle que la loi de 2016 a apporté des innovations très significatives consistant à élargir et à reconnaitre de manière non équivoque la jouissance de tous les avantages sociaux de l'agent marié de sexe féminin et des membres de sa famille, à savoir son époux et ses enfants. Comme sous la loi de 1981, les avantages sociaux tels que couverts par la loi de 2016 sont alloués en cours[315] et à la fin[316] de carrière. Etant donné que la loi de 2016 utilise une formulation neutre du concept de l'agent, lequel est toujours accompagné de celui de « conjoint » ou « d'époux/épouse »[317], seule la formulation des dispositions relatives aux allocations familiales, aux frais médicaux et soins de santé, ainsi qu'à l'allocation de décès sera passée en revue sous cette section.

II. Des allocations familiales

351. La question relatives aux allocations familiales sous la loi de 2016 est régie par l'article 52, lequel dispose sans équivoque qu' « entrent en ligne de compte pour l'octroi des allocations familiales *le conjoint*, les enfants... ». Comme la loi de 1981, celle de 2016 ne

---

312 On parle de discrimination indirecte dans le cas de lois, de politiques ou de pratiques qui semblent neutres a priori mais qui ont un effet discriminatoire disproportionné sur l'exercice des droits consacrés par le Pacte eu égard à des motifs de discrimination interdits. Voir Observation sur égalité, Para 10 (b).

313 La loi de 2016 se dit apporter certaines innovations notamment l'instauration de nouveaux avantages sociaux tels que le pécule de congé et d'autres récompenses.

314 L'exposé des motifs de la loi 2016 liste plus d'une dizaine d'innovations.

315Voir chapitre 6 de la loi 2016.

316 Voir Titre V de la loi 2016.

317 Lire par exemple les articles 52, 58, 123 et 124 de la loi 2016.

reprend pas expressément l'agent comme bénéficiaire des allocations familiales. Mais contrairement à la loi de 1981 qui ne couvre que « l'épouse de l'agent », celle de 2016 parle plutôt du « conjoint ». Par conséquent, fait désormais partie des bénéficiaires des allocations familiales le conjoint, époux de l'agent marié de sexe féminin. Cette assertion est corroborée par la suppression pure et simple de l'article 41 de la loi de 1981 qui subordonnait la jouissance des allocations familiales de l'agent de sexe féminin au non-exercice par son époux d'une activité lucrative. Le libellé de cet article prouve éloquemment que l'utilisation des concepts neutres est d'une importance capitale dans toute démarche tendant à donner effet au principe de non-discrimination basée sur le sexe à l'endroit de la femme. La loi de 2016 est presqu'entièrement restée cohérente dans cette logique comme le démontrent les lignes ci-dessus.

III. Des frais médicaux et soins de santé

352. L'article 55 de la loi de 2016 traitant de la question des frais médicaux et soins de santé dispose que, « *l'agent* bénéficie des frais médicaux, de soins de santé...nécessités par son état de santé, par celui de *son conjoint* et celui des enfants... ». Il résulte de la lecture de cet article que le concept d'agent peut être interprété et compris sans conteste comme couvrant tant l'agent de sexe masculin que l'agent de sexe féminin. Cette affirmation est renforcée par le concept de « conjoint » utilisé dans le même article, lequel s'applique non seulement à l'épouse de l'agent de sexe masculin, mais aussi à l'époux de l'agent de sexe féminin. Contrairement à la loi de 1981, celle de 2016 élargit donc la liste des bénéficiaires de cet avantage social en incluant l'époux de la femme mariée, agent de l'Etat. Quid alors de l'allocation de décès dont la formulation semble particulière ?

IV. De l'allocation de décès

353. L'article 132 de la loi de 2016 relatif à l'allocation de décès dispose que, « lorsqu'un agent décède en cours de carrière, le *veuf* a droit à une allocation de décès. Cette allocation n'est pas taxable. A défaut du *conjoint*, l'allocation de décès est accordée par parts égales aux enfants entrant en ligne de compte pour l'octroi des allocations familiales ». Il ressort de cet article que contrairement aux précédentes dispositions, celle sous examen ne fait joindre au concept agent que « le veuf » sans référence à la « veuve ». Une fois lu de manière superficielle et isolée, cet alinéa premier de l'article 132 de la loi de 2016 laisserait à croire qu'il ne concerne que l'agent de sexe féminin.

354. Cependant, toute tentative consistant à prêter à cet alinéa une telle interprétation est à décourager et serait émoussée de toute substance pour un bon nombre de raisons. Premièrement, une telle interprétation consacrerait pour la toute première fois une « discrimination basée sur le sexe contre l'agent de sexe masculin », car elle exclurait le conjoint de ce dernier (sa veuve) à avoir droit à une allocation de décès. Deuxièmement, cet alinéa doit être lu en conjonction non seulement avec le second alinéa du même article, lequel parle expressément du conjoint, mais aussi avec l'esprit de la loi de 2016 en général y compris les autres dispositions légales sus-analysées. Une fois lu dans son ensemble avec le second alinéa du même article, il devient clair que le législateur a dû résoudre cet équivoque à travers l'expression « à défaut du conjoint », laquelle expression s'applique aussi bien à la veuve qu'au veuf de l'agent décédé.

E. Quelques causes probables du maintien en vigueur des dispositions de la loi de 1981 contraires aux instruments de valeur supérieure

355. Trois principaux facteurs peuvent être considérés comme ayant contribué à cette cohabitation juridique pacifique à savoir : les limites du contrôle de constitutionalité, une croyance naïve à l'automaticité de la supériorité des traités et accords internationaux sur les lois nationales ainsi que l'absence de volonté politique.

I. Des limites du contrôle de constitutionnalité

356. Le contrôle de constitutionalité ne sera abordé que tel qu'il est aménagé sous la Constitution actuellement en vigueur en RDC. La question à laquelle ce paragraphe cherche à répondre est celle de savoir si la loi de 1981, déjà opérante depuis environ un quart de siècle avant l'entrée en vigueur de la Constitution de 2006, dans ses dispositions critiquées, pouvait faire objet d'un contrôle de constitutionnalité par voie d'action. D'emblée l'on serait tenté d'y répondre par l'affirmative dès lors qu'en vertu de l'alinéa 2 de l'article 162 de la Constitution, toute personne a la faculté de saisir la Cour constitutionnelle pour inconstitutionnalité de tout acte législatif ou réglementaire, antérieur ou postérieur à la Constitution elle-même.

357. Cependant, contrairement à la Constitution, la loi organique sur l'organisation et le fonctionnement de la Cour constitutionnelle subordonne cette faculté reconnue à toute personne de saisir la Cour constitutionnelle à un délai de prescription de six mois suivant la publication de l'acte attaqué au journal officiel ou suivant la date de sa mise en application.[318] S'il ne faut s'en tenir qu'à cette seule disposition, il devient donc clair que cet article exclut de cette « actio popularis » (Kapinga 2016 : 16) non seulement toutes les lois antérieures à la Constitution de 2006 y compris la loi de 1981, mais aussi celles postérieures ayant vécu pendant plus de six mois. Il s'agit à notre avis d'un recul car l'action populaire ouverte à toute personne sous l'alinéa 2 de l'article 162 de la Constitution n'est soumise à aucune restriction (Kapinga 2016 : 16). Ainsi, analysant l'article 50 de la loi organique sur l'organisation et le fonctionnement de la Cour constitutionnelle, Symphorien Kapinga (2016 : 26) opine que, dépassé ce délai, le législateur organique est resté muet sur cette question et que, l'acte même inconstitutionnel demeurera en vigueur sous réserve de recours en inconstitutionnalité par voie d'exception qui peut aboutir à son anéantissement.

358. Tout en faisant nôtre la préoccupation de l'auteur sur la survivance d'un acte soupçonné d'anticonstitutionnel après l'écoulement du délai prescrit, deux observations méritent d'être faites à propos. Premièrement, le législateur organique innove en instituant deux régimes juridiques différents selon que l'acte présumé anticonstitutionnel porte atteinte aux droits et libertés de la personne humaine ou non.[319] Dans la première hypothèse, le recours en inconstitutionnalité est subordonné au délai de prescription de 6 mois s'il est exercé par toute personne, alors qu'il n'est soumis en aucun délai de prescription s'il est exercé par le Procureur Général en vertu de l'article 49 de la loi organique sur l'organisation et le fonctionnement de la Cour constitutionnelle.320 L'on peut donc conclure que seul le

318 Le recours visé à l'article 48 de la présente Loi organique n'est recevable que s'il est introduit dans les six mois suivant la publication de l'acte au Journal Officiel ou suivant la date de sa mise en application.

319 Lire les articles 49 et 50 de la loi organique sur l'organisation et le fonctionnement de la Cour constitutionnelle.

320 A l'exception des traités et accords internationaux, le Procureur Général saisit d'office la Cour pour inconstitutionnalité des actes visés à l'article 43 de la présente

Procureur Général avait compétence de saisir, pour atteinte aux droits et libertés de l'agent marié de sexe féminin, la Cour constitutionnelle pour inconstitutionnalité de certaines dispositions de la loi de 1981 relatives à certains avantages sociaux. Malheureusement, il ne s'était pas servi de ce pouvoir. Dans la deuxième hypothèse, le recours en inconstitutionnalité est soumis au délai de prescription de 6 mois, qu'il soit exercé par toute personne ou par le Procureur Général.

359. Deuxièmement, n'étant soumis à aucun délai de forclusion, le recours en inconstitutionnalité par voie d'exception ne peut pas aboutir à l'anéantissement de l'acte attaqué, mais plutôt à son inapplication par le juge devant lequel l'exception a été soulevée (Kapinga 2016 : 27). Par conséquent, même s'il pouvait faire l'objet d'exception d'inconstitutionnalité plus d'une fois et que le juge constitutionnel le déclarerait anticonstitutionnel, l'acte demeurerait toujours en vigueur aussi longtemps qu'il ne serait jamais amendé ou abrogé par l'autorité compétente.

II. De la croyance naïve à l'automaticité de la supériorité des traités et accords internationaux sur les lois nationales

360. La croyance naïve à la supériorité automatique des traités et accords internationaux sur les lois nationales,[321] quant à elle, découle du fait de se contenter de l'attitude du constituant consistant à se limiter à déclarer une telle supériorité sans en réglementer, à l'instar du contrôle de constitutionalité, le mécanisme de contrôle. En clair, le constituant ne prescrit ni le principe du contrôle de conformité des lois aux traités et accords internationaux ni la procédure juridictionnelle par laquelle ce contrôle pourrait avoir lieu soit par voie d´action[322] ou par

---

Loi organique lorsqu'ils portent atteinte aux droits fondamentaux de la personne humaine ou aux libertés publiques.

321 Etant donné que la Constitution de la RDC prône la supériorité des traités et accords internationaux régulièrement ratifiés ou approuvés sur les lois, la RDC est tenue d'appliquer la CEDF comme il se doit. Voir Rapport de la RDC au CEDF, para 4.

322 L'absence d'un contrôle juridictionnel de la conformité des lois aux traités et accords internationaux enlève au principe une partie de sa portée. Lire Joseph Kazadi Mpiana, *La position du droit international dans l'ordre juridique congolais et l'application de ses normes*, thèse en ligne, Sapienza Università Di Roma, 2011-2012, p. 59.

voie d'exception.[323] L'absence d'un mécanisme juridictionnel du contrôle de conformité des lois aux traités et accords internationaux couplée avec l'attitude des gouvernants consistant à adopter par après une législation qui contraste avec la norme internationale,[324] pousse certains observateurs avertis non seulement à mitiger l'ampleur de la croyance à l'approche moniste postulant l'automaticité du droit international en droit interne, mais aussi à voir d'autre part, dans l'ordre juridique congolais, plus une sorte d'un droit autonome disposé à interagir avec le droit international qu'un droit subordonné à ce dernier (Kazadi 2012 : 35).

III. De l'absence de volonté politique

361. L'absence de volonté politique des gouvernants se manifeste soit par l'adoption d'une loi postérieure contenant certaines dispositions contraires non seulement aux traités et accords internationaux, mais aussi aux dispositions constitutionnelles, soit par leur inaction consistant à ne pas harmoniser à travers les amendements ou modifications les dispositions légales qui sont contraires auxdits instruments de valeur supérieure, tel que l'exigent les différents instruments internationaux des droits de l'homme ratifiés[325] comme l'indiquent certaines recommandations adressées à la RDC.[326] En d'autres termes, le gouvernement Congolais ne s'est pas abstenu d'adopter la loi de 1981 avec certaines de ses dispositions jugées

---

323 Se réservant d'aborder la question conformément à la Constitution et à la loi organique portant fonctionnement de la Cour Constitutionnelle, Cihunda Hengelela préfère s'attaquer au Règlement intérieur de la Cour qui ne prévoit pas le cas d' exception de conventionalité consistant pour une personne d´arguer que la loi que l´on veut lui appliquer est contraire à une convention internationale ou régionale ratifiée par la RDC et se demande si c´est la même procédure que l´exception d´inconstitutionnalité qui va être suivie. Voir Joseph Cihunda Hengelela, « Procédure devant la Cour Constitutionnelle », *Annuaire Congolais de Justice Constitutionnelle*, Vol. 1, 2016, p. 148.

324 Voir Rapport de la RDC au CEDF, Para 22 ainsi que CESCR : Observations finales, para. 8 et 20.

325 C'est le cas par exemple des articles 2 du PIDESC et 2 de la CEDF.

326 Voir CESCR : Observations finales, para 20, Observation générale No 20, para. 37, et le Comité pour l'élimination de la discrimination à l'égard des femmes : Observations finales concernant le rapport unique valant sixièmes et septièmes rapports périodiques de la République démocratique du Congo, Établies par le Comité à sa cinquante-cinquième session, CEDAW/C/COD/CO/6-7, (8-26 juillet 2013).

discriminatoires et après qu'il l'ait adoptée, ne s'est pas donné la peine de la modifier à temps.

F. Conclusion

362. A travers la présente réflexion, il a été démontré que certaines dispositions de la loi de 1981 qui se sont avérées discriminatoires à l'égard de l'agent de sexe féminin en ce qui concerne son droit ainsi que celui de membres de sa famille aux avantages sociaux sont restées en vigueur pendant plus d'un quart de siècle nonobstant l'existence des dispositions constitutionnelles et conventionnelles relatives au droit à l'égalité de l'homme et de la femme et son corollaire, le principe de non-discrimination fondée sur le sexe. En d'autres termes ni la supériorité de la norme constitutionnelle sur la loi exprimée par le contrôle de constitutionnalité des lois, ni l'automaticité de la valeur supérieure des traités et accords internationaux, y compris ceux relatifs aux droits de l'homme, sur les lois nationales, n'ont pu empêcher les dispositions légales de 1981 sus-analysées de prendre corps et de vivre normalement. Premièrement, elle a exclu par sa lettre et son esprit le conjoint de l'agent marié de sexe féminin de la jouissance d'un important nombre d'avantages sociaux. Deuxièmement, cette loi a écarté expressément l'agent marié de sexe féminin de la jouissance des allocations familiales, dès lors que son mari exerçait une activité lucrative, une notion non précisée ni déterminée par la loi elle-même.

363. C'est seulement après l'écoulement de plus d'un quart de siècle que cette situation va être résolue, non seulement avec l'abrogation de la loi de 1981 en général, mais aussi à travers la réécriture de ses dispositions contestées avec l'adoption de la loi de 2016. En effet, la nouvelle loi a introduit une avancée très remarquable en utilisant le concept neutre d'« agent », auquel est désormais adjoint celui de « conjoint » ou « conjoint survivant » pour couvrir non seulement l'épouse de l'agent de sexe masculin, mais aussi l'époux de l'agent de sexe féminin. En outre, cette loi a pu élaguer la clause qui conditionnait la jouissance du droit des allocations familiales de l'agent de sexe féminin au non-exercice, par son mari, d'une activité lucrative. Désormais, et ce, sur le plan de principe au moins, l'agent marié de sexe féminin a droit à tous les avantages sociaux reconnus à tous les agents de carrière de services publics de l'Etat ainsi qu'à tous les membres de leur famille. Du coup, l'on peut affirmer que les dispositions de cette loi relatives aux avantages sociaux se conforment non seulement à la Constitution en vigueur en RDC mais aussi à tous les engagements internationaux relatifs aux droits de l'homme pris par l'Etat congolais.

364. Toutefois, une chose est de reconnaitre les avancées et les performances de la loi de 2016, une autre est de déplorer le hiatus qui existe toujours entre la beauté ou la noblesse des principes et la pauvreté de leur application sur le plan concret et pratique. En d'autres termes, en dépit de la lumière apportée par la loi de 2016, l'injustice, mieux, la discrimination dans le traitement des agents n'est pas éteinte. Soit que ces belles dispositions ne sont pas appliquées, soit qu'elles trouvent bon accueil chez certains, excluant d'autres. Ce principe de deux poids, deux mesures est suicidaire et ne peut en aucun cas trouver droit de cité dans une société qui consacre la supériorité de la loi sur tous et son égalité pour tous. John Rawls (2009 : 29) affirmait à propos que « la justice est la première vertu des institutions sociales comme la vérité est celle des systèmes de pensée. Si élégante et économique que soit une théorie, elle doit être rejetée ou révisée si elle n'est pas vraie ; de même, si efficaces et bien organisées que soient des institutions et des lois, elles doivent être réformées ou abolies si elles sont injustes ».

365. Eu égard aux développements qui précèdent, nous formulons les suggestions ci-après :

- Que l'examen de la constitutionalité des lois soit un impératif catégorique afin de ne plus tomber dans des lacunes dangereuses, et pourtant évitables, à l'instar de celles de la loi de 1981 ;
- Que soit aménagé le mécanisme juridictionnel de contrôle de conformité des lois nationales aux traités et accords internationaux ;
- Que soit réellement révolu le temps où les lois servaient d'ornements socio-juridiques sans impact sur le vécu concret ;
- Que la culture du droit soit une urgence et pour les dirigés et pour les dirigeants. En effet, plusieurs « viol des lois » en RDC se justifient tant par manque de volonté politique que par l'ignorance du droit dans le chef de ceux qui gouvernent et de ceux qui sont gouvernés ;
- Que les réformes nécessaires soient diligentées en vue de mettre à jour tout cet arsenal juridique périmé à cause de

dispositions obsolètes ou simplement encombrantes et inopérantes ;

- Que le législateur évite, déjà à son niveau, l'emploi des termes flous à interprétation trop large, et partant, trop risquée.

Culture de la création et de l'innovation, enjeu stratégique pour le développement de l'Afrique

Par
Jean-Paul Koso Omambodi

A. Introduction

366. L'Afrique serait un continent d'avenir du fait de son importance démographique et particulièrement du taux élevé de natalité ainsi que de ses richesses du sol et du sous-sol ; tout cela constitue effectivement autant de potentialités socio-économiques pour son développement. Toutefois, on ne doit pas penser que le continent africain échappe au système de gestion internationale qui veut que les hommes, les terres et toutes les ressources de la planète soient au service de l'économie mondiale.

367. La structure pyramidale de cette économie essentiellement capitaliste était fondée d'abord sur l'expansion territoriale sous la forme de l'exercice direct de la souveraineté politique et économique avant de céder le pas aux entreprises transnationales ou multinationales qui sont devenues les bras séculiers de cet empire. Le développement des moyens de communications réduit sans cesse les distances physiques entre les Etats et les peuples.[327] Juridiquement, on peut dire que l'exercice du droit public de la souveraineté semble brouillé par celui du droit privé de la propriété (Rahmatian 2011 : 267-268). Mais, compte tenu des impératifs de développement durable qui considère que les richesses matérielles du sol et du sous-sol sont épuisables et qu'il faut protéger les écosystèmes en faveur des générations futures, à côté de l'empire économique formel et ses techniques d'actions, il se déploie un empire international informel par le biais de l'internationalisation du droit de la propriété intellectuelle notamment par les accords de Marrakech de 1994 ayant abouti à la création de l'organisation mondiale du commerce (OMC).

368. La libre circulation des marchandises est prônée et la reproduction des moyens et techniques de leur production est soumise au respect de la propriété intellectuelle. Le système de licences se généralise dans ce domaine maintenant une certaine dépendance entre

---

[327] Au point où le monde est véritablement devenu un village.

leurs bénéficiaires et les créateurs ou inventeurs (Rahmatian 2011 : 267-268).[328] La société de l'information va à son tour solliciter la propriété intellectuelle pour réguler l'accès aux contenus numériques protégés afin de soumettre leur utilisation au paiement ou à l'autorisation des titulaires des droits.[329] Cette situation de dépendance et des inégalités se remarque entre l'Est du monde et l'Ouest mais aussi entre le Sud et le Nord.

369. La question fondamentale qui se pose est celle de savoir si dans cette géopolitique du commerce international l'Afrique peut espérer tirer réellement profit de ses potentialités et comment peut-elle y parvenir. Certains pays à travers le monde y avaient pensé et préconisé une économie fermée de l'imitation avant de s'ouvrir aujourd'hui au système international et au respect de la propriété intellectuelle. Cette expérience économique paraît bien anachronique en ce que l'imitation placerait les pays africains en porte en faux avec leurs engagements internationaux.

370. Il faut dire qu'à travers la logique du management international qui engendre la dépendance des pauvres tant sur le plan de l'économie de biens matériels que de l'économie de la connaissance, l'Afrique dispose des atouts indéniables à commencer par sa démographie et ses ressources naturelles. Ensuite, elle se doit de suivre la trajectoire historique de l'économie mondiale capitaliste afin d'en déceler les outils majeurs pour son développement. Enfin, et conséquemment, l'Afrique pourra s'investir dans la promotion de la propriété intellectuelle sur ses créations et innovations en ce compris, bien entendu, l'accès au savoir et au savoir-faire des autres dans le cadre des interdépendances qu'inspire la mondialisation des économies.

---

328 Dans le système du copyright tout comme celui du droit d'auteur, le titulaire de droits d'auteur peut accorder une licence à un tiers et ce dernier peut à son tour céder celle-ci ; cela constitue une chaîne de dépendants vis-à-vis du titulaire de droits (traduit par nous).

329 Voir à ce sujet Dulong de Rosnay et Le Crosnier, *Propriété intellectuelle, géopolitique et mondialisation*, Paris, CNRS, 2013, p. 24 : « même si le discours officiel se focalise sur les activités privées des internautes, ce sont bien des affrontements de géants économiques qui forment la trame de fond. »

B. Afrique, terre d'avenir et des conflits

371. La démographie africaine est galopante. Au lieu d'y voir un facteur négatif de croissance économique, il serait plutôt intéressant de la considérer comme une source d'énergie productrice. Par ailleurs, le sol et le sous-sol africain est riche de ressources naturelles. Plutôt que de considérer ce potentiel économique comme la source des malheurs, il convient de prendre conscience de la situation et de s'interroger sur les voies et moyens de le mettre réellement au service du développement du continent africain dans le contexte de la mondialisation.

I. Population africaine, source d'énergie productive

372. Le continent africain recouvre 6% de la surface terrestre mondiale avec une superficie de 30 415 873 Kilomètres carrés, soit la troisième mondiale. En 2014, la population africaine était de l'ordre de 1 138 milliards d'habitants sur une population mondiale de 7 243 milliards d'habitants, soit près de 16% (15, 7%). En 2016, sa population globale est estimée à 1 216 milliards d'habitants sur une population mondiale estimée par les Nations Unies au 1er juillet 2016 à 7 430 milliards d'habitants, soit plus de 16% (16, 3%). D'ici 2050, la population de l'Afrique pourrait doubler pour atteindre 2 400 milliards. En 2100, l'Afrique pourrait atteindre 4 milliards d'habitants et représenter plus de 38% de la population mondiale.[330] En effet, déjà en 2013, le taux de fécondité en Afrique était estimé à 4,7% d'enfants par femme contre une moyenne mondiale de 2,5%. En 2012, le Niger a battu le record mondial de la fécondité avec 7,6% d'enfants par femme. En clair, la population africaine croît de 2,5% par an pour une moyenne mondiale de 1,2%. Cela veut dire que si l'Amérique latine et l'Asie suivent cette dernière tendance, l'Amérique du nord croît plus faiblement encore (0,4%), tandis que l'Europe est quasi stationnaire. Ainsi, dans ce grand mouvement de transition démographique qui voit la mortalité et la natalité baisser toutes les deux, l'Afrique resterait en retrait (Leridon 2015 : 12).

373. Ces projections démographiques déconcertent les analystes qui craignent qu'avec ce taux de fécondité toujours élevé, l'augmentation

330 Nations Unies, Division de la population, World population Prospects, The 2012 Revision, in : http://www.un.org/en/development/desa/publications/world-population-prospects-the-2012-revision.html.

exceptionnelle de la population ne puisse annihiler le taux de croissance actuellement observé en Afrique. En effet, le rapport 2015 du groupe de la Banque africaine de développement (BAD), de l'Organisation de coopération et de développement économiques (OCDE) et du Programme de Nations unies pour le développement (PNUD) sur l'avenir économique de l'Afrique prévoyait que le taux de croissance moyen du produit intérieur brut (PIB) de 4,5% observé au cours de quatre dernières années devait se maintenir en 2015 et 2016. Cette performance est jugée remarquable lorsqu'on la compare à celle de la zone euro (0,9% en 2014) ou de l'Amérique latine (1,7%), et honorable par rapport à celles de l'Asie du sud et de l'est (7%). Toutefois, si l'on s'intéresse au PIB par habitant, le tableau devient sombre : la croissance de la richesse par habitant se ramène à 1,6% en Afrique subsaharienne contre 0,4 dans la zone euro, 0,6 en Amérique latine et 6% en Asie. En d'autres termes, la croissance démographique africaine pourrait ralentir fortement l'amélioration des conditions de vie des populations locales au cours des prochaines décennies (Leridon 2015 : 12).

374. Il faut également noter que la population africaine est très jeune : 41% a moins de 15 ans. L'Ouganda et le Niger sont les plus jeunes pays du monde avec 49% d'habitants qui ont moins de 15 ans.331 On a estimé en 2012 que l'âge médian du continent africain est de 20 ans332. On oublie parfois que la jeunesse est synonyme de vitalité et de fertilité. Plus est, si la majorité est désœuvrée ! N'eût été les longues durées des études aux fins de se hisser à un certain rang social, on atteindrait probablement un plus haut niveau de fécondité que celui que l'on déplore actuellement. Les politiques publiques antinatalistes se heurteraient sans doute à la tradition séculaire qui considère que la progéniture signifie richesse et en même temps le premier signe de la réussite du mariage. Bref, la route de l'Afrique vers la transition démographique sera longue avant de réaliser le miracle économique asiatique où 40% de sa croissance économique est attribuée au dividende démographique (Le Cam 2016).

---

331 Dossier « un milliard d'africains », in : *Jeune Afrique*, n° 2550, du 22 au 28 novembre 2009, p. 24-34.

332 GEO, Région des grands lacs : la poudrière magnifique, spécial Afrique, n° 403, 26 sept 2012, p. 91, in : http://www.geo.fr/en-kiosque/magazine-geo-special-afrique-septembre-2012-105805.

375. Sans épiloguer sur le train de mesures préconisées par les économistes des organisations internationales comme la Banque mondiale et la Banque africaine de développement, notamment la baisse du taux de fécondité, il semble prioritaire de souligner l'importance de la formation et de l'instruction de tous au travail productif (Banque mondiale 2015). Gagner le pari du travail perçu comme une partie de plaisir et mettre à contribution les intellectuels dans ce vaste mouvement d'émancipation semblent revêtir une importance capitale pour le développement du continent africain. En effet, on constate qu'en Afrique, hier comme aujourd'hui, les ingénieurs les plus brillants sont rejetés par le système de gestion de l'Etat, soit, à l'instar des autres intellectuels, piégés par des considérations ethniques ou politiques. Ceux qui, craignant cet état de choses, ont refusé de rentrer au pays, travaillent dans les usines européennes, américaines, voire asiatiques. Dès lors, on s'aperçoit que l'Afrique a négligé sa ressource la plus importante et la plus rare pour asseoir les bases de son développement (Fokam 2003 : 23). La commercialisation des ressources naturelles va alors occuper la première place dans l'ordre des facteurs de développement.

II. Ressources naturelles africaines, source des conflits

376. Le continent africain est non seulement riche de sa démographie composée d'une population jeune et en pleine croissance mais aussi de ressources naturelles dont il est gratifié par la nature. Il est le continent dont le sous-sol est le plus riche du monde ; si le golfe de Guinée dispose d'énormes réserves pétrolières, l'Afrique du sud, la République démocratique du Congo et l'Angola ont le diamant et l'or pour ne citer que ceux-ci. L'Algérie et certains pays sahariens ont d'importants gisements de gaz et de pétrole. L'Afrique est l'une des plus grandes réserves forestières du monde (Fokam 2003 : 19). Toutefois, des nombreux conflits trouvent leur origine sur les ressources naturelles, objet des pillages, des vols, des exploitations illégales et du commerce illicite.

377. L'Afrique est riche de ses matières premières qu'elle exporte en quantité vers le monde industrialisé grâce à des sociétés dont les sièges sociaux se trouvent bien souvent dans ce monde. Avec 80 à 100 milliards de barils de pétrole de réserves, le continent est assis sur 8 à 10% des réserves mondiales. Le golfe de Guinée est devenu le nouveau terrain de jeu des compagnies pétrolières. Avec suffisamment d'investissement et d'exploration, la production peut s'accroître considérablement. Malheureusement, le pétrole semble ne pas rimer avec le développement : certains pays du golfe de Guinée seraient aujourd'hui plus riches si les anciennes puissances coloniales n'y avaient pas découvert du pétrole a écrit Favennec, économiste à l'institut français du pétrole. Il s'explique en disant que loin de constituer un tremplin pour le développement, le pétrole se révèle être le plus souvent un cocktail empoisonné. Les proportions peuvent varier d'un pays à l'autre, mais le mal-développement, la corruption, l'instabilité politique et la guerre en constituent les principaux ingrédients (Harel 2008 : 18). Les dirigeants politiques se transforment très facilement en hommes d'affaires se servant du pouvoir d'Etat pour assurer leur propre prospérité au détriment de celle du pays et de la population. Citant Daniel Cohen, Fokam note que ces despotes ne se contentent pas de prélever au passage une dîme sur les richesses produites, ils appauvrissent jusqu'à l'extrême les nations qu'ils gouvernent ; ils transforment en misère, quand elles existent, les ressources minières ou pétrolières de leur pays. Il s'agit de l'exploitation de la nation toute entière par l'élite politique (Fokam 2003 : 14-15).

378. Les pertes de revenus liés au commerce illicite des ressources naturelles sont estimées, au niveau mondial, jusqu'à 213 milliards de dollars par an. Ces trafics affectent principalement les pays en développement, notamment ceux connaissant des situations de crise. Ils concernent le bois, la faune, les mines, les produits halieutiques et le dumping de produits chimiques dangereux. En comparaison, l'aide publique au développement est estimée à 130 milliards de dollars par an. Le commerce illicite des ressources naturelles a ceci de plus vicieux que le trafic de drogue, en ce qu'il prive les pays pauvres de revenus qui autrement auraient été utilisés pour construire des écoles, soigner des malades ou ériger des infrastructures. Ces activités sapent le développement, dérobant aux pays pauvres des moteurs et du carburant nécessaires à leur décollage économique. Le commerce illicite a ceci de pernicieux qu'il alimente des conflits internes, souvent sciemment entretenus pour durer dans le temps, car la paix et la stabilité n'arrangent en rien les trafiquants. Les exemples sont nombreux en Afrique, notamment dans les pays des Grands Lacs. Une étude sur les conflits armés majeurs survenus entre 1950 et 2000 a révélé que 90%

des conflits ont eu lieu dans des pays riches en biodiversité. Le rapport de la Banque mondiale a révélé en 2003 qu'au cours des 40 années précédentes, les pays en développement ne disposant pas de richesses naturelles s'étaient développés deux ou trois fois plus rapidement que les pays riches en ressources naturelles rares (Thiaw 2015).

379. Avec ses 690 millions d'habitants, l'Afrique subsaharienne exporte moins que la Belgique et ses 10 millions d'habitants ; elle pèse donc moins de 1% du commerce mondial. En 2004, cette région a attiré moins de 13 milliards de dollars d'investissements étrangers, tandis que l'Union européenne en recevait 216, les Etats-Unis 95, l'Amérique latine 67, l'Asie 147 (Harel 2008 : 15-16). Le continent africain est bel et bien marginalisé dans les échanges internationaux.

380. La seule augmentation de l'aide publique au développement semble dérisoire ; qu'elle soit portée à plus de 200 milliards l'an ou non, la fracture mondiale demeure : d'abord, les prêts et les dons alloués au titre de l'aide au développement sont utilisés pour rémunérer les biens et services liés à l'exécution de projets et de programmes qui répondent davantage aux impératifs d'exportation des pays développés qu'aux besoins réels des pays emprunteurs ; ensuite, les sommes accordées servent aussi à rembourser des arriérés de paiement ou à financer des projets d'assistance technique et des annulations des dettes publiques qui, dans nombre de cas, auraient été apurées depuis longtemps si les remboursements déjà effectués par les pays emprunteurs n'avaient pas été, en réalité, uniquement affectés aux règlements d'intérêts et d'arriérés de paiement et non à l'amortissement du principal de la dette. Les budgets de l'aide publique au développement incluent également une enveloppe « sécurité » qui sert à financer des achats d'armes et des opérations militaires (Mbaye 2009 : 38).

381. Dans ce contexte, on a dit avec raison que l'Afrique va mal. Le nier serait indécent vis-à-vis des millions d'africains qui décèdent précocement faute de soins ou qui meurent de malnutrition, quand ils ne périssent pas noyés en tentant de franchir le détroit de Gibraltar, ou accrochés aux barbelés des enclaves espagnoles de Ceuta et Melilla, au Maroc, dans l'espoir de gagner l'eldorado européen (Harel 2008 : 15).

382. Par ailleurs, l'on entend, dans ces conditions, des conclusions insoutenables, puisées dans l'impuissance, à savoir : « plus les pays sont riches en ressources naturelles, plus pauvres sont leurs populations ». D'autres concluent avec la notion encore plus insoutenable de « la malédiction des ressources ». Ou encore que l'Afrique serait mal partie. La réalité est certes là. Faut-il pour autant verser dans le fatalisme ou dans le pessimisme suicidaire ? Il semble plutôt impérieux pour l'Afrique de comprendre et de maîtriser la marche historique de l'économie du monde ainsi que les outils juridiques utilisés afin de tenter de renverser la balance en sa faveur.

C. De la souveraineté à la propriété privée, rôle des sociétés multinationales

383. La reproduction et l'expansion du système féodal à l'échelle internationale a poussé les nouveaux propriétaires à conquérir les terres et les hommes afin de contrôler toutes les richesses. La base de cette phase de domination du reste présente dans nombre de société humaine à travers le monde est économique ; elle est passée par l'exercice de la souveraineté qui relève du droit public régissant les rapports collectifs entre le détenteur du pouvoir externe ou interne et les assujettis.

384. Les relations entre la puissance étrangères détentrice de l'imperium et les entités soumises n'étaient pas celles de coopération étant donné que ces dernières n'étaient pas considérées comme des Etats au sens moderne bien qu'on y trouvât des royaumes et des empires battis avec des cultures et des systèmes stables d'organisation du pouvoir politique. Il y existait les classes des forgerons et des cultivateurs tout comme celles des griots et des juges proches de la noblesse.

385. A la faveur des indépendances en Asie et en Afrique, les mouvements politiques de libération ont en même temps mené des luttes d'émancipation économique qui ont entraîné des déséquilibres financiers dans la gestion des anciennes puissances. Les rapports de la dépendance des peuples à la puissance publique étaient par la suite reproduits par la minorité d'élite formée et les émancipés façonnés pour perpétuer le système mis en place ; une sorte de complexe de supériorité s'y est installé entre les affranchis pour la plupart des bureaucrates et les autres paysans.

386. Entre-temps, les rapports de coopération marqués de respect entre les pays devenus juridiquement égaux n'offraient plus, d'une part, une grande marge de manœuvre sur le contrôle direct des richesses et, d'autre part, la possibilité de sanction sur les dirigeants des nouveaux Etats. C'est le plus grand reproche qu'on a fait à la convention internationale de Berne sur la protection des œuvres littéraires et artistiques en ce qu'elle ne dispose d'aucune sanction sur les Etats qui violeraient les droits y consacrés en faveur des auteurs (Ilardi 2005 : 85-86). De surcroît, les études économiques et scientifiques menées par les anciens maîtres ont démontré le caractère épuisable des matières premières nécessaires pour le fonctionnement optimal des industries de transformation occidentales.

387. Aussi, le continent africain sera-t-il soumis au système du « Management International » marqué par une idéologie universaliste. La grande superficie, l'importance démographique et particulièrement le taux de natalité élevé, les richesses du sol et du sous-sol sont à la fois des atouts pour son développement socio-économique en même temps qu'ils constituent les ressources au service de l'économie mondiale. La structure pyramidale de cette économie capitaliste va donc évoluer du style de l'expansion territoriale sous la forme de l'exercice direct de la souveraineté politique et économique à la formule des entreprises transnationales ou multinationales. On comprend dès lors pourquoi la planète entière doit devenir ce village global où les distances physiques sont de plus en plus réduites grâce au développement des moyens de communications ; les hommes, les terres et les ressources de toute la planète sont sous la gestion internationale. Les frontières nationales sont pratiquement inexistantes ou à tout le moins représentent une simple idée dans la tête des juristes traditionnels. L'internet y joue un rôle non négligeable dans la communication instantanée à travers laquelle passe la plupart de négociations et de transactions commerciales. Il est à la fois le support technique du capital international et l'outil d'émancipation par l'accès au savoir. A l'image de l'église universelle et omniprésente (Berend 2008 : 248), les sociétés multinationales vont jouer un rôle de premier plan dans la gestion du commerce international. Avec des budgets dépassant ceux de certains Etats pauvres, elles font et défont les systèmes politiques au profit de leurs intérêts.

388. Deux écueils vont se présenter sur le chemin de cette grosse machine économique mondiale qui assure le véritable partage des richesses de la planète : il s'agit des blocs idéologiques limitant le marché des acteurs économiques mondiaux et la faiblesse de la propriété intellectuelle comme moyen de domination spirituelle du monde. Ainsi, lorsque la pérestroïka et les glasnosts ont sonné le glas pour mettre fin à la guerre froide, le commerce international était devenu un théâtre géopolitique ouvert. Ce mouvement a induit sur le continent africain des vagues de démocratisation et la disparition des régimes dictatoriaux à partis uniques. Et puisque la libre circulation des biens et services est assurée à travers le monde, le commerce international devait s'associer avec la propriété intellectuelle en tant qu'outil de gestion et de protection des biens intellectuels, qui constituent des richesses inépuisables. C'est l'outil de domination ou encore ce qu'on appelle l'entreprise néo-colonialiste faite avec l'assistance de la propriété intellectuelle.

D. Propriété intellectuelle, outil stratégique du management international

389. A côté de cet empire économique formel et ses techniques d'actions, il se déploie un empire international informel par le biais de l'internationalisation du droit de la propriété intellectuelle notamment par les accords de Marrakech de 1994 ayant abouti à la création de l'Organisation mondiale du commerce (OMC).

390. Alors que cet accord mondial qui régit le commerce international repose sur le principe fondamental de la libre circulation des biens et services, il associe en même temps et cela pour la première fois, le commerce et la propriété intellectuelle à l'échelle internationale. Ensuite, il institue un régime de sanction internationale en cas de violation des règles mises en place notamment en ce qui concerne le droit de la propriété intellectuelle.[333] Alors que le droit de la concurrence sanctionne l'usage abusif du monopole, le droit de la propriété intellectuelle, quant à lui, promeut le monopole d'exploitation des biens intellectuels, qu'il y ait ou non une position dominante, afin de récompenser et stimuler l'investissement (Ranouil 2016 : 11). A titre d'illustration, le principe du brevet d'invention consiste, pour celui qui trouve une technologie ou un savoir-faire pouvant servir à la société,

333 Pour A. Strowel et E. Derclaye, *Droit d'auteur et numérique : logiciels, bases de données et multimédias, droit belge, européen et comparé,* Bruylant, Bruxelles, 2001, pp. 9-19, « L'intérêt de cet accord consiste au fait qu'il établit des sanctions efficaces pour la protection de droits de propriété intellectuelle. Au niveau national, chaque État membre doit prévoir des sanctions et au niveau international, le différend peut être porté devant un panel en cas de non-respect de ces dispositions de l'accord tout comme les mesures de rétorsions peuvent être prises dans les relations internationales entre États même dans des domaines autres que la propriété intellectuelle ».

d'obtenir un droit exclusif de l'exploiter pendant une certaine durée. Le titulaire du brevet a le droit d'interdire les autres personnes d'exploiter la même technologie.

391. Outil de domination subtile, la propriété intellectuelle met en place le système de licences qui se généralise dans ce domaine en maintenant une certaine dépendance entre les bénéficiaires des licences et les créateurs ou inventeurs. Le professeur Rahmatian, spécialiste britannique du copyright, a indiqué clairement que l'organisation internationale du droit de la propriété intellectuelle est devenue un important instrument dans le processus de néo-colonialisme du monde non-Ouest, initialement par les Etats de l'Ouest (les Etats-Unis d'Amérique et les pays de l'Union européenne), mais aussi, plus récemment, par les pays non-ouest qui ont adopté ou adapté les standards du système économique et juridique de l'Ouest dans le domaine du droit commercial, comme la Chine (Rahmatian 2011 : 265). En effet, le titulaire de droit de propriété intellectuelle obtient en tout cas des revenus d'un rentier de la licence d'exploitation accordée. Le licencié se comporte vis-à-vis de l'auteur ou inventeur comme un vassal devant son maître dans le féodalisme. L'élément féodal important ici est le fait que le récipient des avoirs de l'auteur obtient de droit le flux de revenu contre charge, sans qu'il y ait un travail ou un investissement supplémentaire de sa part. Tandis que les biens matériels s'obtiennent pour un revenu ponctuel par une vente, le droit d'auteur et le droit de la propriété intellectuelle en général peuvent assurer un flux de revenu pour toute la période de protection et permettre la construction d'un système économique, social et politique de dépendance quasi-féodal (Rahmatian 2011 : 266ss). Il convient de signaler que sur 2,5 millions de brevets déposés chaque année à travers le monde, la moitié est asiatique. La Chine elle-même délivre environ 650 000 brevets l'an tandis que la France en est à 15 000. Le système régional africain de protection de la propriété intellectuelle[334] est tenu de se conformer au

---

334 L'Office africain et malgache de la propriété industrielle (OAMPI) est né à Libreville le 13 septembre 1962. En 1963, après le retrait du Madagascar et l'entrée du Togo, l'OAMPI a reçu mission d'adopter une loi commune harmonisant les lois des pays membres sur la propriété intellectuelle. C'est ainsi qu'en 1977 est née à Bangui l'organisation africaine de la propriété intellectuelle en vertu de l'accord dit de Bangui. Pour conformer l'accord de Bangui à l'évolution internationale, notamment les ADPIC et les traités de l'OMPI, une révision de l'accord de Bangui a eu lieu le 24 février 1999.

système international institué par l'accord de Marrakech (Ngombé 2009 : 203-204).

392. Deux systèmes régionaux sont actuellement en vigueur sur le continent africain : l'un traitant de la protection de la propriété industrielle et du droit d'auteur (OAPI), et l'autre traitant exclusivement de la protection de la propriété industrielle (ARIPO). Leur établissement a été favorisé et leur développement est assisté par des organisations intergouvernementales du système des Nations Unies, telles que l'OMPI, la Commission économique des Nations unies pour l'Afrique (UNECA) et le Programme des Nations Unies pour le développement (PNUD) (Ilardi 2005 : 277). Précisons qu'à l'origine, l'OAPI était une organisation francophone, alors que l'ARIPO était anglophone. Désormais les deux organisations régionales ne se limitent plus à leur espace linguistique d'origine. La guinée Bissau, Etat lusophone, est membre de l'OAPI et le Rwanda, Etat francophone, est un Etat candidat de l'ARIPO. N'ayant compétence au départ qu'en matière de propriété industrielle, depuis 2002, l'ARIPO a reçu mandat des Etats membres pour élaborer un protocole relatif au droit d'auteur. L'organisation a jusqu'ici privilégié l'élaboration d'un instrument sur les savoirs traditionnels et les expressions du folklore (Ngombé 2013 : 3).

393. L'OAPI a délivré 500 brevets d'invention en 2015 contre 295 en 2014[335]. L'ARIPO quant à lui a délivré 429 brevets d'invention en 2015 contre 255 en 2014[336]. Cette indication statistique qui permet un brin d'espoir ne concerne pas tous les pays africains car, certains ne font partie ni de l'une ni de l'autre de ces deux organisations. C'est le cas de la République démocratique du Congo qui ne bénéficie pas par exemple du mécanisme de protection uniforme et automatique des droits de propriété intellectuelle mis en place par l'OAPI[337] tout en étant membre de l'OMPI et de l'OMC. En tant que membre de l'Organisation pour l'harmonisation en Afrique du droit des affaires (OHADA), comme

335 Cf. Journal officiel de propriété industrielle des brevets, in : http://www.oapi.int/index.php/fr/brevets.

336 ARIPO, Annual report 2015, in http://www.aripo.org/publications/annual-reports/item/133-aripo-annual-report-2015.

337 Préambule de l'Accord de Bangui de 1977 tel que modifié à ce jour portant création de l'organisation africaine de la propriété intellectuelle, OAPI, en sigle : la demande et la délivrance du brevet dans un Etat membre vaut pour l'ensemble des pays de l'organisation.

tous les autres pays de l'OAPI, et des organisations internationales de propriété intellectuelle précitées, la RDC devrait s'inscrire dans la dynamique mondiale dans laquelle évolue le commerce international. En effet, la RDC est le seul pays membre de l'OHADA qui n'est pas membre de l'OAPI. Il convient de parachever ce processus pour que les inventions des universités, laboratoires et centres de recherches publics ou privés soient brevetées dans l'espace juridique et commercial africain en général afin de stimuler les inventeurs et de réaliser à terme le retour à l'investissement grâce à l'acquisition du monopole d'exploitation. La culture-divertissement a son économie, non moins de moindre du reste, tout comme la culture scientifique en dispose également.

394. Le schéma du management international qui insinue la dépendance des uns aux autres tant sur le plan de l'économie de biens matériels que de l'économie de la connaissance donne néanmoins la possibilité d'accès au savoir et au savoir-faire des autres susceptibles d'être des véritables leviers pour le développement de l'Afrique du moins dans un premier temps et ce, soit par la technique de licence de fabrication ou d'utilisation de biens et services soit par le contrat de travail soit encore par la libre exploitation des créations intellectuelles tombées dans le domaine public. Sur le point précis des licences de fabrication ou des contrats de travail, il importe de reconnaître que l'apport au développement autocentré semble bien minime. Les entreprises concessionnaires des licences de fabrication de tels ou tels produits sont pour la plupart du temps les filiales des multinationales soumises au régime des droits nationaux alors qu'économiquement, elles y échappent. La gestion d'importants budgets alloués à la recherche et au développement s'effectue aux sièges de ces entreprises. Les anciens salariés formés, licenciés ou retraités, deviennent au mieux des cas des sous-traitants des compagnies qui les avaient employés. Dans tous les deux cas, la dépendance est presque certaine.

395. La stratégie de la valorisation des résultats de la recherche scientifique est tributaire des politiques tant publiques que privées tandis que la création et l'innovation sont pour leur part l'apanage de tout esprit humain préparé et motivé. Il est donc question aujourd'hui de se libérer des préjugés fatalistes d'incapacité et d'enrichir l'identité culturelle africaine en tant que ferment qui permet d'enraciner profondément le développement pour en faire un processus durable.

396. La politique culturelle d'un pays engage et conduit inéluctablement le développement social et économique du peuple. Il faut donc bien maîtriser les réalités culturelles de son pays ou les influencer de manière positive pour y mener les actions nécessaires pour sa transformation économique et industrielle. La culture étant entendue au sens de ce qui reste après que tout soit passé ; c'est donc l'âme d'un peuple ou ce par quoi sont exprimés les besoins les plus fondamentaux d'une collectivité humaine. De ce point de vue, la diversité culturelle est une grande richesse et l'identité culturelle un atout. Aussi Philippe Hugon (2006 : 109) souligne-t-il que le processus de développement économique durable semble illusoire s'il ne s'appuie pas sur ses ancrages culturels et sociaux. Abondant dans le même sens, Aminata Dramane Traoré soutient que face aux dérives du monde libéral, la culture est le recours, le véritable avantage d'une Afrique qui résiste. Elle est une dynamique complexe et stimulante d'enracinement, de ressourcement et de réconciliation avec nous-mêmes, ainsi qu'une démarche d'ouverture au monde sur la base du respect et de la solidarité. On ne doit pas s'estimer malheureux simplement parce que son mode de vie est qualifié de sous développé par rapport à la voie tracée par d'autres, renchérit-elle (Traoré 1999 : 128-129). De même, Ramazani Bishwende (2013 : 241) qui plaide pour que l'exploitation des richesses du continent africain par les sociétés multinationales soit menée en vue de l'industrialisation de l'Afrique a paradoxalement reconnu que le capitalisme de type occidental, asiatique, latino-américain et même africain, bref le capitalisme de tout acabit n'a pas d'âme ; il est à penser, à repenser, à déconstruire et à reconstruire.

397. Cet état de choses ne change pas à force des condamnations ou des jérémiades. Il a été noté en 2008, en ce qui concerne la propriété littéraire et artistique, qu'en termes d'investissement, les industries culturelles ont représenté, lors de deux décennies précédentes, 4 à 7% du PIB des Etats européens et, aux Etats-Unis d'Amérique, le pourcentage est plus élevé que celui de l'agriculture, de l'industrie de l'automobile ; la technologie y est entrée en force avec la création d'œuvres nouvelles (logiciels, banque des données, œuvres multimédias...) les nouveaux moyens de diffusion (satellites, câblodistribution, autoroute de l'information) et la révolution de l'internet (Edelman 2008 : 65). Arnauld Latil (2014 : 44) va dans le même sens lorsqu'il soutient que les activités créatrices constituent des secteurs importants de l'économie contemporaine. Il ajoute que, sans entrer dans une analyse économique du droit, il faut considérer qu'une grande partie de la croissance économique des pays développés repose sur les activités créatives. Les industries créatives sont en effet des acteurs incontournables de l'économie. De nombreux secteurs dépendent étroitement de la création. Les secteurs de la musique, du cinéma, de la mode et du design, du multimédia, de l'audiovisuel, des jeux vidéo et d'internet reposent pratiquement entièrement sur la création. La création donne donc lieu à un grand nombre d'activités économiques. Si l'acte de création n'a toutefois pas toujours un objectif industriel et commercial lors de sa réalisation, il porte toujours en lui un potentiel de débouché commercial. Combien d'écrivains ont d'abord écrit pour leur plaisir avant d'être édité ? Combien d'inventeurs ont bricolé des jouets pour leurs enfants avant d'entamer une production industrielle ?

398. Il importe pour les africains d'identifier les outils juridiques actuels de gestion du système économique et de s'en approprier. En effet, il est clair que si le système de production de biens est une simple reproduction du modèle colonial d'exportation des produits bruts vers l'hémisphère nord, les besoins de l'industrie occidentale ne vont pas forcément évoluer au rythme de l'exploitation artisanale ; de même que ses besoins ne vont pas tenir compte de l'instinct de conservation des richesses des ancêtres. Il n'est pas étonnant que l'aide au développement soit orientée en priorité vers l'entretien des routes dites d'intérêt général reliant les pays africains aux différents ports d'évacuation des produits ou que les actes uniformes de l'OHADA s'intéressent plus au droit de transport des marchandises qu'à la propriété intellectuelle, puissant vecteur du développement des pays industrialisés.

399. Le rattrapage du train en marche de la révolution industrielle, de la révolution de la productivité ainsi que de la révolution du management, c'est-à-dire celle du savoir, principale ressource inépuisable des richesses du monde, laquelle doit être utilisée au service de l'économie, est la mesure des défis à relever par le continent africain.

E. Défis et perspectives africaines

400. Il faut dire qu'à travers la logique du management international qui engendre la dépendance des pauvres tant sur le plan de l'économie de biens matériels que de l'économie de la connaissance, l'Afrique ferait mieux de s'appuyer sur le système d'éducation orienté vers la création et l'innovation suivi de la valorisation et de la transformation des résultats de recherches en biens intellectuels, en lieu et place de la production des têtes pleines des connaissances souvent inadaptées aux besoins et au niveau de vie des populations intéressées. La création et l'innovation protégées ainsi que les échanges des connaissances avec les autres horizons (état de l'art et de la technique) seraient une des stratégies adéquates du développement autocentré de l'Afrique mondialisée.

401. La mondialisation et la capacité d'échanger rapidement les informations ont fait de la propriété intellectuelle des enjeux importants. Actuellement, ce sont les start-ups et les projets innovants qui sont porteurs de croissance. Vivant (2014 : 11) relève à cet égard qu'à l'échelle microéconomique, les actifs immatériels représentent 75 à 90% de la capitalisation boursière des grandes entreprises cotées. L'Afrique doit sérieusement envisager la transformation de ses ressources naturelles grâce au savoir-faire disponible à travers le monde mais aussi et surtout grâce à la création et à l'invention dont elle est capable afin d'amorcer son développement industriel et culturel. En effet, c'est autour du savoir et de sa gestion que se réorganisent des alliances entre États, notamment entre les pays émergents et les autres et entre les divers secteurs industriels et de service (Dulon de Rosny et Le Crosnier 2013 : 9). Dans le même sens, Fokam (2013 : 29) note que la puissance est désormais conférée par la gestion optimale du savoir et, surtout, du savoir-faire technique ou scientifique. C'est sûr, plus les groupes humains parviennent à se constituer en 'collectifs intelligents' capables d'initiative, d'imagination et de réactions rapides, plus ils sont capables d'assurer leur survie et, même, de faire rayonner leur prévalence dans un environnement très concurrentiel.

402. La tendance de la naturalisation de la domination intellectuelle acquise en raison de l'excès de richesse (Dulon de Rosny et Le Crosnier 2013 : 30) doit être récusée par la volonté commune du peuple à changer sa condition, à créer des emplois et à prendre conscience de participer à la civilisation de l'universel. Ainsi, faut-il rappeler à la suite de Jean-Philippe Omotunde que les mathématiques africaines algorithmiques sont à ce jour à la base du fonctionnement des ordinateurs et autres tablettes tactiles. On peut aussi évoquer l'existence en Belgique de la statue de 7 mètres de haut, de la première tablette de calcul de l'histoire de l'humanité, découverte en République démocratique du Congo, attestation de l'invention de quatre opérations fondamentales (addition, multiplication, division et soustraction), la découverte en Afrique du sud dans la région de Globos, 80 000 ans avant J-C, de la géométrie de la triangulation utilisée à ce jour pour le GPS (Omotunde 2016). L'Afrique ne peut-elle pas s'auréoler d'être à la fois le berceau de l'humanité et des mathématiques que Thalès de Milet, Pythagore et autres ont étudié en Egypte ancienne ?

403. C'est pour cela qu'il serait mieux de tirer profit du système d'éducation adéquat orienté vers la création et l'innovation suivi de la valorisation et de la transformation des résultats en biens intellectuels au lieu de se livrer à une économie anachronique d'imitation qui placerait les pays du continent africain en porte-à-faux avec leurs engagements internationaux (Ilardi 2005 : 89). Au lieu d'avoir des têtes bien pleines des connaissances apprises n'ayant probablement pas un rapport direct avec les besoins et le niveau de vie des populations intéressées, il vaut mieux avoir des têtes bien faites intégrant la création et l'innovation protégées. Les échanges des connaissances avec les autres horizons comme approche éducationnelle de développement demeure également un atout majeur. Il existe pour ce faire des outils de la veille technologique librement accessible à tous tant pour les brevets d'invention que pour les marques.

404. L'Afrique doit donc regarder dans la direction des facteurs durables de son développement. Les chiffres de croissance économiques de l'Afrique ne doivent pas l'endormir. Les objectifs nobles d'élimination de la pauvreté, de l'ignorance ou de la maladie et la volonté d'assurer à la population le bien-être comparable à celui de l'occident ont pour indicateur la croissance du produit intérieur brut. L'Afrique a, par cette option, d'une part, oublié que les chiffres peuvent masquer les maux qu'il faut éliminer et, d'autre part, abandonné les cultures vivrières nécessaires pour ses besoins en produits alimentaires. La croissance du PIB peut provenir de l'endettement et miroiter un développement superficiel faute de réformes structurelles adéquates.

405. Rassuré par l'occident d'avoir des experts dans tous les domaines, l'Afrique a complètement négligé les sciences fondamentales, les sciences appliquées et la technologie fondée sur les sciences pures pour se contenter d'appliquer convenablement ce qui existe, de faire fonctionner les machines construites dans les pays industrialisés. Il s'en est suivi une dépendance et un complexe scientifique (Fokam 2008 : 20). Il faut pour cela repenser l'école africaine pour sortir de l'école otage des fils des chefs traditionnels appelés à devenir des « petits blancs noirs » à la mentalité de colonisé perpétuant la domination tout en ignorant totalement ses besoins primaires ; cette école avait pour but d'assurer la formation des cadres subalternes, auxiliaires de l'administration coloniale (Fokam 2008 : 33-34).

406. Il faut une école qui projette l'élève dans le futur avec un esprit ouvert et créatif. Cet esprit est à entretenir depuis la maternelle (le coloriage des dessins, la peinture, les arts graphiques, l'observation, la libre pensée et la libre expression…) afin d'espérer disposer des hommes et des femmes réellement universitaires, c'est-à-dire rompus dans la recherche scientifique. Une recherche orientée vers la résolution des problèmes de la société formulés en termes de thématique d'études. Cela suppose bien entendu une certaine synergie entre la société et l'université ou ses unités autonomes de recherche mais aussi, on ne le dira jamais assez, la valorisation des biens intellectuels qui en résulteront et la protection des droits des auteurs ou inventeurs. Cette stratégie est tributaire des politiques publiques et privées cohérentes au sein des Etats africains et dans l'ensemble du continent.

407. Le remède se trouve ensuite dans la bonne gouvernance des richesses. C'est la figure de la démocratie économique. Le terme serait né en France au XIIè siècle en désignant la direction des bailliages. Ensuite, au moyen âge, les historiens anglais s'en sont référé pour caractériser le mode d'organisation du pouvoir féodal. Le terme gouvernance resurgit au XXè siècle comme l'une des notions clés de l'univers des entreprises et des organisations à l'ère de la mondialisation et s'inscrit donc dans la constellation des idées produites par la mondialisation. Dans la recherche permanente de meilleurs systèmes de gestion des hommes et des ressources entre l'axe démocratique et l'axe technocratique, elle implique que la décision, au lieu d'être la propriété et le pouvoir de quelqu'un, doit résulter d'une négociation permanente entre les acteurs sociaux, constitués en partenaires d'un vaste jeu au sein d'une entreprise, ou au sein d'un Etat (Moreau Defarges 2003 : 5ss).

408. Les réseaux criminels transnationaux, de plus en plus sophistiqués, s'abreuvent aux sources des faiblesses institutionnelles, du manque de coopération et des lacunes juridiques et institutionnelles. Le combat contre le bradage des richesses nationales ne peut se faire sans moderniser les cadres juridiques et réformer les systèmes judiciaires, afin d'être à même de traquer la corruption et les complicités internes et externes aux états d'origine. Au niveau international, les Etats doivent s'accorder à identifier et pêcher les gros poissons, étouffer leurs réseaux mafieux, les appréhender et les mettre à la disposition de la justice. Il faut, en même temps, démanteler les petits réseaux nationaux et anéantir les systèmes régionaux de complicité et de duplicité (Thiaw 2015).

409. La bonne gouvernance ou encore le savoir gouverner pour reprendre l'expression de Mme Traoré, mot-d'ordre des bailleurs de fonds dans les années 90 à l'égard des décideurs politiques, ne revêt véritablement son sens qu'avec l'implication sérieuse de la société civile qui est en réalité la victime de la corruption et de la mauvaise gestion. Il ne s'agit pas non plus d'une société civile d'obédience politique, mais celle réellement apolitique comme semble l'être la société civile béninoise. Sinon, personne ne saura son contenu, ses normes et ses indicateurs car, en dernière analyse, il n'y a de bonne gouvernance que celle qui sert les intérêts fondamentaux des peuples (Traoré 1999 : 103ss). Abondant dans le même sens, Ekoué Amaïzo (1998 : 356) estime que la participation de la société civile dans le choix et l'affectation des fruits de la croissance en Afrique subsaharienne peuvent transformer la perspective d'un avenir sombre en une relance endogène économique et sociale basée sur le principe de la confiance.

F. Conclusion

410. Lorsque le monde se globalise et réduit les distances en même temps que se creusent des inégalités entre les hommes et les peuples, il est toujours intéressant de s'interroger sur les objectifs avoués ou inavoués poursuivis par la tendance qui s'impose ainsi que sur les outils qu'elle utilise. Il ressort de la dialectique historique le constat selon lequel le capitalisme a remporté la bataille. Il étend son influence un peu partout y compris en Afrique.

411. Le système de gestion internationale des biens et des personnes de la planète n'est pas une vue de l'esprit. Il utilise aujourd'hui les sociétés multinationales comme ce fut le cas des colonies dans le passé. A la faveur de la mondialisation, les biens et services circulent librement à travers le monde ; cependant, la gestion de la propriété intellectuelle semble marquer la différence. C'est la richesse inépuisable liée à l'existence de l'homme par opposition aux biens matériels. Facteurs de croissance des nations industrialisées, les biens intellectuels leur assurent la domination sur le reste du monde. L'internationalisation du droit de la propriété intellectuelle intimement rattachée au commerce international est symptomatique de son intérêt stratégique.

412. Dans cette géopolitique internationale, l'Afrique dispose des atouts indéniables. La transformation d'importantes réserves mondiales des ressources naturelles africaines grâce au savoir et au savoir-faire disponible et la culture de la création et de l'innovation soutenue par un système éducatif adéquat constituent les défis à relever. De même, la promotion de la propriété intellectuelle appuyée par des politiques publiques et privées de valorisation de la recherche, conséquence d'une bonne gouvernance, peut constituer une des stratégies de croissance économique africaine, base des échanges commerciaux et de développement endogène.

Responsabilité des gouvernants dans la gestion de finances locales

Par

Deborah Nzenge Kota

A. Introduction

413. La problématique de l'Etat en République Démocratique du Congo est liée à la construction d'un Etat de Droit. Il faut donc partir de la condition juridique qui permet de déterminer les modalités de gestion en vue de répondre à ses missions traditionnelles. L'article 123 al 1 de la Constitution du 18 février 2006 a consacré le principe « de la libre administration des provinces et des entités territoriales décentralisées, de leurs compétences et de leurs ressources ».

414. Ces entités tel que stipule l'article 3 al 1 sont dotées de la personnalité juridique et sont gérées par les organes locaux. Notons que ces entités territoriales décentralisées sont : la ville ; la commune, le secteur et la chefferie,[338] elles jouissent de la libre administration et de l'autonomie de gestion de leurs ressources économiques, humaines, financières et techniques.

415. La gestion des finances locales se traduit par une politique adéquate de la décentralisation fiscale. Politique qui se conçoit dans un cadre juridique et qui définit clairement les responsabilités dévolues au niveau local ainsi que les sources de revenu décentralisées[339] En analysant les articles 202, 203 et 204 de la constitution du 18 Février 2006 telle que modifiée et complétée à ce jour on peut constater de quelle manière le partage des compétences entre le pouvoir central et les provinces s'opère, et matérialise la scission du système fiscal congolais en deux, à savoir la fiscalité du pouvoir central et la fiscalité des provinces. En dépit de l'arsenal juridique existant quant à la décentralisation en RDC, le constat amer qui y ressort est le manque de volonté politique quant à la gestion des finances locales, la non organisation des élections urbaines, municipales et locales constituent

338 Article 3 de la Constitution du 18 Février 2006.

339 H. Sylvain Boko, « Un aperçu sur la décentralisation fiscale et les finances locales en Afrique francophones », in Forum d'action pour la gouvernance locale en Afrique Francophone, avril 2008, p. 2.

un couloir qui permet aux gouvernants de se prévaloir de certaines prérogatives qui ne sont les leurs.

B. Etat des lieux de la décentralisation en RDC

I. Raisons d'être de la décentralisation en RDC

416. Les principales motivations qui ont conduit à l'instauration de la décentralisation peuvent être résumées en ces termes :

- A l'issue d'un constat approfondi de la vie politique, économique, sociale et culturelle du Zaïre, le président Mobutu est arrivé à la conclusion selon laquelle si la centralisation politique des pouvoirs était une nécessité politique pour rétablir l'autorité de l'Etat, pacifier le pays, assurer la cohésion nationale et l'intégrité du territoire, une centralisation trop forte et trop durable risquait d'asphyxier le système politique, administratif et économique du pays.
- Appréhender les problèmes de la population à la base, ses besoins primaires à partir de Kinshasa devenait difficile, c'est alors que le président Mobutu pensera à rapprocher le pouvoir du peuple en vue d'une impulsion nouvelle pour le développement du pays.
- Sur le plan économique, le maréchal Mobutu s'est rendu compte que la centralisation avait créée l'asphyxie de tous les systèmes productifs dar elle faisait trop dépendre les provinces des prévisions et des décisions de Kinshasa. C'est pourquoi il va promulguer l'ordonnance loi n°82-006 du 25 février 1982 portant organisation territoriale, politique et administrative de la République du Zaïre.

417. En dépit de cette bonne volonté de vouloir bien organiser l'administration territoriale et ce, à travers divers instruments juridiques déjà pris à cette époque, le constat amer est que la décentralisation n'a pas pu apporter les résultats escomptés. Après plus de trois décennies, malgré les espoirs qu'elle a fait naître, elle n'a pas réussi à jouer le rôle qui lui était assigné. Dans bien des cas, au contraire, elle a constitué un handicap sérieux aux efforts de développement local. Toujours dans le souci de vouloir bien organiser l'administration congolaise, la constitution de la République Démocratique du Congo du 18 février 2006, affirme la détermination du constituant à conserver et à consolider l'indépendance et l'unité nationale. L'Etat congolais est désormais administrativement structuré en 25 provinces plus la ville province de Kinshasa, dotées de la personnalité juridique et exerçant des compétences de proximité.[340]

II. Définition des concepts

418. Il importe de donner les éléments descriptifs de la décentralisation pour une meilleure compréhension de celle-ci.

1. Définition de la décentralisation

419. La décentralisation est un processus d'aménagement de l'Etat unitaire qui consiste à transférer des compétences administratives de l'Etat vers les entités locales distinctes de lui.[341] Pour le professeur Mabiala Mantuba « la décentralisation peut également être comprise comme une réforme politique par laquelle le gouvernement central cède formellement des prérogatives à des acteurs et à des institutions à des niveaux plus bas de la hiérarchie politique, administrative et territoriale pour contribuer à consolider l'unité nationale, donner une plus grande efficience au processus démocratique, promouvoir l'équité dans l'utilisation des ressources publiques et dans la fourniture des services publics de l'Etat. »[342] Nous pouvons donc déduire que la décentralisation est le transfert d'une partie du pouvoir et des ressources de l'Etat à des instances régionales ou locales ou à des organisations paraétatiques.

2. Les fondements de la décentralisation

420. La décentralisation a pour fondement 9 piliers que nous nous proposons d'analyser succinctement. Il s'agit de :

- La subsidiarité : c'est un principe qui oblige les communautés les plus grandes et, finalement l'Etat à agir à chaque fois que les circonstances sociopolitiques viennent à surcharger les capacités des individus ou de plus petites communautés. Ce principe implique donc la responsabilité de l'Etat quant à la

---

340 P. Mabiala Mantuba, *Le processus actuel de la décentralisation en RDC : Enjeux et défis in le processus de décentralisation en République Démocratique du Congo*, Konrad Adenauer, Kinshasa, 2009, p. 26.

341 M. Verpaux et C. Rimbault, *Les collectivités territoriales et la décentralisation*, éd. La découverte française, Paris, 2011, p. 32.

342 P. Mabiala Mantuba, *op. cit.*, p. 15.

prise en charge des individus, et les plus petites communautés en leur donnant l'opportunité de développer leurs compétences;

- L'autonomie : elle consiste pour une Entité territoriale décentralisée, en un droit de s'administrer elle-même pour certaines affaires lui transférées par le pouvoir central et en la jouissance d'une certaine liberté, ceci restant tant soit peu soumise au contrôle de la hiérarchie ;
- L'efficience : Les structures régionales et locales ayant reçues certaines prérogatives du pouvoir central, se matérialisent par l'efficacité de la performance organisationnelle et bureaucratique de l'administration locale et permet ainsi le développement de l'administration ;
- La proximité : d'après ce principe, l'on peut constater le rapprochement de l'administration de l'administré. Ceci permet de mener une politique de développement compte tenu des besoins réels de la population ;
- La valorisation : le processus de la décentralisation accorde une certaine considération ou valeur aux responsables chargés de diriger les entités territoriales décentralisées. La valorisation permet aux entités territoriales d'atteindre un niveau de décision, de gestion efficace capable de produire leur bon fonctionnement ;
- La participation : elle encourage l'implication politique des membres de la communauté et constitue en effet un moyen de sanctionner négativement ou positivement les dirigeants ;
- La supériorité : celle-ci se manifeste dans le contrôle de tutelle administrative exercé par le pouvoir central sur les actes du pouvoir local. Il sied de relever que dans ce cas, il est impératif de distinguer clairement les compétences dévolues d'abord à l'Etat en tant que pouvoir central puis les compétences exclusives des provinces et enfin celles des entités locales ;
- La solidarité : en vue du bon fonctionnement de toutes les institutions provinciales et locales, le recours au partage égal des richesses et/ ou des ressources est requis. Sachant que toutes les entités territoriales décentralisées n'ont pas les mêmes potentialités, il est important que celles qui ont plus supportent celles qui ont moins. C'est pourquoi il existe la péréquation ;

- La coopération : il est nécessaire que les provinces ainsi que les institutions locales puissent promouvoir l'esprit de coopération, cela en vue de la promotion de l'esprit national.

III. Cadre juridique

421. Depuis 1982, les autorités congolaises ont mis en œuvre le processus de décentralisation territoriale visant à assurer la prise en charge par les entités territoriales de leurs problèmes de développement économique et social. Il faut reconnaitre que plusieurs tentatives de décentralisation ont eu lieu dans notre pays. Bon nombre de textes légaux et règlementaires à des titres bien variés ont régi la décentralisation en RDC.

422. Nous nous limiterons à citer quelques-uns car ne voulant pas être très exhaustive. Il y a donc :

- Les ordonnances –Loi n°82-006 et 008 du 25 février 1982, l'une portant organisation territoriale, politique et administrative de la République et l'autre sur le statut de la ville de Kinshasa qui prévoyaient des organes délibérants appelés respectivement Assemblées Régionales, conseil urbain, conseil de zone, conseil de collectivité ;
- La loi financière n° 83-003 du 23 février 1983 ;
- La loi n°95-005 du 20 décembre 1995 portant décentralisation territoriale, politique et administrative de la République du Zaïre durant la transition ;
- Le Décret- Loi n°081 du 02 juillet 1998 portant organisation territoriale et administrative de la RDC tel que modifié et complété par le Décret – Loi n°18/2001 du 28 septembre 2001 ;
- La constitution du 18 février 2006 dans son article 3 ;
- La loi n°08/012 du 31 juillet 2008 portant principes fondamentaux sur la libre administration des provinces. Cette loi prévoit que les provinces et les ETD sont dotées de la personnalité juridique et jouissent de l'autonomie de gestion de leurs ressources humaines, économiques, financières et techniques et ont des compétences exclusives et concurrentes qui leur sont octroyées par la constitution ;
- La loi n°08/016 du 07 Octobre 2008 portant composition, organisation et fonctionnement des ETD et leurs rapports avec l'Etat et les provinces ;

- La loi organique n° 10/011 du 18 Mai 2010 portant fixation des subdivisions territoriales à l'intérieur des provinces ;
- L'ordonnance- loi n° 13/001 du 23 février 2013 fixant la nomenclature des impôts, droits, taxes et redevances des provinces et des ETD ainsi que leurs modalités de répartition.

C. Des ressources financières des provinces et des ETD

423. Le transfert par le pouvoir central d'une partie de son pouvoir fiscal et financier aux entités décentralisées devrait leur permettre d'assumer de façon autonome les responsabilités et les charges qui leur sont dévolues par la constitution et les lois. Nous pouvons donc affirmer que la décentralisation fiscale et financière est la répartition des ressources publiques et l'organisation des rapports financiers entre le pouvoir central, les provinces et les entités territoriales décentralisées.

424. Les provinces et les ETD doivent être dotées d'un pouvoir fiscal propre. Il sied de noter que l'autonomie financière et budgétaire résulte donc des prescriptions constitutionnelles et légales mais elle est réalisée par la loi des finances n° 011/011 du 13 juillet 2011 fixant les finances publiques en République Démocratique du Congo. Par ailleurs, l'autonomie financière et budgétaire est insuffisante si les provinces ne disposent pas d'un pouvoir fiscal autonome indépendamment des 40 % des recettes à caractère national qui sont allouées aux provinces et aux ETD.

425. L'article 171 de la constitution et l'article 43 de la loi n°08/012 du 31 juillet 2008 portant principes fondamentaux relatifs à la libre administration des provinces stipulent « les finances du pouvoir central et celles des provinces sont distinctes »[343]. La loi organique n°08/016 du 07 octobre 2008 portant composition, organisation et fonctionnement des ETD et leurs rapports avec l'Etat et les provinces, consacre dans son article 104 que « les finances d'une ETD sont distinctes de celles de la province ». Il ressort de l'analyse de ces trois textes que dans la décentralisation, les finances se répartissent à 3 échelons à savoir :

- Au niveau national ;
- Au niveau provincial ;
- Au niveau des ETD.

343 E. Mabi Mulumba, *Décentralisation et problématique de la fiscalité in Congo Afrique*, XLVIII Année, février 2009 n°432, p. 126.

426. Signalons par ailleurs que notre attention sera plus focalisée sur les ressources des ETD en faisant également recours à celles des provinces.

I. Les Ressources Financières des Provinces

427. Les ressources propres de la province sont consacrées dans l'article 48 de la loi organique du 31 juillet 2008 portant principes fondamentaux relatifs à la libre administration des provinces. Elles comprennent les impôts, les taxes, les droits provinciaux et locaux ainsi que les recettes de participation. C'est la province qui établit le mécanisme de leur recouvrement dans le respect des procédures fixées par la législation.[344] Les taxes, les droits provinciaux et locaux comprennent : les taxes d'intérêt commun, les taxes spécifiques à chaque province et à chaque entité et les recettes administratives rattachées aux actes générateurs dont la décision relève de la compétence des provinces.

428. Outre ces ressources, la province a également droit :[345]

- Aux recettes provenant des taxes spécifiques prélevées sur les matières locales non imposées par le pouvoir central. S'agissant des principes qui régissent la perception de ces taxes, ils sont fixés après avis de la conférence des gouverneurs de province, par la loi fixant la nomenclature des recettes locales ;
- Aux recettes administratives rattachées aux actes générateurs dont la décision relève de sa compétence ;
- Aux recettes de participation comprenant les bénéfices ou les revenus de sa participation au capital des entreprises et associations momentanées à but lucratif.

429. La part des recettes à caractère national allouées aux provinces est établie à 40% et est retenue à la source. Cette retenue s'effectue par le versement automatique de 40% dans le compte de la province et ce mécanisme est ainsi exécuté par la banque centrale du Congo conformément à la loi financière. Signalons que la province peut

344 E. Mabi Mulumba et C. Muya, *Décentralisation, gestion des finances publiques et problématique de la fiscalité in Décentralisation et espace de pouvoir, musée royal de l'Afrique central*, Leuven, 2014, p. 152.
345 E. Mabi Mulumba, *op.cit.*, p.127-128.

recourir aux emprunts intérieurs pour financer ses investissements conformément aux prescrits de la loi financière.

II. Les ressources financières des ETD

430. La loi organique n°08/016 du 07 octobre 2008 portant composition, organisation et fonctionnement des ETD et leurs rapports avec l'Etat et les provinces stipule dans son article 104 « les finances d'une ETD sont distinctes de celles de la province ». Notons cependant que cette loi organique distingue pour ce qui est des ressources des ETD, les ressources propres et d'autre part, les ressources provenant des recettes à caractère nationale allouées aux provinces ainsi qu'aux ETD, les ressources de la caisse nationale de péréquation et les ressources exceptionnelles.

431. Les ressources propres d'une ETD se présentent de la manière suivante :

- L'impôt personnel minimum : il est perçu au profit exclusif des communes, des secteurs ou des chefferies. Il est établi et recouvré conformément à la loi ;
- Les recettes de participation : elles comprennent les bénéfices ou revenus de participations des ETD au capital des entreprises publiques, des sociétés d'économie mixte et des associations momentanées à but économique ;
- Les taxes et droits locaux : ils sont constitués des taxes d'intérêt commun à savoir la taxe spéciale de circulation routière, taxe annuelle sur la patente, taxes diverses de consommation sur la bière et le tabac, taxe de superficie sur les concessions forestières et minières, taxes sur les ventes de matière précieuses de production artisanale et autres taxes instaurées par le pouvoir central et revenant à l'ETD tout ou en partie.

432. Pour son bon fonctionnement, l'ETD peut recourir aux emprunts intérieurs en vue de financer ses investissements. Elle peut également bénéficier des dons et legs dans les conditions définies par la loi.

III. Les causes de la mauvaise gestion des finances locales

433. Parmi les causes qui gangrènent la gestion des finances locales nous pouvons citer :

- La restriction de l'assiette financière des entités locales ;
- Les difficultés liées à la maitrise des paramètres relatifs aux évaluations et à la perception des recettes ;
- La faiblesse et la désorganisation des services chargés de recouvrer et produire les recettes ;
- Les tracasseries du fisc envers les contribuables ;
- La défiance et la faible participation de la population aux projets locaux de développement ;
- La corruption et le détournement.

434. Au regard de ces maux, il importe de souligner que depuis que la corruption a été institutionnalisée, doublée de manque des services de qualité en faveur de la population, les contributions en termes des impôts et des taxes diverses deviennent difficiles, à cause de ce mauvais comportement des autorités tant provinciales que locales. Les populations n'ont plus en tête l'importance du fisc et préfèrent ne pas payer ce dont question, et négocier directement avec les agents taxateurs pour payer le minimum du montant exigé. Ceci ne permet pas aux institutions provinciales et locales de disposer des moyens nécessaires propres pour faire avancer le processus de décentralisation.

D. Problématique de la gouvernance au niveau local

I. Le pouvoir provincial et la gestion locale

435. S'administrer librement suppose l'autonomie administrative. Celle-ci se traduit par l'indépendance organique qui fait que les organes d'une collectivité qui s'administre librement ne relèvent pas du pouvoir hiérarchique et disciplinaire du pouvoir central.[346] L'article 198 de la constitution du 18 février 2006 donne plein pouvoir au gouverneur de province de représenter le gouvernement central en province. Dans ce cas, il assure la sauvegarde de l'intérêt national, le respect des lois et des règlements de la République et veille à la sécurité et à l'ordre public non seulement dans la province mais aussi dans les institutions locales sous son autorité. Le gouverneur est censé veiller à la bonne marche de

---

346 J.M. Kumbu ki Ngimbi, *Cadre légal de la décentralisation en République Démocratique du Congo, in Le processus de décentralisation en République Démocratique du Congo*, Konrad Adenauer, Kinshasa, 2009, p. 58.

sa province et en ce qui concerne les finances, elles doivent être utilisées pour le développement de la contrée. Le détournement, la corruption etc. sont des maux qui empêchent l'Etat à pouvoir se développer. Les textes juridiques sur les finances locales sont très explicites quant à la bonne gestion des ressources financières.

II. Le comportement des gouvernants dans la gestion des ETD

436. Au niveau des ETD, il faut noter que le Maire, le Bourgmestre, le chef de secteur et le chef de chefferie sont des autorités exécutives locales, et représentant l'Etat et la province dans leurs juridictions respectives. En RDC, La loi organique portant composition, organisation et fonctionnement des ETD et leurs rapports avec l'Etat et les provinces définit le cadre du processus de décentralisation à la base. Les entités territoriales décentralisées jouissent de la libre administration et de l'autonomie de gestion de leurs ressources économiques, humaines, financières et techniques.

437. Signalons par ailleurs que la libre administration de l'ETD veut que ses gouvernants soient libres de décider dans le rayon des compétences qui leurs sont dévolues et ce, sans immixtion de l'autorité provinciale. Les gestionnaires des ETD représentent l'Etat et la province, et sont ainsi responsables dans leurs juridictions. Ils peuvent prendre des initiatives positives pour la bonne marche de leurs entités par exemple créer des structures locales génératrices des recettes. Outre l'esprit de créativité qu'ils doivent faire preuve, les ressources financières mises à leurs dispositions doivent contribuer à l'émergence de la communauté. Ces ressources ne doivent pas être détournées à des fins personnelles.

438. Ainsi, pour le professeur Vundwawe[347] « la décentralisation financière a toutes les chances de réussir, si et seulement si, il y a d'abord une bonne gestion d'hommes, c'est-à-dire, non seulement leur vouloir dans la mise en marche de cette machine, assorti à cela des sanctions positives et négatives, de la bonne organisation des structures rationnelles et efficaces, enfin une bonne gestion des finances publiques ».

---

347 F. Vundwawe Te Pe Mako, « La dynamique de la décentralisation- territoriale en RDC », IIe Partie, Congo Afrique XIVIII, Mars 2009, n°433, p. 185.

E. Conclusion

439. La décentralisation constitue un système d'organisation étatique qui reconnait une liberté plus étendue de décision et d'administration à différentes collectivités territoriales décentralisées dotées de la personnalité juridique. Dans les pays engagés dans ce processus, les nouvelles compétences transférées par l'Etat central aux entités locales responsabilisent davantage ces dernières face aux défis majeurs liés à la fourniture des services sociaux de base à la population au niveau local.

440. Le développement endogène des entités locales en RDC est tributaire du succès de la décentralisation. La décentralisation ressemble à ce jour, à une centralisation soutenue par une déconcentration à la base, faisant des entités territoriales décentralisées, des instruments d'exécution des décisions du pouvoir central sans prendre en compte dans bien des cas, les besoins, les souhaits, les aspirations, bref les desiderata de la population locale.

441. Dans notre pays, les entités locales congolaises se meurent par manque des moyens financiers. Deux raisons essentielles expliquent cette situation. Il s'agit de la gloutonnerie du pouvoir central ou de l'échelon supérieur (par exemple : dans la ville de Kinshasa, l'Hôtel de ville prend l'essentiel des recettes au détriment des communes, pourtant décentralisées elles aussi). Et, d'une façon générale, il s'agit aussi de la mauvaise gouvernance économique et financière. Par ailleurs, l'autonomie financière et budgétaire est insuffisante si les provinces ne disposent pas d'un pouvoir fiscal autonome indépendamment des 40 % des recettes à caractère national qui sont allouées aux provinces et aux ETD. Pour le succès de ce processus déjà engagé, l'élément moteur est d'abord la volonté politique de nos dirigeants, ensuite combattre l'impunité qui a pris une place considérable dans notre pays.

L'imbroglio électoral africain vu de la République Démocratique du Congo : regards croisés sur l'observation internationale du double scrutin du 28 novembre 2011

Par

Balingene Kahombo

A. Introduction

442. L'observation internationale du double scrutin législatif et présidentiel du 28 novembre 2011 en République Démocratique du Congo (RDC) est un des domaines où l'intervention de la communauté internationale a connu un fléchissement indéniable par rapport aux échéances électorales de 2006.[348] A l'époque, 1.500 observateurs internationaux avaient été accrédités par la Commission électorale indépendante (CEI) et leurs conclusions, dans la mesure où elles se recoupaient, avaient contribué à l'acceptation bien relative des résultats électoraux. En 2011, aucun de ces atouts n'a été sauvegardé. Sur le plan quantitatif, le double scrutin s'est déroulé en présence de 108.238 observateurs nationaux[349] et de 785 observateurs internationaux seulement (CENI 2012 : 11), constitués sous la forme institutionnelle de *missions d'observation électorale* (MOE), alors que le nombre des bureaux de vote (BVD) avait cette fois-ci sensiblement augmenté jusqu'à atteindre 63.865 (CENI 2012 : 25).

443. Cette étude n'aborde pas l'observation nationale de ce scrutin. Quant à l'observation internationale, deux camps sont aussitôt apparus au moment de la publication de leurs conclusions après les élections : d'une part, les missions africaines d'observation électorale et, d'autre part, celles d'origine non-africaine. Les premières ont été mandatées

---

[348] Voir aussi Balingene Kahombo et M. Wetsh'okonda Koso, *Le pari du respect de la vérité des urnes en Afrique. Analyse des élections présidentielles et législatives du 28 novembre 2011 en République démocratique du Congo*, Bruxelles, éditions 11.11.11. Combattons l'injustice, 2014, not. Chapitre VII.

[349] Les observateurs nationaux avaient été mandatés par l'Eglise catholique, à travers sa Commission justice et paix (CEJP), et d'autres organisations congolaises de la société civile : Cadre de concertation de la femme congolaise (CAFCO), Réseau d'observation des confessions religieuses (ROC), Conseil national de la jeunesse (CNJ), Réseau national pour l'observation et la surveillance des élections au Congo (RENOSEC), Agir pour des élections transparentes et apaisées (AETA), etc.

par l'Union africaine (UA), la Communauté économique des Etats de l'Afrique centrale (CEEAC), la Communauté de développement de l'Afrique australe (SADC), le Marché commun de l'Afrique orientale et australe (COMESA) et la Conférence internationale sur la Région des grands lacs (CIRGL), tandis que les secondes ont été déployées notamment par l'Union européenne (UE) et le Centre Carter des Etats-Unis d'Amérique.[350]

444. Très disputées entre l'opposition et le gouvernement sortant, ces élections portaient, en elles-mêmes, les germes de conflit et d'une grave crise politique interne. En effet, la majorité au pouvoir ne semblait pas prête à accepter une défaite électorale et surtout pas avant la fin du règne du Président Joseph Kabila,[351] dans la mesure où, d'après l'affirmation de l'ancien Président congolais, Pascal Lissouba, « on n'organise pas les élections pour les perdre » (Kokoroko 2009 : 115). A l'inverse, l'opposition politique, certes divisée, mais ragaillardie par le retour du vieil opposant, Etienne Tshisekedi, stigmatisait la préparation à ses dépens d'un véritable hold-up électoral et berçait ainsi dans « l'enracinement endémique de la fraude électorale en Afrique » (Meledge 2010 : 791), avec une tendance à ne pas vouloir accepter, *a priori*, les résultats électoraux. Par conséquent, on était en face d'un processus électoral très dangereux pour le pays, à tel point que la présence des observateurs internationaux, patentés de leur triple qualité

---

[350] On doit cependant noter entre les deux camps d'autres MOE plus ou moins conciliatrices, comme la mission de l'Organisation internationale de la francophonie (OIF). Elle a su diplomatiquement prendre ses distances vis-à-vis d'autres MOE, dans son rapport de 2012, en ne se prononçant pas sur l'impact des irrégularités constatées sur les résultats des élections et la légitimité des gouvernants, mais en adoptant une position qui semblait plutôt conciliatrice de tous les acteurs de la dernière compétition électorale en RDC. Ainsi, affirmait-elle, « en termes de conclusions, la mission francophone a noté, avec profond regret, que la RDC ne semble pas avoir encore trouvé les voies rassurantes d'un fonctionnement consensuel de ses institutions et d'une régulation apaisée de la vie politique, acceptée de tous les acteurs, de manière à garantir la paix sociale et à créer les conditions incitatives idoines pour le développement du pays, que la population, depuis des décennies, appelle de tous ses vœux ». Organisation Internationale de la Francophonie, *Elections présidentielle et législative du 28 novembre 2011 en République démocratique du Congo*, rapport de mission d'observation, Délégation à la paix, à la démocratie et aux droits de l'homme, 2012, p. 33.

[351] Ceci se traduisait à travers un slogan dictatorial selon lequel, pour la majorité présidentielle, « c'est Kabila ou rien ».

présumée d'impartialité, de neutralité et d'honnêteté, était devenue absolument nécessaire pour qu'ils rendent compte au monde entier « de la manière dont se sont déroulées les opérations de vote » (Kokoroko 2010 : 755) et qu'ils tirent « les conclusions qui permettent de juger si les élections ont eu lieu en conformité avec les normes nationales et internationales en la matière » (Kokoroko 2010 : 755).

445. Toutefois, la diversité de provenance des observateurs internationaux, leur dispersion sur le territoire congolais, la divergence de leurs conclusions après le scrutin, l'écho politique national et international qu'elles ont eues et la controverse qu'elles ont suscitée conduisent à nous interroger, dans une perspective politologique, sur leur travail en RDC. Quelles leçons peut-on tirer de leur déploiement sur le terrain au moment des élections ? Comment peut-on justifier la divergence de leurs conclusions sur le déroulement des opérations de vote ? Quelles conséquences peut-on tirer de leurs conclusions opposées après les élections ?

446. Aussi convient-il de clarifier et de justifier au moins trois éléments de base dans l'analyse : d'abord, les limites du déploiement des observateurs électoraux internationaux en RDC (A) ; ensuite, la divergence de leurs conclusions (B) et, enfin, les conséquences impliquées de leur observation après les élections (C).

B. Les limites du déploiement des observateurs électoraux internationaux en RDC

447. Trois régions du monde ont manifesté leur intérêt pour les élections du 28 novembre 2011 en RDC : l'Afrique, l'Europe et l'Amérique. Cet intéressement n'est pas un fait du hasard. Il s'agit, d'abord, d'une marque de solidarité déclarée de la communauté internationale vis-à-vis du pays en vue du maintien des acquis démocratiques de 2006 par le renouvellement de la légitimité des gouvernants, au moment où la démocratisation est devenue une véritable politique publique internationale (Gounelle 1998 : 201). Ensuite, on a cru devoir parfaire, au moyen de ces élections, l'œuvre de consolidation de la paix et de la stabilisation du pays en période post-conflit.

448. Au fond, le déploiement des MOE africaines semble justifier par l'appartenance multiple de la RDC à l'UA et à trois communautés économiques régionales (CEEAC, COMESA et SADC), auxquelles s'est ajoutée, de façon tout à fait conjoncturelle, la CIRGL[352]. Cependant, chaque organisation dispose de son cadre juridique propre en matière d'observation électorale. Par exemple, l'UA se fonde sur une sorte de « code panafricain de la démocratie, des élections et de la gouvernance » (Balingene Kahombo 2012 : 595), regroupant, notamment, la Déclaration de l'Organisation de l'unité africaine (OUA) sur les principes régissant les élections démocratiques en Afrique, la Déclaration de Lomé sur la réaction de l'OUA en cas de changement anticonstitutionnel de gouvernement, l'Acte constitutif et son Protocole relatif à la création du Conseil de paix et de sécurité (CPS) de l'UA, le Mécanisme africain d'évaluation par les pairs (MAEP) et la Charte africaine de la démocratie, des élections et de la gouvernance (CADEG).[353] Il faut y ajouter la Déclaration[354] de principes pour l'observation internationale d'élections et le code de conduite à l'usage des observateurs électoraux internationaux qu'elle a cosigné avec 37 autres organismes internationaux.

449. De son côté, l'action de l'UE est fondée sur son partenariat avec les pays Afrique-Caraïbe-Pacifique (ACP).[355] C'est l'Accord de

---

[352] Bien que l'idée d'organiser la Conférence internationale sur la région des Grands Lacs soit née à la suite des conséquences régionales néfastes des massacres de 1993 au Burundi et du génocide rwandais de 1994, c'est bien au cours de la recherche du règlement pacifique du conflit armé qui a secoué la RDC entre 1998 et 2003 qu'elle s'est matérialisée. Elle a été établie par la Déclaration de Dar-es-Salaam du 20 novembre 2004.

[353] Cette Charte a été adoptée par la Conférence de l'UA à Addis-Abeba (Ethiopie), le 30 janvier 2007. Elle est entrée en vigueur le 15 février 2012, mais la RDC ne l'a pas encore ratifiée.

[354] Adoptée à New York (Etats-Unis d'Amérique), le 27 octobre 2005.

[355] Historiquement, ces relations ont d'abord concerné le domaine du développement économique. Les Conventions de Yaoundé I et II, conclues respectivement en 1963 et 1969 entre la Communauté économique européenne (CEE) et les Etats africains et malgache associés (EAMA), représentent les premiers pas de la création de ce partenariat. Par la suite, celui-ci a été transformé en un système de coopération entre l'UE et les pays ACP, qui a été successivement régi par les quatre Conventions de Lomé (de 1975, 1979, 1984 et 1989) et l'Accord de Cotonou du 23 juin 2000, tel que révisé par l'Accord de Ouagadougou de 2010. En tout état de cause, le partenariat UE-Pays ACP devrait désormais reposer les Accords de partenariat économique (APE), lesquels visent « l'établissement de zones de libre-échange et l'élimination progressive des entraves tarifaires et non-tarifaires pour pratiquement tous les échanges entre les parties, en conformité avec les dispositions de l'OMC ». Voir Kirongozi Ichalanga, « Le nouveau partenariat économique ACP-UE : échec d'une

Cotonou du 23 juin 2000 qui a donné à ce partenariat une dimension politique importante avec « la volonté des pays membres de l'UE à soutenir, de manière plus accrue, les processus de démocratisation et de réformes visant à améliorer la gouvernance dans les pays ACP » (OIF 2010 : 66). Désormais, avec cet accord, l'aide publique au développement de l'UE est conditionnée par le respect des droits de l'homme et la tenue des élections honnêtes et périodiques, pendant que le Centre Carter, muni de son statut d'organisation non-gouvernementale, ne poursuit statutairement autre chose que l'objectif de faire progresser la paix et la santé à travers le monde.[356]

450. Mais, en matière d'observation électorale, deux systèmes coexistent : ou bien les MOE font l'objet d'une invitation permanente auprès de l'Etat hôte, comme c'est le cas au sein de l'OSCE (OSCE 2005 : 19), ou bien elles sont invitées par le gouvernement ou l'institution technique autonome ayant en charge l'organisation des élections. C'est pourquoi, ne bénéficiant pas d'une invitation permanente à l'égard de la RDC, les observateurs internationaux ont plutôt été invités et accrédités par la Commission électorale nationale indépendante (CENI), conformément à l'article 9 de la loi du 28 juillet 2010 qui en déterminait le statut[357] et à l'article 42 de la loi électorale.[358]

---

coopération colonialiste », *Annales de la Faculté de droit*, 2007, p. 344. Voir aussi J.P. Mavungu Mvumbi, « Réflexions sur la coopération multisectorielle entre l'Union européenne et la République démocratique du Congo au regard des conventions de Lomé et de l'Accord de Cotonou », *Revue de la Faculté de Droit*, n°5, avril 2007, pp. 235-258.

[356] Le Centre Carter a été fondé, en 1982, par l'ancien Président américain, Jimmy Carter, et son épouse, Rosalynn. C'est une organisation non-gouvernementale américaine qui intervient dans le domaine de la résolution de conflits, notamment par la promotion de la démocratie, des droits de l'homme et des opportunités économiques, ainsi que dans celui de la prévention de maladies, en particulier à travers l'amélioration des soins de santé mentale et la formation des agriculteurs à l'accroissement de la production des récoltes dans les pays en développement.

[357] Cet article dispose : « La CENI a pour mission d'organiser, en toute indépendance, neutralité et impartialité des scrutins libres, démocratiques et transparents. A cet effet, elle exerce les attributions ci-après : 14. Accréditer les témoins, les observateurs nationaux et internationaux. ».

[358] Aux termes de cette disposition, « Est observateur tout Congolais ou étranger mandaté par une Organisation nationale ou internationale et accrédité par la Commission électorale nationale indépendante pour assister à toutes les opérations électorales ».

451. Quantitativement parlant, les MOE africaines étaient de taille très réduite. Celle de l'UA, par exemple, ne comprenait que 17 observateurs électoraux, déployés uniquement à Kinshasa (UA 2012 : 1), et était dirigée par l'ancien ministre malien des affaires étrangères, Mocktar Ouane. Cette situation était due à la précarité des moyens financiers, si bien qu'aucune organisation africaine n'a été, à elle seule, en mesure de constituer une mission robuste d'observation électorale. Aussi, pour épargner leur crédibilité, les MOE africaines ont-elles été finalement obligées de coopérer entre elles, en dévoilant dans une déclaration commune les conclusions de leur observation (UA et al. 2011). Mais, il s'agissait là d'une collaboration *a posteriori* et *in fine* des opérations de vote, alors même qu'il était plus préférable de mettre en place une unique mission africaine d'observation électorale en RDC.

452. Par contre, la MOE de l'UE, dirigée par Mariya Nedelcheva, députée européenne d'origine bulgare, était composée de 147 observateurs provenant de 27 Etats membres, du Canada, de la Suisse et de la Norvège (UE 2011 : 1). Elle réussit à se déployer sur l'ensemble des onze provinces de la RDC (UE 2011 : 1). Cette performance a cependant été concurrencée par le Centre Carter, dont la mission d'observation, dirigée par l'ancien président zambien, Rupiah Banda Bwezani, comprenait 70 observateurs en provenance de 27 pays différents (Centre Carter 2011 : 5).

453. On s'aperçoit dès lors, par le jeu de la comparaison, que les observateurs africains n'étaient pas loin d'un véritable « tourisme électoral » (Kingsley 2010 : 193ss), là où les MOE de l'UE et du Centre Carter avaient visiblement mis plus de moyens pour raison d'efficacité sur terrain. Dans ces conditions, on ne peut pas regretter l'absence des observateurs électoraux provenant de la Communauté économique des pays des Grands Lacs (CEPGL), parce que, paralysée déjà par des querelles politiques entre ses Etats membres (Burundi, RDC et Rwanda), celle-ci aurait vraisemblablement été handicapée par la même carence des moyens humains et financiers que ses paires africaines.

454. En revanche, il convient de déplorer que le Conseil de sécurité ait refusé de conférer un mandat d'observation électorale à la Mission de l'Organisation des Nations unies pour la stabilisation en République démocratique du Congo (MONUSCO), pendant qu'elle était la seule institution disposant des capacités logistiques et financières suffisantes, de l'expérience et des ressources humaines appropriées, couvrant parfaitement bien l'ensemble du territoire congolais. Ce refus était consécutif à une vive controverse entre l'opposition et le gouvernement sortant autour du rôle de la MONUSCO dans le processus électoral. S'inspirant du précédent de l'Opération des Nations unies en Côte d'ivoire (ONUCI) en 2010, l'opposition congolaise réclamait une grande implication de la MONUSCO, allant de l'observation des opérations de vote jusqu'à la certification[359] des résultats électoraux, alors que le gouvernement, se fondant sur le principe de la souveraineté de l'Etat, rejetait catégoriquement cette éventualité.[360]

455. Dans sa résolution 1991 du 28 juin 2011, le Conseil de sécurité trancha pratiquement en faveur du gouvernement, en décidant de restreindre le mandat de la MONUSCO à une simple assistance électorale en ces termes :

> « […]la MONUSCO prêtera son concours pour l'organisation et la tenue des élections nationales, provinciales et locales, sous forme d'un appui technique et logistique, à la demande des autorités congolaises, en facilitant des échanges élargis et réguliers avec la CENI, notamment par l'intermédiaire du Comité d'accompagnement pour les élections, et aidera la CENI à promouvoir le dialogue entre les diverses forces vives congolaises […]. » [361]

456. Toutefois, la résolution 1991 conférait à la MONUSCO, en même temps que son mandat d'assistance électorale, le pouvoir de « […] constater et dénoncer les violations des droits de l'homme dans le contexte des élections et à y donner suite […] ».[362] Un tel mandat aurait pu être interprété de telle manière que la MONUSCO aurait pu avoir un regard direct sur le déroulement du processus électoral afin de prévenir des cas éventuels de fraude et de rendre compte sur la

---

[359] Selon Ali-Diabaté Tadjoudine, la certification consiste à « attester que les étapes fondamentales du processus électoral se sont déroulées selon les normes et principes internationaux de d'équité, de liberté, d'inclusivité et de transparence ». Voir A. Diabate Tadjoudine, *La problématique des élections après un conflit et de la certification*, Communication présentée au séminaire de l'Organisation internationale de la Francophonie, New York (USA), 11 décembre 2008, p. 6.

[360] Pour plus de détails, voir M. Luntumbue, *L'implication de la communauté internationale dans les processus électoraux en Côte d'Ivoire et RDC : une analyse comparée*, Note d'analyse, GRIP, 3 août 2012.

[361] Résolution 1991 du Conseil de sécurité du 28 juin 2011, para.7.

[362] *Ibid.*

régularité des élections. Par conséquent, privée d'un mandat explicite d'observation électorale, la MONUSCO s'est située en retrait par rapport à la pratique contemporaine des « opérations de maintien de la paix à objectifs démocratiques »[363], déployées en Afrique depuis la décennie 1990.

457. En tout état de cause, la dispersion des observateurs électoraux internationaux en RDC, l'absence de collaboration entre africains et non-africains, la précarité des moyens financiers et l'insuffisance conséquente de leur nombre du côté africain sont autant des facteurs explicatifs de la divergence des conclusions de leur observation après les élections.[364]

C. La divergence des conclusions des observateurs internationaux après les élections

458. Les MOE ont fortement divergé quant aux résultats du double scrutin du 28 novembre 2011, publiés provisoirement par la CENI[365] et confirmés définitivement par la Cour suprême de Justice (CSJ) :[366] le

---

[363] Voir Balingene Kahombo, « La démocratisation dans l'ombre de crises et violences politiques en Afrique : rétrospective et prospective sur le rôle des opérations de maintien de la paix », Communication présentée à la Conférence internationale de Dakar, ayant pour thème : *Deux décennies de démocratie et de gouvernance en Afrique : leçons retenues, défis et perspectives*, organisée par la Commission économique des Nations Unies pour l'Afrique (CEA), Addis-Ababa, le Conseil pour le développement de la recherche en sciences sociales en Afrique (CODESRIA), Dakar, et l'Université Johns Hopkins, Washington, DC, du 20 au 22 juin 2011.

[364] Voir *infra*.

[365] Voir la Décision n°086/CENI/BUR/11 du 09 décembre 2011 portant annonce des résultats provisoires de l'élection présidentielle du 28 novembre 2011 en République Démocratique du Congo. En revanche, les résultats du scrutin législatif ont été publiés à plusieurs étapes : les premiers résultats partiels l'ont été le 26 janvier 2012 et les tout derniers le 1er février suivant.

[366] Pour l'élection présidentielle, voir l'Arrêt R.E.007 du 16 décembre 2011 ; tandis qu'aux législatives, l'arrêt de la CSJ est intervenu le 27 avril 2012. « Aux termes de cet arrêt de la CSJ qui n'est susceptible d'aucun recours, les mandats de 32 députés nationaux issus des résultats provisoires de la Commission électorale nationale indépendante (CENI), du 26 janvier 2012 sont invalidés. En outre, les mandats des 18 députés nationaux ont été suspendus, la CSJ ayant recommandé à la CENI de réorganiser les élections pour les Centres locaux de compilation des résultats (CLCR), dans les circonscriptions électorales à problème notamment Masisi, dans la province du Nord-Kivu, Befale à l'Equateur, Kiri dans le Bandundu, Lomela et Kole, au Kasaï Oriental. Au total 469 dossiers du contentieux électoral ont été examinés » (Voir http://radiookapi.net/emissions-2/parole-aux-auditeurs/2012/05/02/pensez-vous-des-

Président Joseph Kabila en est sorti réélu avec 48,95% de suffrages exprimés contre 32,33% pour son principal challenger,[367] Etienne Tshisekedi, tandis qu'aux législatives, la coalition réussit à rafler à elle seule 341 sièges sur les 500 à pourvoir. Les conclusions des MOE sont contenues dans une palette de documents variés ci-après : déclaration commune des observateurs africains et communiqué de presse de l'UA ; déclaration préliminaire, communiqué de presse et rapport final de l'UE ; déclaration postélectorale et communiqué du Centre Carter.

459. En fait, les MOE africaines ont salué « la bonne conduite des élections malgré les nombreux défis auxquels le pays est confronté » (UA et al. 2011 : 2), tout en notant simplement « des difficultés techniques et logistiques qui ont émaillé la tenue du scrutin » (UA et al. 2011 : 2). Dans la foulée, l'UA exhortait tous les candidats, notamment à l'élection présidentielle, à se soumettre au verdict des urnes (UA 2011 : 1). Le Président de la Commission de l'UA, Jean Ping, a même félicité, comme la CIRGL, la CEEAC et la SADC, le Président Joseph Kabila pour sa réélection (Balingene Kahombo 2012a : 1166), au moment où les observateurs électoraux de l'UE (2012 : 7-8) et du Centre Carter (2011 : 5) estimaient que les résultats du double scrutin présidentiel et législatif manquaient de crédibilité, affectant la légitimité des gouvernants.

460. Cette divergence entre les MOE s'expliquerait, d'abord, par une prétendue perception spécifique qu'auraient les Africains sur la démocratie, comprenant un seuil électoral à atteindre, adapté aux réalités de leur continent, comme si la démocratie libérale et électorale telle qu'appliquée ailleurs dans le monde n'est pas automatiquement transposable en Afrique. Par conséquent, les observateurs africains auraient eu une appréciation plutôt réaliste du processus électoral en RDC, là où les observateurs non-africains ont opéré une évaluation qui ne s'accommode qu'avec la situation des pays où les pratiques électorales sont devenues suffisamment développées.

461. Mais, cette prétendue perception spécifique africaine de la démocratie et des élections débouche sur une pernicieuse tendance à vouloir légitimer des élections souvent biaisées, conduisant à l'émergence des régimes politiques que Marc-Antoine Pérouse-de-

---

resultats-definitifs-des-legislatives-proclames-par-la-cour-supreme-de-justice/, consulté le 4 février 2013).

[367] CSJ, 16 décembre 2011, R.E.007, cinquième feuillet, inédit.

Montclos qualifie « d'anocratie »[368] ou, selon la juste expression de Jean-François Médard,[369] de « démocrature »,[370] c'est-à-dire des sortes de déviation démocratique, s'ils ne sont pas tout simplement des régimes dictatoriaux. Il faudrait donc la combattre, à défaut de l'abandonner, de bonne foi, par les Africains eux-mêmes.

462. Ensuite, au-delà de cette justification on dirait subjective, il y a la dépréciation objective de la qualité du travail des observateurs africains par rapport à celui de leurs collègues non-africains. En effet, quoique plus proches politiquement et géographiquement du pays hôte, les organisations africaines n'ont pas su capitaliser leurs avantages comparatifs et systémiques pour faire en sorte que leurs observateurs soient efficaces sur le terrain. On le sait, leur nombre était insuffisant et ils n'ont pas pu travailler ensemble, en synergie, au moment des opérations de vote, jusqu'à ce qu'ils ont décidé de publier la déclaration commune de leur observation, réalisée *ut singuli*, les uns isolés des autres. Une partie du processus électoral leur a aussi échappé en raison de leur déploiement tardif sur le terrain. La MOE de l'UA, par exemple, n'est arrivée à Kinshasa que le 23 novembre 2011 (UA 2011 : 1), soit cinq jours seulement avant le scrutin, alors que celle du Centre Carter et de l'UE étaient déjà en place, respectivement depuis le 17 août et le 19 octobre 2011

463. Ainsi, objectivement, les observateurs africains étaient moins préparés et mal placés pour pouvoir rendre une appréciation objective,

---

[368] M.A. Perouse de Montclos, *Vers un nouveau régime politique en Afrique subsaharienne : des transitions démocratiques dans l'impasse*, Paris, Institut français des relations internationales, décembre 2009, cité par E. Liffran, « Les coups d'Etat militaires en Afrique de l'Ouest », in J. Dufourcq (éd.), *Les défis stratégiques africains : exploration des racines de la conflictualité*, Paris, Les cahiers de l'IRSEM, 2010, p. 55.

[369] Cité par H. de Prince Pokam, « La neutralité électorale en Afrique depuis 1990 : analyse des commissions électorales en Afrique subsaharienne », Communication présentée à la Conférence internationale de Dakar, ayant pour thème : *Deux décennies de démocratie et de gouvernance en Afrique : leçons retenues, défis et perspectives*, organisée par la Commission économique des Nations Unies pour l'Afrique (CEA), Addis-Ababa, le Conseil pour le développement de la recherche en sciences sociales en Afrique (CODESRIA), Dakar, et l'Université Johns Hopkins, Washington, DC, du 20 au 22 juin 2011, p. 35.

[370] Voir aussi M. Mutinga Mutuishayi, *La RDC à l'aube de la troisième République : démocratie ou démocrature ?*, Bruxelles, Ed-Espace, 2005 ; G. Nsafou, *Congo : de la démocratie à la démocrature*, Paris, L'Harmattan, 1996.

fondée sur des faits concrets, empiriques et vérifiables, sur le déroulement du scrutin. Dans ces conditions, il n'est guère surprenant qu'aucune MOE africaine n'a été capable, à notre connaissance, de publier son rapport final après les élections, bien qu'on ait souhaité avoir un rapport unique de leur observation, préservant ainsi l'unité et la cohérence du système d'intégration africaine dont elles font partie intégrante. On comprend aussi pourquoi elles ont été pratiquement les seuls à valider ce processus électoral, là où même des missions nationales d'observation, ainsi que l'Eglise catholique,[371] ont stigmatisé le déroulement d'un scrutin qui a laissé apparaître « des sérieux problèmes qui affectent la crédibilité des résultats, la légitimité des dirigeants et met en péril la jeune démocratie »[372] naissante en RDC.

464. Ce positionnement, pour le moins non-justifié et subjectif, pourrait s'expliquer par de probables accointances diplomatiques entre le gouvernement congolais, les organisations africaines ayant mandaté des observateurs électoraux et leurs Etats membres. Ainsi, l'empressement du docteur Jean Ping à reconnaître la légitimité des gouvernants nouvellement élus procédait, vraisemblablement, moins de constatations et conclusions techniques des observateurs africains que d'une logique électoraliste, dans la mesure où il était déjà en campagne pour sa réélection à la présidence de la Commission de l'UA. Il avait besoin du vote congolais qu'il avait déjà commencé à négocier dès sa visite diplomatique en RDC et sa rencontre avec le Président Joseph Kabila, le 8 novembre 2011, peu avant les élections (Balingene Kahombo 2012a : 1165).

---

[371] Radio Okapi, « Elections-RDC: les évêques catholiques dénoncent 'des tricheries avérées et vraisemblablement planifiées' », *http://radiookapi.net/actualite/2012/01/13/elections-rdc-les-eveques-catholiques-denoncent-des-tricheries-averees-vraisemblablement-planifiees/* , 13 janvier 2012 ; Radio Okapi, «Les résultats provisoires de la présidentielle ne sont pas conformes à la vérité, selon le cardinal Monsengwo », *http://radiookapi.net/actualite/2011/12/12/presidentielle-rdc-les-resultats-provisoires-ne-sont-pas-conformes-la-verite-selon-le-cardinal-monsengwo/* , 13 décembre 2011.

[372] Voir notamment Réseau national pour l'observation et la surveillance des élections au Congo (RENOSEC), Réseau d'observation des confessions religieuses (ROC), Cadre permanent de concertation de la femme congolaise (CAFCO), *République démocratique du Congo. Mission nationale d'observation des élections. Rapport à mi-parcours de l'observation des élections du 28 novembre 2011*, Kinshasa, 16 décembre 2011, p. 20.

465. De nombreux problèmes, irrégularités et fraudes dénoncés par les MOE de l'UE et du Centre Carter concernaient notamment les aspects ci-après : meetings politiques annulés, radios et télévisions privées fermées (Centre Carter 2011 : 2), privatisation et personnalisation des médias publics par le gouvernement sortant au mépris du principe d'équilibre et d'égalité en matière d'information (UE 2011 : 2), bulletins cochés à l'avance, bourrage d'urnes (UE 2012 : 7-8), violences armées et contrainte sur le choix des électeurs, non-admission des témoins et des observateurs à la phase de consolidation des résultats au Centre national de traitement (CNT), nombre excessif des votants par dérogation sur simple présentation de la carte électorale d'urnes (UE 2012 : 7-8), échec de la CENI à publier les résultats des bureaux de vote pour les élections législatives (Centre Carter 2013 : 2), multiples retards de l`annonce des résultats des législatifs durant les deux mois de compilation (Centre Carter 2013 : 2), publication par la CENI des résultats de l'élection présidentielle contenus dans un CD-ROM et non par référence aux procès-verbaux scannés de bureaux de vote (UE 2012 : 25), traitement chaotique du contentieux électoral par la CSJ et le manque de son indépendance (UE 2012 : 21).

466. Devant un tel cliché sombre du processus électoral, d'aucuns ont osé dédouaner la CSJ, qui a entériné les résultats provisoires proclamés par la CENI, pourtant faisant curieusement fi de toutes les constations négatives des MOE. A cet égard, à la suite du rejet de la requête de l'Union pour la Nation Congolaise (UNC), parti de l'opposition, en contestation de l'élection du Présidence de la République, Joseph Kazadi Mpiana a proposé une interprétation alternative des résultats électoraux.[373] Epousant en cela une opinion déjà défendue par Maître Marcel Wetsh'okonda[374], qui commentait les arrêts UNC[375] et UDPS[376], il a soutenu : « L'arrêt sur le contentieux

[373] J. Kazadi Mpiana, « L'élection présidentielle du 28 novembre 2011 en RDC. Pour une interprétation alternative des résultats électoraux », voir *http://www.la-constitution-en-afrique.org/*, (consulté le 24 janvier 2012).

[374] M. Wetsh'okonda Koso, « Les arrêts UDPS et UNC : tests de la crédibilité de la Cour suprême de justice et du loyalisme de la classe politique congolaise ? », janvier 2012, inédit.

[375] CSJ, 16 décembre 2011, RCE 011/PR, inédit. C'est par cet arrêt que la CSJ rejetait le recours de l'UNC en le déclarant non-fondé.

[376] CSJ, 5 octobre 2011, RCDC/DN 057, inédit. C'est par cet arrêt que la CSJ rejetait la requête de l'UDPS (Union pour la démocratie et le progrès social), parti de

électoral rendu à la suite de la requête de l'UNC nous semble, au-delà des spéculations politiques et des préjudices défavorables à cette institution, globalement compréhensible »[377]. Réagissant à ces propos controversés, nous avons formulé notre critique à chaud sur l'œuvre de la CSJ en ces termes :

467. Je ne peux pas souscrire à votre affirmation. Sincèrement, vous semblez ne pas prendre en considération la fonction judiciaire de la Cour suprême de Justice en tant que juge électoral, ni mesurer la portée de sa compétence. J'ai eu à formuler la même critique à Maître Marcel Wetsh'okonda qui a fait une analyse appréciable, à plus d'un titre, des arrêts UDPS et UNC. Il pense comme vous que la Cour a globalement bien fait son travail. Voici un extrait de la critique que je lui ai adressée et qui vaut également pour vous : « Sur le fond, vos conclusions, surtout sur l'arrêt UNC, me paraissent moins logiques. Vous critiquez la CSJ de manière tout à fait claire : défaut de motivation de son arrêt, escamotage de certaines exceptions. Mais, en même temps, vous affirmez qu'elle a bien dit le droit. Donc, pour vous, quand une juridiction n'a pas motivé sa décision, quand elle ne répond pas aux moyens des « parties », quand elle n'approfondit pas ses investigations pour faire éclater la vérité, elle dit correctement le droit.

468. J'ajouterais, quelle est finalement votre position ? En tout cas, elle n'est pas clairement énoncée dans votre étude. D'après vous, dans les deux affaires examinées, la CSJ a-t-elle rendu des arrêts juridiquement crédibles ? Toutes les critiques qui lui sont adressées par ses justiciables sont-elles, en l'espèce, non-fondées ?

469. En outre, je ne peux pas souscrire à votre conclusion selon laquelle la requête de l'UNC n'était pas étayée par des preuves. D'abord, une telle affirmation est une pétition de principe. Ensuite, il ne faut pas oublier qu'il s'agit du contentieux électoral. La Cour a le

---

l'opposition, dont est issu Etienne Tshisekedi, principal challenger du Président Joseph Kabila lors des élections du 28 novembre 2011, en la déclarant irrecevable. Il faut souligner que l'UDPS sollicitait l'invalidation des listes électorales du parti présidentiel, le Parti du peuple pour la reconstruction et la démocratie (PPRD), dans les circonscriptions électorales de Kisangani, Ubundu, Kinshasa I et Kinshasa IV, puisqu'elles comprenaient plus de candidats qu'il ne le fallait, en violation de l'article 22 de la loi électorale.

[377] J. Kazadi Mpiana, « L'élection présidentielle du 28 novembre 2011 en RDC. Pour une interprétation alternative des résultats électoraux », *http://www.la-constitution-en-afrique.org/*, (Consulté le 24 janvier 2012).

pouvoir de « proclamer les résultats définitifs du scrutin ». Sa fonction judiciaire ne consiste pas donc à entériner le travail de la CENI sans la moindre vérification. Réfléchissons un peu par absurde. Imaginons que le décompte des voix et/ou pourcentages obtenus par les candidats comportent des erreurs matérielles, la CSJ n'aurait pas commis un manquement grave en approuvant de tels résultats, avec leurs erreurs, sans la moindre vérification, dans la mesure où il n'y a pas eu de contestation ?

470. Pour moi, un travail minimum de vérification s'impose à la Cour même en l'absence de toute contestation. S'il y a un litige, cette vérification doit être approfondie. C'est là la raison d'être de l'exigence légale de la transmission par la CENI de tous les éléments pertinents de son travail à la CSJ. La CSJ ne doit pas appliquer le droit électoral comme le droit privé. Le principe selon lequel « il incombe à la partie accusatrice de prouver » est fortement secoué par la protection des intérêts publics à laquelle la Cour doit concourir. La part du requérant c'est de contribuer à l'éclatement de la vérité, mais non de se substituer à la CSJ. Au besoin, la Cour peut requérir des experts indépendants du système électoral pour faire des enquêtes. La question du délai de 7 jours pour rendre sa décision n'est pas un problème, car c'est un délai de travail, qui n'est pas de rigueur.

471. Par ailleurs, comment la CSJ a-t-elle exigé à la requérante UNC des éléments qu'elle-même n'a pas pu obtenir de la CENI ? Elle n'a vu aucun PV original ou scanné de dépouillement de bureaux de vote, mais le CD-ROM. Ceci est trop grave. Et la logique du raisonnement de la Cour est déroutante. En effet, comme elle n'a pas reçu les originaux des PV de la part de la CENI, elle a exigé à l'UNC de les lui brandir. Mais, puisque l'UNC n'en avait pas, donc les résultats provisoires de la CENI dont détails dans le CD-ROM étaient vrais. Pareille conclusion viole manifestement la loi, dans sa lettre et dans son esprit.

472. J'ai bien lu l'arrêt UNC. Il faut l'analyser en intégralité pour voir comment la CSJ a marché sur sa fonction juridictionnelle. Par exemple, sur le cas symptomatique de la fraude, là où le Chef de l'Etat sortant, Joseph Kabila, a obtenu 100% de voix, voire plus, la CSJ s'est contentée de dire « qu'il n'est pas interdit à un candidat de rafler la totalité des voix si cela est conforme à la loi ». Est-ce vraiment ça une motivation ? Non. Premièrement, la Cour devait vérifier l'exactitude matérielle des faits. Deuxièmement, si ces faits étaient établis, elle devait examiner si les voix obtenues par Joseph Kabila l'avaient été dans le respect de la loi. Troisièmement, la Cour devait évaluer l'impact de telles fraudes sur les résultats provisoires de l'élection présidentielle. Donc, logiquement, il y avait plusieurs branches de raisonnement. La première branche pouvait être opérée sur la base des documents transmis à la Cour par la CENI. Mais, la CSJ n'a pas fait son travail. Est-ce c'est ça bien dire le droit ?

473. La jurisprudence de 2006 que vous avez citée en matière d'administration de la preuve, quelle est sa pertinence en l'espèce ? D'abord, est-ce une jurisprudence au sens technique du terme ? Ensuite, exiger la requérante à produire des PV de constat pour étayer ses allégations devant la Cour est illogique. On est en droit électoral ici. Dans notre pays, on sait en effet que les cas de fraude sont généralement accompagnés de violences. A Masisi, au Nord-Kivu, par exemple, des militaires de l'ex-Congrès national pour la défense du peuple (CNDP), ont de force bourré les urnes en faveur du candidat Joseph Kabila. Quel est ce magistrat ou cet OPJ qui pouvait risquer sa vie dans ces conditions en cherchant d'établir des PV de constat ? Encore une fois, le droit électoral est différent du droit privé et, en principe, il n'est pas formaliste en raison de l'existence des intérêts publics à protéger. Un arrêt de la CSJ assis sur une motivation déficitaire ou des considérations factuelles erronées, se situant en dehors du contexte du droit électoral, ne peut pas être brandi comme faisant jurisprudence. Les droits anglo-saxons nous enseignent, à ce sujet, la pertinence de la notion de « *material facts* ».

Pour tout dire, je ne suis pas convaincu que la CSJ a bien dit le droit dans l'affaire UNC ». Cela étant, quelles conséquences convient-il de tirer de conclusions des observateurs internationaux ?

D. Les conséquences tirées de conclusions des observateurs internationaux après les élections

474. En principe, les MOE ont vocation à évaluer des processus électoraux et à rendre compte de la régularité, de la sincérité et de la liberté du vote. Elles apprécient et critiquent des règles et des pratiques électorales du pays observé, mais, surtout, elles lui recommandent des améliorations à son système électoral (OSCE 2005 : 12). Vue sous cet angle, l'observation électorale constitue le baromètre de la qualité de la vie démocratique des Etats, qu'il s'agisse des pays à vielle tradition démocratique ou des jeunes démocraties (OSCE 2005 : 12).

475. Toutefois, l'exercice de cette fonction objective des MOE peut entrainer diverses conséquences politiques et économiques après les élections. Tout dépend de deux grandes variables : ou bien les observateurs internationaux ont porté une appréciation positive sur le processus électoral du pays observé, ou bien, au contraire, ils en ont tiré des conclusions négatives.

476. Dans le premier cas, il ne se pose généralement pas de problème. Le pays observé pourra bénéficier d'une sorte de « certificat de bonne conduite » (Kokoroko 2010 : 756) à l'égard de la communauté nationale et internationale, quitte à s'efforcer, par la suite, à appliquer les recommandations des observateurs électoraux, avec, au besoin, l'aide internationale. A l'inverse, dans la seconde hypothèse, l'organisation de mauvaises élections, attestée par les MOE, pourrait conduire au déclassement, au boycott, voire à la non-reconnaissance nationale ou internationale, du gouvernement du pays observé, l'isolation diplomatique qui en découle étant assortie de la perte des avantages politiques et économiques que ce dernier pouvait tirer des mécanismes de la coopération internationale.

477. Pourtant, on n'a pas atteint un tel degré d'opprobre sur la légitimité des gouvernants nouvellement élus en RDC. Il convient plutôt, tout au moins, de déplorer l'ambiguïté des réactions de la communauté internationale après les élections, dans la mesure où « aucune position diplomatique n'est venue clairement se prononcer quant à l'impact des irrégularités sur les résultats proclamés » (Luntumbue 2012 : 13). On a juste enregistré quelques actes de désapprobation mineure à l'égard du régime politique en place.

478. D'abord, la dizaine des chefs d'Etat invités à la cérémonie d'investiture du Président Joseph Kabila pour son second mandat, le 20 décembre 2011, l'ont boycottée, excepté le Président zimbabwéen, Robert Mugabe. En tout état de cause, ils se sont fait représenter par des ministres ou au niveau des ambassadeurs, à l'exception de l'Ouganda qui n'a envoyé aucun délégué, alors qu'il était signataire du communiqué de Kampala du 15 décembre 2011 par lequel la CIRGL prit acte de la réélection du Président Joseph Kabila.

479. Ensuite, la Secrétaire d'Etat américaine, Hillary Clinton estimait, sans tirer aucune conséquence, que « la gestion et l'exécution technique de ces élections laissaient à désirer, manquaient de transparence et n'étaient pas à la hauteur des progrès enregistrés dans de récentes élections africaines » (Luntumbue 2012 : 13), tandis que le Président français, François Hollande, en compagnie du Secrétaire général de l'ONU, Ban Ki-Moon, lors d'une conférence de presse commune, tenue le 9 octobre 2012 au Palais de l'Elysée, à Paris, parvint à déclarer que la situation en RDC était « tout à fait inacceptable sur le plan des droits, de la démocratie et de la reconnaissance de l'opposition »[378]. Il n'a pourtant pas annulé sa participation au 14ème sommet de la francophonie, tenu à Kinshasa, du 12 au 14 octobre 2012, alors qu'il menaçait de le boycotter,[379] avec plusieurs autres Etats africains, dont la Guinée Conakry, à défaut de pouvoir le délocaliser ailleurs.

480. Enfin, les partenaires au développement de la RDC n'ont pas parlé le même langage. L'UE, par exemple, n'a tiré aucune conséquence pratique du rapport de ses observateurs électoraux, si ce n'est la proclamation de son intention de redéfinir les modalités de son intervention en RDC.[380] Par contre, la Banque mondiale (BM) a fondu dans la confusion. Son président, l'américain Robert Zoellik, stigmatisait, après les élections, le manque de contrôle démocratique et de contre-pouvoirs en RDC,[381] pendant que son Directeur des opérations à Kinshasa, Eustache Ouayoro, précisait que les rapports avec le gouvernement congolais restaient au bon fixe.[382] Parallèlement, la Directrice générale du Fonds monétaire international (FMI), Madame Christine Lagarde, souligna que son institution conditionnait son assistance à la RDC par « le respect de l'Etat de droit et le déroulement de l'ensemble de la situation politique actuelle, en particulier de la

---

[378] S. Badibanga, « Francophonie : le Sommet de Kinshasa s'ouvre sous tension », *http://www.afrik.com/archives-2012-10.html*, (Consulté le 11 octobre 2012).

[379] Voir aussi Merdac D.E., « Francophonie : la controverse de Kinshasa », *http://www.lactualite-dz.info*, (Consulté le 13 octobre 2012).

[380] http://www.lecongolais.cd/-content/uploads/2012/02/Joseph-kabila-12.jpg, consulté le 7 février 2013.

[381] *Ibid.*

[382] *Ibid.*

situation électorale et postélectorale »[383]. Mais, en définitive, aucune conséquence pratique n'a été tirée de cette déclaration.

481. Cette ambiguïté de la réaction de la communauté internationale semble se justifier, d'abord, par le fait qu'aucune MOE n'a été capable de préciser dans quelle mesure les irrégularités et fraudes constatées entrainaient la modification des résultats officiels du scrutin et surtout qui en aurait objectivement été déclaré vainqueur, notamment s'agissant de l'élection à la Présidence de la République. Ensuite, et c'est la raison fondamentale, l'Afrique n'a pas partagé, au regard des conclusions de ses propres observateurs internationaux, les mêmes points de vue que le reste du monde sur le déroulement du processus électoral en RDC.

482. Aussi, les dirigeants nouvellement élus ont-ils plutôt été bien accueillis par les organisations internationales africaines concernées. Le Président Joseph Kabila a pratiquement fait leur tour, de sommet à sommet, ainsi que plusieurs visites diplomatiques auprès de leurs Etats membres, sans que la question de sa légitimité ne soit évoquée : UA, CIRGL, CEEAC, SADC, Angola, Congo-Brazzaville, Afrique du Sud, Ethiopie, Tanzanie, etc. A ce point, l'Afrique a fortement influencé les autres acteurs intéressés du système international, y compris les Nations Unies, qui ont simplement affirmé partager les préoccupations exprimées par les observateurs électoraux (Luntumbue 2012 : 12-13), sans chercher à en tirer des conséquences particulières. Ainsi, en amont comme en aval, l'action de l'ONU a radicalement contrasté avec celle qu'elle a menée en Côte d'Ivoire, à la suite du processus électoral de 2010, en entraînant, avec le concours de l'UA, la chute du régime du Président Laurent Gbagbo et la capture éhonté et néocoloniale de celui-ci, avec l'aide de l'armée française, le 11 avril 2011.[384]

483. En revanche, sur le plan national, les conclusions négatives des MOE ont été lourdes de conséquences. Elles ont notamment contribué

---

[383] Radio Okapi, « Le FMI conditionne son assistance au respect des principes d'un Etat de droit en RDC », *http://www.radiookapi.net/tag/christine-lagarde/*, consulté le 27 décembre 2012.

[384] Balingene Kahombo, *La politique africaine commune de défense et de sécurité : fondement et cadre de mise en œuvre du pouvoir d'intervention de l'Union africaine dans les Etats membres*, mémoire de DES/DEA en droit public, Université de Kinshasa, novembre 2011, p. 73. Voir aussi M. Cathelin, *La Côte d'Ivoire entre divisions internes et stratégies internationales*, ISS Analysis, Institut d'études de sécurité de l'Union européenne, mars 2011, p. 5.

à la crispation du climat politique interne, avec la radicalisation conséquente de la crise post-électorale. Les ténors de l'opposition, en particulier l'UDPS et l'UNC, ont carrément rejeté la victoire du Président Joseph Kabila et dénoncé le manque de légitimité de l'Assemblée nationale, du moins d'une frange importante de sa nouvelle composition. Très tôt, par le biais du Président de l'UNC, Vital Kamerhe, les termes de ce rejet se sont avérés on ne peut plus radicaux :

484. Monsieur Ngoy Mulunda, Président de la CENI, a fait un passage en force en proclamant Monsieur Joseph Kabila comme Président de la République avec la complicité des autres membres du bureau.[385] Il en appela, par conséquent, à la médiation internationale et saisit, pour cela, le Secrétaire général et le Conseil de sécurité des Nations Unies, la Commission de l'UA, l'UE, la SADC et la CEAC.[386] Probablement, c'est la combinaison de la dynamique de cette crise post-électorale avec l'irruption de la rébellion du M23[387], soutenue par le Rwanda, dans la province du Nord-Kivu, qui a contraint le Président Joseph Kabila à accepter, lors de son discours sur l'état de la nation et son message de nouvel an, respectivement le 15 et le 31 décembre 2012, le principe du dialogue avec l'opposition politique non-armée afin de refaire et/ou renforcer l'unité et la cohésion nationale, le régime craignant doublement pour sa survie si la nouvelle rébellion devait être ragaillardie par les contestateurs des résultats électoraux.[388]

485. Une autre conséquence nationale, c'est l'entreprise de la réforme de la CENI, qui a été fortement recommandée par les observateurs électoraux internationaux. Certes, la CENI n'a jamais réfuté la matérialité de la totalité d'irrégularités relevées au cours du processus électoral. Mais, se justifiant en cela, son Vice-président, Jacques Djoli Eseng'Ekeli, estimait que son institution n'avait disposé

---

[385] Radio Okapi, « Présidentielle-RDC : l'opposition congolaise fait appel à une médiation internationale », *http://radiookapi.net/actualite/2011/12/13/presidentielle-rdc-lopposition-congolaise-fait-appel-une-mediation-internationale/*, (Consulté le 14 décembre 2012).

[386] *Ibid.*

[387] Mouvement du 23 mars 2009, par référence à la date de la conclusion des accords de Goma entre le gouvernement congolais et l'ancienne rébellion du Congrès national pour la défense du peuple, dont sont issues les forces du M23.

[388] Cas de Roger Lumbala et de Mbusa Nyamwisi, accusés de collusion directe avec le M23.

que « d'un délai bref de sept mois »[389] pour organiser les élections, le temps étant devenu finalement un facteur déstructurant,[390] en raison des contraintes ci-après :[391] l'impératif respect du délai constitutionnel, le problème du recrutement du personnel et sa formation, les défis logistiques, financiers et même législatifs, etc. Aussi, deux grandes évaluations à mi-parcours du processus électoral ont-elles été menées à l'égard de la CENI : l'une d'ordre interne, œuvre de la CENI elle-même,[392] l'autre externe, réalisée par l'Assemblée nationale. Cette double évaluation a porté sur l'ensemble du processus électoral, depuis la révision du fichier électoral jusqu'à la proclamation des résultats provisoires aux élections législatives. L'évaluation externe, notamment, concernait la discussion par l'Assemblée nationale du rapport d'évaluation interne de la CENI, conformément à l'article 100 de la Constitution[393].

486. Ironie de l'histoire, à la suite de la Société civile, y compris l'Eglise catholique, certains députés ont en vain exigé, au cours des débats, la démission du bureau de la CENI, curieusement sans remettre en cause leurs propres mandats, pour avoir failli à sa mission.[394] Mais, surtout, l'Assemblée nationale a formulé plusieurs recommandations, dont les plus importantes sont : la révision de la Loi organique portant organisation et fonctionnement de la CENI, notamment en ce qui concerne la composition de son bureau afin d'y inclure une représentation appropriée de la Société civile, à côté des partis et regroupements politiques ; la suspension du calendrier électoral des élections provinciales, urbaines, municipales et locales en attendant la mise en œuvre d'un nouveau cycle électoral ; l'organisation du

---

[389] Radio Okapi, « RDC : l'Assemblée nationale recommande la révision de la loi électorale », *http://radiookapi.net/actualite/2012/07/05/rdc-lassemblee-nationale-recommande-la-revision-de-la-loi-electorale/*, 5 juillet 2012.

[390] *Ibid.*

[391] Radio Okapi, « Revue de presse », *http://radiookapi.net/tag/daniel-ngoy-mulunda/*, 3 juillet 2012.

[392] Voir Commission Electorale Nationale Indépendante, *Les élections présidentielles et législatives du 28 novembre 2011 en République démocratique du Congo : défis, stratégies et résultats*, rapport d'évaluation interne, Kinshasa, 3 mars 2012.

[393] Cette disposition confère à l'Assemblée nationale le pouvoir de contrôler « le Gouvernement, les entreprises publiques ainsi que les établissements et les services publics ».

[394] Radio Okapi, « RDC : l'Assemblée nationale recommande la révision de la loi électorale », *op.cit.*

recensement de la population congolaise dans le meilleur délai ; et la révision de la loi électorale concernant le mode du scrutin et les conditions d'éligibilité.[395]

487. Toutes ces révisions sont importantes, bien que l'Assemblée nationale ait oublié, parmi ses recommandations, une autre urgence du moment, déjà rappelée par la doctrine (Balingene Kahombo 2011 : 44) et les observateurs électoraux (cf. UE 2012 : 54) : la promulgation de la loi organique sur la Cour constitutionnelle[396] et l'installation effective de celle-ci.[397] Cependant, quelles que soient les réformes entreprises, il n'y aura jamais d'élections réussies sans une culture politique nationale propice à la démocratie, à l'affirmation de la justice et à l'Etat de droit. La gouvernance par défi, pour paraphraser la juste expression de l'Eglise catholique,[398] la centralisation de plus en plus croissante du pouvoir d'Etat au profit de l'exécutif national, l'anéantissement de la décentralisation, le clientélisme et le népotisme, la corruption structurelle, systémique et auto-entretenue, le détournement systématique des deniers publics et l'impunité généralisée sont des problèmes cruciaux de société qu'il convient de combattre en priorité et avec rigueur. Ils constituent des signes prémonitoires d'une dictature émergente et puissante qui risque de rendre encore beaucoup plus irréalisables la régularité, la sincérité et la liberté de prochaines élections en RDC.

---

[395] *Ibid.*

[396] On en réclame la promulgation parce que la CSJ n'a pas eu le courage de l'appliquer lors du traitement du traitement du contentieux électoral de 2011, en sa qualité de Cour constitutionnelle transitoire, alors même qu'elle y était autorité par la Constitution, dont l'article 140, alinéa 2, dispose : « A défaut de promulgation de la loi par le Président de la République dans les délais constitutionnels, la promulgation est de droit ».

[397] La Cour constitutionnelle ne fut installée que le 4 avril 2015, tandis la promulgation de la loi organique relative à son organisation et à son fonctionnement avait été promulguée le 15 octobre 2013.

[398] Radio Okapi, « Elections-RDC : les évêques catholiques dénoncent "des tricheries avérées et vraisemblablement planifiées" », *op. cit.*

E. Conclusion

488. L'observation internationale des élections du 28 novembre 2011 en RDC s'est déroulée en l'absence de l'ONU et de sa mission de maintien de la paix, la MONUSCO, que le Conseil de sécurité avait privé du mandat de supervision électorale et, surtout, de certification des résultats du scrutin. Quoi qu'il en soit, cette observation a sombré dans une opération de division entre observateurs internationaux africains et observateurs européens et américains, au mépris de la nécessité de rationalisation du travail des MOE et de « l'esprit partenarial » (El Hacen Ould Lebatt 2000 : 310), tant recommandés en pratique pour éviter des contradictions.

489. De fait, les observateurs africains ont tiré leurs propres conclusions et ont porté une appréciation globalement positive sur le processus électoral, aux antipodes de critiques négatives des MOE de l'UE et du Centre Carter. Mais, les limites des MOE africaines ont été si nombreuses qu'elles privent leurs constatations de toute objectivité : l'insuffisance des observateurs africains par rapport à la dimension du pays à couvrir, leur arrivée tardive sur le terrain, le déficit de collaboration entre eux en amont, l'incapacité de produire ou bien leurs rapports séparés, ou bien un rapport unique, de leur observation, etc. Aussi, convient-il de déplorer que ce travail mal fait des observateurs africains ait contribué à la légitimation internationale des gouvernants élus au cours d'un processus électoral jugé très lacunaire par la majorité des MOE, y compris les observateurs nationaux. Ceci constitue une faiblesse importante des organisations internationales africaines,[399] dans la mesure où leurs MOE sont souvent dominées par la prévalence des accointances diplomatiques sur l'observation technique des élections.

490. En conséquence, le comportement de l'Afrique a été salvateur pour le régime du Président Joseph Kabila, plutôt bien accueilli par ses pairs africains. Dès lors, aucune autre position diplomatique des instances internationales n'est venue sérieusement remettre en cause sa légitimité. Le régime est bel et bien resté fréquentable, nonobstant

---

[399] Pour plus de détails, voir C. Signori, « Intervention en première séance plénière : la démocratisation en Afrique et les processus électoraux », *Parlements et francophonie*, n°106, 1998, pp. 41-49 ; J.P. Kingsley et M. Tremblay, « Rapport général introductif et bibliographie sélective », in *Actes de la troisième réunion préparatoire au symposium de Bamako,* p. 163.

quelques timides protestations et de faible amplitude, sans aucun effet pratique en termes de perte de certains avantages politiques ou économiques, tirés du jeu de la coopération internationale.

491. Sur le plan national, l'œuvre des MOE a entraîné une vaste entreprise de réformes juridiques et institutionnelles. Entre autres réformes, on peut citer la réforme de la CENI par la loi organique du 19 avril 2013.[400] Désormais, le Bureau doit être présidé par un membre de la Société civile, comme troisième composante à côté de la représentation (équitable) de l'opposition et de la majorité au sein de la CENI. La nouvelle loi a aussi procédé à la création de l'Assemblée plénière comme organe de conception, de décision, d'orientation, d'évaluation et de contrôle de cette institution, afin d'accroitre son indépendance. Quant au fonctionnement, la loi privilégie désormais la transparence et la collégialité dans la prise de décision, principalement par consensus. Parallèlement à ces réformes engagées, il est apparu impérieux de promouvoir, avec l'appui de la communauté internationale, le dialogue entre la majorité et l'opposition pour mettre fin à la crise politique, née de la contestation des résultats de l'élection présidentielle du 28 novembre 2011. D'où, les concertations nationales de juin 2013.[401] Le dernier round de ce dialogue est celui qui a abouti à l'Accord politique global et inclusif du Centre interdiocésain de Kinshasa (APGI/CENCO), conclu le 31 décembre 2016, pour éviter l'incurie due à l'illégitimité de toutes les institutions politiques du pays en raison de la non-tenue des élections, notamment le scrutin présidentiel qui aurait dû être organisé en novembre 2016.[402] Pourtant, malgré la mise en place d'un gouvernement d'union nationale, contestée par une partie de l'opposition, la crise politique tend à s'aggraver, tandis que le nouveau délai pour l'organisation des élections

---

[400] Loi organique du 19 avril 2013 modifiant et complétant la loi n°10/013 du 28 juillet 2010 portant organisation et fonctionnement de la Commission électorale nationale indépendante.

[401] Voir Ordonnance n°13/078 du 26 juin 2013 portant création, organisation et fonctionnement des concertations nationales.

402 Balingene Kahombo, E. Kabengele Kalonji, J. Cihunda Hengelela, et al., « La RDC entre la sortie de l'impasse électorale et le respect de la Constitution : Analyse de l'Accord politique de la Saint-Sylvestre », 5ème Rapport élaboré conjointement par le Groupe de travail composé du CREEDA, de la LE et du RRSSJ, Kinshasa, février 2017, 4-5.

tel que convenu dans l'Accord politique global et inclusif du Centre interdiocésain de Kinshasa, c'est-à-dire au mois de décembre 2017, risque de ne pas être tenu. Des retards presque irrécupérables sont déjà enregistrés sur la préparation technique des élections, notamment la poursuite de l'opération de l'identification des électeurs et la non-adoption de la loi sur la répartition des sièges. C'est comme si l'illégitimité des institutions et l'histoire du pays émaillée des violences de tous ordres n'ont servi de leçon à personne. Hélas, vive la « république des inconscients » (Mutinga Mutuishayi 2010) !

Les Nations Unies et la gestion des crises dans les Etats membres : regards croisés sur une histoire controversée du maintien de la paix en République Démocratique du Congo

Par

Balingene Kahombo

A. Introduction

492. Avant la guerre du 2 août 1998, l'Organisation des Nations Unies (ONU) était déjà plusieurs fois intervenue en République Démocratique du Congo (RDC). En 1960, elle créait l'Opération des Nations Unies au Congo (ONUC)[403] dans un contexte particulier : l'affaire du Congo (Virally 1960 ; Mukiramfi Samba 2002). En 1996, après le génocide de 1994 au Rwanda et au début de l'offensive militaire contre le régime du Président Mobutu, elle autorisait le déploiement de la Force multinationale temporaire pour l'Afrique des grands lacs, avec pour mandat de « faciliter le retour immédiat des organisations à vocation humanitaire et la fourniture effective, par des organisations de secours civiles, d'une assistance humanitaire visant à soulager dans l'immédiat les souffrances des personnes déplacées, des réfugiés et des civils en danger dans l'est du Zaïre, et de faciliter le rapatriement librement consenti et dans l'ordre des réfugiés, par le Haut-Commissariat des Nations Unies pour les réfugiés, ainsi que le retour librement consenti des personnes déplacées [...] » [404]

493. Par conséquent, la mise en place de la Mission de l'Organisation des Nations Unies en République Démocratique du Congo (MONUC) a eu lieu, en 1999, sur fond d'une tradition interventionniste de l'ONU en RDC. Mais point n'est besoin de rappeler le conflit armé du 2 août 1998, ayant opposé au moins huit

---

403 Voir G. Abi-Saab, *The United Nations Operations in the Congo*, Oxford, Oxford University Press, 1978.

404 Résolution 1080 du Conseil de sécurité du 15 novembre 1996, para. 3 et 5. Cependant, l'opérationnalisation de cette force échoua, parce que n'étant plus utile, dès lors que l'armée rwandaise avait déjà réussi à bombarder les camps onusiens des réfugiés rwandais à l'est de l'ex-Zaïre et à rapatrier de force la majorité de ceux qui avaient survécu à ses attaques meurtrières, sous la barbe de l'ONU et en toute impunité.

pays africains sur le territoire congolais, qui a maintes fois été qualifié, du point de vue du droit de la sécurité collective, de guerre d'agression, doublée de rébellions internes (Bula-Bula 1999 : 15 ; Ntirumenyerwa 2004 : 257). Et pourtant, la création de la MONUC s'est située en retrait par rapport à la gravité d'une telle qualification en droit international. Alors que l'agression aurait dû juridiquement impliquer l'adoption des mesures coercitives en vertu soit du chapitre VII soit du chapitre VIII de la Charte de l'ONU, la MONUC était constituée comme une opération de maintien de la paix (OMP), par définition une action non coercitive (Nguyen, Daillier et Pellet 2002 : 1010), décidée par le Conseil de sécurité avec le consentement de principales parties au conflit.[405] De droit, elle en était un organe subsidiaire, conformément à l'article 29 de la Charte des Nations Unies.[406]

494. Il faut cependant avouer que la création de la MONUC ne résultait pas d'une inspiration directe du Conseil de sécurité. Ce dernier ne voulait d'ailleurs pas intervenir directement, abandonnant par là même la responsabilité de la gestion de la situation et du maintien de la paix au système régional africain, en fait à l'Organisation de l'unité africaine (OUA) et à la Communauté de développement de l'Afrique australe (SADC). Mais, il déclarait apporter à celles-ci son appui pour leurs efforts de médiation visant à parvenir à un règlement pacifique du conflit.[407] De ce fait, la création de la MONUC doit être envisagée comme l'émanation d'une action concertée de la communauté internationale (Balingene Kahombo 2015), engagée dans un processus de pacification d'une extrême complexité militaro-politique. Dès lors, ladite médiation régionale et le résultat auquel elle était parvenue constituent des facteurs qui peuvent mieux expliquer le processus ayant conduit à la création de la MONUC. Le choix de ce moyen pacifique, non coercitif, et la manière dont il a été patiemment, pour ne pas dire tardivement, mis en place font état de nombreuses contradictions, aussi bien sur le plan juridique qu'au niveau politique et diplomatique. En dehors de la dynamique de l'ensemble de ces contradictions, on ne peut

405 Le consentement des parties est une condition nécessaire à la mise en place d'une OMP, par opposition à une mission d'imposition de la paix, créée sur base du chapitre VII de la Charte. Lire à ce sujet M. Benchikh (sous la direction de), *Les organisations internationales et les conflits armés*, Paris, L'Harmattan, 2002, p. 115.

406 Cet article dispose que : « Le Conseil de sécurité peut créer les organes subsidiaires qu'il juge nécessaires à l'exercice de ses fonctions ».

407 Article11 de la Résolution S/RES/1234 du 9 avril 1999.

bien comprendre le processus de la création de la MONUC et ses véritables enjeux. Cette étude met un accent particulier sur cette dynamique parce que ce problème n'a jamais été suffisamment examiné, alors qu'il semble avoir eu une incidence directe sur toute l'action des Nations Unies en RDC. Une certaine doctrine n'a pas hésité d'évoquer la crise du maintien de la paix à cause des défaillances à répétition de la mission onusienne dans l'accomplissement de son mandat (Novosseloff 2009 : 1).

495. Ainsi, l'objet de cette étude ne saurait se réduire à un catalogue des résolutions du Conseil de sécurité, traduisant la portée et les limites de l'engagement des Nations Unies en RDC. Il s'agit plutôt d'interroger tous les acteurs principaux qui ont été impliqués dans le processus de paix afin de préciser les origines profondes de la MONUC et ses enjeux, d'abord en étudiant les antécédents à sa création (A), avant d'aborder sa mise en place effective (B).

B. Les antécédents à l'intervention des Nations Unies

496. L'itinéraire politique et diplomatique qui a conduit au déploiement de la mission onusienne en RDC révèle un semblant de jeu de ping-pong entre l'ONU et le système régional africain, se rejetant, tour à tour, la responsabilité de la gestion du conflit armé dans ce pays. Tout d'abord, il y avait eu l'action indirecte du Conseil de sécurité de l'ONU, qui préféra abandonner cette gestion à la SADC et à l'OUA (I) ; puis, à l'inverse, suite aux négociations de paix de Lusaka, on en appela à une intervention directe des Nations Unies en RDC (II).

I. L'abandon du maintien de la paix au système régional africain

497. Du 2 août 1998 à la conclusion de l'Accord de Lusaka, le 10 juillet 1999, l'attitude du Conseil de sécurité était ambivalente. Il adopta uniquement une résolution[408] et une série de trois déclarations présidentielles.[409] Cette résolution intervint le 9 avril 1999, soit plus de huit mois depuis le déclenchement des hostilités. Ce temps de silence paraît vraiment étonnant quand on sait que le Conseil de sécurité est l'organe principal de l'ONU en charge du maintien de la paix et de la

---

408 Résolution S/RES/1234, voir *supra*.

409 Déclaration S/PRST/1998/26 du 31 août 1998 ; Déclaration S/PRST/1998/36 du 11 décembre 1998 ; Déclaration S/PRST/1999/17 du 24 juin 1999.

sécurité internationale. En revanche, en examinant les déclarations antérieures de son Président, lesquelles ne sont que de simples recommandations, voire des déclarations d'intentions de cet organe, sans aucun effet obligatoire, on peut mieux interpréter ce silence comme ayant été une volonté manifeste de ne pas agir directement, ou plutôt d'agir indirectement, en se réfugiant derrière une action de caractère régional. Le Conseil de sécurité en appela à un règlement pacifique du conflit armé (1) sous la houlette de la médiation régionale (2).

1. L'appel onusien au règlement pacifique du conflit

498. Dans sa déclaration du 31 août 1998, le Conseil de sécurité réaffirma en effet l'obligation de respecter l'intégrité territoriale et la souveraineté nationale de la République Démocratique du Congo et des autres États de la région et la nécessité pour tous les États de s'abstenir d'intervenir dans les affaires intérieures des autres.[410] Dans ce contexte, poursuit-il, le Conseil appelle à une solution pacifique au conflit en République démocratique du Congo [...].[411]

499. Ces propos constituent pratiquement une constance juridique et diplomatique dans toutes les autres déclarations et résolutions ultérieures du Conseil de sécurité. Mais, cet appel ayant été lancé dans le cadre d'une agression avérée contre un membre des Nations Unies, pose des problèmes juridiques et politiques. Juridiques d'abord, puisque règlement pacifique des différends et agression armée ne sont pas corrélatifs. Ils sont plutôt contradictoires dans la mesure où, juridiquement, l'un devrait exclure l'autre. Politiques ensuite, étant donné que cet appel était un pis-aller, c'est-à-dire une action de consensus faute de s'accorder sur le recours aux mécanismes contraignants prévus au Chapitre VII de la Charte de l'ONU et applicables « en cas de menace contre la paix, de rupture de la paix et d'acte d'agression »[412].

500. La particularité du Chapitre VII est d'accorder au Conseil de sécurité deux catégories de pouvoirs spécifiques : d'une part, le pouvoir de qualification juridique des faits et de désignation de l'auteur de ces derniers ainsi que, d'autre part, le pouvoir de recommander et/ou de

---

410 Voir §2 de la Déclaration S/PRST/1998/26 du 31 août 1998.

411 *Ibidem.*

412 C'est cela même l'intitulé du chapitre VII en question.

décider les actions coercitives à mener, de façon échelonnée, pour rétablir et maintenir la paix et la sécurité internationales (Reuter 1992 : 523 ; Karaosmanoglu 1970 ; Mampuya Kanunk'a 1972). Cependant, même si le Conseil de sécurité avait constaté que le conflit armé en RDC menaçait gravement la paix et la sécurité régionales »[413], il ne parvint pas à qualifier celui-ci d'agression et d'en tirer les conséquences de droit. Dans sa résolution du 9 avril 1999, il invoqua, simplement, des Etats ayant entretenu sur le territoire congolais « des forces non-invitées »[414] dans des conditions incompatibles avec les principes de la Charte.

501. Théodore Ngoy (2002) assimila cette attitude à un véritable déni de justice à l'encontre de la RDC, une fuite des responsabilités de la part du Conseil de sécurité. Son analyse juridique est intéressante, contrairement à l'opinion de Philippe Biyoya qui considère qu'il s'agit d' « un verbiage ennuyeux »[415]. Elle a au moins le mérite d'avoir expliqué les modes de fonctionnement de cet organe important de l'ONU. Mais, l'erreur de Théodore Ngoy c'est de confondre le « statut juridique du Conseil de sécurité qui aurait dû jouer au gouvernement mondial ou mieux au tribunal international pour le Congo » (Biyoya Makutu 2008 : 30). Une telle approche constitue du juridisme pur et simple qui tendrait à faire oublier la nature politique et interétatique du Conseil de sécurité. Il faut noter que ses déclarations et résolutions ne sont que l'émanation de la volonté de ses Etats membres. Les désaccords entre ces derniers sont fréquents et ont provoqué la paralysie du système onusien de sécurité collective (Benchikh 2002 : 116-117 ; Dupuy 2016 : 611-613), tel que conçu en 1945. Auguste Mampuya (1986 : 7-8) a même parlé de sa « désuétude ». Les opérations de maintien de la paix, y compris la MONUC, sont le fruit de ce blocage. Elles se sont progressivement imposées comme une pratique réaliste du maintien de la paix depuis les années 1950 (Mampuya 1986 : 7-8). Leur création relève essentiellement du règlement pacifique des différends au titre du Chapitre VI de la Charte de l'ONU.[416] Les raisons profondes

---

413 §1 de la Déclaration S/PRST/1998/26, cf. *supra*.

414 Lire l'art.2 de la Résolution S/RES/1234.

415 *Ibidem*.

416 Ceci demeure vrai même si, en pratique, le mandat d'une OMP peut varier du chapitre VI au chapitre VII de la Charte ou les deux à la fois. Cependant, une certaine doctrine, que nous ne partageons pas du reste, considère que les OMP sont créées sur la base du chapitre VII de la Charte. Selon elle, même si elles n'ont pas été expressément envisagées par la Charte, elles résulteraient de l'exercice des pouvoirs

du blocage du Conseil de sécurité sont généralement d'ordre politique et géopolitique, tout comme celles de sa préférence entre son intervention directe et l'action à caractère régional.

2. L'appui onusien au processus de médiation régionale

502. La résolution du conflit armé en RDC fut entreprise dans le cadre régional africain. Tous les Etats belligérants avaient deux obligations internationales à respecter, c'est-à-dire l'obligation de s'abstenir de recourir à l'emploi ou à la menace d'emploi de la force comme moyen de politique nationale et celle de régler leurs différends d'une manière pacifique. Ces obligations leur avaient été rappelées dans deux communiqués communs importants. Le premier fut adopté à l'issue du Sommet de Victoria Falls (Zimbabwe), tenu du 7 au 8 août 1998 (Victoria Falls I), sous l'égide de la SADC, en présence des représentants de la RDC, de l'Ouganda, de la Namibie, du Rwanda, de la Tanzanie, de la Zambie et du Zimbabwe. Le second était la conclusion du Sommet de Victoria Falls II tenu du 7 au 8 septembre 1998. Ce dernier Sommet confia par ailleurs aux ministres de la défense et à d'autres fonctionnaires de la SADC la charge d'élaborer, en étroite collaboration avec l'OUA et l'ONU, les modalités de mise en œuvre d'un cessez-le-feu immédiat et de créer un mécanisme pour assurer le suivi du respect des dispositions du cessez-le-feu.

503. Toutefois, Victoria Falls II fut un échec, pour deux raisons principales, à savoir la négation par l'Ouganda et le Rwanda[417] de la présence de leurs troupes en RDC, et le refus du Gouvernement congolais de reconnaître l'existence des rebelles du Rassemblement

---

implicites que détient le Conseil de sécurité au titre du chapitre VII. Voir à ce sujet Bokona Wipa Bonzaly, « La Mission de l'Organisation des Nations Unies au Congo (MONUC) : fondement et régime en droit international », *Annales de la Faculté de droit*, vol. XI-XXVII, 2004, 263-267.

417 Il a fallu attendre trois mois après le déclenchement des hostilités pour voir le Rwanda reconnaître la présence de ses forces armées sur le territoire congolais. La déclaration en avait été faite le 6 novembre 1998, par l'ancien vice-président et actuel président du Rwanda, Paul Kagame, lors de sa rencontre avec l'ancien président de la République d'Afrique du Sud (RSA), Nelson Mandela, à Pretoria. Le 11 novembre suivant, le Rwanda et l'Ouganda s'accordèrent pour un commandement conjoint auquel les rebelles allaient être associés. De ce fait, ils déclarèrent ainsi ouvertement la guerre à la RDC. Voir E. Banyaku Luape Epotu, *Chronologie, monographie et documentation sur l'histoire politique du Congo des années 60 aux années 90*, Kinshasa, Ed. COMPODOR, 2000, 277.

congolais pour la démocratie (RCD). Conséquence logique de cette position du Gouvernement congolais, les représentants du RCD, Messieurs Z'Ahidi Ngoma et Bizima Karaha, affirmèrent ne pas être concernés par tout éventuel accord qu'ils n'auraient pas signés parce qu'ils n'avaient pas été admis à la table de négociations. Ainsi, le 11 septembre 1998 à Addis-Abeba, sous l'égide de l'OUA, les pourparlers de Victoria Falls II se poursuivirent entre les ministres de la défense de six pays[418] en guerre, mais en vain.

504. C'est finalement le Sommet de la SADC tenu à l'Ile Maurice, le 14 septembre 1998, qui chargea la Zambie de conduire des pourparlers de paix pour la RDC, en étroite collaboration avec l'OUA et avec l'appui de l'ONU, alors même que ce processus de médiation régionale avait du mal à avancer. Lorsque le Rwanda reconnut sa présence militaire en RDC, le 6 novembre 1998, le Président sud-africain, Nelson Mandela, déclara : « le fait que le Rwanda n'admettait pas être partie prenante au conflit a créé des difficultés. Maintenant que cette déclaration est faite, je pense qu'il y a toutes raisons de croire qu'il va y avoir de progrès » (Banyaku Luape 2000 : 277).

505. Comment expliquer alors que le Conseil de sécurité ait laissé pourrir la situation sur le terrain au motif de sa foi en une telle médiation régionale ? Politiquement, on peut suspecter qu'il y a eu manque de volonté des Nations Unies à maintenir la paix et la sécurité en RDC. Sur le plan juridique, Hubert Kabungulu estime que le Conseil de sécurité était fondé à déclarer l'appui onusien au processus de médiation régionale (Kabungulu 2000 : 9). Il soutient son argumentation en invoquant les articles 36 et 52 de la Charte de l'ONU (Kabungulu 2000 : 9).

506. Les paragraphes 1 et 2 de l'article 36 disposent :

> « 1. Le Conseil de sécurité peut, à tout moment de l'évolution d'un différend de la nature mentionnée à l'article 33 [dont la prolongation est susceptible de menacer le maintien de la paix et de la sécurité internationale][419] ou d'une situation analogue, recommander les procédures ou méthodes d'ajustement appropriées. 2. Le Conseil de sécurité devra prendre en

418 RDC, Angola, Namibie et Zimbabwe d'un côté, l'Ouganda et le Rwanda de l'autre.

419 C'est nous qui l'ajoutons.

considération toutes les procédures déjà adoptées par les parties pour le règlement de ce différend. »

507. Concernant les accords ou organismes régionaux, les paragraphes 2 et 3 de l'article 52 stipulent :

> « 2. Les Membres des Nations Unies qui concluent ces accords ou constituent ces organismes doivent faire tous leurs efforts pour régler d'une manière pacifique [...] les différends d'ordre local, avant de les soumettre au Conseil de sécurité.
>
> « 3. Le Conseil de sécurité encourage le développement du règlement pacifique des différends d'ordre local par le moyen de ces accords ou de ces organismes régionaux soit sur l'initiative des Etats intéressés, soit sur renvoi du Conseil de sécurité. »

508. Tout d'abord, à propos de l'article 36, qui figure dans le Chapitre VI de la Charte, il revient que ce dernier n'était pas juridiquement applicable à l'espèce en raison de l'agression armée contre la RDC.[420] Ensuite, concernant l'article 52 (2), figurant dans le Chapitre VIII de la Charte, on peut aisément comprendre qu'il se rapporte à un même objet, le règlement pacifique des différends. Même si le Conseil de sécurité semble disposer d'un large pouvoir d'appréciation à ce sujet, il ne doit pas agir n'importe comment. Sa discrétion est limitée par l'obligation de se conformer aux buts et principes des Nations Unies.[421] Or, précisément, en avalisant le processus de médiation régionale, il contrevenait à la Charte, puisqu'on ne pouvait pas régler, du point de vue du droit onusien, un conflit qui résultait de la violation flagrante du principe de non-recours à la force dans les relations internationales, à savoir l'agression, par des moyens pacifiques. Par conséquent, si l'on devrait suivre la logique de Kabungulu, le Conseil de sécurité avait le droit de violer la Charte de l'ONU, d'une part, en s'abstenant de faire usage de ses pouvoirs exorbitants en cas d'agression, et, d'autre part, en donnant son appui à un processus de médiation régionale tout aussi illégal. Pourtant, il est généralement admis que *violer le droit pour défendre le droit violé ne vaut.*

509. Enfin, en pratique, à défaut d'être un acteur au centre du processus de paix pour la RDC, les Nations Unies s'étaient contentées

---

420 Il fut officiellement fondé le 10 novembre 1998, avec l'appui de l'Ouganda, soit plus de trois mois depuis le début des hostilités.

421 Article 24, §2 de la Charte.

d'apporter à la médiation régionale deux formes d'appui. En premier lieu, il s'agissait de l'appui technique offert par le Secrétaire général. En effet, ce dernier désigna deux personnalités, l'une en qualité d'Envoyé spécial pour le processus de paix en RDC[422] et l'autre comme Représentant spécial en Afrique des Grands Lacs.[423] Ces deux personnalités contribuèrent à rapprocher les parties au conflit dans le cadre des négociations ayant abouti à la conclusion de l'Accord de Lusaka. En second lieu, il s'agissait du soutien politique du Conseil de sécurité qui félicita l'Organisation de l'Unité africaine et la Communauté de Développement de l'Afrique australe pour les efforts qu'elles ont déployés pour trouver une solution pacifique au conflit en République démocratique du Congo, et en particulier le Président de la République de Zambie, ainsi que le Secrétaire général, l'Envoyé spécial du Secrétaire général dans la région des Grands Lacs et tous ceux qui ont contribué au processus de paix.[424]

510. Il faut y ajouter les visites régulières qu'ont effectuées les membres du Conseil, soit individuellement soit collectivement, dans les pays de l'Afrique des Grands Lacs : une pratique suivie depuis lors de manière assez constante.

II. Les négociations de paix de Lusaka et les perspectives d'une action directe de l'ONU

511. Les négociations de Lusaka et l'Accord auquel elles avaient abouti, en juillet 1999, étaient un tournant décisif vers la création de la MONUC, à un double titre. D'une part, toutes les parties au conflit avaient accepté le principe de l'intervention directe de l'ONU au moyen d'une opération de maintien de la paix en RDC (1) ; d'autre part, en

422 Il s'agit de Moustapha Niasse, celui même qui fut désigné comme l'Envoyé spécial du Secrétaire général de l'ONU pour le dialogue intercongolais, en vue d'épauler le facilitateur neutre, Sir Ketumile Masire, ancien Président du Botswana, dans ses efforts visant à amener les Congolais à adopter l'Accord global et inclusif, signé exactement le 17 décembre 2002. Le dialogue intercongolais avait été organisé en plusieurs étapes. Ces étapes sont : le pré-dialogue de Gaborone (Botswana) du 20 au 24 août 2000, les travaux d'Addis-Abeba (Ethiopie) ouvert le 15 août 2001, le dialogue intercongolais de Sun City du 25 février au 11 avril 2002 et les négociations politiques intercongolaises de Pretoria en décembre 2002.

423 Il s'agit de Berhanu Dinka.

424 Voir article 2 de la Résolution S/RES/1258 du 6 août 1999.

attendant cette intervention, elles étaient d'accord pour mettre en place un mécanisme transitoire, à savoir la Commission militaire mixte (2).

1. La conclusion de l'Accord de Lusaka et l'appel à la constitution d'une force de maintien de la paix des Nations Unies

512. Les négociations de Lusaka devaient commencer le 26 juin 1999,[425] au moment où le Sommet de Syrte venait de s'achever avec la conclusion d'un accord séparé de paix, le 18 avril 1999, entre la RDC et l'Ouganda. Ce Sommet avait réuni, outre les Présidents de ces deux pays, à savoir Laurent Désiré Kabila et Yoweri Museveni, les Présidents tchadien, Idris Deby, et érythréen, Assias Afweyork, à côté du Guide libyen, Mouammar Kadhafi. C'était une rencontre organisée alors que la médiation régionale était dans l'impasse (Biyoya Makutu 2008 : 53). Elle faisait suite à un autre sommet tenu à Tripoli, le 1er octobre 1998 (Banyaku Luape 2000 : 274), entre la Libye, l'Erythrée, le Tchad et le Niger. L'Accord de Syrte du 18 avril 1999, fruit d'une diplomatie parallèle libyenne à la médiation régionale conduite par la Zambie, n'avait pas cependant bénéficié d'un véritable soutien diplomatique. « Il doit s'analyser comme exprimant la volonté de faire avancer le processus de Lusaka » (Biyoya Makutu 2008 : 53). Quant au Conseil de sécurité, il s'était contenté d'en prendre note, tout en demandant aux parties au conflit « de signer immédiatement un accord de cessez-le-feu comportant les modalités et mécanismes d'application appropriés »[426]. Et d'ajouter :

> « Le Conseil de sécurité réaffirme qu'il est disposé à envisager une participation active de l'Organisation des Nations Unies, en coordination avec l'OUA, notamment par l'application de mesures concrètes, viables et efficaces, afin d'aider à l'application d'un accord de cessez-le-feu effectif et à la mise en œuvre d'un processus convenu de règlement politique du conflit. »[427]

513. Ce faisant, l'objectif des négociations de Lusaka était d'examiner le projet d'accord de cessez-le-feu, préparé par l'équipe de

425 Voir §3 de la Déclaration S/PRST/1999/17 du Président du Conseil de sécurité du 24 juin 1999.
426 Déclaration S/PRST/1999/1 du Président du Conseil de sécurité, voir *supra*.
427 *Idem*, §4.

la médiation régionale, ainsi que les modalités pour mettre fin aux hostilités (Labana Lasay' abar 2006 : 89). Les participants à ces assises de Lusaka étaient : a) les Etats belligérants : Angola, Namibie, Ouganda, RDC, Rwanda et Zimbabwe ; b) les factions rebelles : RCD et MLC ; c) les observateurs : Zambie (médiateur), SADC, OUA et ONU.

514. Des longues et difficiles négociations aboutirent à la conclusion de l'« Accord de Lusaka pour un cessez-le-feu en République démocratique du Congo et modalités de sa mise en œuvre ». Il fut signé en deux temps : d'abord par les Etats belligérants, le 10 juillet 1999, puis, le 31 août 1999, par les mouvements rebelles.[428]

515. L'Accord de Lusaka comporte un arrangement global et trois documents annexes.[429] Il n'accoucha pas de la paix, mais des voies et moyens d'y parvenir sans faille. C'est à ce juste titre que le Conseil de sécurité déclara qu'il représentait « une base viable pour la résolution du conflit en République Démocratique du Congo »[430], tandis que pour le Secrétaire général, il constituait « une première étape importante vers

---

428 Le Mouvement de libération du Congo (MLC) avait refusé de signer l'Accord de Lusaka à la date du 10 juillet 1999. Il a fallu d'âpres pressions politiques pour qu'il revînt à la raison. En revanche, concernant le RCD, la situation était liée à une querelle de leadership qui naquit suite à sa division interne. Il y avait le RCD-Kisangani, sous la présidence de Wamba Dia Wamba, et le RCD-Goma, présidé par Emile Ilunga Kalambo. Finalement, la médiation trouva une formule intermédiaire neutre, celle de faire signer l'Accord de Lusaka par tous les 50 membres fondateurs du RCD. Il s'agit de : Balamage N'kolo, Baitsura Musowa, Balikwisha Jim, Bampa Miliabyo, Barihima Jean-Bosco, Bizima Kahara, Bugera Déogratias, Depelchin Jacques, Emungu Jean-Marie, Endundo Bononge José, Gashinge Dévote, Gasana Karake Guillaume, Habarugira Tharcisse, Ilunga Kalambo Emile, Kalala Shambuyi, Kalenga Kyalumba, Kamanzi Emmanuel, Kambale Bahekwa, Kananura Stanislas, Kanyamuhanga Léonard, Kirivita Bertin, Kitembo Gertrude, Lumbala Roger, Lunda Bululu, Lussi Kasereka, Makabuza Alexis, Mbusa Nyamwisi, Mpabuka Théophile, Mudumbi Joseph, Muheto Léon, Mukingi Oswald, Mundjo Antoine, Munembwe Elysée, Mutumbi Sylvain, Ngangura Etienne, Nyangi Oda, Nyarugabo Moïse, Nyongolo Alimasi, Ondekane Jean-Pierre, Ruberwa Azarias, Rubibi Joseph, Ruboneka Gervais, Serufuli Eugène, Serukiza Benjamin, Sesanga Hipungu, Siwako Poley, Tansia Jean-Claude, Thambwe Mwamba Alexis, Tomy Tambwe et Wamba Dia Wamba.

429 L'annexe A porte sur « Les modalités de mise en œuvre de l'Accord de cessez-le-feu en République démocratique du Congo » ; l'annexe B concerne le « calendrier de mis en œuvre de l'Accord de cessez-le-feu » ; tandis que l'annexe C se rapporte aux « définitions » des termes utilisés.

430 Article 1 de la Résolution S/RES/1258 du 6 août 1999.

le redressement de la situation »[431]. L'Accord de Lusaka établissait une sorte de « plan directeur de paix [...] dont l'exécution était programmée dans le temps » (Biyoya Makutu 2008 : 24), c'est-à-dire suivant le calendrier prévu à son annexe B. Ce plan était l'essentiel, le substratum, de ce qu'on qualifiait désormais de « Processus de paix de Lusaka » (Biyoya Makutu 2008 : 24). Ce dernier comportait deux principaux volets, combinant la dimension externe et interne du conflit, à savoir : a) un volet militaire, impliquant la cessation des hostilités, le désengagement des forces, le retrait des troupes étrangères, la formation d'une armée congolaise unique et intégrée, etc. ; b) un volet politique devant conduire au dialogue inter-congolais, à la normalisation de la situation le long des frontières communes entre la RDC et ses voisins, etc.

516. Conscients du fait que, sans l'implication de l'ONU, il était quasiment impossible d'exécuter ces deux volets du processus de paix, les parties à l'Accord de Lusaka avaient prévu la mise en place d'une force onusienne de maintien de la paix en RDC.[432] D'après cet Accord, le mandat proposé de cette force aurait compris les tâches suivantes : collaborer avec la Commission militaire mixte et l'OUA en vue de l'application de l'accord ; observer et contrôler la cessation des hostilités ; effectuer des enquêtes sur les violations du cessez-le-feu et prendre les mesures nécessaires pour assurer le respect du cessez-le-feu ; superviser le désengagement des forces, comme prévu dans l'accord ; superviser le redéploiement des forces dans des positions défensives à l'intérieur des zones de conflit, conformément à l'accord ; apporter une assistance humanitaire aux déplacés, réfugiés et autres personnes affectées par le conflit et assurer leur protection ; tenir les parties à l'accord de cessez-le-feu informées des opérations qu'elle mène en matière de maintien de la paix ; rassembler les armes qui se trouvent entre les mains des civils et veiller à ce qu'elles soient enregistrées de manière appropriée et mises en lieu sûr ; en collaboration avec la Commission militaire mixte et l'OUA, établir le calendrier de retrait de toutes les forces étrangères et superviser leur retrait ; vérifier toutes les

431 Conseil de sécurité, *Rapport du Secrétaire général sur le déploiement préliminaire des Nations Unies en République démocratique du Congo*, Doc. ONU, S/1999/790, 15 juillet 1999, §13.

432 Article 3, § 11, a) de l'Accord de Lusaka du 10 juillet 1999.

informations, données et activités concernant les forces militaires des parties.[433]

517. A cette proposition de mandat s'ajoutait une tâche relative à l'imposition de la paix : la traque et le désarmement des groupes armés, tels que définis à l'annexe C de l'Accord de Lusaka, c'est-à-dire « [...] les forces autres que celles du gouvernement de la République Démocratique du Congo, du Rassemblement congolais pour la démocratie et du Mouvement de libération du Congo, qui ne sont pas signataires de cet Accord [...] »[434]. Un questionnement s'impose ici : pourquoi les parties au conflit avaient-elles proposé la mise en place d'une opération de maintien de la paix de l'ONU, traduisant son intervention directe en RDC, au lieu de laisser l'OUA et la SADC demeurer maîtresses de l'ensemble du processus,[435] en continuité normale de leurs efforts de médiation régionale ? Cette situation ne s'expliquerait pas uniquement par la volonté antérieure du Conseil de sécurité d'envisager la participation directe des Nations Unies dans la mise en œuvre du cessez-le-feu de Lusaka. On peut également admettre que les organismes régionaux africains n'étaient pas mieux outillés pour déployer sur le terrain une telle opération, en raison non seulement du manque des moyens financiers, voire humains, mais encore de leur

---

433 Accord de Lusaka pour un cessez-le-feu en République Démocratique du Congo et modalités de sa mise en œuvre, Annexe A, point 8.2.

434 On comprend alors que cette catégorie d'acteurs du conflit armé en RDC se compose non seulement des groupes armés étrangers mais aussi des groupes armés congolais. L'Accord de Lusaka n'en donne qu'une liste indicative, incluant les ex-Forces armées rwandaises et les miliciens Interahamwe qui se font appeler au nom de Forces démocratiques pour la Libération du Rwanda (FDLR), Forces démocratiques alliées (FDA), Former National Ugandan Army (Ancienne Armée nationale de l'Ouganda, FNUA), Lord Resistant Army (Armée de Résistance du Seigneur, LRA), Front national de Libération de l'Ouganda II (UNRFII), Front de la Rive Ouest du Nil (WNBF) et l'Armée nationale pour la Libération de l'Uganda (NALU). En revanche, les Mai-Mai, non signataires de l'Accord de Lusaka, mais à la différence d'autres groupes armés, furent élevés au rang d'une entité partenaire au processus de paix en RDC. C'est ainsi qu'ils participèrent au dialogue intercongolais dans ses différentes phases de Sun City et de Pretoria en République d'Afrique du Sud.

435 Il faut noter cependant que, plus tard, l'Union africaine (UA), successeur de l'OUA tenta de reprendre la situation en main. En effet, par la Déclaration de Libreville du 10 janvier 2005, le Conseil de paix et de sécurité de l'UA faisait valoir la volonté de l'organisation continentale à envoyer des unités militaires à l'Est de la RDC en vue du désarmement forcé des groupes armés dits" forces négatives". Cette idée ne fut pas long feu et, tout naturellement, elle ne connut aucune application.

inexpérience dans le domaine du maintien de la paix dans une situation d'extrême complexité.[436] Ce renvoi de la balle aux Nations Unies n'était pas une fuite de responsabilité de l'Afrique pour la gestion de sa propre sécurité. C'était, peut-être, un aveu d'incapacité, lequel relève du réalisme politique. Ainsi, une transition vers cette prise de responsabilité par l'ONU fut organisée, à travers la Commission militaire mixte (CMM).

2. La transition vers l'intervention directe des Nations Unies : la création de la Commission militaire mixte

518. La CMM fut créée par l'Accord de Lusaka qui dispose :

> « Les Parties constitueront une commission militaire mixte (CMM) qui sera chargée d'exécuter, immédiatement après l'entrée en vigueur de cet Accord et en collaboration avec le groupe d'observateurs de l'ONU et de l'OUA, des opérations de maintien de la paix jusqu'au moment du déploiement de la force de maintien de la paix des Nations Unies. Sa composition et son mandat seront conformes aux dispositions du chapitre 7 de l'annexe A à cet Accord. »[437]

519. La CMM devait être mise en place sept jours après la signature l'Accord de cessez-le-feu[438] et son siège était établi à Lusaka. Elle fut composée d'un président neutre – en la personne du général Rachid Lallali, désigné par l'OUA, en concertation avec les parties signataires de l'Accord de Lusaka – et de deux représentants de chaque partie à cet Accord.

520. L'annexe A de l'Accord de Lusaka précisait par ailleurs que la CMM était un organe de prise de décision par consensus sur toutes les tâches lui dévolues et était responsable devant un comité politique composé des ministres des affaires étrangères et de la défense ou de

---

436 Lire utilement H. Balde, « Le bilan de l'OUA dans le domaine du maintien de la paix et de la sécurité en Afrique», *http://www.ridi.org:* publication du Groupe d'Etude des questions de Paix et de Sécurité Internationales (G.E.P.S.I.), février 2003 ; voir aussi Centre Thucydide, *Doctrine du maintien de la paix des Nations Unies. Conditions de réussite des opérations de maintien de la paix*, Etude HCCEP n° 2006/198, Rapport de synthèse, Séminaire du Centre Thucydide organisé pour la DAS, 9-10 février 2007, 20.

437 Article III, point 11, litera b) dudit Accord.

438 Voir Annexe B de l'Accord de Lusaka portant sur sa mise en œuvre.

toute autre personne dûment mandatée par les parties. Elle était chargée : a) des opérations de maintien de la paix : en ce sens, l'OUA était amenée à déployer sur le terrain des observateurs militaires pour la réalisation de ces opérations ; b) d'autres tâches, notamment, établir les positions des unités au moment du cessez-le-feu, faciliter la liaison entre les parties aux fins de l'application du cessez-le-feu, mener des enquêtes sur toute violation du cessez-le-feu, élaborer les mécanismes de désarmement des groupes armés ainsi que surveiller et vérifier le retrait ordonné des forces étrangères.[439]

521. En tout état de cause, la CMM n'était pas vouée à la dissolution dès la constitution de la force onusienne de maintien de la paix. Elle devait rester un forum de dialogue entre les parties, tout en travaillant en collaboration avec les Nations Unies. Elle entretenait des rapports étroits avec l'ONU. Quant à son bilan, il s'était avéré mitigé. En effet, la CMM avait notamment réussi à mettre en place le Plan de désengagement et de redéploiement des forces, le 18 avril 2000, à Kampala, auquel s'ajoutaient les Sous-plans de désengagement et de redéploiement des forces de Harare de mars 2001, ainsi que le Plan de retrait ordonné de toutes les forces étrangères de la RDC. Tous ces plans ne furent pas appliqués. Il a fallu attendre la conclusion de deux accords séparés, l'un entre le Rwanda et la RDC[440], l'autre entre celle-ci et l'Ouganda[441], pour voir le problème de retrait des troupes étrangères connaître un dénouement heureux.[442] Ces deux accords avaient du coup

---

439 Accord de Lusaka pour un cessez-le-feu en République démocratique du Congo et modalités de sa mise en œuvre, Annexe A, chapitre 7, point 7.4.

440 L'Accord de Pretoria du 31 juillet 2002 dit « *Protocole d'accord entre les gouvernements de la République démocratique du Congo et de la République du Rwanda sur le retrait des troupes rwandaises du territoire de la République démocratique du Congo et le démantèlement des forces des ex-FAR et des Interahamwe en République démocratique du Congo* (*RDC*) ».

441 L'Accord de Luanda du 6 septembre 2002.

442 Sur l'analyse de ces deux accords, voir S. Bula Bula, « L'Accord de Pretoria du 31 juillet 2002 et le Protocole de Luanda du 06 août 2002 relatifs au règlement du conflit armé contre la République démocratique du Congo », *Annales de la Faculté de droit*, vol. XI-XXVII, 2004, 53-68. Il faut néanmoins faire constater l'erreur de date qui s'est glissée dans l'intitulé de l'article de cet auteur, car l'Accord de Luanda, on l'a vu, ne date pas du 6 août 2002. Lire aussi Balanda Mikuin Leliel, *Les accords de paix en République démocratique du Congo*, Kinshasa, Editions Chèche, 2003.

motivé '*les Etats invités*' en légitime défense par la RDC à procéder au retrait de leurs propres contingents (Angola, Namibie et Zimbabwe).

C. La mise en place de la MONUC

522. Les origines profondes de la MONUC furent truffées de contradictions juridiques, politiques et diplomatiques : contradiction entre le choix du règlement pacifique du conflit en RDC et la nature de celui-ci, contradiction entre l'ONU et le système régional africain concernant le rôle respectif de chacun dans le maintien de la paix dans ce pays. Avec l'assentiment des parties belligérantes, l'OUA et la SADC passèrent le relais aux Nations Unies. L'intervention onusienne convenue dans l'Accord de Lusaka permettait d'ouvrir une nouvelle phase de controverses et contradictions au sein même de l'ONU : contradictions entre les membres du Conseil de sécurité,[443] et entre celui-ci et le Secrétaire général sur l'approche de la mise en place de la MONUC. Avant de pouvoir examiner l'effectivité de la création de la MONUC (II), il est important de passer en revue ces divergences d'approche entre le Secrétaire général et le Conseil de sécurité de l'ONU (I).

I. Les divergences d'approche entre le Secrétaire général et le Conseil de sécurité des Nations Unies

523. Le Secrétaire général est le plus haut fonctionnaire de l'ONU. En sa qualité de diplomate et personnalité indépendante au centre des activités onusiennes, ses initiatives dans le domaine du maintien de la paix sont en principe réputées d'une certaine neutralité. Mais, elles doivent nécessairement s'imprégner de la réalité politique et diplomatique en vogue pour avoir la chance d'être avalisées par le Conseil de sécurité. C'est ainsi que, se fondant sur les stipulations de l'article 99 de la Charte,[444] il prit, au lendemain de la conclusion de l'Accord de Lusaka, l'initiative d'en informer officiellement le Conseil de sécurité. A cette occasion, il lui présenta un plan d'intervention de

---

443 Sur les contradictions entre les Etats membres du Conseil de sécurité, voir *infra* : point relatif à l'effectivité de la mise en place de la MONUC.

444 Aux termes de cet article, « Le Secrétaire général peut attirer l'attention du Conseil de sécurité sur toute affaire qui, à son avis, pourrait mettre en danger le maintien de la paix et de la sécurité internationales ».

l'ONU (1), mais le Conseil de sécurité préféra une approche différente pour la mise en place de la MONUC (2).

1. Le plan du Secrétaire général

524. Selon le Secrétaire général, toute mission de maintien de la paix des Nations Unies en RDC, quel que soit son mandat, devait être importante et onéreuse.[445] Elle exigeait, poursuivait-il,[446] le déploiement de milliers de membres des personnels militaire et civil internationaux et devait être confrontée à d'immenses difficultés et à de nombreux risques. Parmi ces difficultés et ces risques, il citait la vaste superficie du pays, la dégradation de ses infrastructures, l'intensité du climat, le caractère insoluble de certains aspects du conflit, le nombre de parties belligérantes, les hauts niveaux de méfiance réciproque, les vastes déplacements de population, la disponibilité d'armes légères, le climat général d'impunité et le remplacement du régime du droit par la force armée sur une grande partie du territoire congolais.[447]

525. On peut déduire de ces propos du Secrétaire général un certain pessimisme quant à l'efficacité d'une opération de maintien de la paix en RDC si elle n'était pas judicieusement pensée sur le plan politique, diplomatique et opérationnel. C'est pour cette raison qu'il envisagea, à l'intention du Conseil de sécurité, la création de la MONUC suivant une démarche progressive à trois étapes, adaptée à la situation.[448]

526. La première étape aurait pu se réaliser par le déploiement sur le terrain de 90 membres du personnel militaire des Nations Unies au maximum et du personnel civil, politique, humanitaire et administratif nécessaire à l'opération.[449] Le personnel militaire devait exercer essentiellement des fonctions de liaison auprès des capitales nationales

---

445Conseil de sécurité, *Rapport du Secrétaire général sur le déploiement préliminaire des Nations Unies en République démocratique du Congo, op.cit.*, §15.

446 *Ibidem.*

447 *Ibidem.*

448 Cette démarche progressive est exposée dans les documents ci-après : Conseil de sécurité, *Rapport du Secrétaire général sur le déploiement préliminaire des Nations Unies en République démocratique du Congo*, Doc.ONU, S/1999/790, 15 juillet 1999 ; Conseil de sécurité, *Compte-rendu*, Doc.ONU, S/PV.4083, cinquante-quatrième année, 4083ème séance, New York, jeudi 16 décembre 1999 ; Conseil de sécurité, *Rapport du Secrétaire général sur la Mission de l'Organisation des Nations Unies en République démocratique du Congo*, Doc.ONU, S/2000/30, 17 janvier 2000.

449 Conseil de sécurité, *Rapport du Secrétaire général sur le déploiement préliminaire des Nations Unies en République démocratique du Congo, op.cit.*, §16.

et des postes de commandement arrières des principaux belligérants, en particulier à Kinshasa et ailleurs en RDC (notamment à Goma et à Gbadolite), Kigali, Kampala, Luanda, Harare et Windhoek, et devait constituer une cellule de liaison à Lusaka, siège de la CMM.[450]

527. Dans une deuxième étape, le Conseil de sécurité était appelé à autoriser le déploiement de quelques 500 observateurs militaires en RDC et, selon que de besoin, dans les États belligérants et autres États voisins.[451] Cependant, le passage de la première à la deuxième étape était fondé, de l'avis du Secrétaire général, sur le rapport de l'équipe d'enquête ou d'évaluation technique dépêchée sur le terrain et du groupe de liaison relevant de la première étape ci-dessus. Rien ne devait changer d'une manière automatique. L'ONU devait se rassurer, avant tout nouveau déploiement, de toute la situation opérationnelle de sa mission, y compris les garanties de sécurité pour les observateurs militaires. D'après le Secrétaire général,[452] conformément à l'Accord de Lusaka, les tâches de ces observateurs militaires allaient consister notamment à : établir des contacts avec les différentes parties dans leur quartier général, y compris dans les capitales des États belligérants ; établir une liaison avec la Commission militaire mixte et collaborer avec elle aux fins de l'application de l'accord ; aider la Commission et les parties à enquêter sur les violations présumées du cessez-le-feu ; procéder à une évaluation de la sécurité générale dans le pays ; obtenir des parties qu'elles s'engagent à coopérer et qu'elles donnent des assurances quant à la sécurité des observateurs militaires qui seront ultérieurement déployés à l'intérieur du pays ; déterminer les lieux où se trouvent actuellement les forces de toutes les parties et ceux où elles risquent d'être stationnées à l'avenir afin de déployer en conséquence le personnel militaire des Nations Unies ; surveiller, sous réserve que les parties offrent des conditions de sécurité satisfaisantes, le cessez-le-feu, le dégagement des forces et leur redéploiement et éventuel retrait ; faciliter l'acheminement de l'aide humanitaire aux personnes déplacées, aux réfugiés et aux autres victimes du conflit et assurer leur protection ; aider le Département des opérations de maintien de la paix

450 *Ibidem.*

451 Conseil de sécurité, *Rapport du Secrétaire général sur le déploiement préliminaire des Nations Unies en République démocratique du Congo, op.cit.*, §17.

452 *Idem*, §18.

à formuler de façon plus précise sa conception générale de l'opération pour les déploiements futurs.

528. La troisième étape aurait pu être le déploiement d'une opération de maintien de la paix plus large, permettant d'aller au bout du processus de Lusaka, notamment le retrait des forces étrangères. Pour le Secrétaire général, cette opération devait être appelée la « Mission d'Observation des Nations Unies en République Démocratique du Congo (MONUC) »[453]. Toutefois, son déploiement devait être préparé par l'équipe d'évaluation technique du Secrétaire général. Cette équipe devait établir les contacts politiques et militaires nécessaires et évaluer l'état des infrastructures dans la zone opérationnelle de la Mission, dont l'effectif total pouvait être de 3500 hommes répartis comme suit :[454] quatre groupes de bataillons d'infanterie renforcés et protégées ainsi que deux compagnies de marine, composées chacune de 150 hommes et équipées de quatre bâtiments.

529. Ce plan du Secrétaire général comportait plusieurs faiblesses. D'abord, les chiffres proposés au Conseil de sécurité étaient suffisamment en-deçà de ce que devaient exiger la gravité de la situation sur le terrain et l'immensité territoriale du pays. Ensuite, il paraissait ne pas correspondre à un plan d'urgence. Le Secrétaire général l'avait lui-même admis, lorsqu'il préconisait que, compte tenu de difficultés et de risques énormes du conflit, le déploiement de la mission onusienne devait être lent. Pourtant, c'est précisément en raison de la gravité de ce conflit que le déploiement rapide et robuste d'une opération des Nations Unies s'imposait. Dès lors, on comprend pourquoi son plan ne contenait aucun chronogramme de déploiement, contrairement aux prévisions de l'Accord de Lusaka.[455] Bien au contraire, le Secrétaire général subordonnait le déploiement onusien à la réunion des conditions hypothétiques, liées au respect de l'Accord de Lusaka et à l'amélioration de la situation sécuritaire en RDC, alors qu'il était presque illusoire de penser que ces conditions pouvaient être réalisées en l'absence d'une forte présence de l'ONU sur terrain. Ainsi,

---

453 *Idem*, §20.

454 Voir Conseil de sécurité, *Rapport du Secrétaire général sur la Mission de l'Organisation des Nations Unies en République démocratique du Congo*, *op.cit.*, §63.

455 Voir l'Accord de Lusaka, annexe C relatif au calendrier de sa mise en œuvre. Ce document prévoyait le déploiement de l'opération de l'ONU au J+120 jours, le jour J correspondant à la date de signature de cet Accord, à savoir normalement le 10 juillet 1999.

le Conseil de sécurité avait bien agi, au moins sur le plan théorique, pour n'avoir pas suivi intégralement la démarche du Secrétaire général.

2. Les phases de la mise en place de la MONUC selon le Conseil de sécurité

530. Le Secrétaire général de l'ONU n'a pas de pouvoir de décision concernant le maintien de paix et de la sécurité dans le monde. Son plan de déploiement onusien en RDC devait s'analyser comme un ensemble de recommandations à l'intention du Conseil de sécurité, mais sans pouvoir lier celui-ci. En effet, le plan du le Secrétaire général ne fut pas suivi, d'abord, en ce qui concerne la dénomination de la mission onusienne. Au lieu de l'appeler « Mission d'observation des Nations Unies (…) », le Conseil de sécurité la dénomma la « Mission de l'Organisation des Nations Unies en République Démocratique du Congo (MONUC) »[456]. C'est le qualificatif « d'observation » qui fut supprimée, car, en réalité, il postulait une perspective passive de l'action des Nations Unies, alors que les tâches pour lesquelles elles étaient appelées à intervenir étaient immenses et exigeaient d'elles plus de dynamisme dans les zones d'opérations de la mission.

531. Par ailleurs, seule la première étape du plan du Secrétaire général fut avalisée par le Conseil de sécurité. Il autorisa le déploiement de 90 membres du personnel militaire, civil, humanitaire, politique et administratif, recommandés par le Secrétaire général, mais les deux autres étapes de son plan n'ont jamais vu le jour.[457] Au contraire, peu de temps après cette autorisation, il transforma ce personnel en MONUC et organisa sa mise en place effective en trois phases distinctes.

532. La première phase correspondait au déploiement complet de la MONUC dans son format réduit de 90 membres du personnel ci-dessus indiqués. La deuxième phase commença le 24 février 2000, suite à l'adoption de la résolution élevant le format de la MONUC à 5537 hommes, y compris des observateurs selon ce que le Secrétaire général pouvait juger nécessaire.[458] Cette phase se poursuivit jusqu'au 9 novembre 2001, date ayant marqué le démarrage de la troisième phase de l'opération onusienne, après approbation par le Conseil de sécurité

---

456 Article 4 de la Résolution S/RES/1279 du 30 novembre 1999.
457 Article 8 de la Résolution S/RES/1258 du 6 août 1999.
458 Article 33 de la Résolution S/RES/1291.

du plan de déploiement complet de la MONUC en RDC,[459] suivant le concept d'opérations détaillé aux paragraphes 59 à 87 du rapport du Secrétaire général.[460] On peut ainsi soutenir qu'avec la réalisation des phases II et III du déploiement de la MONUC, l'ONU venait de mettre définitivement en place une véritable opération de maintien de la paix, dont les modifications ultérieures consistaient simplement soit en une augmentation de ses effectifs soit en une modification de son mandat en fonction de l'évolution de la situation sur le terrain. Voyons maintenant, concrètement, comment cette mise en place s'est opérée et les défis auxquels l'on a dû faire face pour y arriver.

II. L'effectivité de la mise en place de la MONUC

533. Il se dégage de la manière dont le Conseil de sécurité a pu mettre en place la MONUC que sa démarche était nettement plus intéressante, du fait de sa promptitude, que celle du Secrétaire général. Néanmoins, au fond, ce constat ne peut résister à la critique au regard des positions de différents Etats membres du Conseil de sécurité. En fait, ces positions donnaient l'impression d'un organe des Nations Unies qui agissait, à corps défendant, avec précipitation, ou, pour reprendre les propos du Secrétaire général adjoint aux opérations de maintien de la paix, Bernard Miyet, « trop rapidement »[461], puisque le Conseil de sécurité était déjà taxé d'avoir trop trainé le pas en face d'une situation explosive sur le terrain. Des rapports des organisations non

459 Article 10 de la Résolution S/RES/1376.

460 Conseil de sécurité, *Neuvième rapport du Secrétaire général sur la Mission de l'Organisation des Nations Unies en République démocratique du Congo*, Doc.ONU, S/2001/970, 16 octobre 2001. Au paragraphe 74 de ce rapport, il est écrit : « Le premier objectif de la Mission au cours de la phase III sera de mettre en place une présence à la fois militaire et civile, ainsi qu'une base de proximité dans l'est de la république démocratique du Congo, ce devrait contribuer, comme cela a été le cas dans d'autres zones où la MONUC a déjà été déployée, à rassurer la population et à favoriser une reprise progressive des activités économiques et sociales dans cette partie du pays. […] ». Au paragraphe 75, il est écrit : « […] Kindu servira donc, avec les bases existantes de la MONUC à Kalemie et à Goma, de pivot pour les activités réalisées dans les principales zones de l'est du pays. Le personnel des Nations Unies déployé initialement à Kindu comprendra des spécialistes du génie militaire, accompagnés d'une équipe de protection, afin de préparer les élargissements éventuels de la mission dans l'est du pays. […] ».

461 Conseil de sécurité, *Compte-rendu*, Doc.ONU, S/PV.4083, *op.cit.*, 22.

gouvernementales,[462] relayés par une littérature doctrinale abondante,[463] faisaient état d'un désastre humanitaire le plus important depuis la seconde guerre mondiale.[464]

534. En juillet 1999, le Secrétaire général avait lui-même déclaré :

> « L'ONU a eu connaissance de rapports navrants faisant état de famines et d'épidémies. La sécurité alimentaire et la situation économique, notamment dans les centres urbains, continuent de se détériorer à un rythme alarmant. Le conflit a été caractérisé par des violations effroyables, généralisées et systématiques des droits de l'homme, y compris des massacres, des opérations de nettoyage ethnique, des viols et la destruction de biens. Les effets de la guerre se sont étendus au-delà de la sous-région et affectent l'ensemble du continent africain. »[465]

535. Quoi donc de plus anormal que le Conseil de sécurité ait agi dans la précipitation, question de feindre de réagir à la situation de manière plus responsable, alors que la mission créée n'était pas une véritable opération de maintien de la paix ! A quel moment précis celle-ci était-elle alors intervenue ? C'est là l'intérêt d'examiner la création

---

462 Par exemple, voir Human Rights Watch, *Ituri : « couvert de sang ». Violence ciblée sur certaines ethnies dans le Nord-Est de la RDC*, juillet 2003 ; Human Rights Watch, *Crime de guerre à Kisangani : la réaction des rebelles soutenus par le Rwanda à la mutinerie de mai 2002*, août 2002.

463 Lire notamment Hemedi Bayolo, Ch. (éd.), L*'Eglise profanée : chronique des violations des droits du clergé pendant la guerre d'agression 1998-2000*, Kinshasa : éd. Concordia, 2002 ; ainsi que Banza Mbombo, L. et Hemedi Bayolo, C., *Conflits armés en R.D. Congo : violences sexuelles contre les femmes, crimes sans châtiment, 2001-2004*, Kinshasa : Ed. Concordia, 2004.

464 Il faut noter cependant que l'Université de Vancouver (Canada) a récemment publié, au mois de janvier 2010, un rapport qui va dans le sens contraire. Nous regrettons de n'avoir pas encore eu l'occasion de lire ce rapport. D'après la BBC (journal du matin, 20 janvier 2010), ce rapport indique que le nombre de morts suite au conflit armé en RDC serait seulement de 2,5 millions au lieu de 5 millions annoncé dans un rapport antérieur de l'ONG « Rescue Committee ». Il ajouterait que ce nombre de 5 millions, comme dans le cas du Darfour au Soudan ou de l'Irak, est controversé et politisé. Finalement, il semble que ce rapport de l'Université de Vancouver souligne qu'en l'absence même de la guerre, les 2,5 millions de victimes auraient toujours péri, en raison du niveau de vie précaire des populations congolaises.

465 Conseil de sécurité, *Rapport du Secrétaire général sur le déploiement préliminaire des Nations Unies en République démocratique du Congo, op.cit.*, §13.

de la MONUC (2) après avoir vu le déploiement préliminaire des Nations Unies en RDC (1).

1. Le déploiement préliminaire des Nations Unies en RDC

536. Sur recommandation du Secrétaire général, le Conseil de sécurité autorisa dans sa résolution du 6 août 1999 :

> « Le déploiement de 90 membres du personnel militaire de liaison des Nations Unies au maximum, ainsi que du personnel civil, politique, humanitaire et administratif voulu, dans les capitales des Etats signataires de l'Accord de cessez-le-feu et au quartier général provisoire de la Commission militaire mixte, et, si les conditions de sécurité le permettent, dans les quartiers généraux militaires des principaux belligérants, à l'arrière, en République démocratique du Congo et, selon qu'il conviendra, dans d'autres zones que le Secrétaire général jugera appropriées, [...]. »[466]

537. Le mandat de ce personnel était défini de la manière suivante : établir des contacts et assurer la liaison avec la Commission militaire mixte et les parties à l'Accord de Lusaka ; aider la Commission militaire mixte et les parties à mettre au point les modalités d'application de cet Accord ; fournir une assistance technique, sur demande, à la Commission militaire mixte ; tenir le Secrétaire général informé de la situation sur le terrain et aider à mettre au point un concept d'opérations en vue de renforcer éventuellement le rôle de l'Organisation des Nations Unies dans l'application de l'Accord de Lusaka ; obtenir des parties des garanties de coopération et des assurances de sécurité en vue du déploiement éventuels d'observateurs militaires à l'intérieur du pays.[467]

538. Il faut noter que la CMM était un organe dépendant de l'OUA, dont le représentant en assurait la présidence. La résolution relative au déploiement préliminaire des Nations Unies faisait valoir un certain rapport qu'elle entretenait avec l'ONU pour assurer son bon fonctionnement. Elle institutionnalisait, de ce fait, la collaboration entre l'ONU, la CMM et l'OUA dans le maintien de la paix et de la sécurité en Afrique. Auparavant, l'Accord de Lusaka y avait également déjà fait

---

466 Résolution S/RES/1258, §8.
467 *Ibidem.*

allusion, bien que, comme cette résolution, il ne définissait pas nettement ce rapport dans les détails.

539. Sur le plan pratique, l'ONU fit tout ce qui était nécessaire pour établir une liaison avec aussi bien l'OUA que la CMM.[468] Pour cela, elle dépêcha d'abord deux officiers militaires de liaison à Addis-Abeba et quatre autres au siège de la CMM à Lusaka. L'ONU affecta également ses officiers militaires de liaison auprès des antennes régionales de la CMM, qu'on appelait des Commissions militaires mixtes régionales (CMMR).[469] En outre, elle réussit à apporter son assistance aux observateurs militaires de l'OUA, déployés par la CMM dans ses diverses antennes régionales, notamment à Boende, Lisala et Kabinda. Ce soutien portait sur leur transport dans ces localités et la formation technique à leur mission. En fin de compte, l'ONU avait servi, en quelque sorte, de porte-parole à l'OUA et à la CMM pour mobiliser la communauté internationale à contribuer au financement des activités de celle-ci.[470]

540. Quoi qu'il en soit, alors que le déploiement préliminaire des Nations Unies en RDC n'était pas encore au complet et qu'il n'avait pas encore terminé la période du mandat qui lui avait été confié, le Conseil de sécurité opta plus tôt pour la création de la MONUC.

2. La création de la MONUC : d'une mission de taille très réduite à une véritable opération de maintien de la paix

541. Le 30 novembre 1999, le Conseil de sécurité adopta, à l'unanimité,[471] la résolution S/RES/1279 aux termes de laquelle :

> « Le personnel dont le déploiement est autorisé aux termes des résolutions 1258 (1999) et 1273 (1999), y compris une équipe pluridisciplinaire

468 Sur l'état de leur rapport, voir Conseil de sécurité, *Rapport du Secrétaire général sur la Mission de l'Organisation des Nations Unies en République démocratique du Congo, op.cit.,* §18-23.

469 Lire notamment les Sous-plans de désengagement et de redéploiement des forces de Harare de mars 2001.

470 Parmi les donateurs en numéraire, on peut citer : l'Union européenne (1,2 million d'euros), les Etats-Unis d'Amérique (1 million de dollars), le Pays-Bas (200000 $) et la Grande-Bretagne (150000£). Lire Conseil de sécurité, *Compte-rendu*, Doc.ONU, S/PV.4083, voir *supra.*

471 Conseil de sécurité, *compte-rendu*, Doc.ONU, S/PV.4076, cinquante-quatrième année, 4076ème séance, New York, mardi 30 novembre 1999.

dans les domaines des droits de l'homme, des affaires humanitaires, de l'information, du soutien médical, de la protection des enfants et des affaires politiques, ainsi que le personnel d'appui administratif, pour aider le Représentant spécial, constituera la Mission de l'Organisation des Nations Unies en République Démocratique du Congo (MONUC) jusqu'au 1er mars 2000. »[472]

542. Une précision s'impose ici. Le mandat du déploiement préliminaire des Nations Unies s'étendait sur une période de trois mois, soit jusqu'en novembre 1999. Le 5 novembre 1999, le Conseil de sécurité le prolongea jusqu'au 15 janvier 2000.[473] Curieusement, contrairement à sa volonté antérieure, le même Conseil de sécurité choisissait, un peu moins de trois semaines après, de créer trop rapidement la MONUC. Mais, hormis le changement de dénomination de la mission onusienne, la MONUC gardait le même format que celui du déploiement préliminaire de l'ONU en RDC. Lors de la séance du 16 décembre 1999, tous les membres du Conseil de sécurité allaient avouer que l'ONU n'avait pas encore déployé dans ce pays une véritable opération de maintien de la paix. Mais, ils étaient profondément divisés en trois groupes distincts concernant la manière dont les Nations Unies abordaient ou devaient aborder cette situation. Pour quelle raison, pourrait-on se demander ?

543. En effet, le premier groupe était composé des Etats prônant la prudence avant toute intervention de grande envergure des Nations Unies. Le deuxième était constitué de pays stigmatisant les atermoiements, voire la tardiveté de l'action, du Conseil de sécurité, en fait de certains de ses membres les plus influents, tandis que le dernier était formé des Etats neutres, défendant des positions proches de l'un ou l'autre de deux premiers groupes.

544. Tout d'abord, parmi les Etats prônant la prudence, compte tenu, selon eux, de la complexité de la situation, figuraient les Etats-Unis d'Amérique, la Grande Bretagne et le Pays-Bas. A cet égard, l'ambassadeur américain, Richard Holbrook, reconnaissait que les

472 Résolution S/RES/1279, §4.
473 Résolution S/RES/1273.

Etats-Unis étaient effectivement coupables d'atermoiements. Cependant, avait-il précisé :

> « Nous atermoyons en ce moment, mais pas parce que nous nous opposons au maintien de la paix en République Démocratique du Congo. Nous atermoyons parce que nous voulons une opération de maintien de la paix, et nous voulons la mener à bien. Nous ne pouvons pas nous permettre une opération qui tourne mal, et il y a beaucoup de choses à régler ici. »[474]

545. Au nombre des questions à régler, il comptait avoir des assurances de la part du Secrétaire général concernant les éléments suivants : la composition et la structure de la force de maintien de la paix, les pays contributeurs en troupes et à son financement ainsi que la planification de ses opérations. A ces éléments d'ordre technique s'ajoutaient des conditions politiques, dont l'une démontrait au fond les véritables intentions des Etats-Unis d'Amérique, à savoir le changement de régime à Kinshasa.[475] En effet, Richard Holbrook déclara : « [...] il serait difficile pour les États-Unis d'appuyer une opération de maintien de la paix en l'absence d'un facilitateur pour la composante politique, qui a tant d'importance »[476]. A cette condition du démarrage du dialogue national il ajoutait le respect de l'Accord de Lusaka et l'élaboration d'un plan de désarmement, démobilisation et réinsertion (DDR) des groupes armés. Pourtant, la remarque faite par la Chine à ce sujet semblait fondée, en ce qu'elle soulignait :

> « [...] ce n'est que lorsqu'une mission de maintien de la paix des Nations Unies sera déployée là-bas qu'il pourra y avoir un contrôle et un respect efficaces du cessez-le-feu. Cela créerait un climat et une situation relativement stables où le dialogue politique national peut se dérouler de manière harmonieuse et où les autres éléments de l'Accord

---

474 Conseil de sécurité, *Compte-rendu*, Doc.ONU, S/PV.4083, cinquante-quatrième année, 4083ème séance, New York, jeudi 16 décembre 1999, 5.

475 Ceci est d'autant plus vrai que beaucoup d'auteurs ont vu aussi dans la guerre contre le régime de Laurent Désiré Kabila la main invisible des Etats-Unis d'Amérique, voire de la Grande Bretagne. Lire à ce sujet C. Braeckman, *L'enjeux congolais : l'Afrique centrale après Mobutu*, Paris : Fayard, 1999 ; Mwayila Tshiyembe., *Géopolitique de paix en Afrique médiane*, Paris : L'Harmattan, 2003.

476 Conseil de sécurité, *Compte-rendu*, Doc.ONU, S/PV.4083, *op.cit.*, 5.

de Lusaka pourront être progressivement mis en œuvre. Sinon, rien n'est possible. »[477]

546. S'agissant des Etats du deuxième groupe, on trouve notamment le groupe des pays africains au Conseil de sécurité (Gabon, Gambie et Namibie à cette époque), le Bahreïn ainsi que la Chine. « [...] pourquoi l'ONU hésite-t-elle à intervenir ? »[478], se demandait le représentant du Bahreïn ? Quant au représentant de la Gambie, répondant pratiquement à l'ambassadeur américain, il souligna :

> « Personne ne dit que la situation en République Démocratique du Congo est simple. Personne ne le dit. Tout ce que nous disons est que la situation est déjà assez mauvaise et que nous devrions donc agir pour qu'elle ne se dégrade pas davantage. »[479]

Et d'ajouter :

> « Nous avons vu comment les conflits dans d'autres régions du monde ont été abordés. Nous ne voulons pas faire un parallèle, mais regardons les faits en face. Nous ne demandons pas au Conseil de faire l'impossible. Nous avons vu des résolutions tendant à déployer des forces de maintien de la paix élaborées et adoptées en deux jours. Demander le même traitement peut sembler irréaliste et nous accepterions simplement que les questions africaines, comme tous les autres problèmes, fassent l'objet du traitement urgent et approprié qu'elles méritent. Nous l'avons dit tant de fois au Conseil : il faut traiter toutes les questions, indépendamment du lieu du conflit, avec le même zèle et le même enthousiasme. Ma délégation a toujours dit au Conseil qu'une vie en Angola, ou en République Démocratique du Congo, ou ailleurs en Afrique, n'est pas moins précieuse qu'une vie au Kosovo ou au Timor oriental ou ailleurs sur un autre continent. »[480]

547. Enfin, parmi les pays constitutifs du troisième groupe, il y avait le Brésil, le Canada, la France et la Fédération de Russie. Pour le Brésil,

---

477 *Idem*, 14.
478 *Idem*, 13.
479 *Idem*, 8.
480 *Ibidem*.

« […] lorsque deux parties présentent des arguments contradictoires, les deux peuvent avoir raison »[481]. La Russie, elle, déclara :

> « Nous sommes d'accord sur ce qui a été dit et nous pouvons comprendre nos collègues africains lorsqu'ils évoquent de façon émouvante et très convaincante la nécessité de prendre des mesures urgentes. Nous pouvons également comprendre les délégations qui estiment qu'il faut instaurer les conditions requises pour que cela se fasse. »[482]

548. D'une manière générale, les positions de ces Etats du troisième groupe peuvent se résumer comme suit : d'une part, on ne peut pas invoquer la complexité de la situation en RDC pour soustraire l'ONU de sa responsabilité d'agir ; d'autre part, on ne peut pas déduire de cette responsabilité la nécessité de l'action immédiate du Conseil de sécurité aussi longtemps que les conditions nécessaires au succès d'une opération robuste de maintien de la paix ne sont pas réunies.

549. Il en résulte que l'unanimité du Conseil de sécurité était loin d'être acquise concernant la situation en RDC. Cette unité, dont on serait tenté de penser qu'elle était réelle, initialement, lors de l'adoption à l'unanimité de la résolution du 30 novembre 1999, n'en était pas une en réalité. Au contraire, ladite résolution traduisait l'idée d'un « compromis politique et diplomatique », qui, précipitant l'intervention des Nations Unies, cachait toutefois des points de vue très divergents, sinon des divergences d'intérêts géopolitiques, entre les différents Etats membres du Conseil de sécurité, comme c'est souvent le cas depuis la fin de la guerre froide (Novosseloff et Sartre 2006 : 746-747 ; Nguyen, Daillier et Pellet 2002 : 839). Dans ces conditions, un tel « compromis politique et diplomatique » ne pouvait donner lieu à une mission de paix autre qu'une opération de façade, de taille très réduite, pour apaiser les susceptibilités des pays qui stigmatisaient la tardiveté de l'action onusienne.

550. Les chiffres présentés par le Secrétaire général viennent à l'appui de cette conclusion. Jusqu'au mois de janvier 2000, la MONUC

---

481 *Idem*, 16.
482 *Idem*, 20.

ne comptait que 79 officiers de liaison militaire.[483] Pour passer de cette phase I à la phase II de son déploiement, le Conseil de sécurité souligna qu'il devait être fondé sur les considérations ci-après : les parties respectent et appliquent l'Accord de Lusaka et les résolutions pertinentes du Conseil de sécurité ; un plan viable en vue du désengagement des forces des parties et de leur redéploiement sur les positions approuvées par la CMM est établi ; avant le déploiement des forces de la MONUC, les parties donnent des assurances fermes et crédibles concernant la sécurité et la liberté de circulation du personnel des Nations Unies et des personnels associés.

551. Ce déploiement ainsi envisagé concernait 5537 hommes, conformément à la résolution 1291 du 24 février 2000. En attendant, la MONUC comptait seulement 200 hommes au mois de février 2001, dont 124 observateurs militaires et 76 officiers d'état-major.[484]

552. Finalement, ayant constaté que les considérations ci-dessus étaient respectées, le Conseil de sécurité réitéra, le 15 juin 2001, l'autorisation du déploiement envisagé en février 2000. Conséquence de cette réitération, le nombre total des unités de la MONUC passait de 200 à 2408 hommes, dont 397 observateurs militaires, 143 officiers d'état-major et 1868 contingents.[485] Avec ce chiffre, la phase II de la MONUC était réalisée. C'est pourquoi, si la création de la MONUC remonte formellement au 30 novembre 1999, la véritable mission onusienne fut effectivement créée par la résolution 1355 du 15 juin 2001. La phase III de son déploiement était simplement la continuation de l'exécution de cette dernière résolution. La MONUC devait attendre les effectifs de l'ordre de 5537, conformément à la résolution 1376 du 9 novembre 2001.

---

483 Conseil de sécurité, *Rapport du Secrétaire général sur la Mission de l'Organisation des Nations Unies en République démocratique du Congo*, *op.cit.*, annexe, 19.

484 Conseil de sécurité, *Sixième rapport du Secrétaire général sur la Mission de l'Organisation des Nations Unies en République démocratique du Congo*, Doc.ONU, S/2001/128, annexe, 21 février 2001, 16.

485 Conseil de sécurité, *Neuvième rapport du Secrétaire général sur la Mission de l'Organisation des Nations Unies en République démocratique du Congo*, Doc.ONU, S/2001/970, annexe, 16 octobre 2001, 17-18.

D. Conclusion

553. L'ONU n'avait pas créé la MONUC du seul fait de la demande de l'Etat congolais. C'était une opération dont les origines profondes remontaient au processus de médiation régionale, mené par la SADC et l'OUA, qui avait abouti à la conclusion de l'Accord de Lusaka du 10 juillet 1999. De nombreuses controverses et contradictions politico-diplomatiques avaient présidé à sa création. L'ONU et le système régional africain se renvoyaient, tour à tour, la balle pour le règlement de la crise en RDC, tandis qu'au sein même des Nations Unies, le Secrétaire général et le Conseil de sécurité ne semblaient pas émettre sur la même longueur d'onde, s'agissant de la planification de la mise en place effective de mission onusienne. Alors que le premier voulait une démarche relativement lente, le second choisissait la voie de sa création immédiate. De toute façon, l'action de l'ONU eut lieu après tant de mois d'hésitations, de demi-mesures et de silence face à une situation devenue explosive depuis le début des hostilités en 1998.

554. Cette promptitude apparente du Conseil de sécurité n'était pas dictée par l'impératif du respect, mais était dictée par la logique inhérente à son fonctionnement interne. Il était tellement divisé qu'il fallait trouver un compromis pour apaiser les esprits de certains membres les plus critiques vis-à-vis des atermoiements de l'ONU à pouvoir agir. La MONUC, résultat de ce compromis, était ainsi créée, en novembre 1999, dans le contexte d'une tourmente diplomatique mondiale. Mais, elle n'était pas encore une véritable mission de maintien de la paix adaptée à la gravité de la situation. La mise en place effective de la MONUC n'est intervenue qu'en juin 2001.

555. Finalement, les controverses et les contradictions ayant entouré le processus de paix en RDC s'étaient avérées des signes prémonitoires de toutes les faiblesses opérationnelles de la MONUC au point de provoquer une crise de confiance entre l'ONU et le peuple congolais. Dès lors, ces faiblesses devaient être palliées par deux opérations de maintien de la paix de l'Union européenne (UE), en 2003 et en 2006 : la Force multinationale intérimaire à Bunia (FMIB)[486], lancée sous l'appellation d'opération « Artemis »[487], et l'opération EUFOR RD

486 Résolution 1484 du 30 mai 2003.

487 Pour tout détail, lire N. Bagayoko, « L'opération Artemis, un tournant pour la politique européenne de sécurité et de défense », *Afrique contemporaine,* n°209, 2004, 101-116 ; voir aussi A. Shyaka, « La Force multinationale intérimaire d'urgence en

Congo[488]. A ces deux opérations sous-traitées par l'ONU s'était ajouté le renfort en effectifs et en logistiques ponctionné sur l'Opération des Nations Unies au Burundi (ONUB)[489]. Cette stratégie onusienne reposait sur le double constat de l'impuissance de la MONUC face à la détérioration de la situation sécuritaire en RDC (Nord-Kivu, Sud-Sud, Nord Katanga et Province orientale) et de la nécessité de la sécurisation du processus électoral de 2006.

556. Dans cette histoire mouvementée du maintien de la paix, on aperçoit les faiblesses de la communauté internationale là où son action était plus attendue et requérait l'urgence. C'est comme si l'ONU n'avait pas tiré – et on doit bien le regretter – les conséquences de bonnes leçons contenues dans le rapport Brahimi[490], lequel suggérait un « déploiement rapide et efficace »[491] des opérations de maintien de la paix avec des mandats « clairs, crédibles et réalistes »[492].

Ituri : "Artemis". Quand la géopolitique se sert de l'humanitaire », in A. Shyaka, (éd.), *La résolution des conflits en Afrique des Grands Lacs. Revue critique des mécanismes internationaux*, Butare : UNR, 2004, 27-46.

488 Résolution 1671 du 25 avril 2006.

489 Créée par la résolution 1545 du 21 mai 2004, l'ONUB prit fin le 31 décembre 2006.

490 C'est M. Lakhdar Brahimi, ancien ministre des affaires étrangères d'Algérie, qui avait présidé le Groupe d'étude sur les opérations de paix de l'ONU qui rendit ce rapport.

491 Conseil de sécurité, *Rapport du Groupe d'étude sur les opérations de paix de l'Organisation des Nations Unies*. Doc.ONU, S/2000/809, 21 août 2000, 17-18.

492 *Idem*, 11-13.

Mutation de l'Organisation de l'Unité Africaine (OUA) à l'Union Africaine (UA) : Etude de quelques aspects juridiques

Par
Joseph Cihunda Hengelela et Symphorien Kapinga K. Nkashama

A. Introduction

557. Le choix de dédier une réflexion sur le développement organisationnel de l'Afrique au Professeur Jean-Michel Kumbu ki Ngimbi est justifié par deux facteurs. Tous les anciens étudiants qui avaient suivi son cours de Législation en matière économique se souviennent non seulement de la « banane dollars » et d'Anne-Marie Mouradian, journaliste à la Radio France Internationale (RFI) mais aussi partenariats économiques ACP-Afrique et des Communautés économiques régionales (CER). Récemment, nous avons expérimenté ensemble les progrès et les défis de l'intégration régionale dans le cadre des conférences internationales sur l'Etat de droit en Afrique des Grands Lacs organisées par la Fondation Konrad Adenauer. Cette réflexion est de nos échanges sur la marche de notre continent.

558. L'Organisation de l'Unité africaine, OUA, a été créée le 25 mai 1963 à Addis-Abeba (Ethiopie) à l'issue de la Conférence internationale des Etats indépendants d'Afrique.[493] Trente- neuf ans après, l'OUA a été remplacée par l'Union africaine, UA, le 9 juillet 2002 à Durban (Afrique du Sud) au terme d'une transition de deux ans depuis l'adoption de l'Acte constitutif de l'UA le 11 juillet 2000 à Lomé (Togo). Cette mutation soulève de multiples questions et dans tous les aspects et qui méritent l'attention de la part de tout observateur intéressé.

559. Deux tendances se dessinent autour de cette mutation. La première est celle qui se rapporte à l'affirmation selon laquelle l'OUA était dissoute ou elle était morte.[494] La deuxième tendance soutient la perpétuation de l'OUA par l'UA. Suivant cette deuxième tendance, l'OUA n'était pas morte mais elle a été renforcée par l'UA. Plus près

---

493 Conférence au Sommet des Pays indépendants africains, Paris, Présence Africaine, 1964.

494 Mwayila Tshiyembe, « L'Union africaine et la nouvelle gouvernance régionale », in D. Bangoura (dir.), *L'Union africaine face aux enjeux de paix, de sécurité et de défense*, Paris, L'Harmattan, 2003, p. 52.

de nous, la figure de proue de cette mouvance d'idées est Oswald Ndeshyo Rurihose. Dans son emblématique ouvrage intitulé « L'héritage de l'OUA à l'UA : La quête permanente de l'Unité africaine », il affirme :

> « A vrai dire, l'OUA n'est pas morte. Elle a plutôt été renforcée à la fois par la Communauté économique africaine créée par le Traité d'Abuja du 3 juin 1991 et par l'Acte constitutif de l'UA du 11 juillet 2000, adopté à Lomé au Togo. Rien, absolument rien, ni sa Charte, ni ses organes, ni ses programmes, ni ses principes généraux n'ont été supprimés, à l'exception de l'appellation " Organisation de l'Unité africaine" qui, par ailleurs, n'enferme pas une différence de nature avec l'appellation "Unité africaine". On peut, à bon droit, parler plutôt de parachèvement ou d'absorption, si tant est que le changement de l'OUA en UA résulte de la volonté exprimée des Etats membres d'écourter la durée du processus. »[495]

560. Au-delà de ces deux tendances, la présente contribution voudrait mettre en évidence les ruptures et les continuités entre l'OUA et l'UA sur le plan juridique. Il s'agit de comparer les objectifs, les principes et le cadre institutionnel de ces deux organisations internationales africaines. Quelles leçons peut-on tirer de cette comparaison ? Cette question résume l'objectif principal de cette étude qui se situe dans une perspective juridique et critique. L'on procédera à l'analyse et à la comparaison des dispositions juridiques de la Charte de l'OUA et de l'Acte constitutif de l'Union africaine (ACUA) au niveau de leurs objectifs, principes et organes.

B. Ruptures et continuités entre OUA et UA du point de vue des préambules de leurs traités constitutifs

561. Il parait judicieux de commencer cette réflexion par l'étude comparée des préambules des actes fondateurs de l'UA et de l'OUA en vue de rechercher des fondements philosophiques de ces deux organisations internationales africaines. Dans un texte juridique, les fondements philosophiques sont énoncés dans le préambule. C'est dans ces préambules qu'il est possible de saisir l'esprit des Pères fondateurs de ces deux organisations et leurs orientations politiques.

---

495 O. Ndeshyo Rurihose, *L'héritage de l'OUA à l'UA : la quête permanente de l'Unité africaine,* Kinshasa, EUA, 2010, p. 3.

562. Le préambule de la Charte de l'OUA s'ouvre sur la reconnaissance du « droit inaliénable » de tout peuple à déterminer son propre destin.[496] Il met en exergue les valeurs telles que la liberté, l'égalité, la justice, la dignité et les considère comme les « objectifs essentiels à la réalisation des aspirations légitimes des peuples africains »[497]. Les chefs d'Etat et de gouvernement membres de l'OUA exprimaient là la volonté de rapprochement entre les peuples et la coopération entre les Etats africains. Ces deux objectifs devaient conduire à la « la consolidation d'une fraternité et d'une solidarité intégrées au sein d'une unité plus vaste qui transcende les divergences ethniques et nationales,[498] le maintien des conditions de paix et de sécurité, la sauvegarde et la consolidation de l'indépendance et la souveraineté ; l'intégrité territoriale et le combat contre le néo-colonialisme.[499]

563. La Charte de l'OUA fait référence à la Charte des Nations Unies et à la Déclaration universelle des Droits de l'Homme. Les chefs d'Etat et de gouvernement se disaient être persuadés et réaffirmaient leur adhésion aux principes contenus dans ces deux instruments juridiques internationaux. Ils les considéraient comme offrant « une base solide pour une coopération pacifique et fructueuse » entre les Etats africains.[500]

564. Le préambule de l'ACUA commence par ce qui suit :

> « INSPIRES par les idéaux qui ont guidé les Pères fondateurs de notre Organisation continentale et des générations de panafricanistes dans leur détermination à promouvoir l'unité, la solidarité, la cohésion et la coopération entre les peuples d'Afrique, et entre les Etats. »[501]

565. Cette affirmation se situe dans la continuité de la mission de l'OUA par l'UA. Cette continuité est renforcée par la référence aux principes et objectifs de la Charte de l'OUA et du Traité instituant la Communauté économique africaine (CEA).[502] Il en est de même du

---

496 §2 du Préambule de la Charte de l'Organisation de l'Unité africaine, Addis-Abeba le 25 mai 1963.
497 §3 du Préambule de la Charte de l'OUA, *op. cit.*
498 §5 du Préambule de la Charte de l'OUA, *op. cit.*
499 §6-7 du Préambule de la Charte de l'OUA, *op. cit.*
500 §9 du Préambule de la Charte de l'OUA, *op. cit.*
501 §1 de l'Acte constitutif de l'UA, Lomé, le 11 juillet 2000.
502 §2 de l'Acte constitutif de l'UA, *op. cit.*

rappel des luttes héroïques menées par les peuples et les pays africains pour l'indépendance politique, la dignité humaine et l'émancipation économique.[503] Il faut relever que ce rappel revêt une dimension importante de la continuité non seulement entre l'OUA et l'UA, mais surtout avec tout le mouvement du panafricanisme et de la renaissance africaine depuis leurs origines profondément anciennes et dont l'UA n'est qu'une expression au seuil du troisième millénaire.[504]

566. Le changement d'orientations philosophiques et politiques est perçu dans l'évaluation de l'action de l'OUA par les chefs de l'Etat et de gouvernement présents à Lomé le 11 juillet 2000. Cette évaluation s'était faite avec beaucoup de ménagements pour éviter de tomber dans l'auto-flagellation. Ainsi dans l'Acte constitutif de l'UA, les dirigeants africains reconnaissaient déjà dans le préambule le rôle capital joué par l'OUA dans la libération du continent de la colonisation et de l'apartheid, dans l'affirmation d'une identité commune africaine et dans la réalisation de l'unité du continent. Pour eux, l'OUA avait constitué « un cadre unique pour l'action collective en Afrique et dans ses relations avec le reste du monde »[505].

503 §3 de l'Acte constitutif de l'UA, *op. cit.*

504 Voir dans ce sens, A.A. Dieng, « Nationalisme et panafricanisme », in T. Bah (dir.), *Intellectuels, nationalisme et idéal panafricain. Perspective historique,* Dakar, CODESRIA, 2005, pp. 57-68 ; R.S.S. Ouédraogo, « Trajectoire historique, actualités et perspectives du panafricanisme », in T. Bah (dir.), *Intellectuels, nationalisme et idéal panafricain. Perspective historique,* Dakar, CODESRIA, 2005, pp. 69-87 ; J.E. Goma-Thethet, « Cheik Anta Diop et l'avenir de l'Afrique. Une relecture des fondements économiques et culturels de l'Etat fédéral d'Afrique noire », in T. Bah (dir.), *Intellectuels, nationalisme et idéal panafricain. Perspective historique,* Dakar, CODESRIA, 2005, pp. 115-128 ; A. Mbata B. Mangu, « Democracy, African intellectuals and African Renaissance », *International Journal of African Renaissance Studies,* Volume 1, N°1, 2006, pp. 147-163 ; A. Mbata Mangu (dir.), *Nationalisme, panafricanisme et reconstruction africaine,* Dakar, CODESRIA, 2006 ; E. Ngodi, « Intellectuels, panafricanisme et démocratie en Afrique : bilan et perspectives », in A.B.A. Adandé (dir.), *Intégration régionale, démocratie et panafricanisme. Paradigmes anciens, nouveaux défis,* Dakar, CODESIA, 2007, pp. 55-78 ; O. Ndeshyo Rurihose « L'idéologie du panafricanisme et son évolution vers les Etats-Unis d'Afrique », in O. Ndeshyo Rurihose (dir.), *La République Démocratique du Congo : les défis récurrents de décolonisation, de l'Etat de droit et du développement économique et social. Mélanges Célestin Nguya-Ndila,* Kinshasa, Editions CEDESURK, 2012, pp. 1113-1128.

505 §4 de l'Acte constitutif de l'UA, *op. cit.*

567. En dépit de ces réalisations à l'actif de l'OUA, le continent africain se trouvait au moment de l'adoption de l'ACUA dans un état peu enviable. Les chefs d'Etat et de gouvernement reconnaissaient les défis multiformes auxquels sont confrontés l'Afrique et ses peuples. Ces défis résultent des « changements sociaux, économiques et politiques qui se sont produits dans le monde »[506] depuis les décennies 70[507] et 90[508]. A ce niveau, la rupture ne parait pas nette. En effet, la situation des peuples africains de 1963 et celle de 2000 n'était guère différente. On peut s'empêcher de croire que la prise en compte de la situation désastreuse des populations africaines dans les déclarations politiques de leurs gouvernants pouvait constituer une rupture entre l'UA et l'OUA. Il en est de même du fléau des conflits armés et de la nécessité de promouvoir la paix, la sécurité et la stabilité.[509]

568. En revanche, on peut noter les indices de la rupture dans la volonté manifeste d'instauration d'un partenariat entre les pouvoirs publics et la société civile, plus particulièrement avec les femmes, les jeunes et le secteur privé. Le but de ce partenariat est de « renforcer la solidarité et la cohésion » entre les peuples africains.[510] Il en est de même de la promotion et de la protection des droits de l'homme et des peuples, de la consolidation des institutions et de la culture démocratiques, de la promotion de la bonne gouvernance et de l'Etat de droit.[511] Il importe de joindre à la liste des actes de rupture la volonté de renforcer les institutions communes (organes de l'UA) en leur reconnaissant des pouvoirs propres et en leur dotant des ressources adéquates pour leur permettre d'accomplir efficacement leurs

---

506 §5 de l'Acte constitutif de l'UA, *op. cit.*

507 Référence est faite à la crise économique que Samir Amin qualifiait de « longue crise du capitalisme vieillissant ». Lire utilement Demba Dembélé M., *Samir Amin. Intellectuel organique au service de l'émancipation du Sud,* Dakar, CODESRIA, 2011, p. 119.

508 Allusion est faite ici à la fin de la bipolarité du monde marquée par la chute du mur de Berlin. En Afrique, cette période coïncide avec la vague de démocratisation des régimes à partis politiques uniques qui constituaient le seul mode de gestion des affaires publiques après l'échec des démocraties pluralistes d'après les indépendances. Voir Chole E. et Ibrahim J. (dir.), *Processus de démocratisation en Afrique. Problèmes et perspectives,* Dakar, CODESRIA, 1995.

509 §8 de l'Acte constitutif de l'UA, *op. cit.*

510 §7 de l'Acte constitutif de l'UA, *op. cit.*

511 §9 de l'Acte constitutif de l'UA, *op. cit.*

missions.[512] Les ruptures et les continuités entre les orientations philosophiques et politiques entre l'UA et l'OUA peuvent être recherchées également dans la comparaison des objectifs et principes entre ces deux organisations.

C. Ruptures et continuités entre l'OUA et l'UA au niveau des objectifs et principes de ces deux organisations internationales africaines

569. Les nouvelles orientations philosophiques et politiques exprimées dans les préambules de la Charte de l'OUA et l'ACUA ont été traduites dans des dispositions juridiques de ces deux textes constitutifs tant au niveau des objectifs que des principes. Il sied donc de comparer d'une part, les objectifs poursuivis et de l'autre, les principes de fonctionnement.

I. Recherche des ruptures et continuités entre l'OUA et l'UA au niveau de leurs objectifs

570. Sur le plan comptable, la rupture est nette. Elle va du simple au triple presque. En effet, l'ACUA contient 14 objectifs alors que la Charte de l'OUA n'en a que 5. C'est au fond qu'il convient de déceler les continuités et les ruptures recherchées dans le cadre de cette étude. Les ruptures sont constituées par les nouveaux procédés dans la lutte contre la domination étrangère de l'Afrique et la misère à laquelle les peuples africains font face. Elles sont aussi dictées par le nouveau contexte politique et économique international.

571. La comparaison des objectifs de l'UA et l'OUA est résumée par le tableau ci-après :

512 §10 de l'Acte constitutif de l'UA, *op. cit.*

Tableau comparaison des objectifs de l'UA et de l'OUA

	Objectifs de l'UA	*Objectifs de l'OUA*
1	Réaliser une plus grande unité et solidarité entre les pays africains et entre les peuples d'Afrique ;	Renforcer l'unité et la solidarité des Etats africains ;
2	Défendre la souveraineté, l'intégrité territoriale et l'indépendance de ses membres ;	Coordonner et intensifier leur coopération et leurs efforts pour offrir de meilleures conditions d'existence aux peuples d'Afrique ;
3	Accélérer l'intégration politique et socio-économique du continent ;	Défendre leur souveraineté, leur intégrité territoriale et leur indépendance ;
4	Promouvoir et défendre les positions africaines communes sur les questions d'intérêt pour le continent et ses peuples ;	Eliminer sous toutes ses formes le colonialisme de l'Afrique ;
5	Favoriser la coopération internationale, en tenant dûment compte de la Charte des Nations Unies et de la Déclaration universelle des droits de l'homme ;	Favoriser la coopération internationale en tenant dûment compte de la Charte des Nations Unies et de la Déclaration Universelle des Droits de l'homme.
6	Promouvoir la paix, la sécurité et la stabilité du continent ;	
7	Promouvoir les principes et les institutions démocratiques, la	

	participation populaire et la bonne gouvernance ;	
8	Promouvoir et protéger les droits de l'homme et des peuples conformément à la Charte africaine des droits de l'homme et des peuples et aux autres instruments pertinents se rapportant aux droits de l'homme ;	
9	Créer les conditions appropriées permettant au continent de jouer le rôle qui est le sien dans l'économie mondiale et dans les négociations internationales ;	
10	Promouvoir le développement durable aux plans économique, social et culturel, ainsi que l'intégration des économies africaines ;	
11	Promouvoir la coopération et le développement dans tous les domaines de l'activité humaine en vue de relever le niveau de vie des peuples africains ;	
12	Coordonner et harmoniser les politiques entre les Communautés économiques régionales existantes et futures en vue de la	

	réalisation graduelle des objectifs de l'Union ;	
13	Accélérer le développement du continent par la promotion de la recherche dans tous les domaines, en particulier en science et en technologie ; et	
14	Œuvrer de concert avec les partenaires internationaux pertinents en vue de l'éradication des maladies évitables et de la promotion de la santé sur le continent.	

572. Il ressort du tableau ci-dessus que la continuité entre l'UA et l'OUA se manifeste au niveau de tous les cinq objectifs de l'OUA. L'on peut dès lors parler de l'absorption de l'OUA par l'UA au niveau des objectifs. Ainsi, l'idée de l'unité et de la solidarité entre les pays africains et les peuples d'Afrique est maintenue et renforcée dans l'ACUA.[513] La défense de la souveraineté, de l'intégrité territoriale et de l'indépendance des Etats africains est un objectif permanent et demeure intact. La continuité par la reformulation des objectifs ou par leur adaptation au contexte actuel est à constater à deux niveaux. Là où la Charte consacrait la coordination et l'intensification de la coopération et des efforts des Etats dans l'amélioration des conditions de vie des Africains, l'ACUA consacre la promotion de la coopération et du développement dans tous les domaines de l'activité humaine pour atteindre le même objectif.

573. La rupture entre l'UA et l'OUA est nette au niveau des neuf objectifs consacrés par l'ACUA qui ne se trouvent pas dans la Charte de l'OUA. L'UA consacre la promotion de la paix, de la sécurité et de la stabilité du continent parmi ses objectifs. En effet, la mise en évidence du maintien de la paix et de la sécurité parait la résultante

513 Article 3 (1) Acte constitutif de l'UA, *op. cit.*, et Article II al. 1 (premier tiret) de la Charte de l'OUA, *op. cit.*

d'une expérience douloureuse des conflits armés connus sur le continent quarante ans après les indépendances. La persistance de ces conflits dans certaines régions de l'Afrique a, non seulement freiné le développement des pays concernés, mais surtout, détruit le tissu socio-économique hérité de la colonisation.[514]

574. Il en est de même de la consécration de la promotion des principes et des institutions démocratiques, la participation populaire et la bonne gouvernance. Après avoir été gouvernés par des régimes autoritaires et corrompus, les Etats africains n'ont pu se développer à cause des vices générés par ces systèmes politiques de triste mémoire. L'OUA était, elle-même, affectée par l'autoritarisme des chefs d'Etat et de gouvernement des Etats membres. Elle finit par perdre toute la confiance mise en elle par les peuples africains qui la considéraient comme un club ou syndicat de chefs d'Etat et de gouvernement qui se soutenaient mutuellement bon gré mal gré et au dépend de l'intérêt général des Africains en leur majorité écrasante.

575. En faisant référence aux principes démocratiques, l'UA devait non seulement se démocratiser elle-même, mais surtout contribuer à la démocratisation des Etats membres. La démocratisation de l'UA et de ses Etats membres doit avoir une incidence sur la promotion et la protection des droits humains et des peuples, ainsi que sur le développement durable tant sur le plan économique, social et culturel. Le développement sur le plan économique doit passer inévitablement par l'intégration des économies africaines. Cette intégration exige également la coordination, l'harmonisation et surtout la rationalisation des activités des Communautés économiques régionales. Elle appelle un changement des mentalités de la part des dirigeants africains. Ceux-ci doivent favoriser la cession de compétences de souveraineté aux institutions communes.[515]

---

514 S. Amin, « Paix, Sécurité Nationale et Régionale, et Développement : Quelques Réflexions à partir de l'expérience africaine », *Afrique et Développement*, Vol. XII, n° 4, 1987, pp. 5-25; A. Mbata B. Mangu, « Conflits en Afrique postcoloniale: Recolonisation ou décolonisation? Une réflexion sur le procès-débat Mafeje /Mazrui », *Bulletin du CODESRIA*, n° 3 & 4, 2008, pp. 89-97 ; Mutoy Mubiala, « L'Afrique dans les relations internationales », *Congo-Afrique,* n° 396, (Juin-Juillet-Août 2005), pp. 345-356.

515 Voir dans ce sens, J. Cihunda Hengelela, *Règlement des conflits au sein de la Communauté de Développement de l'Afrique australe,* Mémoire de DES, Faculté de Droit, Université de Kinshasa, 2012.

576. A ce sujet, il convient de noter que la RDC est en avance par rapport à certains Etats africains. En effet, l'article 217 de la Constitution stipule que « [l]a République Démocratique du Congo peut conclure des traités ou des accords d'association ou de communauté comportant un abandon partiel de souveraineté en vue de promouvoir l'unité africaine »[516]. Cet article est la preuve de la vocation africaine de la RDC telle que prophétisée par Frantz Fanon : « L'Afrique a la forme de revolver dont la gâchette se trouve en RDC ».

577. Les deux derniers objectifs de l'UA sont relatifs à la recherche et aux partenariats. L'UA s'est engagée à accélérer le développement de l'Afrique à travers la promotion de la recherche dans tous les domaines notamment en sciences et en technologies. Cet objectif est particulièrement intéressant. Les chefs d'Etat et de gouvernement s'étaient finalement rendu compte qu'aucun développement durable ne peut se réaliser sur le continent sans un investissement conséquent dans le domaine de la recherche dans tous les secteurs de la vie.

578. En ce qui concerne les partenariats, les chefs d'Etat et de gouvernement affirmaient leur disposition à collaborer avec tous les partenaires internationaux dans le processus de l'éradication des maladies évitables et dans la promotion de la santé en Afrique. Le concept de "maladies évitables" renvoie assurément au paludisme et aux maladies de mains sales qui causent beaucoup de morts parmi les enfants africains. Ces maladies pouvaient être correctement prises en charge localement même à l'absence de tout partenariat si le budget de la santé bénéficiait des allocations conséquentes dans les lois financières annuelles des Etats membres de l'UA. L'apport des partenaires internationaux devait être sollicité pour la pandémie du VIH/Sida et les épidémies provoquées par les virus sauvages et ravageurs comme Ebola.[517]

---

516 Article 217 de la Constitution, *JORDC*, 47ème année, Numéro spécial du 18 février 2006.

517 J. Cihunda Hengelela, « La pensée de la renaissance de la République Démocratique du Congo dans l'œuvre du Professeur Célestin Nguya-Ndila Malengana », in O. Ndeshyo Rurihose (dir.), *La République Démocratique du Congo : les défis récurrents de décolonisation, de l'Etat de droit et du développement économique et social. Mélanges Célestin Nguya-Ndila,* Kinshasa, Editions CEDESURK, 2012, pp. 87-88 (pp. 51-94).

579. Les ruptures et les continuités entre l'UA et l'OUA se manifestent aussi au niveau des principes de fonctionnement de ces deux organisations internationales africaines.

II. Recherche des ruptures et continuités entre l'OUA et l'UA au niveau de leurs principes de fonctionnement

580. La différence entre l'OUA et l'UA est remarquée à ce niveau par le nombre des principes de fonctionnement de ces organisations. Ainsi, la Charte de l'OUA consacrait sept principes de fonctionnement alors que l'Acte constitutif de l'UA en a consacré seize, soit une différence de neuf principes. La comparaison entre les principes de ces organisations est résumée dans le tableau suivant :

Tableau de comparaison des principes de l'UA et de l'OUA

	Principes de l'UA	*Principes de l'OUA*
1	Egalité souveraine et interdépendance de tous les Etats membres de l'Union ;	Egalité souveraine de tous les Etats membres ;
2	Respect des frontières qui existaient au moment de l'accession à l'indépendance;	Non-ingérence dans les affaires intérieures des Etats ;
3	Participation des peuples africains aux activités de l'Union ;	Respect de la souveraineté et de l'intégrité territoriale de chaque Etat membre et de son droit inaliénable à une existence indépendante;
4	Mise en place d'une politique de défense commune pour le continent africain ;	Règlement pacifique des différends, par voie de négociations, de médiation, de conciliation ou d'arbitrage ;
5	Règlement pacifique des conflits entre les Etats membres de l'Union par les	Condamnation sans réserve de l'assistanat politique ainsi que des activités subversives

	moyens appropriés qui peuvent être décidés par la Conférence de l'Union ;	exercées par des Etats voisins ou tous autres Etats ;
6	Interdiction de recourir ou de menace de recourir à l'usage de la force entre les Etats membres de l'Union ;	Dévouement sans réserve à la cause de l'émancipation totale des territoires africains non encore indépendants ;
7	Non-ingérence d'un Etat dans les affaires intérieures d'un autre Etat membre ;	Affirmation d'une politique de non-alignement à l'égard de tous les blocs.
8	Droit de l'Union d'intervenir dans un Etat membre sur décision de la Conférence, dans certaines circonstances graves, à savoir : les crimes de guerre, le génocide et les crimes contre l'humanité ;	
9	Coexistence pacifique entre les Etats membres de l'Union et leur droit de vivre dans la paix et la sécurité ;	
10	Droit des Etats membres de solliciter l'intervention de l'Union pour restaurer la paix et la sécurité ;	
11	Promotion de l'auto dépendance collective, dans le cadre de l'Union ;	
12	Promotion de l'égalité entre les hommes et les femmes ;	
13	Respect des principes démocratiques, des droits de	

	l'homme, de l'Etat de droit et de la bonne gouvernance ;	
14	Promotion de la justice sociale pour assurer le développement économique équilibré ;	
15	Respect du caractère sacro-saint de la vie humaine et condamnation et rejet de l'impunité, des assassinats politiques, des actes de terrorisme et des activités subversives ; et	
16	Condamnation et rejet des changements anticonstitutionnels de gouvernement.	

581. Au regard du tableau ci-dessus, la continuité entre l'OUA et l'UA se manifeste par le maintien du principe d'égalité entre les Etats africains auquel l'ACUA adjoint l'interdépendance. La non-ingérence dans les affaires intérieures des Etats, l'intangibilité des frontières héritées de la colonisation,[518] le règlement pacifique des conflits entre les Etats sont les principes qui cristallisent la continuité entre l'OUA et l'UA. La continuité par adaptation concerne la condamnation sans réserve de l'assassinat politique et les activités subversives imputées aux Etats voisins ou tous autres Etats. L'ACUA est beaucoup plus précis à ce sujet. Il ajoute aux assassinats politiques et aux activités subversives, le respect du caractère sacro-saint de la vie humaine, la condamnation et le rejet de l'impunité et des actes de terrorisme. L'on peut affirmer que l'UA s'est engagée dans le courant de l'abolition de la peine de mort.

518 C. Nguya-Ndila Malengana, *Frontières et voisinage en République Démocratique du Congo,* Kinshasa, Editions CEDI, 2006.

582. Les ruptures commencent par l'institution du « droit de l'Union » d'intervenir dans un Etat membre. Cette intervention n'a lieu que sur décision de la Conférence et ce, dans les cas de la commission des crimes de guerre, du génocide et des crimes contre l'humanité. C'est ici que transparait l'application de la responsabilité de protéger au niveau africain.[519] Le droit de l'Union d'intervenir dans un Etat membre a son pendant. Il s'agit du droit d'un Etat membre de solliciter l'intervention de l'Union pour restaurer la paix et la sécurité. Ces deux droits de l'UA et de ses Etats membres renforcent le principe de la coexistence pacifique entre les Etats membres de l'UA et leur droit de vivre dans la paix et la sécurité.

583. Deux autres principes traduisent la rupture entre l'OUA et l'UA de manière plus plausible et dont il convient de mentionner. Le premier principe est celui relatif à la promotion de l'égalité entre les hommes et les femmes. Il s'agit de la consécration du combat des féministes qui avait été pris en compte depuis la période de l'émancipation de la femme africaine des années 70. Le deuxième principe est la condamnation et le rejet des changements anticonstitutionnels de gouvernement.[520] Ce principe fait corps avec le respect des principes démocratiques et de l'Etat de droit. Tous les régimes qui s'installent au pouvoir dans un Etat membre par de voies anticonstitutionnelles sont suspendus des instances de l'UA. Celle-ci est obligée d'aider au rétablissement ou au retour de l'ordre constitutionnel.

584. Les objectifs et principes de l'UA ont fait objet des critiques dans la doctrine dont celles consistant à déceler en eux un certain

---

519 Lire aussi F. Zegbe Zegs, « La responsabilité de protéger les populations dans le contexte du droit international africain : droit d'ingérence humanitaire révisité ? », in O. Ndeshyo Rurihose (dir.), *La République Démocratique du Congo : les défis récurrents de décolonisation, de l'Etat de droit et du développement économique et social. Mélanges Célestin Nguya-Ndila,* Kinshasa, Editions CEDESURK, 2012, pp. 663-698.

520 Bula-Bula Sayeman, « Mise hors-la-loi ou mise en quarantaine des gouvernements anticonstitutionnels par l'Union Africaine », *African Yearbook of International Law,* 2005, pp. 23-78. Pour les développements récents, voir Punga Kumakinga P., « l'interdiction des changements anticonstitutionnels de gouvernement en Afrique : pratique, bilan et perspectives », in O. Ndeshyo Rurihose (dir.), *Le nouvel élan du panafricanisme, l'émergence de l'Afrique et la nécessité de l'intégration continentale : Les actes des journées scientifiques consacrées à la commémoration de la journée de l'Afrique : 2011-2012-2013-2014,* Kinshasa, CEDESURK, 2014, pp. 433-468.

« Mélange de conservatisme, de progrès et de l'utilisation d'un vocable nouveau non maitrisé, ... ». Ainsi, « l'unité de l'Afrique n'est plus un objectif, mais un moyen de renforcer la capacité des Etats africains d'être maitres de leur destin politique et économique ». Selon Stéphanie Dujardin, le vocabulaire d'emprunt est constitué par les concepts de « participation populaire », « bonne gouvernance » et « développement durable ».[521] Considérer ces concepts comme étant d'emprunt parait fort discutable. Le concept « bonne gouvernance », par exemple, est attribué erronément aux Institutions financières internationales (Banque Mondiale et FMI) alors qu'il tire son origine des études des chercheurs africains consultés par ces institutions.[522]

585. Les ruptures et les continuités entre l'OUA et l'UA sont à chercher également au niveau des institutions de ces deux organisations.

III. Ruptures et continuités entre l'OUA et l'UA au niveau du cadre institutionnel

586. Dans le préambule de l'ACUA, les chefs d'Etat et de gouvernement déclaraient être résolus à prendre des mesures utiles pour renforcer les institutions communes et à les doter des pouvoirs ainsi que des ressources pour qu'elles remplissent efficacement leurs missions et partant, aident l'UA à atteindre ses objectifs. La question juridique posée par cette résolution est celle de la nature de compétences que les Etats ont octroyées aux organes de l'UA. A quoi renvoie le concept « pouvoirs nécessaires » ? S'agit-il des compétences politiques ? Ou de larges compétences exécutives sans pouvoir autonomes de décision ? Pour tenter de répondre à ces questions, il importe de faire la comparaison des organes de l'UA et l'OUA et d'analyser les compétences reconnues aux principaux organes de l'UA.

---

521 S. Dujardin, *Le traité de l'Union africaine : de l'idéal panafricain à l'impératif d'unité,* Mémoire de DEA, Université de Paris I, 2000-2001.

522 Lire dans ce sens, Mkandawire, « Good Governance. The Itinerary of an Idea », *D+C Development and Cooperation,* Vol. 31, N°10, 2004. Voir http://mail.Kein.org (Consulté 17/04/2008). Voir aussi J. Cihunda Hengelela, « Acteurs de la bonne gouvernance en RD Congo post-électorale », *Congo-Afrique* (Mars 2008) n° 423, pp. 203-216.

1. Recherche des ruptures et continuités entre l'OUA et l'UA au niveau de leurs organes

587. L'OUA était gérée par quatre organes alors que l'UA l'est par plus de dix. L'OUA n'avait que deux organes politiques alors l'UA en a trois. Il sied dès lors de procéder à la comparaison de ces organes à travers le tableau suivant :

Tableau de comparaison des organes de l'UA et de l'OUA

	Organes de l'UA	*Organes de l'OUA*
1	Conférence de l'Union ;	Conférence des Chefs d'Etat et de Gouvernement ;
2	Conseil exécutif ;	Conseil des Ministres ;
3	Parlement panafricain ;	Secrétariat général ;
4	Cour de justice ;	Commission de médiation, de conciliation et d'arbitrage.
5	Commission de l'Union ;	
6	Conseil de paix et de sécurité ;	
7	Comité des représentants permanents ;	
8	Comités techniques spécialisés ;	
9	Conseil économique, social et culturel ;	

10	Institutions financières.	

588. A l'issue de la comparaison des éléments du tableau ci-dessus, trois organes se ressemblent même si les dénominations ont changé. La Conférence de l'Union a remplacé la Conférence des chefs d'Etat et de gouvernement. Le Conseil exécutif a pris la place de Conseil des ministres de l'OUA. La Commission de l'Union occupe la place du Secrétariat général. Il semble difficile d'évaluer les ruptures et les continuités entre ces organes sans faire référence à leurs attributions analysées ci-dessous.

589. La différence entre UA et OUA au niveau des organes est beaucoup plus accentuée avec l'institution par l'ACUA du Parlement panafricain (PAP), de la Cour de justice, du Conseil de paix et de sécurité (CPS), du Comité des Représentants permanents (COREP), des Comités techniques spécialisés, du Conseil économique, social et culturel et des Institutions financières. La Commission de médiation, de conciliation et d'arbitrage de l'OUA a été absorbée par le CPS de l'UA. Quelles sont les compétences de ces organes de l'UA ?

2. Recherche des ruptures et des continuités entre l'OUA et l'UA à partir des prérogatives de leurs organes

590. La Conférence de l'Union a remplacé la Conférence de chefs d'Etat et de gouvernement. Cet organe est composé des Présidents de la République et des Premiers ministres ou de leurs représentants.[523] La Conférence de l'Union a tous les pouvoirs que lui confère son statut d'organe suprême de l'Organisation. A ce niveau, la continuité est parfaite.

591. Le deuxième organe est le Conseil exécutif. Il est composé des ministres des affaires étrangères ou de tous autres ministres ou autorités désignés par les Etats membres. La composition du Conseil exécutif marque la continuité avec le Conseil des ministres, sauf en ce qui concerne le mode de votation. Le Conseil des ministres de l'OUA adoptait ses résolutions à la majorité simple alors que le Conseil exécutif décide à la suite d'un consensus. A défaut de ce consensus, les

523 Article 6 de l'Acte constitutif de l'UA, *op. cit.,* et article VIII-IX de la Charte de l'OUA, *op. cit.*

décisions sont prises à la majorité de deux tiers ou à la majorité simple selon les cas.[524]

592. Les deux organes ci-dessus examinés sont de nature politique et ne permettent pas de saisir le transfert des pouvoirs des Etats à l'UA. D'où la nécessité de comparer les prérogatives de la Commission de l'UA à celles du Secrétariat général de l'OUA. En effet, la Commission de l'UA a pris la place du Secrétariat général de l'OUA. Elle fait office du Secrétariat de l'Union. A ce stade, il n'y a pas de différence entre l'UA et l'OUA sauf dans la dénomination des animateurs de la Commission de l'UA. Celle-ci est composée d'un Président, du ou des vice-Présidents et des Commissaires[525] alors que le Secrétariat général de l'OUA était dirigé par un Secrétaire général et par un ou plusieurs Secrétaires généraux adjoints.[526] Le mode de désignation de ces animateurs est resté le même. Ils sont désignés par les chefs d'Etat et de gouvernement.

593. Les ruptures sont manifestes au niveau des pouvoirs du Parlement panafricain. Il est un nouvel organe qui n'existait pas dans la Charte de l'OUA. Ce Parlement a été consacré pour la première fois par le Traité dit d'Abuja du 3 juin 1991.[527] Il devait être mis en place à la sixième étape suivant les modalités de mise en place de la CEA, soit en 2028.[528] L'ACUA a voulu raccourcir cette étape en vue d'atteindre l'objectif de la participation des peuples africains au développement et à l'intégration économique.[529]

594. Le Conseil de Paix et de Sécurité (CPS) est un organe principal de l'UA créé non pas par l'Acte constitutif mais par un protocole du 9 juillet 2002 conformément au paragraphe 2 de l'article 5 de cet Acte constitutif. Il est chargé exclusivement du maintien de la paix et de la sécurité sur le continent.[530] Il constitue une rupture avec l'OUA, car

---

524 Article 11 de l'Acte constitutif de l'UA, *op. cit.*

525 Article 20 de l'Acte constitutif de l'UA, *op. cit.*

526 Article XVI-XVII de la Charte de l'OUA, *op. cit.*

527 Article 7 et 14 du Traité instituant la CEA, *op. cit.*

528 Article 6 du Traité instituant la CEA, *op. cit.*

529 Article 17 de l'Acte constitutif de l'UA, *op. cit.* Lire également Parlement Panafricain, *Plan stratégique 2006-2010*, Midrand, 2005.

530Voir J. Cihunda Hengelela, *Sécurité régionale et règlement des conflits armés en Afrique. Contribution de la République Sud-Africaine postapartheid,* Mémoire de Licence, Faculté de Droit, Université de Kinshasa, 2004-2005.

celle-ci ne disposait que d'une Commission de médiation en dépit de la multitude des conflits auxquels elle était confrontée.

595. La Cour de justice de l'UA, qui marque également la différence avec l'OUA, n'est pas encore installée. Bien avant son installation, elle a été fusionnée avec la Cour africaine des droits de l'homme et des peuples pour donner naissance à la Cour africaine de justice et des droits de l'homme.[531] Le débat doctrinal sur cette Cour est focalisé sur la possibilité de lui reconnaitre, au-delà de la mission de protection des droits et des peuples,[532] une compétence pénale à l'égard des crimes de guerre, des crimes contre l'humanité et du génocide. Ceci n'est possible qu'en prévoyant des chambres pénales panafricaines en son sein.[533] Sans se poser la question du financement de procès pénaux au niveau continental, la compétence pénale de la Cour de justice et des droits humains de l'UA réduirait les tensions actuelles entre l'UA et la CPI.[534]

596. Les Institutions financières (la Banque Centrale africaine, BCA, et le Fonds monétaire africain, FMA) ne sont pas encore installées. Elles sont aussi un symbole de la rupture de l'UA et de l'OUA.

531 Protocole portant statut de la Cour africaine de justice et des droits de l'homme du 01 juillet 2008.Lire G. Bakandeja wa Mpungu, « La Cour de justice de l'Union africaine : un organe intégré pour la consolidation de l'Etat de droit et la promotion des droits humains », *Annales de la Faculté de Droit de l'Université de Kinshasa,* 2007, pp. 95-132.

532 Contenus notamment dans la Charte africaine des droits de l'homme et des peuples, adoptée à Nairobi en 1981. Voir S. Kapinga Kapinga Nkashama, « La charte africaine des droits de l'homme et des peuples dans la jurisprudence de la Cour Internationale de Justice », in *Grégoire Bakandeja wa Pungu (dir.), Quelle politique d'intégration pour quelle unité de l'Afrique du 21ème siècle ? Débats théoriques et défis pour les Etats africains,* Presses de l'Université de Kinshasa, Kinshasa, Décembre 2014, pp.201-2013.

533 Voir Balingene Kahombo, « Le Projet de création d'une juridiction pénale panafricaine », *Librairie africaine d'études Juridiques,* Volume 14, 2013, pp. 71-91.

534 http://www.libreafrique.org/ChoforChe-justice-020315, (Consulté le 26 avril 2017). Sur les reproches faits à la CPI par l'UA, lire Balingene kahombo, *Africa within the Justice Système of the International Criminal Court : the need for a Reform,* KFG Working Paper Series, N° 2, May 2016.

D. Conclusion

597. Cette étude a été consacrée aux ruptures et continuités entre l'OUA et l'UA au niveau des orientations philosophiques et politiques, des objectifs, des principes et des organes. Il résulte de cet exercice les conclusions selon lesquelles l'OUA et l'UA sont les secrétions organiques du Panafricanisme et de sa variante Renaissance africaine. Placée dans le temps, l'OUA était la forme institutionnelle du panafricanisme qui prît corps depuis la première Conférence panafricaine tenue à Londres du 23-25 juillet 1900. La création de l'OUA constitua l'aboutissement d'une série d'activités dans la lutte pour l'émancipation de l'homme noir et du continent africain au cours du 20ème siècle.

598. En revanche, l'UA a été conçue et considérée comme la forme institutionnelle du panafricanisme au 21ème siècle.[535] Dans cette perspective, elle devait constituer une réponse aux nouveaux défis lancés à l'idéal panafricain et au continent à l'aube du troisième millénaire. L'UA peut également être considérée comme une forme institutionnelle du panafricanisme de transition vers la forme finale qui est l'Etat fédéral panafricain sous la forme des Etats-Unis d'Afrique (EUA).

599. Après avoir mis en évidence les ruptures et les continuités entre l'UA et l'OUA, cette étude ouvre une autre perspective d'une recherche fort intéressante qui consistera à faire une évaluation des engagements de ruptures entre l'UA et l'OUA quinze ans après l'entrée en vigueur de l'ACUA. Où l'UA en est-elle avec l'objectif du maintien de la paix et de la sécurité sur le continent ?[536] Qu'a-t-elle fait dans la promotion des institutions et principes démocratiques ? La liste des questions de recherche peut être allongée jusqu'aux derniers objectifs et principes nouveaux consacrés dans l'Acte constitutif de l'UA.

---

535 J. Cihunda Hengelela, « Démocratisation de l'Afrique et panafricanisme au XXIème siècle », Communication scientifique aux premières journées de l'Afrique de la Faculté de Droit de l'Université de Kinshasa du 25 au 26 mai 2011.

536 J. Cihunda Hengelela, « Darfour-Somalie : Union Africaine sur les traces de l'OUA ? », *Afrique d'Espérance*, n°2, mars-août 2007.

Le développement du droit international des changements climatiques : Réflexions sur le rôle des organisations non-gouvernementales

Par

Thierry Otete Okomba

A. Introduction

600. Cet article est composé en l'honneur du Professeur Jean-Michel Kumbu Ki Ngimbi. C'est donc un hommage d'un élève à son maître. Dans ce cadre, nous avons jugé bon de participer au débat sur la gouvernance internationale de l'environnement, soumise aujourd'hui à de nombreuses critiques.

601. Dans le contexte de gouvernance écologique mondiale, les ONG sont les acteurs les plus prééminents. Les ONG impliquées dans la protection de l'environnement sont également fort diverses : il peut s'agir de groupes locaux, nationaux, régionaux, ou même internationaux, dont les actions concernent la protection de l'environnement, mais aussi le développement durable, la lutte contre la pauvreté ou d'autres actions encore. Mais quel poids pèsent-elles dans cette gouvernance, notamment dans le processus normatif du droit international des changements climatiques ? La question du rôle des organisations non -gouvernementales (ONG)[537] dans la production et la

[537] Le terme ONG souffre d'une carence de définition légale au niveau international. Les Pays ont des législations différentes à ce propos. Cependant, en comparant les diverses définitions proposées, il est possible de dégager quelques constantes des définitions. D'abord, une ONG, personne morale de droit privé est en effet autonome et indépendante des gouvernements nationaux ou supranationaux. Issue de la société civile, d'intérêt public ou ayant un caractère humanitaire, et ne poursuivant pas de but lucratif, une ONG a en outre, un ancrage international car elle crée des liens avec d'autres ONG partout dans le monde. En d'autres termes, elle exerce ses activités dans un contexte international, bien qu'ayant un statut national. De ce fait, une ONG a donc une nature hybride, ce qui constitue un « imbroglio juridique ». Enfin, une ONG peut avoir un ou plusieurs objectifs et activités différents. Citons à titre d'exemple comme ONG, Greenpeace, Croix-Rouge, Médecins Sans frontières, Terre des hommes. Lire à ce propos R. Ranjeva & C. Cadaoux, *Droit international public*, Universités francophones, UREF, EDICEF, 1992, p. 136 : donnant une définition de l'ONG, les auteurs écrivent que « ce sont des associations, par nature de droit privé... ». Lire aussi

mise en œuvre du droit international des changements climatiques[538] constitue un des enjeux majeurs des relations internationales.[539] L'émergence de la question climatique comme problème de droit international semble ainsi intéresser tous les acteurs publics et privés de la société internationale. En ce sens, bien que suscitant des problèmes spécifiques de droit international, les ONG, personnes morales de droit privé[540] exerçant leurs activités dans un contexte international, ne sont donc pas restées à la marge de ce processus puisqu'elles produisent l'action collective afin de protéger l'environnement, notamment contre les changements climatiques.

602. En effet, selon la Convention- cadre des Nations unies sur les changements climatiques, on entend par « changement climatique » des changements de climat qui sont attribués directement ou indirectement à une activité humaine altérant la composition de l'atmosphère mondiale et qui viennent s'ajouter à la variabilité naturelle du climat observée au cours de périodes comparables »[541]. Les gaz à effet de serre (GES) sont « les constituants gazeux de l'atmosphère, tant naturels

---

J. Salmon (sous la direction de), *Dictionnaire de droit international public*, Bruxelles, Bruylant, 2001 ; D. Carreau, *Droit international, collection Etudes internationales*, 6ème édition, Pedone, 1999, p. 415416 : « une personnalité juridique de droit interne » ; R. Ranjeva, *Les ONG et la mise en œuvre du droit international*, RCADI 1997, vol. 270, p. 30.

[538] La question du changement climatique, le pluriel étant généralement utilisé pour faire allusion à l'ensemble des manifestations de ce changement.

[539] Kofi Annan, alors Secrétaire général de l'ONU avait affirmait que « L'un des plus grands défis qui se posera au XXIème siècle dans les domaines de l'environnement et du développement sera de lutter contre les changements climatiques et de s'y adapter ». Cf. *Rapport du Secrétaire général, Dans une liberté plus grande : développement, sécurité et respect des droits de l'homme pour tous*, A/59/2005, 24 mars 2005, point 60.

[540] N. Baruchel, *La personnalité morale en droit privé. Eléments pour une théorie*, Bibliothèque de droit privé, Tome 410, LGDJ, 2004. Dans le même sillage, nous pouvons faire allusion à l'article 71 de la Charte des Nations unies où découle une certaine définition juridique d'ONG, sur la base de laquelle une jurisprudence s'est progressivement établie, notamment grâce au Conseil de l'Europe qui définit les ONG comme étant un « ensemble des organisations privées créées sans intervention publique, à buts non lucratifs et qui ont une activité internationale, c'est-à-dire dans plusieurs pays à la fois ». Dans cette optique, en 1986, le Conseil de l'Europe ajouta à la notion, un « I » pour International en vue d'établir une reconnaissance réciproque du statut juridique des organisations internationales non gouvernementales (OING).

[541] Cf. Article 1- 5 de la Convention- cadre des Nations unies sur les changements climatiques.

qu'anthropiques, qui absorbent et réémettent le rayonnement infrarouge ». Les principaux GES sont les CO2, le méthane, la vapeur d'eau, l'oxyde nitreux, les fluorocarbonates. Ils sont tous présents à l'état naturel dans l'atmosphère (excepté le fluorocarbonates) mais les activités humaines provoquent l'augmentation de leurs concentrations. Le réchauffement climatique se traduit notamment par une augmentation des températures moyennes, une modification des régimes de précipitations et une augmentation de la probabilité d'événements extrêmes (tempêtes tropicales, ouragans...). Les preuves des changements climatiques se lisent dans la hausse des températures de l'air et des océans, la fonte généralisée des glaciers et des pôles ainsi que dans l'augmentation du niveau de la mer. Le CO2 est le principal GES responsable des réchauffements climatiques.

603. Dans ce contexte, les changements climatiques engendrent des conséquences préjudiciables et dévastatrices[542] pour l'environnement, le développement durable, le développement économique et social. De plus, ils ont de graves implications pour la paix et la sécurité internationales, notamment les pénuries de ressources hydriques et les crises humanitaires. La nécessité d'agir pour diminuer ces conséquences devient donc de plus en plus évidente, et ce par l'apport de plusieurs acteurs. Entre autres actions, on peut citer l'adoption de la convention-cadre des Nations unies sur les changements climatiques, du Protocole de Kyoto, de l'Accord de Paris sur le climat qui constituent les bases juridiques de lutte contre ce phénomène.[543] Les acteurs privés, dont les ONG, n'ont cessé, dès l'origine, d'intervenir de manière déterminante à l'élaboration de ces nouvelles normes internationales, discrètement tout d'abord, puis de façon plus manifeste. Elles sont également impliquées dans la mobilisation contre les changements climatiques, la pollution des sols, la désertification et, la protection de la diversité biologique.

---

542 Cf. S. Maljean Dubois & M. Wemëre, *La diplomatie climatique- Les enjeux d'un régime international du climat*, Paris, A. Pedone, 2010 ; MERLE (M.), Un imbroglio juridique : le « statut » des OING, entre le droit international et les droits nationaux, in *L'internationalité dans les institutions et le droit : convergence et défis*. Etudes offertes à Alain Plantey, Pedone, 1995, p. 341.

543 Syrine Ismaili, « La lutte internationale contre le réchauffement climatique comme étant une source de dégradation des ressources marines », *Études caribéennes* [En ligne], 15 avril 2010, mis en ligne le 06 avril 2012, consulté le 13 janvier 2016. URL : http://etudescaribeennes.revues.org/4421.

604. Ces nouveaux acteurs[544] du droit international font progressivement « craquer le moule traditionnel du droit international classique »[545] et participent activement au développement du droit international des changements climatiques. La problématique de l'environnement étant axée autour de la protection des ressources et la lutte contre les diverses formes de pollutions, trois questions restent en suspens. Quel est le régime juridique international contre les changements climatiques ? Quels sont les rôles, fonctions et poids des ONG dans l'élaboration et le développement du droit international des changements climatiques ? Quelles pourraient être leurs évolutions éventuelles ?

605. La présente analyse tend à contribuer à une meilleure compréhension de l'influence des ONG sur l'évolution du droit international des changements climatiques. Après avoir brièvement exposé le concept et le contenu du droit international des changements climatiques (B), nous examinerons le régime juridique de la lutte contre les changements climatiques (C) avant de développer l'évolution des divers rôles assumés par les ONG dans le développement de ce droit (D) et des perspectives d'avenir (E).

B. Aspects généraux

606. Au sein de cette partie, sera ainsi étudiée la notion du droit international des changements climatiques en tant qu'un aspect du droit international et son contenu.

I. Le droit international des changements climatiques

607. Le droit international des changements climatiques, un concept en constante évolution, est situé à la croisée de plusieurs secteurs du droit, dont notamment le droit de l'environnement, le droit de l'énergie, le droit commercial ainsi que le droit international. En effet, la découverte de problèmes planétaires affectant l'environnement a indiscutablement constitué un élément déterminant qui a modifié la

---

[544] B. Badie, *La diplomate et l'intrus*, Fayard, 2008. Lire aussi A. Epiney, *Européanisation et mondialisation du droit : convergences et divergences*, in *Le droit saisi par la mondialisation,* collection de droit international, Bruylant, Bruxelles, 2001, p. 147-170, en particulier p. 149.

[545] T. Otete Okomba, *Le droit international et l'ONU à l'épreuve des défis contemporains*, Saarbrücken/Allemagne, Éditions universitaires européennes, 2016, pp. 93 & 94.

vision que l'on pouvait avoir de l'environnement.[546] Le droit international de l'environnement s'est trouvé alors confronté à une dynamique de globalisation dont l'origine était déjà perceptible lors de la conférence des Nations unies, tenue à Stockholm en 1972. On est en effet passé d'une perspective restreinte et localisée à une perception élargie, globale des problèmes d'environnement, lesquels ont ainsi, en partie du moins, changé de dimension.[547] La planète a alors été perçu comme un « village global », qui s'est trouvé contraint d'« amorcer une gestion responsable des biens publics mondiaux que sont les matières premières qui s'épuisent, le climat, les grands massifs forestiers, l'air, l'eau, la biodiversité, la santé face aux grandes pandémies »[548]. Le réchauffement de la planète est certainement l'un des défis majeurs de la communauté internationale, en raison des défis pluriels qu'il fait peser sur la planète. C'est justement dans ce contexte qu'il faut situer le droit international des changements climatiques, appelé autrement le droit international de l'environnement relatif aux climats. En d'autres termes, il s'agit d'un ensemble de règles ayant force de droit international public relatives à la protection du climat. Qui plus est, on pourrait élargir le droit international des changements climatiques aux « programmes, aux objectifs et aux guides d'actions des pouvoirs publics ».[549]

608. La Convention des Nations-unies sur les changements climatiques (CCNUCC), le Protocole de Kyoto et l'Accord de Paris sur le climat forment l'ossature juridique du droit international des changements climatiques. À juste titre, il faut bien l'admettre, les changements climatiques invitent à penser la gestion du risque de manière globale et à mobiliser tout un ensemble de disciplines : droit public et privé, droit international et interne, droit des affaires, droit de l'environnement, droit des contrats et de la responsabilité, etc. Si les changements climatiques ont encore parfois « tendance à être perçus

---

[546] A. Kiss et J.-P. Beurier, *Droit international de l'environnement*, Pedone, 2004, p. 14.

[547] Y. Petit, « Le droit international de l'environnement à la croisée des chemins : globalisation versus souveraineté nationale », *Revue juridique de l'environnement*, 2011/1 (volume 36), p. 32.

[548] S. Michailof, « Nord et Sud, même combat «, *Le Monde*, 13 avril 2010.

[549] D. Roman, « La justiciabilité des droits sociaux ou les enjeux de l'édification d'un État de droit social », La Revue des droits de l'homme, 1 /2012, en ligne http://revdh.revues.org/635 (consulté le 09 septembre 2017).

comme un problème environnemental », il est désormais bien admis que cette perception ne correspond pas à la réalité. La lutte contre le réchauffement climatique est donc interdisciplinaire.

609. Il est important de préciser que la finalité des règles du droit international des changements climatiques est « l'intérêt général de l'humanité ». Toutefois, le droit international demeure la matrice juridique naturelle de la protection de l'environnement et, afin de parvenir à satisfaire cet intérêt commun, il convient de dépasser une rhétorique écologique qui retarde l'adoption des mesures universelles adéquates et efficaces. Le droit international de l'environnement a vu son champ d'application s'élargir énormément au cours des dernières décennies. Pourtant sa mise en œuvre se heurte à des difficultés de plusieurs ordres et pose de grands défis à la société internationale.

II. Le contenu du droit international des changements climatiques

610. Le droit international public peut être défini comme l'ensemble des normes juridiques qui règlent les relations internationales, en constituant tout à la fois un « ordre normatif » et un « facteur d'organisation sociale »[550]. Traditionnellement, on considère que le droit international de l'environnement intègre cette branche du droit, pouvant être défini comme le droit international public appliqué aux questions environnementales[551]. Le droit international des changements climatiques est étroitement lié à la protection internationale des droits de l'homme (étant donné que la survie de l'homme dépend de la qualité de l'environnement où il est inséré) ainsi qu'au droit du développement (tandis que la participation des PED, détenteurs de la plupart des

---

[550] P. Weil, « Vers une normativité relative en droit international ? », RGDIP, tome LXXXVI, Pedone, Paris, 1982, p. 6. Ou, selon la définition de Philip Allot: « the minimal law necessary to enable state-societies to act as closed systems internally and to act as territory-owners in relation to each other ». P. Allot, Eunomia : New Order for a New World, *op.cit.*, p. 324.

[551] P. M. Dupuy, « Où en est le droit international de l'environnement à la fin du siècle ? », RGDIP, tome CI, Pedone, Paris, 1997, p. 899-900. Néanmoins, il faut remarquer que certains auteurs estiment que le droit international de l'environnement a un statut de branche indépendante du droit international, en représentant un corps distinct et spécifique de normes et de principes avec le but de gérer et de protéger l'environnement.

ressources naturelles de la planète, est essentielle pour la construction d'un « ordre international de l'environnement. »[552]

611. Le droit international de l'environnement prend corps dans une série de conventions internationales destinées à la conservation de ressources naturelles spécifiques ou à la lutte contre certaines formes de pollution. Les premières conventions ont été signées dans le cadre bilatéral, ayant progressivement migré vers les sphères régionale et universelle[553]. Outre leur profusion et progressive « multilatéralisation », les conventions environnementales relèvent d'autres aspects importants. De plus en plus, elles ont vocation à harmoniser les législations nationales des États Parties, en pénétrant dans leurs ordres juridiques internes et en les encourageant à augmenter le niveau de protection environnementale.[554]

612. Les conventions environnementales font partie de l'ensemble nommé *hard law* (le « droit dur »), le droit positif constitué des normes internationales qui créent des droits et obligations précis. Néanmoins, le système normatif du droit international comporte également beaucoup de normes considérées comme « faibles », « fragiles » et « vagues », qui forment un ensemble appelé *soft law* (« droit mou », « droit flexible », « droit programmatoire » ou « droit flou »). Le droit international de l'environnement est particulièrement riche dans ce type de règles. En raison de la difficulté d'atteindre le consensus nécessaire

---

552 Cf. SANDS Philippe, *Principles of International Environmental Law* (vol. 1): Framework, Standards, and Implementation, Manchester University Press, Manchester/New York, 1995, p. 727.

553 En ce qui concerne les conventions environnementales à vocation universelle, il faut souligner celles conclues dans le cadre des Nations Unies: Convention sur les zones humides d'importance internationale – Ramsar (1971); Protection du patrimoine mondial culturel et naturel – Paris (1972) ; Commerce international de la faune et de la flore menacées d'extinction – Washington (1973) ; Conservation des espèces migratrices – Bonn (1979) ; Droit de la mer – Montego Bay (1982) ; Protection de la couche d'ozone – Vienne (1985) et son Protocole – Montréal (1987) ; Contrôle des mouvements transfrontières de déchets dangereux et leur élimination – Bâle (1989) ; Changements climatiques – New York (1992) et son Protocole – Kyoto (2004) ; Diversité biologique – Nairobi (1992) ; Lutte contre la désertification – Paris (1994) ; et Polluants organiques persistants – Stockholm (2001) 3.

554 S. Maljean-Dubois, « La 'gouvernance internationale des questions environnementales'. Les ONG dans le fonctionnement structurel des conventions internationales de protection de l'environnement », in L. Boisson de Chazournes, R. Mehdi (coord.), Une société internationale en mutation : quels acteurs pour une nouvelle gouvernance, Bruylant, Bruxelles, 2005, p. 88.

à la naissance de normes internationales précises et obligatoires, l'adoption de principes généraux et de normes non obligatoires, dont la concrétisation peut se produire de forme progressive, apparaît comme une alternative. Le respect de ces règles et principes constitue un indicateur important des tendances sur la scène environnementale internationale et sert à « préparer le chemin » pour l'évolution et l'adoption de normes du type *hard law*.

613. Une part significative de la *soft law* présente dans le cadre du droit international de l'environnement est constituée des principes et des règles énoncés dans les documents élaborés lors des conférences de l'ONU dans le domaine de l'environnement. Par exemple, la Conférence des Nations Unies sur l'environnement, qui a eu lieu à Stockholm, en 1972, peut être vue comme un « diviseur d'eaux » dans le traitement de la question environnementale au niveau international, ayant abouti dans l'adoption d'une déclaration de principes et d'un plan d'action. Vingt ans plus tard, à Rio de Janeiro, une nouvelle conférence a eu lieu, la CNUED[555], résultant dans l'adoption, inter alia, d'une nouvelle déclaration de principes et d'un plan d'action pour le vingt-et-unième siècle (« Action 21 »). En 1997, une session extraordinaire de l'Assemblée générale des Nations Unies (connue comme « Sommet planète Terre + 5 » ou « Rio + 5 ») a été consacrée à l'évaluation des progrès obtenus après la CNUED. À l'occasion, les pays ont adopté un programme destiné à renforcer la mise en œuvre des objectifs inscrits dans Action 21. En 2002, le Sommet mondial pour le développement durable, qui a eu lieu à Johannesburg, a abouti à l'adoption d'une déclaration sur les objectifs de développement durable, accompagnée d'un plan d'application.

614. En effet, en examinant le contenu desdits déclarations et programmes d'action, ainsi que celui des conventions, nous constatons que le droit international des changements climatiques repose sur un certain nombre de principes. Parmi les plus importants, nous pouvons citer le principe de la souveraineté des États sur les ressources naturelles, le principe de la coopération internationale, le principe du développement durable, le principe des responsabilités communes mais

[555] La Conférence des Nations unies sur le commerce et le développement. Elle est un organe subsidiaire de l'Assemblée générale des Nations unies, créé en 1964, qui vise à intégrer les pays en voie de développement dans l'économie mondiale afin de favoriser leur essor.

différenciées, le principe pollueur-payeur, ainsi que les principes de la prévention et de la précaution. Il faut souligner que ces principes, énumérés de façon non exhaustive4, ne s'excluent pas les uns les autres : bien au contraire, ils se complètent et se relativisent. En outre, ils se ramifient en un ensemble de sous-principes qui servent à préciser les contours des principes principaux. Les normes conventionnelles, règles et principes mentionnés ci-dessus, d'une portée juridique variable, forment le cadre réglementaire traditionnel, composé de normes du type « command and control ». Toutefois, « l'arsenal » du droit international de l'environnement relatif au climat est composé également d'instruments économiques de protection de l'environnement.

615. L'objectif de ces instruments est de concilier les intérêts économiques avec l'exigence de protection de l'environnement, en utilisant des outils tels que « les droits de propriété au sens large (permis négociables, droits de propriété intellectuelle, quotas), la fiscalité (écotaxes, redevances), la certification environnementale des produits et méthodes de production (éco label, éco-audit), les aides financières, les systèmes de dépôt-consigne, les cautions de bonne fin, mais aussi la responsabilité civile pour les dommages causés à l'environnement ou encore les accords négociés »[556].

616. La mise en œuvre du droit international de l'environnement se heurte à deux obstacles principaux. Le premier, lié aux limitations du droit international tout court, se rapporte au primat du volontarisme et du consentement des États dans le processus de formation et d'exécution du droit. Le second, propre à la sphère environnementale internationale, comprend une série de facteurs : la mollesse des normes (abondance de la *soft law* et d'obligations générales, faiblement contraignantes et non auto-exécutoires).

[556] S. Maljean-Dubois, « Le recours à l'outil économique : un habit neuf pour les politiques environnementales ? », in S. Maljean-Dubois (dir.), *L'outil économique en droit international de l'environnement*, CERIC/La Documentation française, Paris, 2002, p. 19-20.

C. Régime juridique de la lutte contre les changements climatiques

617. Il est important de relever que l'édification d'un régime universel relatif au climat tient à la formulation de droits et d'obligations visant à refléter juridiquement l'intérêt collectif qui doit être nécessairement protégé. C'est dans ce sens que les instruments relatifs à la lutte contre les changements climatiques font de la nécessité d'agir au plan universel, la clé de voûte des stratégies et des actions juridiques retenues. À juste titre, il faut bien l'admettre, du fait des effets néfastes des changements climatiques, les États ont tenté au travers de la mise en place de cadres d'actions de transcender leurs intérêts nationaux divergents et rivalités. Cet effort de recherche d'un équilibre sous-tendu par le souci de la promotion d'un intérêt collectif universel explique que les instruments normatifs et institutionnels de lutte contre les changements climatiques soient l'expression de compromis qui tentent d'accommoder les divergences d'intérêts, entre États et groupes d'États.

618. Elaboré depuis le début des années 1990, le régime juridique de la lutte contre les changements climatiques tire son fondement sur des piliers normatifs, institutionnels ainsi qu'économiques, faisant place à l'action étatique ainsi qu'à celle d'acteurs non étatiques.

619. La conférence de Stockholm de 1972 est généralement considérée comme le point de départ important du droit de l'environnement et des politiques de protection de l'environnement. Cette conférence a abouti à la Déclaration de Stockholm.[557]

620. Par la suite, le régime sur le climat a connu une évolution relativement rapide, avec l'adoption par 196 pays, de la Convention-cadre des Nations unies sur les changements climatiques lors du sommet de la terre à Rio en 1992 suivie d'un Protocole en 1997 puis d'accords successifs, dont notamment l'Accord de Paris sur le climat.

---

[557] Cf. Déclaration finale de la Conférence des Nations unies sur l'environnement" dans Rapport de la Conférence des Nations unies sur l'environnement, Doc off AG NU, 1972, Doc NU A/CONF.48/Rev.1 (Déclaration de Stockholm).

I. La Convention-cadre des Nations unies sur les changements climatiques (CCNUCC)

621. En adoptant la Convention-cadre sur les changements climatiques, ouverte à signature lors de la conférence de Rio de juin 1992 et entrée en vigueur en mars 1994, la communauté des États a marqué sa volonté de lutte contre le phénomène du réchauffement planétaire, même si des incertitudes subsistaient quant à l'ampleur et la portée des conséquences de celui-ci. La négociation de cet instrument a révélé les divergences d'intérêts entre groupes d'États, portant essentiellement sur les aspects économiques et financiers liés à une action en ce domaine.

622. L'objectif à long terme de la Convention et de ses instruments juridiques connexes est « de stabiliser [...] les concentrations de gaz à effet de serre dans l'atmosphère à un niveau qui empêche toute perturbation anthropique dangereuse du système climatique » (article 2). Les changements climatiques sont définis par la Convention comme « des changements de climat qui sont attribués directement ou indirectement à une activité humaine altérant la composition de l'atmosphère mondiale et qui viennent s'ajouter à la variabilité naturelle du climat observée au cours de périodes comparables ».[558]

623. Notant que la majeure partie des émissions a son origine dans les pays développés et tenant compte des craintes des pays en développement en ce qui concerne le développement, la Convention épouse les principes d'équité et de développement durable et invite instamment les États à coopérer le plus possible selon leurs responsabilités communes mais différenciées et leurs capacités respectives. Aux fins de l'exécution des engagements, les Parties à la Convention doivent tenir compte des besoins et des préoccupations spécifiques des groupes de pays particulièrement affectés, comme les pays qui ont des zones côtières de faible élévation, les pays de transit et les pays sans littoral, les petits États insulaires, les pays dont l'économie est tributaire des combustibles fossiles et les pays qui ont des zones semi-arides, des zones sujettes à la sécheresse et à la désertification, des zones de forêts, des zones sujettes à des catastrophes naturelles, des zones de forte pollution de l'atmosphère urbaine et des zones dont les écosystèmes sont fragiles, ainsi que des pays les moins avancés et des

---

[558] Article 1, paragraphe 2.

pays qui peuvent être économiquement vulnérables aux effets des mesures de riposte aux changements climatiques.[559]

624. La Convention reprend tous les principes contenus dans la Déclaration finale de Rio de Janeiro et dans l'Agenda 21, ainsi que les principes du droit international, au sein duquel elle n'est qu'un aspect. Cependant, elle ne comprend aucune cible juridiquement contraignante, les Parties s'étant laissé la possibilité de compléter la CCNUCC par des engagements ultérieurs dans le cadre d'un régime international. En 1997, certaines parties à la CCNUCC ont signé le Protocole de Kyoto qui est entré en vigueur en 2005. Ce Protocole doit néanmoins être négocié périodiquement.

625. L'objectif ultime de la CCNUCC est de « stabiliser [...] les concentrations de gaz à effet de serre dans l'atmosphère à un niveau qui empêche toute perturbation anthropique dangereuse du système climatique », ce niveau devant être atteint dans un délai qui permettrait aux écosystèmes de s'adapter aux nouvelles conditions et qui ne compromettrait pas la production alimentaire ni le développement économique durable. L'article 3 de la CCNUCC établit les principes qui devraient guider les négociations menées dans le but d'atteindre cet objectif, soit notamment l'équité intra- et intergénérationnelle, *le principe des responsabilités communes mais différenciées*, *les besoins particuliers des pays en développement,* le principe de précaution et le développement durable. La CCNUCC crée également les institutions nécessaires pour sa mise en œuvre, soit la Conférence des Parties (article 7, ci-après « COP »), le Secrétariat (article 8).

626. La Convention définit un ensemble d'engagements généraux applicables à toutes les parties, tandis que certains engagements particuliers s'appliquent uniquement aux pays développés énumérés aux annexes I et II. La Convention reconnaît l'existence d'autres accords internationaux qui régissent les émissions de GES ; en particulier, elle prévoit que les engagements au titre de la Convention ne s'appliquent pas aux GES déjà réglementés par le Protocole de Montréal. Le principe des responsabilités communes mais différenciées est également le principe qui régit l'exécution des engagements généraux énumérés à l'article 4, paragraphe 1. L'établissement et la mise à jour régulière d'inventaires nationaux des émissions de GES fournissent une base scientifique pour la planification et la réalisation

---

[559] Cf. article 4, paragraphes 8 à 10.

futures de l'objectif à long terme de la Convention. Les autres engagements généraux concernent la planification nationale à long terme et la diffusion de technologies et de procédés de maîtrise des émissions, la conservation des puits, la planification concertée de l'adaptation, et l'ajustement des politiques environnementales, l'observation systématique et la constitution d'archives de données, l'échange d'informations et la promotion de l'éducation, de la formation et de la sensibilisation du public. Les pays développés énumérés à l'annexe I s'engagent à respecter l'objectif de limitation des émissions anthropiques de GES en vue de ramener individuellement ou conjointement leurs émissions à leurs niveaux de 1990. Ils sont soumis à des obligations en matière de communication d'informations qui sont plus strictes que celles des pays en développement et doivent coordonner les instruments économiques et administratifs appropriés qui contribuent à augmenter les émissions de GES (par exemple, les subventions et les tarifs énergétiques) et revoir régulièrement leurs politiques.[560] Les pays visés à l'annexe II, qui représentent un sous-ensemble plus limité de pays visés à l'annexe I, ont l'obligation de fournir des ressources financières nouvelles et additionnelles aux pays en développement pour leur permettre d'exécuter leurs obligations nationales en matière de communication d'informations visées à l'article 12, paragraphe 1. Ils fournissent en outre les ressources nécessaires aux pays en développement pour couvrir la totalité des coûts supplémentaires pour se conformer aux obligations générales et aident les États particulièrement vulnérables à faire face au coût de leur adaptation.[561] Les pays visés à l'annexe II sont tenus par ailleurs d'encourager le transfert ou l'accès de technologies écologiquement rationnelles aux autres Parties, plus particulièrement aux pays en développement, et de soutenir le renforcement des capacités de celles-ci.

627. Les parties se sont engagées à réaliser des inventaires nationaux des émissions de gaz à effet de serre et, pour leur part, les pays industrialisés se sont donnés pour objectif de ramener leurs émissions de gaz à effet de serre au niveau de celles de 1990. L'organe suprême de la Convention, dont le siège est à Bonn, est la Conférence des Parties (CP) qui se réunit chaque année, comme ce fut dernièrement le cas à

---

560 Cf. article 4, paragraphe 2.
561 Voir article 4, paragraphes 3 et 4.

Paris (COP21). La CP prend les décisions nécessaires pour favoriser l'application de la Convention et examine périodiquement l'application effective de la Convention. À cet effet, elle est habilitée à examiner les informations nationales communiquées, les obligations des Parties et les arrangements institutionnels découlant de la Convention, à examiner le caractère adéquat des engagements visés à l'article 4, paragraphe 2, à faciliter, à la demande des Parties, la coordination des mesures nationales, et à faire des recommandations sur toutes questions nécessaires à la réalisation des objectifs de la Convention. Des observateurs sont admis aux réunions annuelles de la Conférence.[562]

628. Outre la CP, la Convention a créé quatre autres organes : un Secrétariat[563], qui a désormais son siège permanent à Bonn, en Allemagne ; deux organes subsidiaires, l'un pour le conseil scientifique et technique[564] et l'autre, pour la mise en œuvre[565] ; et un mécanisme financier[566]. Les organes subsidiaires sont ouverts tous deux à la participation de toutes les Parties et sont composés de représentants des gouvernements possédant l'expertise requise. Ils font le point des connaissances scientifiques et des effets des mesures prises par les Parties pour mettre en œuvre la Convention. Ils rendent compte uniquement à la CP, qui est habilitée à créer d'autres organes subsidiaires jugés nécessaires.

629. Un mécanisme financier est créé en vue de fournir des ressources financières sous forme de dons ou à des conditions de faveur, notamment pour le transfert de technologie. Il relève de la CP et son fonctionnement peut être confié à une ou plusieurs entités internationales existantes. La Convention prévoit que le mécanisme financier est constitué sur la base d'une représentation équitable et équilibrée de toutes les Parties, dans le cadre d'un système de gestion transparent.[567] Le Fonds pour l'environnement mondial du Programme des Nations Unies pour le développement, auquel un mandat provisoire avait été confié initialement,[568] a été restructuré en conséquence et, par

---

[562] Cf. article 7.
[563] Voir article 8.
[564] Article 9.
[565] Article 10.
[566] Article 11.
[567] Article 11, paragraphe 2.
[568] Article 31, paragraphe 3.

la décision 3/CP.4 (1998), a été reconnu comme le mécanisme financier de la Convention

II. Le Protocole de Kyoto

630. Le Protocole de Kyoto signé en 1997 et entré en vigueur en 2005 constitue la première mise en œuvre pratique de la Convention sur les changements climatiques avec la formulation d'objectifs obligatoires de réduction du total des émissions des États du Nord « d'au moins 5% par rapport au niveau de 1990 au cours de la période d'engagement allant de 2008 à 2012 ».[569] En 2012, ces objectifs, qui vont de -8% à +10% par rapport aux émissions individuelles des pays en 1990, ont été atteints, en dépit du retrait des États-Unis et du Canada. Mais, le Protocole de Kyoto n'a pas été suffisant pour résoudre les concentrations de GES dans l'atmosphère. Ainsi, déjà en 2005 des négociations ont été engagées par les États en vue de préparer un nouvel accord engageant cette fois-ci les pays émergents à l'arrivée à échéance du Protocole de Kyoto.

631. Ce projet a échoué à la COP de 2009 tenue à Copenhague, qui n'a accouché que d'une déclaration non contraignante qui fixe un objectif de stabilisation de la hausse de la température à 2°C d'ici 2050 sans définir les moyens pour les atteindre. En l'absence d'un nouvel accord international sur le climat, les pays industrialisés engagés dans le Protocole de Kyoto ont convenu de le prolonger au-delà de 2012.

632. Lors de la COP de 2012 tenue à Doha, des règles de la deuxième période d'engagement du Protocole de Kyoto (2013-2020) seront donc fixés et les pays désignés devront globalement réduire leurs émissions d'au moins 18% entre 2013 et 2020 par rapport à 1990. C'est dans ce cadre que se tiendra du 30 novembre au 13 décembre 2015 la 21è Conférence des Parties sur le climat à Paris (dite « COP 21), avec comme point marquant, l'adoption le 12 décembre 2015 d'un projet d'accord final sur le climat, à l'unanimité par les participants. À l'évidence, l'adoption de l'Accord de Paris sur le climat a constitué une étape décisive sur la voie de la consolidation du régime du climat. En effet, pour la première fois, un accord universel sera conclu dans le cadre de la lutte contre les changements climatiques.

633. En outre, le Protocole de Kyoto et ses modalités de mise en œuvre, qui ont fait l'objet d'un accord à Bonn et à Marrakech,

---

[569] Article 3, paragraphe 1, du Protocole de Kyoto.

définissent des mécanismes novateurs (échanges internationaux de permis d'émission, mécanismes de coopération avec les pays en voie de développement et les pays à économie de transition, système juridictionnel de contrôle du respect des obligations et de sanctions).

634. Il convient de préciser en effet que le Protocole de Kyoto a prévu un comité de contrôle dont la mission consiste à suivre le respect des obligations et le mécanisme de sanctions. Les Parties à la Convention ont ainsi accepté un certain nombre d'engagements pour faire face aux changements climatiques, à savoir que :

- Toutes les Parties doivent rédiger et soumettre périodiquement des rapports spéciaux appelés communications nationales ;
- Ces informations doivent contenir des informations sur les émissions de gaz à effet de serre de la Partie concernée et décrire les mesures que cette dernière a prises et les plans qu'elle doit adopter pour appliquer la Convention.

635. Pour permettre l'application de ces mécanismes et encourager la réalisation, par les Parties à l'Annexe I, de leurs objectifs d'émission, le Protocole de Kyoto a renforcé les procédures de rapport et de suivi de la Convention et créé un système de banques de données électroniques, appelés registres nationaux, afin de surveiller les transactions effectuées au titre de mécanisme de Kyoto. Dans cette perspective, il a également créé un comité de surveillance qui a l'autorité de décider et d'appliquer les conséquences.

636. À titre de sanction, il convient de souligner que les pays développés, les seuls concernés par des objectifs chiffrés de réduction des émissions de gaz à effet de serre, se sont engagés à travers le Protocole de Kyoto à rattraper d'éventuels dérapages dans leurs engagements en assumant une forme d' « amende » de 30% de réduction d'émissions supplémentaires.

637. Il est important de préciser que la mise en œuvre du Protocole de Kyoto connaît de sérieuses difficultés du fait que les Etats-Unis d'Amérique ne l'ont pas ratifié. Dans cette logique, plusieurs questions furent soulevées. En effet, quel est alors l'avenir de ce Protocole face à l'unilatéralisme des Etats-Unis ? La coopération internationale peut-elle valablement se passer des Etats-Unis qui sont un acteur important de premier plan ? Les autres Etats ou groupes d'Etats et notamment l'Union Européenne ont-ils vraiment les moyens d'imposer à leurs industries de nouvelles contraintes qui risquent de susciter des distorsions de concurrence par rapport aux autres entreprises sur lesquelles ces nouvelles contraintes ne pèsent pas ? Une chose est sûre : les négociations qui semblaient hier au point mort sont, depuis les Conférences des Paries de 2012 à Doha et à Paris, relancées.

638. Le Protocole de Kyoto représente, sur les plans conceptuel et pratique, une innovation au regard du droit international[570]. Cependant, ce texte ne constitue qu'une première étape en vue du respect de l'objectif de l'article 2 de la Convention-cadre, celui de stabiliser « les concentrations de gaz à effet de serre dans l'atmosphère à un niveau qui empêche toute perturbation anthropique dangereuse pour le système climatique ». Or, cet objectif ne saurait être atteint si les seuls États, juridiquement engagés, s'en tiennent aux obligations en vigueur. De plus, l'absence d'États « clés » ne permet pas au Protocole de Kyoto d'être un mécanisme véritablement universel même si cet instrument a pour vocation de le devenir.

639. Quoi qu'il en soit, le Protocole de Kyoto constitue un cadre novateur dans la lutte contre les changements climatiques. Malgré ses imperfections, le Protocole est l'un des mécanismes les plus aboutis de mise en œuvre et de contrôle du droit international. Mais dans sa force réside aussi sa faiblesse. Ainsi, il doit être perfectionné pour être efficace, surtout qu'il a été le premier et, pour le moment, est le seul protocole adopté en vertu de la CCNUCC. Son mécanisme principal consiste en l'imposition d'engagements chiffrés de réduction d'émissions de gaz à effet de serre aux pays de l'Annexe I de la CCNUCC (des pays développés). Ces engagements ont été déterminés dans le cadre des négociations multilatérales, sont prescrits dans des délais précis et sont assujettis à un contrôle international. Qui plus est, comme il est impossible d'y faire des réserves, les Parties ne peuvent pas modifier unilatéralement les engagements prescrits après l'adoption du protocole.

640. En résumé, la Convention- cadre ainsi que son Protocole, apparaissent tout d'abord comme des instruments internationaux de protection d'une composante de l'environnement global, le climat. Mais bien d'avantage, cet ensemble conventionnel a posé les bases d'un

---

[570] C. London, « Le Protocole de Kyoto. Innovations sur le plan du droit international général et du droit international de l'environnement en particulier », dans Yves Petit (dir.), *Le Protocole de Kyoto. Mise en œuvre et implications*, Strasbourg, Presses universitaires de Strasbourg, 2002, pp. 55-69.

véritable régime juridique qui, au fil des conférences internationales, tend à se consolider. Mais, alors que le premier instrument définit un cadre d'action globale à l'échelle internationale et dessine une structure institutionnelle, le second contient des obligations chiffrées de réductions d'émissions de gaz à effet de serre et doit donc être compris comme « un instrument juridique contraignant ».[571] de par ses sanctions. À titre de sanction, les pays développés, les seuls concernés par des objectifs chiffrés de réduction des émissions de gaz à effet de serre, se sont engagés à travers le Protocole de Kyoto à rattraper d'éventuels dérapages dans leurs engagements en assumant une forme d' « amende » de 30% de réduction d'émissions supplémentaires.

641. À la suite de ces cadres juridiques, des conventions internationales ont été adoptées pour fixer le cadre et pour définir les actions à mener en vue de résoudre les problèmes environnementaux globaux : réchauffement du climat, érosion de la biodiversité, sécheresse et désertification. La Conférence de Rio a largement contribué à l'émergence du droit international de l'environnement qui comporte plusieurs conventions, dont l'objectif est de régir le traitement des questions environnementales globales. Parmi elles, on peut citer la Convention sur les changements climatiques et de la Convention sur la diversité biologique.

642. Par ailleurs, il convient de souligner que la prise de conscience du réchauffement climatique a récemment conduit à l'adoption de l'Accord de Paris sur le climat, dont l'objectif est de lutter contre les changements climatiques. C'est ce que nous allons dans les lignes qui suivent.

---

[571] C. London, « Le protocole de Kyoto : innovations sur le plan du droit international en général et du droit international de l'environnement en particulier », in Y. Petit, *Le protocole de Kyoto: mise en œuvre et implications*, Presses Universitaires de Strasbourg, 2002, p. 56, cité par Géraud de Lassus Saint Génies, *Le droit international et les changements climatiques*, Mémoire de Master 2 Recherche, Droit international et Organisations internationales, Panthéon-Sorbonne-Université Paris 1, 2005-2006, p. 62.

III. L'Accord de Paris sur le climat

643. Ce traité définit un cadre juridique pour organiser l'action de la communauté internationale contre les changements climatiques au-delà de 2020. Salué comme historique, l'Accord de Paris du 12 décembre 2015 imprime une orientation plus ambitieuse au régime international du climat, qu'il vient compléter en posant de nouvelles obligations pour les États, y compris des obligations de comportement détaillées en matière d'atténuation des changements climatiques.

644. L'accord de Paris sur les changements climatiques prévoit de contenir le réchauffement climatique « bien en dessous de 2° Celsius »[572] et si possible de viser à « poursuivre les efforts pour limiter la hausse des températures à 1,5 °C ». Afin de mener à bien le combat contre le réchauffement climatique, l'Accord de Paris introduit deux concepts centraux : l'adaptation et l'atténuation.[573] Le premier sous-entend que même si nous parvenons à réduire de manière drastique les émissions de gaz à effet de serre, les sociétés devront tout de même s'adapter aux conséquences de l'action humaine des derniers siècles. Il pourra ainsi être possible d'assister à d'importants mouvements de réfugiés climatiques. Le second, quant à lui, se rapporte à l'ensemble des actions mises en place pour réduire les émissions de gaz à effet de serre et le réchauffement climatique. Ces actions peuvent revêtir trois formes principales : les économies d'énergie, le développement des énergies renouvelables pour remplacer les énergies fossiles et le stockage du carbone en dehors de l'atmosphère, que d'aucuns qualifient de « séquestration du carbone ».[574]

645. En outre, le paragraphe 2 de l'article 2 de l'Accord précise que « le présent Accord sera appliqué conformément à l'équité et au principe des responsabilités communes mais différenciées et des capacités respectives, eu égard aux contextes nationaux différents »[575]. Il en ressort que le texte accorde une grande importance au respect des différences existant entre les pays développés et ceux en voie de développement y compris les États insulaires qui souffrent

[572] Par rapport aux niveaux préindustriels. Voir à ce propos la Convention-cadre des Nations unies sur les changements climatiques, « Adoption de l'Accord de Paris », 12 décembre 2015, p. 4.

[573] Convention-cadre des Nations unies sur les changements climatiques, *op.cit.*

[574] A. Garric, P. Le Hir, « Climat : 22 mots pour comprendre la COP22 », *Le monde* (En ligne), lundi 14 novembre 2016.

[575] Convention-cadre des Nations unies sur les changements climatiques, *op.cit.*

particulièrement des effets actuels des changements climatiques.[576] Aussi, l'Accord prévoit que les pays développés faisant Parties apportant une aide financière et technologique[577] aux pays en voie de développement faisant Paries, ainsi qu'un appui au renforcement de leurs capacités. Qui plus, les autres Parties sont également invitées à apporter leur aide de manière volontaire.[578] Il en résulte que l'accès aux financements et l'innovation sont deux points fondamentaux et nécessaires à la mise en place d'actions servant la lutte contre le réchauffement climatique. Dans cette optique, et comme cela avait déjà été préconisé à Copenhague, une subvention de 100 milliards de dollars par an est prévu pour aider les pays les moins développés dans leur transition.[579] Ainsi, l'Accord promeut la coopération locale, régionale, infranationale, nationale et internationale de manière à ce que la mobilisation pour la lutte contre le réchauffement climatique se fasse au niveau de toutes les Parties mais aussi des acteurs de la société civile, du secteur privé, des organismes financiers, des communautés locales, etc.[580]

646. Par ailleurs, l'Accord de Paris, qui doit prendre le relais à partir de 2020, revêt un caractère contraignant[581] (la contrainte ne passe pas seulement par la punition). En effet, c'est un accord qui comporte beaucoup d'obligations juridiques, exprimées dans le texte par les « doit », ou de moyens (« devrait »). Leur portée et leur force se caractérisent dans les nuances. À titre d'exemple, nous avons *les contributions nationales livrées* par les pays, c'est-à-dire leurs engagements précis de réduction d'émissions, *n'ont pas de valeur contraignante*, étant volontaires dans leur ambition et ne faisant pas partie de l'accord stricto sensu. En revanche, *chaque État a malgré toute l'obligation* d'en établir une, de la mettre en œuvre, et surtout de la réviser à la hausse tous les cinq ans, selon les prescrits des articles 3 et 4 de l'accord sous examen. Enfin, le texte et son article 13, prévoit un *mécanisme de transparence*, qui conduira un comité d'experts internationaux à vérifier, publiquement, les informations fournies par

---

[576] Convention-cadre des Nations unies sur les changements climatiques, *ibid.*
[577] Par exemple, le développement des énergies renouvelables.
[578] Convention-cadre des Nations unies sur les changements climatiques, *ibid.*
[579] Convention-cadre des Nations unies sur les changements climatiques, *ibid.*
[580] Convention-cadre des Nations unies sur les changements climatiques, *op.cit.*
[581] J. Jouzel, « Apports et limites de la COP », *Etudes*, avril 2016, p. 7-16.

les pays en termes de suivi de leurs émissions et des progrès accomplis pour les réduire. En un mot, l'Accord établit un mécanisme de surveillance rigoureux et obligatoire.

647. Contrairement au Protocole de Kyoto, ce mécanisme dit de MRV (Monitoring, reporting and Verification, ou « Suivi, notification, vérification ») s'appliquera non seulement aux pays développés mais également à ceux en développement, avec plus de souplesse. La transparence vise à créer la confiance et le dialogue entre les pays, dans le dessein de s'encourager mutuellement vers la réalisation de leur ambition. Dans cette perspective, la règle du « Name and Shame » (montrer du doigt) équivaut à la sentence et partant, peut inciter les États à honorer leurs engagements. Faute de quoi, cela ressuerait de déboucher à la judiciarisation des questions climatiques, et des condamnations des États par des juges nationaux.

648. Il ressort de ce qui précède, nous pouvons retenir que l'Accord de Paris est un instrument juridique contraignant de par les obligations contenues. En ce sens, il ressemble au Protocole de Kyoto qui est également juridiquement contraignant. La contrainte ici ressort de ce que les États dans les deux cas se sont engagés réciproquement à travers des obligations qui s'imposent à eux. Cependant, nous estimons que le Protocole de Kyoto est plus contraignant en ce sens qu'il a prévu des sanctions que l'Accord de Paris n'a pas prévues.

649. En outre, il existe d'autres accords contraignants dans le domaine de l'environnement, notamment des conventions et des protocoles qui régissent plusieurs problématiques de l'environnement, à savoir : la couche d'ozone, la désertification, la biodiversité, etc. Bref, dans le domaine de l'environnement, les conventions et accords sont légion. Nous avons, à côté de ceux-ci, des protocoles qui pour la plupart viennent contribuer, de façon précise, à leur application. Ainsi, nous avons notamment, le Protocole de Montréal de 1987 relatif à des substances qui appauvrissent la couche d'ozone, adopté en application des articles 2 et 8 de la Convention de 1985 pour la protection d'ozone.

650. La RDC a adopté et signé l'accord de Paris en décembre 2015, à l'issue de la COP 21. Mais depuis lors, elle ne l'a pas toujours ratifié. Face à cela, nous pensons qu'il s'agit d'une faute grave, car le pays perd beaucoup. C'est une occasion pour avoir des fonds au niveau international. En effet, l'Accord de Paris a prévu des ressources importantes qui pourraient aider le gouvernement compte tenu de la faiblesse de son budget. De manière spécifique, l'Accord de Paris est donc une opportunité la RDC de bénéficier des différents fonds destinés à la lutte contre le réchauffement climatique.

IV. La perfectibilité du système de lutte contre les changements climatiques

651. Le droit international en général et le droit international des changements climatiques en particulier font face à un défi majeur, à savoir la persistance du phénomène du réchauffement climatique et de ses effets. La Convention-cadre et le Protocole de Kyoto offrent une plateforme pour la coopération mondiale dans le domaine des changements climatiques sous l'égide de l'ONU. Mais la complexité et l'interdépendance des opérations à mener requièrent une action de l'ensemble des acteurs s'intéressant aux questions environnementales. Cette réalité nécessite un renforcement de la coopération internationale, fondée sur une solide coordination dans la mesure où plusieurs institutions internationales abordent les questions climatiques.

652. Plusieurs instruments sont envisageables pour parvenir à une réduction des gaz à effet de serre. L'instrument normatif vise à limiter les émissions de certaines substances. L'instrument incitatif se traduit, quant à lui, par des aides financières soutenant l'investissement dans des techniques de production moins nocives. En dernière analyse, un instrument répressif peut être mis en place à travers la fiscalité.

D. L'implication des ONG dans le développement du droit international des changements climatiques

653. Les ONG jouent un rôle crucial dans la construction du droit international, et un rôle déterminant[582] dans la régulation des nouvelles biotechnologies et de la biodiversité. Dans ce sens, elles sont devenues des acteurs décisifs, des « entrepreneurs »[583] dans la création, la diffusion et la mise en œuvre de la norme environnementale, parfois

---

[582] L'une des clés de cette influence résiderait dans leur compétence et dans leur expertise technique. Il en a été le cas par exemple, lors de la conférence de Stockholm de 1972, durant laquelle les ONG qui ont exercé une influence considérable sont celles qui ont fourni un avis et une expertise scientifique. Dans cette perspective, les ONG environnementales des pays industrialisés (Greenpeace ou Friends of the Earth) ont porté des débats qui ont rapidement déteint sur les agendas internationaux.

[583] Voir B. Badie, *La diplomatie des droits de l'homme*, Paris, Fayard, 2002.

plus que ne le sont certains acteurs étatiques. D'où la nécessité d'examiner leur action.

654. Cette action est au cœur de nos préoccupations. C'est pourquoi nous présenterons l'influence des ONG dans la production et la mise en œuvre du droit international des changements climatiques, selon deux modalités : tantôt par la coopération avec les États (I), tantôt par la voie judiciaire avec ces mêmes États (II).

I. La participation par la coopération avec les États

655. Dans le processus de construction du droit international, les ONG exercent une influence considérable, laquelle peut être directe ou indirecte. Elle est directe lorsque l'ONG participe activement à la rédaction d'une norme internationale, dans une conférence interétatique. Il en est de même lorsqu'elle propose au sein d'un État, des modèles pour la réglementation du droit international à partir de la création de normes établies au niveau du droit interne. Elle est indirecte lorsqu'elle agit sur la formulation d'une politique globale qui sera moulée en normes de droit, fixées par les États.

656. Mais, il faut noter que la participation par la coopération des ONG à la formation du droit international en général, et du droit international des changements climatiques en particulier, se réalise à travers quatre modalités : participation aux négociations internationales (1), participation par le truchement du soutien aux organisations internationales (2), participation à la mise en œuvre du droit international (3) et, participation à travers l'aide apportée au contrôle des normes internationales (4).

1. La participation des ONG aux négociations internationales

657. D'entrée de jeu, il sied de souligner qu'avant l'ouverture ou en même temps que des négociations, les ONG organisent des campagnes de sensibilisation,[584] multiplient les colloques, les séminaires, les rapports et contacts avec la presse. Cependant, il faut noter que la participation au processus de construction de la norme internationale est prévue par les organisations internationales et peut se faire de plusieurs manières. Dans cette optique, la participation des ONG aux négociations au sein des organisations internationales est prévue par la

---

[584] Lebel Doan & Desforges Domitille, « Les ONG de défense de l'environnement », *Regards croisés sur l'économie*, 2/2009 (n° 6), p. 59-61.

Charte des Nations unies, dans l'article 71.[585] Mais cet article ne prévoit que des consultations avec ces organisations. Il s'agit donc d'une contribution *minimale* des ONG (*seulement à certaines d'entre elles*) dans les travaux de l'ONU, et plus largement dans les organisations internationales, sous le régime du *statut consultatif.*[586] En droit international de l'environnemental, la première convention qui a prévu la participation des ONG de manière concrète était la Convention relative à la conservation de la vie sauvage et du milieu naturel de l'Europe, en 1979. Elle permettait la participation des organisations non-gouvernementales invitées en tant qu'observateurs des activités du Comité permanent. Toutefois, la participation des ONG au sein des organisations internationales peut être fixée ou non fixées par des normes réglementaires.

658. Dans tous les cas, les ONG ne votent pas les dispositions d'une convention internationale. Cette prérogative relève exclusivement des États, sujets du droit international, donc les seuls à voter les normes internationales. Dans ce cadre, il est donc difficile de démontrer l'influence d'une ONG dans le vote effectué au nom d'une nation. Il est évident que les ONG peuvent avoir un statut d'observateur, un statut consultatif sans droit à la parole, un statut consultatif avec le droit de présenter oralement leurs positions ou encore de participer à un comité délibératif[587] avec les représentants du gouvernement.

659. Dans l'élaboration du droit international, les modalités d'influence sont multiples. On pourrait les diviser entre protestations et pressions. Les protestations prennent la forme de sit-in, de marches, de

---

[585] L'article 71 de la Charte des Nations unies dispose que « [l]e Conseil économique et social peut prendre toutes dispositions utiles pour consulter les organisations non gouvernementales qui s'occupent de questions relevant de sa compétence. Ces dispositions peuvent s'appliquer à des organisations internationales et, s'il y a lieu, à des organisations nationales après consultations du Membre intéressé de l'Organisation ».

[586] J.-P. Cot & A. Pellet, *La Charte des Nations unies. Commentaire article par article*, Paris, Economica, 3ème édition, p.1733. Dans cet ouvrage, les auteurs démontrent que le rôle consultatif attribué aux ONG n'est pas un droit opposable aux ONG aux instances onusiennes, mais une faveur octroyée discrétionnairement et unilatéralement à une catégorie des ONG, sous certaines conditions restrictives : conformité des objectifs avec ceux des Nations unies, transparence du fonctionnement, indépendance financière, etc. Ces conditions ressortent de la résolution de 1996.

[587] P.-M. Dupuy, *Droit international public*, Paris, Dalloz, 1998, p. 155.

pétitions ou de perturbations. Les pressions s'exercent au niveau des informations et au moyen du lobbying. Les informations, sont transmises grâce à la publication des journaux écologiques, par des rapports sur l'organisation, par la dissémination des études ponctuelles, par des propositions écrites ou orales, par la création de workshops, l'organisation de lectures, de tables rondes, de conférences de presse et de stands. Le lobbying est plutôt individuel et il passe par des propositions concrètes orales ou écrites, des versions préliminaires, des conseils techniques ou juridiques, ou encore, des accords pour l'échange de ressource.

660. Les exemples de l'influence des ONG dans la formation de la norme internationale sont variés. Elles jouent un rôle déterminant dans la protection de l'environnement, de par leurs solutions aux changements climatiques. En effet, les ONG ont été importantes dans la mobilisation et l'acceptation finale des résolutions qui ont été récemment prises dans le cadre des négociations de la COP 21 et celles de la COP 22 qui se sont déroulées en 2015 et 2016.[588] « *Sans les ONG, rien n'aurait été possible* », affirmait la ministre française de l'Ecologie. Quant à Ségolène Royal, leur rôle au cours des quinze prochains jours reste primordial.[589] Dans ce cadre, elles se sont distinguées par leur volonté d'imposer des avancées en matière des changements climatiques. Lors des assises de Paris et de Marrakech, les ONG ont joué un rôle de médiatrices entre les différentes parties en vue d'assurer que les directives et les cibles exposées dans le document final sont bel et bien ambitieuses en matière d'atténuation des changements climatiques.

661. Il est utile de préciser que même si certaines ONG de défense de l'environnement ont exprimé leurs doutes concernant la mise en œuvre effective des résolutions prises lors des assises de Paris et de Marrakech, leur place n'avait encore jamais été aussi importante et visible. En effet, ces organisations ont pris une part importante dans le processus de préparation de ces conférences. Dans cette perspective, elles ont assisté aux divers stades successifs des négociations visant à la mise en place de normes environnementales internationales.

---

[588] http://www.rfi.fr/cop22/20161119-une-cop22-afrique-ong-care.

[589] http://www.rfi.fr/france/20151129-cop21-enjeux-conference-paris-climat-2015-gaz-effet-serre-chine-etats-unis).

662. Dans le régime de protection de la couche d'ozone, le rôle des ONG a été décisif, allant du lobbying pour mettre fin immédiatement à la production des CFCs, à l'action contre McDonald's, avec le remplacement des emballages polluants par des emballages à carton. Dans la pratique, l'importance de ces ONG ne peut être minimisée. Tout au contraire, certaines d'entre elles ont sur les rapports internationaux une importance parfois supérieure à celle de nombreux États (Greenpeace notamment). C'est dans cette perspective que Joe VERHOEVEN, soutient : « Leur influence croissante atteste l'importance des phénomènes 'transnationaux' dans la pratique contemporaine »[590], comme en témoigne le statut consultatif qui est accordé par de nombreuses organisations aux ONG, pour autant qu'elles remplissent les conditions requises.

663. Ainsi, la contribution des ONG peut être de deux sortes : dissimulée, tout en induisant les États à faire la norme à travers le lobbying et les autres formes de pression ou explicite, rédactionnelle, avec la proposition des textes concrets ou de parties des textes, qui vont être la base des textes définitifs.[591]

664. Il faut cependant, dire que nous manquons d'études plus solides sur l'influence des ONG dans la formation du droit international des changements climatiques. Toutefois, la doctrine essaye de proposer quelques critères qui peuvent nous conduire à mesurer le degré de cette incidence. La méthodologie proposée par B. Arts nous paraît plus appropriée. En effet, il estime que la perception de l'influence des ONG peut s'analyser en tenant compte d'abord de l'idée qu'ont les ONG elles-mêmes sur l'impact qu'elles ont exercé dans les négociations interétatiques sur l'environnement ; puis de ce qu'estiment les représentants des gouvernements à ces assises au rôle joué par des ONG environnementales et enfin, du lien direct entre les documents présentés par les ONG et les normes environnementales, mieux les textes juridiques retenues. C'est la confrontation de ces informations qui permet de percevoir la réelle incidence des ONG. B. Arts conclut que les ONG, spécialement les réseaux Climate Action Network (CAN) ont eu une influence faible dans la rédaction de la Convention sur les changements climatiques dans la fixation des objectifs et des délais

---

[590] J. Verhoeven, *Droit international public*, Bruxelles, De Boeck & Larcier, 2000, p. 202.

[591] P.-M. Dupuy, *Les ONG et le droit international*, Paris : Economica, 1986.

d'application. Un grand nombre d'ONG ont eu un rôle important dans la fixation d'une première version du Protocole de Kyoto, figurant déjà dans la première conférence de parties (COP1). La mise en œuvre conjointe du Protocole par les pays en développement et les pays développés était un point qui partageait les ONG (Environmental Defense Fund, Centre for Science and Environment pour et Greenpeace contre). Si bien que, même si les ONG n'ont pas atteint leurs objectifs, les pays en développement se sont approprié les arguments utilisés, spécialement le G77 et la Chine.[592]

665. De ce qui précède, il ressort que les ONG jouent un rôle important dans la diffusion de la norme des informations sur les normes à appliquer et en exerçant des pressions sur les gouvernements de manière à ce que ces normes trouvent une expression effective au plan interne. Elles fournissent des conseils juridiques ou pratiques aux victimes sur les voies de recours possibles.

2. La participation par le truchement du soutien aux organisations internationales

666. Dans bien de situations, les ONG coopèrent avec les organisations internationales. Il arrive même qu'elles les concurrencent dans des domaines spécifiques. Souvent elles sont mêmes en avance sur leur fonctionnement. Elles les interpellent et les contraignent à se situer, notamment, sur le plan de la mise en œuvre des conventions internationales, l'élaboration et la mise en œuvre des programmes et de l'action *in loco*, aussi bien que le contrôle du respect des conventions.

3. La participation à la mise en œuvre du droit international des changements climatiques

667. Comme évoqué ci-dessus, les ONG participent à l'éducation du public, la réalisation de projets de développement durable et la réglementation des normes internationales. Dans ce sens, elles participent à la mise en œuvre des conventions internationales. L'éducation environnementale est un élément essentiel et même central de certains accords internationaux. En vertu du chapitre 27 de l'Agenda

[592] B. Arts, *The political influence of global NGOs. Case studies on the climate and biodiversity conventions*, Utrecht, International Books, 1998, pp. 127, 138, 144, 154 et 230.

21[593] sur le rôle des ONG, celles-ci participent à la sensibilisation et à l'alerte aussi bien des citoyens que des décideurs. À cet effet, elles organisent des campagnes de sensibilisation, de prise de conscience, de discussions sur les sujets aussi variés, de mise en scandale, de production des données scientifiques se rapportant au développement et à l'environnement. Elles font des réunions périodiques, et avant chacune d'elles, envoient des textes qui doivent être soumis aux États pour discussion. Se tiennent également des réunions centrales, avec la participation d'un nombre plus important de délégués de chaque État ou association. Les comptes-rendus sont envoyés aux administrateurs publics, aux salariés ou à des personnes compétentes.

668. En outre, la participation des ONG à la formulation et la mise en œuvre des programmes de protection de l'environnement, surtout les programmes financés par les organisations internationales, est croissante. En effet, on s'aperçoit que la mise en œuvre de ces programmes est efficace et plus facilement contrôlable quand ils sont conduits par les ONG que par les gouvernements. Certaines organisations internationales comme la Banque Mondiale réaccourent presque exclusivement aux ONG pour la mise en œuvre de leurs programmes de protection de la nature.

4. La participation à travers l'aide apportée au contrôle des normes internationales

669. Les ONG jouent un rôle très important dans le contrôle de la mise en œuvre des traités environnementaux. En fait, leur participation aux secrétariats des conventions leurs permet de contrôler l'exécution par les Etats, des engagements auxquels ils ont librement souscrit. Dans cette perspective, il s'agit pour les ONG de s'assurer que les pays tiennent leurs engagements par la mise en œuvre concrète au niveau national des accords internationaux.[594] Grâce à leurs activités de veille, elles révèlent les difficultés de la mise en œuvre ou les violations dans certains Etats. En outre, les tentatives des ONG pour s'assurer de

---

[593] Dans l'Agenda 21, rédigé lors de la Conférence de Rio de 1992 sur le Développement et l'Environnement, le chapitre 27 est consacré au renforcement du rôle des ONG dans le domaine du développement durable. Ces dernières sont ainsi reconnues comme des partenaires importants en matière d'environnement.

[594] J.-A. Fuentes Véliz, « L'évolution du rôle des organisations non-gouvernementales dans le droit de l'environnement. In : *Revue Européenne de Droit de l'Environnement*, n°4, 2007. pp. 401-430.

l'exécution des engagements pris doivent être indirectes en mettant en évidence par exemple le non-respect des engagements par le biais des protestations ou des dénonciations auprès des autorités ou des médias. Toujours est-il que beaucoup d'ONG participent de nos jours au suivi des traités, contribuant ainsi à améliorer les mécanismes de contrôle.

670. Dans la production des rapports nationaux, certaines ONG sont en situation de dénoncer les irrégularités. Dans certains cas, à l'exemple du Secrétariat de la Convention-cadre de l'ONU sur les changements climatiques, il est possible d'initier des investigations pour vérifier les contradictions qui se font jour entre les ONG et les États.

671. Dans le système de la Convention de Berne de 1979, les ONG se sont vues reconnaître un véritable « droit de pétition » et peuvent déclencher par leurs courriers, l'ouverture des dossiers concernant certains Etats. Aussi, dans le cadre de l'ALENA(Accord de libre-échange nord-américain),[595] elles peuvent adresser des communications au Secrétariat de la Commission de la coopération environnementale, alléguant que l'un des trois Etats (le Canada, les États et le Mexique) n'assure pas l'application de sa propre législation environnementale. Ces communications peuvent aboutir à l'ouverture de « dossiers » ou à la conduite d'enquêtes.

672. Les ONG ont une autre fonction essentielle : la divulgation des négociations, des activités des Secrétariats et du contenu des conventions. L'Institut international pour le développement durable met en ligne directement sur internet les principales négociations internationales sur l'environnement.[596] De plus, il diffuse un journal qui assure la disponibilité des discours ou des propositions formulées par la plupart des États participants. Cette modalité de divulgation permet de faire en sorte que n'importe quelle personne suive une négociation internationale et contrôle les positions de son gouvernement. D'autres mécanismes classiques sont eux aussi couramment employés, comme la publication de journaux écrits, de livres, de brochures explicatives, et de programmes d'éducation environnementale.

---

[595] Il s'agit d'un accord commercial de large portée, qui établit des règles régissant le commerce et l'investissement entre trois États, à savoir le Canada, les États-Unis et le Mexique. Depuis l'entrée en vigueur de l'ALENA, l'Accord a systématiquement supprimé la plupart des obstacles, tarifaires et non tarifaires, au libre-échange et à l'investissement entre ces trois pays.

[596] http://www.iisd.org.

673. Quoiqu'il en soit, les ONG se considèrent aujourd'hui comme des « tuteurs légaux » des intérêts écologiques, ce qui leur permet de porter devant les tribunaux, les affaires impliquant des intérêts écologiques. Depuis la Conférence de RIO, les tribunaux de nombreux pays ont été de plus en plus ouverts aux interventions des ONG ; les affaires examinées portent aussi bien sur les litiges d'inobservation des dispositions adoptées que sur la protection des droits fondamentaux.

674. Dans le système nord-américain, les ONG ont utilisé la voie judiciaire de manière assez remarquable, ce qui s'explique par la culture nord-américaine, qui a pour tradition d'utiliser le recours judiciaire pour faire valoir des points de vue. Qui plus est, le système nord-américain permet de mettre en discussion l'opportunité des actes administratifs, et non exclusivement la légalité interne. Dans le système européen ou latino-américain, en revanche, le juge ne peut pas décider du pouvoir discrétionnaire de l'administrateur public. Il peut seulement vérifier si la décision est en conformité avec les exigences légales. C'est aussi cette plus grande marge de manœuvre du juge, qui stimule, aux États-Unis, le recours au judiciaire, qui n'est pas toujours facile.

675. Dans le contexte spécifique de l'Afrique, l'on peut noter déjà que la Charte Africaine des Droits de l'Homme et des Peuples (CADHP) consacre de manière formelle le droit à un environnement satisfaisant. Ce droit consacré par l'article 24 de la CADHP[597] est très lié au droit à la santé. En effet, en rapport avec la violation de ce droit, la Commission établit un parallèle avec le droit à la santé. Le droit à un environnement satisfaisant a été particulièrement mis en avant dans le cadre d'une plainte déposée contre le Nigeria. En l'espèce, les entreprises privées qui exploitent le pétrole au Nigeria ont pollué l'environnement provoquant des conséquences néfastes sur la santé de la population ogoni.[598] La Commission estima que le gouvernement nigérian n'a pas pris les mesures nécessaires pour protéger l'environnement, à savoir : ordonner ou permettre «la surveillance scientifique indépendante des environnements menacés », exiger et publier « des études sur l'impact social et environnemental avant tout

[597] « Tous les peuples ont droit à un environnement satisfaisant et global, propice à leur développement. »

[598] CADHP, 13-27 octobre 2001, Social and Economic Rights Action Center, Centre for Economic and social Rights / Nigeria, n° 155/96, 30ème Session ordinaire, 15ème Rapport d'activités, §1 & 2.

développement industriel majeur », surveiller ces activités599 et informer les personnes sur la dangerosité des activités envisagées et leur donner la possibilité de participer aux procédures et décisions relatives à ces activités. La Commission considère dès lors que le Nigeria a violé le droit à un environnement satisfaisant. Dans le cadre de cette affaire, la Commission va décider de prendre en compte des droits sociaux non consacrés explicitement par la Charte africaine.[600]

676. En République Démocratique du Congo, les ONG sont régies par la Constitution et la Loi n° 004-2001 du 20 juillet 2001 portant dispositions générales applicables aux associations sans but lucratif et aux établissements d'utilité publique. Cette loi trouve son fondement dans la Constitution de la République Démocratique du Congo en son article 37 du Titre II relatif aux droits humains, libertés fondamentales et devoirs du citoyen et de l'Etat qui dispose : « L'Etat garantit la liberté d'association. « Les pouvoirs publics collaborent avec les associations qui contribuent « au développement social, économique, intellectuel, moral et spirituel des populations et à l'éducation des citoyens et des citoyennes ».[601]

677. Cependant, la justiciabilité[602] du droit à l'environnement fait encore l'objet de controverses. Le juge congolais est marqué par des hésitations qui l'empêchent de s'engager dans un procès où ce droit est en cause. Cela, malgré la ratification par la République Démocratique du Congo de la Charte Africaine des droits de l'Homme et des Peuples, l'existence d'une jurisprudence en construction sur le plan continental, la constitutionnalisation du droit à l'environnement pouvant faire l'objet

---

599 *Ibid*, paragraphe 53.

600 E. Guématcha, « La justiciabilité des droits sociaux en Afrique : l'exemple de la Commission africaine des droits de l'Homme et des peuples », *La Revue des Droits de l'Homme*, juin 2012, http://revdh.files.wordpress.com/2012/06/la-justiciabilitc3a9-des-droits-sociaux-en-afrique.pdf.

601 Voy. Constitution de la République Démocratique du Congo du 18 février 2006, révisée par la loi 11/002 du 20 janvier 2011, Journal officiel de la RD Congo, n° 3, du 1er février 2011.

602 Ce terme renvoie à « la qualité de ce qui peut être utilement discuté dans une procédure judiciaire, ce qui peut donner lieu à une appréciation du juge, l'aptitude d'une question à être résolue par le truchement d règles de droit et de principes juridiques. Dans le cadre des droits sociaux, ce terme est utilisé pour qualifier leur incapacité générale à être entendus par le juge. Lire par exemple Diane Roman, « Le juge et les droits sociaux : vers un renforcement de la justiciabilité des droits sociaux ? », RDSS 2010, p. 20.

d'une action tant individuelle que collective devant les instances judiciaires. Le contentieux environnemental est quasi inexistant devant les juridictions congolaises malgré les violations manifestes de la législation en matière environnementale. La jurisprudence n'a donc pas contribué à la définition notamment de l'étendue des droits environnementaux des citoyens, des régimes de protection de l'environnement, des obligations de l'État, etc. Il est peu probable que les ONG, en particulier, réclament ce droit avec succès, par voie judiciaire.

678. Ainsi, l'action des ONG par la coopération est très importante et contribue de manière significative à la production des normes internationales, leur mise en œuvre au champ international, régional et local, et le contrôle des actes du gouvernement. C'est dans ce sens qu'il faut comprendre les propos de Sara Guillet, se basant sur l'expertise et le travail sur le terrain, lorsqu'elle dit des ONG, « En effet, situées à l'articulation de la société civile et de la société étatique, elles apportent l'information qui provoque le débat, nourrit les rapports des experts et sert de base à la mise en place des mécanismes de protection. »[603] En clair, les ONG contribuent en amont à l'élaboration des normes et, en aval, à l'application de ces normes. Cependant, l'action des ONG ne se limite pas à la coopération. La voie juridictionnelle pouvant aussi se révéler efficace dans la protection de l'environnement.

II. La participation par la voie judiciaire contre les États

679. L'utilisation de la voie judiciaire par les ONG est constante, et a pour but de rendre le droit des changements climatiques efficace, ce qui est un élément commun à tous les continents. Sans entrer dans les spécificités de chaque système continental, nous dirons tout simplement que le recours à la voie judiciaire obéit au souci des ONG de faire valoir leurs points de vue. Cependant, l'accès à la justice n'est pas toujours facile. Il y a d'importants obstacles, qui varient selon les pays.

680. D'abord, les obstacles juridiques, comme la nécessité de démontrer l'intérêt d'agir au niveau environnemental et l'acceptation de la présence des ONG par les tribunaux et les organes de règlement des différends des organisations internationales. Ensuite, il y a les obstacles

---

[603] S. Guillet, *Nous, les peuples des Nations unies. L'action des ONG au sein du système de protection internationale des droits de l'homme*, Paris, Montchrestien, 1995, pp. 145-146.

non-juridiques, représentés surtout par l'accès à l'information environnementale. Ces barrières se retrouvent dans tous les continents, quand bien même leur traitement a suivi des chemins différents dans chaque pays, selon la culture juridique en vigueur.

681. Il convient alors de recentrer notre étude sur l'obstacle non-juridique, plus opérationnel, mais particulièrement essentiel, l'accès à l'information environnementale (1), puis sur l'un des obstacles juridiques, l'intérêt d'agir (2), principe de toute action des ONG. Vu son importance sur terrain, nous examinerons aussi l'acceptation des ONG aux organes juridictionnels internationales (3).

1. L'accès à l'information

682. La question de l'accès à l'information sur les données environnementales des projets publics et privés est une barrière importante à la participation des ONG. La plupart des législations garantissent le droit d'information au public. Cependant, ce droit a des difficultés à s'affirmer. Les informations ne sont pas toujours disponibles. Les coûts et les délais pour l'obtention de l'information sont parfois inappropriés. De plus, la confidentialité de certaines données importantes, comme l'imprécision d'autres sont au nombre des problèmes constants. En ce sens, il faut ajouter que le droit à l'information est bloqué dans une certaine mesure par le secret industriel.

683. Face à cela, les ONG ont procédé à la création de moyens non-juridictionnels de résolution des conflits, comme la conciliation, les bons-offices ou l'arbitrage. Ces procédures sont largement utilisées en Finlande, au Danemark et en Suède. Dans les pays scandinaves, ces organes non-juridictionnels disposent d'une *grande indépendance* et sont généralement dotés de *pouvoirs importants*.[604] Mais il faut relever que même si les ONG participent à de nombreux organes consultatifs dans les autres pays européens, la résolution des conflits par voie non-juridictionnelle est encore un instrument à développer. Toutes ces

---

[604] C. Chamot, « La participation des ONG au système de contrôle de la Convention de Berne », in Maljean-Dubois, « L'effectivité du droit européen de l'environnement. Contrôle de la mise en œuvre et sanction du non-respect », Aix-Marseille, Centre d'Études et de Recherches Internationales et Communautaires, Université d'Aix-Marseille, 2000, p. 59.

possibilités juridictionnelles comme non-juridictionnelles adoptées par les ONG ont déjà eu beaucoup de répercussions concrètes.

684. En Afrique, le mouvement des ONG enregistre des progrès. En effet, après le sommet de RIO, des programmes efficaces ont été mis en place par la communauté des ONG, en rapport avec la préservation de la planète et de ses habitants. Ce sujet important est pris au sérieux par les ONG, que ce soit au Nigeria (le problème des Ogoni, évoqué ci-haut) ou au Zanzibar (la forêt de Jozani). De manière générale, a fait une belle construction théorique pour abriter le droit à l'environnement et sa justiciabilité. A priori, la question de l'accès des individus et des ONG à la Cour africaine des droits de l'homme et des peuples semble réglée : le Protocole[605] établissant la Cour prive les individus et les ONG ayant le statut d'observateur[606] à la Commission africaine, du droit de la saisir directement, sauf à ce que l'Etat défendeur y ait consenti expressément par le biais d'une déclaration facultative d'acceptation de la juridiction obligatoire. En fait, les individus et les ONG ayant le statut d'observateur auprès de la Commission africaine peuvent saisir directement la Cour au cas où l'État en cause, partie au Protocole, a fait une déclaration au titre de l'article 34.6 du Protocole[607] autorisant une telle démarche. Ce système optionnel, qui n'a suscité l'attrait que d'une petite minorité des Etats parties au Protocole, est une des faiblesses majeures d'une protection juridictionnelle effective. La capacité de la Cour de recevoir des communications individuelles est substantielle pour sa crédibilité dans son rôle de protection des de l'Homme sur le continent africain.

685. Il existe un moyen pour les individus et les ONG ayant le statut d'observateur auprès de la Commission africaine de faire connaître à la

---

[605] Protocole relatif à la Charte africaine des droits de l'Homme et des Peuple portant création d'une Cour africaine des droits de l'Homme et des Peuples, 8-10 juin 1998.

[606] Conformément aux principes fondamentaux et aux objectifs énoncés dans l'Acte constitutif de l'Union Africaine et la Charte africaine des droits de l'Homme et des Peuples, la demande de statut d'observateur d'une ONG se fait par le dépôt d'une requête écrite auprès du Secrétariat de la Commission. Pour avoir de plus amples informations sur les critères et les modalités d'octroi du statut d'observateur, consulter ce site : www.achpr.org/francais/_info/observer_fr.htm.

[607] L'article 34.6 dispose qu'« [A] tout moment à partir de la ratification du présent Protocole, l'État doit faire une déclaration acceptant la compétence de la Cour pour recevoir les requêtes énoncées à l'article 5(3) du présent Protocole. La Cour ne reçoit aucune requête en application de l'article 5(3) intéressant un État partie qui n'a pas fait une telle déclaration ».

Cour une violation des droits de l'Homme bien que l'État en cause n'ait pas fait la déclaration au titre de l'article 34.6 du Protocole. En fait, ceux-ci peuvent présenter des communications devant la Commission sans qu'un Etat partie puisse s'y opposer, dans l'espoir que celle-ci décide de porter l'affaire devant la Cour. La Commission pourra ainsi décider de saisir la Cour (avant même l'examen de la recevabilité de la communication) si la situation portée à sa connaissance présente des violations graves et massives des droits de l'homme commises par un Etat partie au Protocole[608]. La Commission pourra également décider de saisir la Cour en cas d'inexécution de ses décisions (mesure provisoire[609] ou de décision de fond[610]) par un État partie au Protocole de la Cour. Dans cette logique, les individus et ONG ayant le statut d'observateur auprès de la Commission africaine pourront devenir des parties à la procédure.

686. Par ailleurs, en République Démocratique du Congo, dans son titre II consacré aux droits humains, aux libertés fondamentales et des devoirs du citoyen et de l'État, au chapitre 3 relatif aux droits collectifs, l'article 53 de la Constitution consacre le droit à un environnement sain,[611] et fait désormais de la notion d'environnement une valeur sociale protégée. De même, la Constitution congolaise garantit que « ... toute personne a droit à ce que sa cause soit entendue dans un délai raisonnable par le juge compétent »[612]. De cette manière, la Constitution reconnaît à tous les citoyens le droit d'agir en justice pour un préjudice subi.

687. De façon spécifique, l'accès à la justice peut être compris en tant que possibilité pour des ONG de demander et d'obtenir réparation lorsque leurs droits n'ont pas été respectés. De manière générale, il est

---

[608] Article 118 point 4 du Règlement intérieur intérimaire de la Commission. Par ailleurs, sans même être saisie par une communication, la Commission pourra décider de transmettre à la Cour des cas de violations graves et massives des droits de l'homme, dont elle aura eu connaissance via des informations recueillies auprès des ONG, des individus ou des instances internationales. Voy. en dernier lieu Cour AFDHP, Commission africaine des droits de l'homme et des peuples c. Libye, requête n° 002/2013, arrêt au fond du 03 juin 2016.

[609] Règlement intérieur intérimaire de la Commission, article 118 point 2.

[610] *Ibid.*, article 118, 1)

[611] Il est précisé dans l'article 53 de la Constitution que : « toute personne a droit à un environnement sain et propice à son épanouissement intégral. Elle a le devoir de le défendre. L'État veille à la protection de l'environnement et à la santé populations.

[612] Article 19 de la Constitution du 18 février 2006.

possible de demander réparation devant un tribunal par l'intermédiaire de procédures civiles, pénales ou administratives.

688. En outre, l'accès à l'information est un droit fondamental assuré par la Constitution congolaise. En effet, il est précisé dans l'article 24 de la Constitution que : « toute personne a droit à l'information ». Dans ce cadre, les ONG congolaises, qui participent de façon relativement active aux activités d'information et de sensibilisation sur les problèmes environnementaux et sur le droit, disposent d'un large éventail de connaissances, de données juridiques et manifestent un engagement louable pour l'émancipation des citoyens.

689. Cependant, malgré leur dynamisme, elles restent des entités juridiques infra-étatiques également soumises au droit de l'État dans lequel elles exercent leurs activités. Et dans bien des cas, elles doivent s'adapter aux mêmes difficultés que celles rencontrées par d'autres ONG, évoluant sous d'autres cieux. En RDC, sous réserve de l'autorisation générale des articles 159 du Code de procédure civile et 583 et suivants du Code civil des obligations en matière de transaction, il n'existe aucun texte juridique qui autorise expressément les ONG à résoudre des conflits ou à donner des consultations. C'est justement dans ce cadre qu'il faut comprendre la création des « parajuristes », émanation de l'ONG « Arche d'Alliance »[613], dans le domaine du règlement des conflits. En 2005, cette ONG avait créé trois comités de médiation et de conciliation dirigés par les parajuristes dans le territoire de Fizi et un autre dans le territoire d'Uvira dans la province du Sud-Kivu. Ces comités avaient été créés dans le dessein de vulgariser la loi dite foncière afin de contribuer à la prévention des conflits fonciers dans la région et de sensibiliser la population sur la procédure d'acquisition des terrains en RDC. En clair, ces comités étaient chargées de procéder à la conciliation et à la médiation auprès des personnes qui avaient fui la guerre et celles qui avaient occupé illégalement leurs propriétés immobilières. De cette manière, les ONG qui utilisent les parajuristes protègent l'environnement.

690. Il sied de préciser qu'il n'existe pas une législation spécifique en matière des changements climatiques en RD Congo. Cependant, la

---

[613] Cf. ONG Arche d'Alliance, « Rapport d'activités de monitoring sur les conflits fonciers en territoires d'Uvira et Fizi dans la province du Sud-Kivu, ARAL- AF 44 F 06, Uvira, 2006, p. 8.

RDC a pris des engagements en vertu de la Convention- cadre des Nations unies sur les changements climatiques,[614] élaboré des rapports nationaux et signé de nombreux Accords Multinationaux Environnementaux,[615] «AME», étroitement en synergie avec la CCNUCC, pouvant servir d'instruments de base à la formulation d'une législation appropriée. Ainsi, en adoptant une série de textes juridiques relatifs à la protection de l'environnement et en s'engageant dans les conventions internationales visant les mêmes objectifs, la RD Congo, à l'instar de la plupart des autres États africains, est convaincue que le droit de l'environnement est un constitue efficace de la protection de l'environnement. En ce sens, les activités des ONG participent à la conception et à la mise en œuvre de la politique de développement à la base. A cet effet, elles tiennent compte des besoins locaux et se conforment dans leurs interventions aux orientations du Gouvernement en matière de développement.

691. Il existe de nombreuses ONG nationales dotées de la personnalité juridique et évoluant dans le secteur de l'environnement. En tout état de cause, le Code forestier de la RDC fait obligation au Ministre chargé des forêts de publier chaque année la liste des ONG agréées évoluant dans le secteur de l'environnement.[616]

692. Par ailleurs, dans le domaine de la gestion de la biodiversité, l'article 5, alinéa 1 du Code forestier[617] fait obligation au Ministère en charge des forêts d'impliquer l'ensemble des acteurs tant publics que privés concernés (y compris les ONG), à tous les échelons territoriaux, dans le processus d'élaboration de la politique forestière nationale. Les ONG figurent également parmi les membres du Conseil consultatif

---

614 Signée en juin 1992 lors du Sommet de la Terre sur l'Environnement et le Développement à Rio de Janeiro ; ratifiée cette convention le 8 décembre 1994 ; la Convention de la lutte contre la désertification (adoptée le 17 octobre 1995), ratifiée le 11 septembre 1997.

615 À titre illustratif, nous avons la Convention de Vienne pour la protection de la couche d'ozone, son protocole et ses amendements, ratifié le 15 septembre 1994.

616 *Cf.* article 32 du Code forestier.

617 Article 5, al. 1 du Code forestier stipule : « Dans le cadre de l'élaboration de la politique forestière nationale, le Ministre implique l'ensemble des acteurs tant publics que privés concernés, à tous les échelons territoriaux ».

national des forêts et des conseils consultatifs provinciaux des forêts instituées par l'article 29 du Code forestier.[618]

693. En outre, le Code forestier reconnaît au Ministre le pouvoir de déléguer, par arrêté, en tout ou en partie, la gestion de forêts classées à des personnes morales de droit public ou à des associations reconnues d'utilité publique dans le but de les protéger et de les mettre en valeur et d'y conduire les travaux de recherche ou d'autres activités d'intérêt public. Les ONG sont particulièrement actives dans la vulgarisation du code forestier, la participation à l'élaboration de ses décrets d'application et le renforcement des capacités (Avocat Vert). Elles soutiennent par ailleurs plusieurs projets/programmes[619] qui viennent en appui aux actions du gouvernement et des institutions en matière de la préservation de la biodiversité et des forêts.

694. Toutefois, ces principes prônés dans la Constitution et d'autres textes juridiques se confrontent aux réalités pratiques de terrain liées à une multiplicité de facteurs. Leur mise en application est souvent compromise par des contraintes aussi bien structurelles que fonctionnelles, qui représentent des barrières à l'accès à la justice et à l'information des ONG, des communautés locales et des populations autochtones. Parmi les obstacles les plus importants, on peut citer le difficile accès à l'information, la complexité du langage juridique, les coûts élevés des procédures juridiques et le disfonctionnement du système légal. L'intérêt que nous portons à leur rôle est de le voir s'accroître dans le sens d'une participation plus en phase avec les préoccupations de socialisation juridique des populations qu'elles côtoient. C'est pourquoi, par leur participation à une activité telle que l'information, les ONG constitueraient un vecteur de développement pour les citoyens.

695. La Convention d'Aarhus prévoit le droit d'information en matière d'environnement. L'article 4 exige que les États parties fournissent les informations en matière environnementales, même si la partie n'a pas fait montre d'intérêt sur le sujet, et dans la forme

[618] Article 29 du Code forestier : « Il est créé un conseil consultatif national des forêts et des conseils consultatifs provinciaux des forêts dont l'organisation, le fonctionnement et la composition sont fixés respectivement par décret du Président de la République et par arrêté du Ministre. »

[619] Voy. par exemple, le Programme Régional de l'Afrique Centrale pour l'Environnement (CARPE), l'Union Mondiale pour la Nature (UICN), Fond Mondial pour la Nature, etc.

demandée. Cependant, la Convention d'Aarhus n'a pas été ratifiée par la grande majorité des États européens.

2. L'intérêt d'agir

696. Il est souvent réclamé aux ONG de démontrer leur droit d'agir dans la défense de leurs revendications. En Afrique, au niveau continental, la Commission africaine des droits de l'Homme et des Peuples, qui a pour complément la Cour africaine, a pouvoir de recevoir des communications émanant des États et dirigés contre d'autres États parties à la Charte et les autres communications, parmi lesquelles notamment les plaintes qui émanent d'ONG et/ou d'individus. Il convient de préciser que, les ONG ayant le statut d'observateur auprès de la Commission africaine et les individus peuvent également saisir la Cour, *si et seulement si* l'État mis en cause dans la violation des droits de l'Homme *a accepté* une telle compétence, conformément à l'article 34.6 du Protocole relatif à la Cour africaine des droits de l'homme. Nous pouvons déduire de cette disposition que, la saisine de la Cour par les ONG ou par les individus est rendue impossible, si l'État en cause a fait la fameuse déclaration. De la sorte, cela constitue un freinage partant des espoirs suscités par cette Cour. Or dans le cadre de la fusion, le Projet de protocole portant statut de la Cour africaine de justice et des droits de l'homme, en son article 30,[620] n'émet aucune réserve quant à la possibilité de saisine de la Cour par les ONG ou les individus. Toutefois, lors de la signature du protocole, il est possible que les Etats émettent des réserves, mais cet aspect est encore en négociation. Néanmoins, le texte initial ne comporte aucune exclusion.

697. En RDC, les personnes morales de droit public et de droit privé peuvent agir en justice, quand elles y ont un intérêt personnel et direct. De même, les ONG dûment constituées peuvent avoir la possibilité d'obtenir réparation du préjudice causé à l'ensemble de ses membres

[620] Article 31 du Protocole portant statut de la Cour africaine de justice et des droits de l'homme stipule : « Les entités suivantes ont également qualité pour saisir la Cour de toute violation d'un droit garanti par la Charte africaine des droits de l'homme et des peuples, par la Charte africaine des droits et du bien-être de l'enfant, le Protocole à la Charte africaine des droits de l'homme et des peuples relatifs aux droits de la femme en Afrique ou par tout autre instrument juridique pertinent relatif aux droits de l'homme, auxquels sont parties les États concernés : (...) f) les personnes physiques et les organisations non-gouvernementales accréditées auprès de l'Union ou de ses organes ou institutions, sous réserve des dispositions de l'article 8 du protocole ».

ou à son but lucratif. En Europe, au niveau supranational, la Cour de Justice des Communautés (CJCE) accueillait favorablement les initiatives contentieuses des ONG. Certes, il faut montrer l'intérêt d'agir,[621] mais l'environnement est considéré d'une manière large par la CJCE, qui y inclut les aspects esthétiques, sonores ou urbains. De même, le transfert des compétences est du national au supranational est de plus en plus important dans le cadre communautaire. Dans ce cas, il est difficile d'en rester à une vision traditionnelle d'attribution de capacités. Etant donné que l'État perd la capacité d'agir. Il y a en effet transfert de capacités, ce qui contribue à vider de son sens le concept de souveraineté nationale, au profit d'un concept de souveraineté supranationale. L'environnement est un des domaines où ce phénomène est le plus notable.

698. Malgré l'existence de la Cour européenne des droits de l'homme, l'accès à la justice des ONG serait impossible dès lors qu'elles n'arriveraient pas à démontrer leur intérêt d'agir. En clair, l'intérêt d'agir des ONG n'est généralement pas reconnu. Les ONG ne peuvent même pas défendre les intérêts individuels[622] de leurs membres, ni attaquer une violation résultant d'un acte lésant les intérêts collectifs qu'elles se sont donné pour mission de défendre les statuts.[623] Dans l'affaire *Jean Asselbourg contre 78 personnes physiques, ainsi que l'association*

---

[621] L'intérêt est le résultat, l'avantage, matériel ou moral, effectif et non théorique, que recherche le demandeur en soumettant au juge la prétention dont il souhaite entendre reconnaitre le bien-fondé.

[622] Il faut noter que le texte de la Cour européenne des droits de l'homme(CEDH) ne règle pas directement la question, et la Cour a été conduite à développer la notion de « victime propre » pour barrer la route aux ONG entendant déposer des requêtes en nom collectif. De ce fait, la Cour refuse ainsi qu'une ONG fonde sa demande sur la violation des droits dont bénéficient d'autres entités, et en particulier ses membres. Une jurisprudence constante de la Cour corrobore d'ailleurs cette exigence. V. par exemple C.E.D.H, Aff. *Association de Aviadores de la Republica, Jaime Mata and o. c. Espagne*, arrêt du 11 mars 1985, requête. No 10733/84 ; Association des amis de Saint-Raphaël et de Fréjus et autres requérants c. France, décision sur la recevabilité du 29 février 2000, requête no 45053/98, §18.

[623] Lafranchi, Majean-dubois, « Le contrôle juridictionnel sur le plan international. Le contrôle du juge international, un jeu d'ombres et des lumières » in S. Maljean-Dubois, *L'effectivité du droit européen de l'environnement. Contrôle de la mise en œuvre et sanction du non-respect*, Aix-Marseille, Centre d'Etudes et de Recherche Internationales et Communautaires, Université d'Aix-Marseille, 2000, p. 263, cité par Varella Marcelo Dias, « Le rôle des ONG dans le droit international de l'environnement », JDI 2005, p. 41-76 (42).

Greenpeace Luxembourg c. Luxembourg, la Cour européenne des droits de l'homme a décidé que l'ONG n'avait pas le droit « d'agir comme représentant de ses membres ou de ses salariés, au même titre par exemple qu'un avocat représentant son client » et non en son propre nom, comme partie intéressée. Par la suite, il y a eu d'autres affaires similaires.[624]

699. Par le biais de cette exigence de la qualité de « victime propre », la Cour n'accueille donc pas favorablement les requêtes des ONG dénonçant une violation dont ils ne sont pas elles-mêmes victimes. En matière de dommages environnementaux, seules les personnes qui sont directement victimes d'une nuisance, d'une pollution peuvent se prévaloir de violations des droits garantis. En d'autres termes, il n'existe pas d'action populaires pour les dommages environnementaux, qui ne présentent ainsi aucune particularité sur ce plan.

700. Ainsi, une ONG à vocation environnementale ne peut pas saisir la Cour, au titre de l'intérêt général, d'un recours qui lui permettrait de dénoncer des atteintes à l'environnement. Cependant, il faut préciser que les ONG ont la possibilité d'être directement victimes de violations des droits garantis par la CEDH.[625] À titre d'exemple, une ONG peut ainsi se plaindre d'avoir été condamnée pénalement en violation du principe de légalité des délits et des peines, consacré par l'article 7 de la Convention, au titre de la violation de son droit à un procès équitable confirmé par l'article 6 de la Convention, et de bien d'autres choses encore.

701. La qualité de victimes des ONG, de leur intérêt à agir devant la CEDH, n'a véritablement été atténuée que de manière limitée. Le affaires *Câmpeanu*[626] et l'affaire *Pasteur X. c Eglise de Scientologie* de

---

[624] Voy. par exemple, affaire Greenpeace International c. Communautés européennes (C-321/95 P).

[625] Voy. par exemple C.E.D.H, aff. Gorraiz Lizarraga et autres c. Espagne, décision du 27 avril 2004.

[626] C.E.D.H, Gde Ch., arrêt *Câmpeanu c. Roumanie*, 17 juillet 2014. Cette affaire concerne un homme né en 1977, Vincent Lambert, infirmier, accidenté le 29 septembre 2008, et depuis lors lourdement handicapé. Le 16 novembre 2011, le CHU de Reims prend le relais, alors que l'intéressé est en état de conscience minimale, dit « pauci-relationnel » selon une évaluation réalisée par un service spécialisé de l'Université de Liège.

1978[627] mettent en lumière l'exiguïté de la jurisprudence de la Cour relative à la notion de victime et les conséquences parfois auxquelles elle peut aboutir. La Cour ne sait pas réellement l'occasion, à travers ces deux affaires notamment, pour élargir l'accès des ONG à son prétoire. Si la Cour franchit un pas important en admettant que l'organisation (le Centre de ressources juridiques) puisse agir comme « représentant de facto »[628], ou que l'Église de Scientologie exerçait les droits de ses membres devant la Cour, il serait risquant d'affirmer que cet arrêt révolutionne réellement l'accès des ONG à la Cour.

702. Le Traité de Maastricht, dans son article 8 garantit le droit de pétition à tout citoyen. Certains auteurs considèrent que cela suffit pour garantir l'accès à la justice aux associations de protection de l'environnement. Mais, le grand obstacle reste toujours la nécessité de démontrer l'intérêt d'agir.

703. Il faut souligner que, l'évolution par rapport à l'interprétation de l'intérêt d'agir, n'a pas été uniforme. En effet, elle varie toujours selon le pays. L'Allemagne, par exemple, a toujours placé des obstacles juridiques à l'accès des ONG à la justice, avec en particulier la non-reconnaissance de leur intérêt à agir. L'article de Gerhard Roller est particulièrement intéressant, en ce sens qu'il passe en revue les conséquences pour les compétences législatives et institutionnelles de la réforme constitutionnelle de 2006, les lois et la jurisprudence récente dans plusieurs secteurs environnementaux et enfin, la protection de l'environnement par les tribunaux administratifs allemands. Pour ce qui est du droit d'ester en justice accordé aux associations de l'environnement, il note : « le législateur allemand a choisi une approche particulièrement restrictive en limitant les recours des associations de manière considérable... »[629]. En France, en revanche, les ONG ont le droit d'agir en justice, pour la défense de

[627] Com. EDH, *Pasteur X et Church of Scientology c. Suède*, requête no 7805/77, § 16. À travers cet arrêt, les Magistrats, saisis dans le cadre de la liberté religieuse, ont avancé l'idée de « droits individuels s'exerçant à travers l'organisation », dont les caractéristiques particulières permettraient à l'organisation concernée d'exercer les droits de ses membres devant la Cour.

[628] C.E.D.H, Gde Ch., arrêt Câmpeanu c. Roumanie, 17 juillet 2014, § 151.

[629] G. Roller, « Développement récent du droit de l'environnement en Allemagne », *Revue juridique de l'environnement* 2011/1 (Volume 36), p. 107.

l'environnement.[630] En effet, selon l'article L.142-1 du Code de l'environnement[631], l'association déclarée n'a pas d'habilitation législative pour agir en justice.

704. La Convention de Lugano de 1990, sur la responsabilité civile des dommages résultant d'activités dangereuses pour l'environnement, dans son article 18 garantit également le droit d'agir des ONG. Toutefois, cette Convention est restée lettre morte en raison de sa non-ratification par les États concernés.

705. Il faut toutefois, admettre que la Convention d'Aarhus[632] a beaucoup contribué à faire étendre aux ONG le pouvoir d'accéder à la justice, en ce sens qu'elle facilite les mécanismes de participation, que ce soit dans le cas des ONG, ou des individus en général. En effet, elle exige que les États suppriment les barrières financières et qu'ils créent des mécanismes de prise de décisions qui soient une alternative au

---

[630] La Charte de l'environnement, qui a valeur constitutionnelle, dont l'article 2 dispose que « *toute personne a le devoir de prendre part à la préservation et à l'amélioration de l'environnement* ». Il est également important de mentionner l'arrêt rendu par le Conseil d'État français, précisant qu'il n'existe pas en droit français de l'environnement, une sorte d'*action popularis*. Voy. CE 3 aout 2011, *Mme Buguet*, no 330566.

[631] « Toute association ayant pour objet la protection de la nature et de l'environnement peut engager des instances devant les juridictions administratives pour tout grief se rapportant à celle-ci ».

[632] S. Jolivet, « Convention d'Aarhus », *Revue juridique de l'environnement*, 2/2015 (volume 40), p. 378-379. Il est par ailleurs important de souligner qu' « en Europe, il y a une grande discussion quant à l'effet direct de cette convention. L'effet direct des conventions internationales correspond à la possibilité qu'ont les particuliers de les invoquer devant les tribunaux internes. Théoriquement, toutes les normes du droit international peuvent produire un effet direct dans l'ordre juridique interne. Toutefois, il ne suffit pas qu'elles soient ratifiées et publiées ; il faut encore qu'elles présentent les qualités requises pour qu'elles puissent produire des effets. Le fait est que ce sont les propres pays qui utilisent des critères pour vérifier le caractère auto-exécutoire des normes du droit international. La détermination est régie, en générale, par les dispositions constitutionnelles de chaque pays et c'est le juge du for qui fera l'analyse afin de savoir si la norme internationale s'applique ou non dans ce cas. Il détermine si le texte invoqué dans la requête par des particuliers comporte oui ou non des droits et des obligations à leur actif. Le problème, qui se pose de façon délicate en relation à l'effet direct ou pas de la Convention d'Aarhus, est que le contenu de tout cela repose sur le droit de l'environnement et les droits de l'homme. Ceci est lié au fait qu'il n'y ait pas encore d'unité sur la nature juridique du droit de l'environnement. » Voir, Vanessa de Fatima Terrade, « L'application de la Convention d'Aarhus » in : *Veredas do Direito*, Belo Horizonte, v. 8, n. 15, p.191-205, Jan./Jun. 2011.

système juridictionnel officiel, mais soient aussi indépendants et impartiaux, et de plus gratuits.[633]

3. L'acceptation des ONG par les organes juridictionnels internationaux

706. La difficulté réside dans l'exclusivité accordée aux États pour la participation aux procès internationaux. Les ONG n'ont pas, en principe, le droit de participer à la procédure de règlement des différends. Toutefois, cet obstacle connaît une évolution en fonction des époques. Comme évoqué ci-haut, devant la Cour Permanente de Justice internationale (CPJI), il n'y avait pas d'empêchement à la participation de ONG. Ainsi, la Cour pouvait demander la position des ONG. Le modèle du Bureau international du travail a garanti plus de pouvoir discrétionnaire à la CPJI pour agir. Ainsi, la Cour pouvait demander les positions des ONG, comme elle l'a fait effectivement en 1922 et 1931. En 1922, plusieurs ONG ont été considérées comme aptes à fournir des informations utiles. Elles avaient aussi le droit d'être entendues si elles les demandaient.[634]

707. La Cour Internationale de Justice, par contre, ne donne pas une solution concrète, mais fait montre plutôt d'une pratique ambiguë. L'article 34du Statut de la Cour[635] interdit la participation des ONG dans une affaire contentieuse. La compétence contentieuse de la CIJ est limitée aux États. Mais dans le cadre de sa compétence consultative, celle-ci peut émettre des avis consultatifs sur des questions juridiques à la demande d'un organe autorisé par la Charte des Nations unies à présenter une telle requête. Pour ce qui est des affaires consultatives, la participation des « organisations internationales » est fixée par le Statut de la Cour, dans l'article 66, paragraphe 2. Mais, il n'y a pas de définition de ce qu'est une organisation internationale. Cependant,

---

[633] Cf. article 9 Access to justice in the Aarhus Convention. Voir aussi J. Bétaille, « Accès à la justice », *Revue juridique de l'environnement*, 3/2001 (volume 36), p. 459-460.

[634] CPJI, série C., no 1, p. 7 in R. Ranjeva, « Les organisations non-gouvernementales et la mise en œuvre du droit international », RCADI, 1997, 270, p. 61.

[635] L'article 34 du CIJ : « 1. Seuls les États ont qualité pour se présenter devant la Cour. 2. La Cour pourra demander aux organisations internationales publiques des renseignements relatifs aux affaires portées devant elle, et recevra également lesdits renseignements relatifs qui lui seraient présentés par les organisations de leur propre initiative. 3. (…) ».

l'article 66 comporte une différence avec l'article 34, parce qu'il ne contient pas l'adjectif « public », et considère toute « organisation internationale ».

708. La Cour s'est prononcée sur le sujet à quatre reprises.[636] Mais, il faut souligner que la participation des ONG au règlement du conflit a tantôt été rejetée, tantôt admise. Quoi qu'il en soit, retenons que les recours à la voie juridictionnelle sont communs à tous les continents et plusieurs victoires sont déjà remportées. Les ONG recourent aux tribunaux nationaux, pour les affaires nationales et internationales.

---

[636] Dans l'affaire *du Statut du Sud-Ouest africain*, la Ligue internationale des droits de l'homme voulait se faire entendre, sur la base de l'article 66. Le 16 mars 1950, la CIJ a accepté de recevoir de l'ONG un exposé écrit, « *avec des renseignements susceptibles d'éclairer la Cour(...) limités à des questions juridiques, ne devant pas comporter l'exposé de faits dont l'appréciation n'est pas soumise à la Cour* ». Le délai fixé pour la présentation du document allait jusqu'au 10 avril 1950. L'ONG a délivré son document le 9 mai. EN fonction de la présentation. A d'autres occasions, *L'effet de jugement du Tribunal administratif des Nations unies accordant indemnité* (deux refus, en 1954), et les Conséquences juridiques pour les États de la présence continue de l'Afrique du Sud en Namibie (Sud-Ouest africain) nonobstant la résolution 276(1970) du Conseil de sécurité, la Cour a refusé la participation de l'ONG, mais sans faire une évaluation de fond de l'article 66. S'agissant de l'affaire *Licéité de la menace ou de l'emploi d'armes nucléaires*, la Cour n'a pas accepté l'intervention de l'ONG International Physicians for the Prevention of Nuclear War. Dans l'affaire *Crevettes*, la participation des ONG au règlement du conflit a été rejetée. Dans l'affaire *Australie- mesures affectant les importations des saumons*, le groupe spécial a reçu une lettre « *d'un groupe de pêcheurs et de transformations de poisson originaires d'Australie du Sud* », qui, intéressé par l'affaire présentait des justifications à propos des mesures australiennes. En résumé, le Groupe spécial a estimé que les renseignements contenus dans cette lettre étaient pertinents pour ses travaux et accepté de les considérer comme faisant partie du dossier. Dans l'affaire *États-Unis, article 110 59 de la loi sur les droits d'auteur*, le panel a reçu copie d'une lettre de la Société américaine des compositeurs, auteurs et éditeurs, qui n'avait pas été dirigée vers l'Organe de règlement des différends (ORD) de l'Organisation mondiale du Commerce (OMS). Cette dernière a inclus la lettre au dossier mais a fait l'observation que la lettre ne contenait pas d'informations nouvelles et que, par conséquent, elle n'avait pas été prise en considération. De même, dans une quatrième affaire, opposant l'Inde aux Communautés européennes, l'Association pour le commerce extérieur de l'Inde a proposé une intervention favorable à l'Inde. Le groupe spécial a invité les parties à faire des commentaires, mais face à l'abstention des parties, le groupe spécial a considéré comme inutile de prendre en considération l'intervention. Cf. Ranjeva, « Les organisations non -gouvernementales et la mise en œuvre du droit international », op.cit. p. 64 ; voir le site www.icj-cij.org.

Dans plusieurs pays, les ONG ont donc obtenu la levée des obstacles qui entravaient leur participation à la formation du droit international, par l'action contre les États, contre les sociétés et parfois même contre d'autres ONG. Parmi les juridictions qui acceptent les interventions des ONG, on peut rappeler la Cour Africaine des droits de l'Homme, le tribunal pénal international pour le Rwanda.

709. On trouve les normes plus favorables à cette participation dans les pays du Sud, comme les normes congolaises sur l'accès à la justice, qui n'ont pas d'équivalent dans les pays du Nord. Le même phénomène caractérise les organisations internationales : la Cour internationale de justice, liée aux Nations unies, n'accepte pas la participation des ONG, alors que, paradoxalement, l'Organe de règlement des différends de l'Organisation Mondiale du Commerce (OMC) instaure progressivement des normes, bien que strictes, sont favorables à la participation des ONG. En effet, une intervention directe des ONG dans le cours des procédures internationales est parfois envisagée : on peut citer le Mémorandum d'accord sur les règles et procédures régissant le règlement des différends adopté dans le cadre de l'Accord instituant l'OMC.[637]

E. Les perspectives d'avenir

710. Aujourd'hui, le nombre d'ONG demandant à participer aux négociations internationales est de plus en plus grand : il y a un besoin urgent et évident d'établir des lignes de conduite sur leur participation. La grande diversité d'ONG et de problèmes couverts par les négociations internationales rend difficile de généraliser la participation. Pour l'instant, l'approche consistant en l'accréditation pour tous n'est pas défendable car, n'ayant déjà pas de principes, cela pourrait éventuellement alourdir le processus et en saper l'efficacité. Au contraire, un principe d'inclusion d'un nombre et d'un type d'ONG sélectionnées pourrait améliorer l'efficacité et la légitimité des négociations internationales.

711. Il revient donc aux ONG de faire asseoir le principe de la participation des ONG dans les conférences internationales en tant qu'obligation. Pour ce faire, elles doivent non seulement continuer à être présentes, à lutter pour préserver leurs acquis et les étendre, mais

---

[637] Cf. Annexe 2 de l'Accord instituant l'OMC, disponible en ligne : http://www.wt.org/french/docs-legal-final.ftm.

aussi faire preuve de sérieux et d'efficacité. Elles doivent continuer à démontrer leur expertise et leur connaissance en tenant des discours cohérents et fondés, en fournissant des informations fiables, et en exprimant des revendications liées au contexte. Pour être reconnues comme partenaires, elles doivent elles-mêmes se considérer comme partenaires et agir en tant que telles. Elles doivent venir dans les tribunes des Conférences internationales avec des projets, des idées et des arguments rationnels. Dans cette logique, la compétence scientifique et technique, et la capacité de la traduire en termes et en concepts juridiques est une des clés de leur action.

712. Une question se pose de savoir si les contributions des ONG seraient améliorées si les ONG avaient un statut plus officiel dans les foras internationaux ? Toutes les ONG ne veulent pas changer leur statut non officiel actuel. En effet, certaines le considèrent comme une pierre angulaire de leur indépendance et de leur séparation des acteurs et processus politique officiels, et donc vital pour leur travail. Dans cette perspective, nous estimons que l'absence de statut formel[638] des ONG leur impose de définir leur propre rôle d'une manière créative sans être contraint par la loi. Dès lors est-ce dans leur intérêt ?

713. En outre, le fait que les ONG puissent intervenir dans les débats des COP permet d 'éviter que les Parties passent sous silence certains cas de non-respect des conventions par d'autres Etats parties. Les ONG peuvent dans ce cas, perturber les débats et les rendre plus transparents. Néanmoins, les possibilités pratiques dont disposent les ONG sont déterminées par certaines procédures, comme le paiement de redevance, la nécessité d'une accréditation, ne pas avoir accès à certaines réunions intergouvernementales. En dehors de ces cadres formalisés, certains traités ont prévu des procédures ad hoc, de

---

[638] La doctrine diverge sur la nécessité ou non de conférer un statut/personnalité juridique aux ONG. *Carreau* évoque la « personnalité internationale limitée, mais définie » ; Ranjeva: statut juridique nécessaire pour mettre en œuvre le droit international ; Dupuy: la question du statut juridique n'est pas importante, ce qui compte c'est d'adapter les conditions de participation des ONG ; Merle : l'absence de statut est une lacune déplorable dans l'ordonnancement juridique international : CHARNOVITZ 2006 : l'absence de statut international pour les ONG reste un problème mais qui n'est pourtant pas insurmontable). Lire à ce propos : R. Ranjeva, *Les ONG et la mise en œuvre du droit international*, RCADI 1997, vol. 270, p. 101 ; P.-M. Dupuy, *Conclusion générale du colloque*, in *Les ONG et le droit international, collection droit international*, Economica, 1986, p. 265.

vérification de la mise en œuvre (« *non compliance procedure/committee* ») mais le rôle que peuvent jouer les ONG dans ces procédures est loin d'être certain car il s'agit de procédures intergouvernementales.[639] Il serait nécessaire d'ouvrir ces procédures aux ONG. De plus, pour améliorer la transparence, il serait nécessaire que le rapport du comité de mise en œuvre soit rendu accessible à toute personne qui le demande, ce qui permettrait d'ouvrir le processus au public.

714. Comme évoqué ci-haut, l'importance toujours croissante des ONG est indéniable. En pratique, elles jouent un rôle important dans les négociations environnementales. Certes, le principe de la participation du public est consacré par certains textes internationaux, tels que la Convention d'Aarhus, mais uniquement, et paradoxalement, pour l'élaboration des normes internes. En outre, la participation de la société civile est inégale selon les enceintes internationales. Face à cette réalité, nous estimons qu'une institutionnalisation du rôle de la société civile, notamment des ONG, permettrait de faire perdurer et renforcer ce type d'initiatives, en leur donnant plus de légitimité. À cet effet, nous préconisons l'adoption d'une convention internationale relative à la participation du public dans l'élaboration du droit international des changements climatiques. En effet, celle-ci pourrait regrouper et préciser les principes fondamentaux dans ce domaine : règles d'accréditation des ONG, participation du public, droit d'accès aux informations détenues par les organisations internationales, etc.

715. Par ailleurs, bien que le mouvement des ONG enregistre des progrès en Afrique, le système en place n'en déploie pas moins des efforts concertés pour limiter son efficacité par des documents politiques et des contrôles systématiques. Le défi à relever par le mouvement des ONG africaines aujourd'hui consiste à s'imposer comme autorité viable et comme vecteur de changement. L'autre combat à mener consiste à créer sa propre infrastructure et sa capacité de consolidation, mais aussi dans une plus grande professionnalisation. Dans cette optique, des mécanismes de soutien et un réel sens des responsabilités sont indispensables pour une action performante au sein des ONG. Nombre de celles-ci pèchent par manque de vision à long terme et d'objectifs clairs et par absence de compétences. Ceci découle

[639] Voir par exemple le Protocole de Montréal.

du fait que la plupart des ONG travaillent sur la base du bénévolat. Il est essentiel de se doter d'outils de développement.

716. Les organisations les plus efficaces se sont dotées d'outils de développement : le PODDER en Afrique du Sud, le MWENGO au Zimbabwe, etc. De même, il est important de bien exploiter les technologies de l'information qui modifient la nature des ONG. En effet, un accès plus rapide à l'information peut représenter un outil de prise de pouvoir. En fait, les technologies de l'information permettent d'informer à temps la communauté locale pour lui permettre d'entreprendre des actions. Ceci est rendu possible grâce aux organisations de surveillance. Ainsi, le Tourism Concern, basé en Grande-Bretagne, collabore avec les ONG environnementalistes comme la MISA (Namibie) et le JET (Tanzanie), qui font à leur tour circuler l'information à travers la presse et qui travaillent avec des groupements locaux pour donner toute la publicité du problème de la conservation de la nature.

717. La République Démocratique du Congo est confrontée à un problème réel de dégradation de son environnement. En effet, les pressions anthropiques sur l'environnement sont imputables à l'aggravation de la pauvreté et à la faiblesse des politiques publiques en matière de protection de l'environnement. Les pouvoirs publics démontrent malgré tout, dans une certaine mesure, une volonté de suivre l'état de l'environnement en se dotant d'instruments de planification et stratégie à long terme.

718. La gestion de l'environnement, en qui concerne les changements climatiques, la biodiversité, les forêts et les terres, relève du Ministère de l'Environnement, Conservation de la Nature, Eaux et Forêts (MECN-EF), bien que certaines de ses attributions, en cette matière, soient gérées de façon horizontale avec d'autres ministères.[640] Le caractère multidimensionnel et multifonctionnel de l'environnement nécessite l'implication des ONG dans le secteur de la lutte contre le réchauffement climatique. Comme relevé plus haut, les réalisations des ONG à travers le pays s'inscrivent dans plusieurs domaines dont la protection de l'environnement et l'information. Ces ONG, qui n'ont

---

[640] L'article 1 du décret n°03/027 du 16 septembre 2003 fixe les attributions des Ministères et confère au MECNEF un certain nombre d'attributions spécifiques. Par ailleurs, le Code forestier confie au MECNEF d'autres attributions spécifiques, en ce qui concerne les forêts.

jusqu'à présent pas été associés à la gestion de l'environnement et des ressources naturelles à travers des mécanismes de concertation, ont encore des défis à relever, surtout en ce qui concerne la gestion rationnelle des ressources naturelles et la dégradation des terres et des forêts.

719. De ce qui précède, il ressort que le rôle des ONG s'est accru considérablement aussi bien par rapport à l'élaboration des normes et des instruments internationaux qu'à leur application. Leur rôle et leur reconnaissance par les États, ainsi que par le public, a rapidement pris de l'importance, surtout après les années 1990. De même en ce qui concerne l'accès à la justice, qui était entravé par la non-reconnaissance de leur légitimité d'action, que ce soit dans les pays européens, africains ou aux États-Unis, il est actuellement bien plus développé.

720. L'évolution du droit quant à la participation des ONG a suivi des chemins parallèles dans de nombreux pays. Certains pays du Sud, comme en RDC, ont des normes sans équivalent dans les pays du Nord. Celles-ci ont permis de mettre en œuvre l'accès des ONG à la justice. Dans cette perspective, les ONG ont obtenu la levée des obstacles qui entravaient leur participation à la formation du droit international, par l'action contre les États, contre les entreprises et parfois contre d'autres ONG. Dans l'état actuel du droit international, l'apport de ces organisations est important malgré l'absence de statut juridique en droit international. En effet, il est nécessaire de souligner que le défaut de statut formel des ONG ne désavantage pas forcément les ONG car « elles ne veulent cependant pas nécessairement se doter d'un statut plus précis, et partant, plus contraignant, qui risquerait de porter atteinte à leur liberté d'action. »[641] Or, seul le statut juridique international va soumettre directement l'ONG au droit international. Ce statut lui permettra alors de demander la mise en œuvre des normes internationales devant des juridictions internationales. Une telle personnalité internationale a déjà été reconnue au Comité International de la Croix-Rouge (CICR).[642] Dans ce cadre, le Comité a non seulement

---

[641] P.-M. Dupuy, « L'unité de l'ordre juridique international », *RCADI* 2002, vol. 297, p. 118.

[642] A. Lorite Escorihuela, « Le Comité international de la Croix-Rouge comme organisation sui generis ? Remarques sur la personnalité juridique internationale du CICR », *RGDIP* 2001/3, p. 581-616 et notamment p. 597 ; M.-J. Domestici-Met, « Le rôle du CICR dans la codification du droit humanitaire, in La codification du droit international », Colloque d'Aix en Provence, *Société française pour le droit*

des droits, mais aussi il est assujetti aux obligations. Dans cette logique, il a donc une existence au titre de sujet du droit international.[643] Excepté le cas du CICR, le statut des ONG se cantonne à celui d'acteurs ou d'observateurs de la vie juridique internationale. Elles n'ont pas encore franchi le pas qui leur permettra de devenir des sujets à part entière du droit international.

721. L'évolution du droit international s'étend autant au niveau de son contenu que de son processus. Le contenu expansif du droit international a été stimulé par les ONG, en particulier dans le droit de l'environnement relatif aux changements climatiques. Les ONG ont aidé à transformer le processus de ce droit car elles ont appris à mobiliser les Etats et l'opinion publique.

F. Conclusion

722. Les changements climatiques, défi majeur à l'interface du monde, entre une pluralité d'activités, d'actions ou d'enjeux, figurent désormais dans presque tous les textes internationaux (et d'ailleurs aussi nationaux) relatifs à la protection de l'environnement. Ceci est une expression de la préoccupation et de la mobilisation de la communauté internationale. Dans ce sens, l'aboutissement de cette mobilisation générale reste sans doute l'implication des ONG ainsi que la mise en place du régime international de lutte contre les changements climatiques dont la Convention-cadre des Nations unies sur les changements climatiques, le Protocole de Kyoto et l'Accord de Paris sur le climat constituent les fondements juridiques de base. Ce régime juridique innove en ce qu'il fixe des engagements quantifiés de réduction des émissions de gaz à effet de serre pour les États pollueurs, mais aussi en ce qu'il instaure des mécanismes dits de « flexibilité » dont la mise en œuvre est assortie d'un contrôle original basé sur un Comité dit de « l'observance ». Mais, en dépit de toute cette production normative, il est regrettable de constater aujourd'hui que le régime international du climat est un véritable échec. En effet, si la mobilisation des États ne fait aucun doute, en revanche, les mêmes États qui ont

---

international, Pedone, 2001, p. 205-241 et notamment p. 207-211 « une ONG au statut très particulier ».

[643] P. Gautier, « ONG et personnalité internationale : à propos de l'accord conclu le 29 novembre 1996 entre la Suisse et la fédération internationale des sociétés de la Croix-Rouge et du Croissant-Rouge », RBDI 1997(1), Bruylant, Bruxelles, p. 172 et s.

volontairement accepté de s'engager refusent délibérément d'honorer leurs engagements pour des raisons essentiellement politiques, économiques et stratégiques.

723. Les ONG occupent une place importante dans le contexte contemporain, car elles sont devenues des acteurs prééminents dans la négociation, la construction, le maintien et la mise en œuvre du droit international des changements climatiques. Dépositaires d'enjeux et partenaires auprès des gouvernements, les ONG sont effectivement « parties prenantes des modes de gouvernances ou de régulation à l'œuvre dans le monde. »[644] De la sorte, la participation des ONG contribuerait à une plus grande légitimité des décisions internationales sur l'environnement.[645] Certes, cette participation est parfois visible, mais il est souvent difficile de la mettre en évidence, surtout au niveau de la formation du droit. L'absence de statut formel des ONG ne reflète pas leur influence grandissante et leur utilité potentielle. En dépit de leur influence significative sur la construction et l'élaboration des régimes internationaux environnementaux, les ONG n'ont pas de personnalité juridique en droit international public. L'absence de règles uniformes pour assurer leur participation contraint les ONG à trouver des modes informels pour influencer les normes. Mais la question qui se pose est de savoir, jusqu'à quel point les ONG peuvent être impliquées formellement dans le processus juridique et si leurs activités doivent être institutionnalisées.[646]

724. Si l'intérêt porté aux impacts des changements climatiques est croissant, la lutte contre ce phénomène reste lacunaire. Son application est confrontée à plusieurs obstacles et principalement au manque de volonté étatique de préservation de l'environnement, l'intérêt économique à court terme continuant de primer.

---

[644] B. Badie & M.-C. SMOUTS, *Le retournement du monde. Sociologie de la scène internationale*, Presses de Sciences Po, Dalloz, Paris, 1999.

[645] D. Bodansky, « The legitimacy of international Governance: a coming challenge for international law? », *American journal of international Law*, July 1999, Vol. 93, no 3, pp. 596-598.

[646] A. Alkoby, « Non-state actors and the legitimacy of international environmental law », *Non-State Actors and International Law*, vol.3(1), 2003, p. 23-98.

Des accords exclusifs d'élection de for en droit congolais : Apport de la Conférence de La Haye de droit international privé

Par
Justin Monsenepwo, LL.M. Eur.

A. Introduction

725. Créée en 1893, la Conférence de La Haye de droit international privé (la Conférence de La Haye) est une organisation internationale ayant pour vocation « l'unification progressive des règles de droit international privé » (article 1 du Statut de la Conférence de La Haye). Pour réaliser ce but, elle élabore et adopte des conventions[647] ayant vocation à indiquer quel est l'État dont le droit est applicable ou dont les autorités sont compétentes pour statuer sur les questions découlant d'une situation transfrontière.[648] Ces conventions de La Haye, qui ont valu à la Conférence une « célébrité centenaire »[649], visent à garantir la prévisibilité et la sécurité juridiques pour les individus et les entreprises dans des situations internationales.[650] Elles couvrent un large éventail de matières, à savoir l'adoption internationale[651] et l'enlèvement international d'enfants,[652] la procédure civile transfrontière y compris

[647] Exceptionnellement, les Principes sur le choix de la loi applicable aux contrats commerciaux internationaux de la Conférence de La Haye ne constituent pas un instrument juridiquement contraignant. Comme cela est souligné *infra* (sous le point IV), il ne s'agit pas d'une convention mais de simples « *principes* » dont peuvent s'inspirer notamment les parties, les juges, ainsi que les législateurs nationaux ou supranationaux.

[648] F. Paulino Pereira, « Les ponts entre la Conférence de La Haye de Droit International Privé et les instruments conclus dans le cadre de l'Union Européenne », *in* Entre Bruselas Y La Haya - Estudios sobre la unificación internacional y regional del Derecho internacional privado - Liber amicorum Alegría Borrás, 2013, p. 697.

[649] A. Bucher, La Conférence de la Haye sans Convention, *in* Entre Bruselas Y La Haya - Estudios sobre la unificación internacional y regional del Derecho internacional privado - Liber amicorum Alegría Borrás, 2013, p. 277.

[650] F. Paulino Pereira, *op. cit.*, p. 697.

[651] Convention du 29 mai 1993 sur la protection des enfants et la coopération en matière d'adoption internationale.

[652] Convention du 25 octobre 1980 sur les aspects civils de l'enlèvement international d'enfants.

l'accès à l'assistance judiciaire,[653] la notification des actes et obtention des preuves à l'étranger,[654] la protection des enfants et des adultes vulnérables,[655] le recouvrement des obligations alimentaires,[656] la reconnaissance des mariages et des divorces,[657] la circulation des actes publics (utilisation des Apostilles),[658] les accords d'élection de for,[659] le choix de la loi applicable dans les contrats internationaux,[660] etc.

726. Parmi les instruments adoptés par la Conférence de La Haye, la Convention du 30 juin 2005 sur les accords d'élection de for (Convention élection de for)[661] a pour objet d'assurer l'efficacité des accords d'élection de for conclus entre les parties à des opérations commerciales internationales.[662] Pour ce faire, elle assure trois

---

[653] Convention du 15 novembre 1965 relative à la signification et la notification à l'étranger des actes judiciaires et extrajudiciaires en matière civile ou commerciale ; Convention du 25 octobre 1980 tendant à faciliter l'accès international à la justice.

[654] Convention du 18 mars 1970 sur l'obtention des preuves à l'étranger en matière civile ou commerciale.

[655] Convention du 13 janvier 2000 sur la protection internationale des adultes.

[656] Convention du 23 novembre 2007 sur le recouvrement international des aliments destinés aux enfants et à d'autres membres de la famille.

[657] Convention du premier juin 1970 sur la reconnaissance des divorces et des séparations de corps.

[658] Convention du 5 octobre 1961 supprimant l'exigence de la légalisation des actes publics étrangers.

[659] Convention du 30 juin 2005 sur les accords d'élection de for.

[660] Principes sur le choix de la loi applicable aux contrats commerciaux internationaux.

[661] Le texte de la Convention est disponible sur le site de la Conférence de La Haye de droit international privé (Conférence de La Haye) : https://www.hcch.net/fr/instruments/conventions/full-text/?cid=98. C'est à des propositions faites par feu Arthur T. von Mehren de la Harvard Law School que remonte la paternité du projet. Il suggéra en effet la conclusion d'une convention mixte à caractère mondial sur la compétence et les jugements, négociée dans le cadre de la Conférence de La Haye (sur les origines historiques de la Convention, voir Avant-projet de Convention sur la compétence et les jugements étrangers en matière civile et commerciale, adopté par la Commission spéciale et Rapport Nygh et Fausto Pocar », Doc. prél. No. 11 d'aout 2000 établi à l'intention de la Dix-neuvième session diplomatique de juin 2001). Le texte définitif de la Convention a été préparé lors de la Vingtième session de la Conférence de La Haye par sa Commission II du 14 au 39 juin 2005. Son acte final a été adopté par la Session plénière le 30 juin 2005.

[662] Notons que déjà en 1965, une première convention sur les accords d'élection de for était adoptée dans le cadre de la Conférence de La Haye. Malheureusement, cette convention ne connut pas un grand succès vraisemblablement en raison de l'adoption, peu après, de la Convention de Bruxelles qui elle-même assurait l'efficacité des

éléments. Tout d'abord, elle prévoit que le tribunal élu doit connaitre de l'instance lorsque la procédure est engagée devant lui (article 5 de la Convention élection de for). Ensuite, la Convention élection de for garantit que tout autre tribunal devant lequel une procédure est engagée doit refuser d'en connaitre (article 6 de la Convention élection de for). Enfin, aux termes de la Convention élection de for, le jugement du tribunal élu doit bénéficier d'une reconnaissance et d'une exécution dans tous les Etats parties (article 8 de la Convention élection de for).[663] A côté de ces trois obligations clés, la Convention prévoit des situations exceptionnelles dans lesquelles ces obligations doivent céder le pas à d'autres considérations (ordre public, respect des droits de la défense, etc.[664]). Ainsi, les dispositions de la Convention offrent un bon équilibre entre souplesse et certitude dans le cadre des accords d'élection de for conclus entre parties à des contrats commerciaux internationaux.[665] Le contenu et la structure de la convention visent à trouver un équilibre entre la liberté de choix des parties (et la recherche de la prévisibilité à laquelle vise l'accord d'élection de for) et les politiques nationales (les intérêts justifiés) des Etats (contractants).

---

accords d'élection de for. Voir B. Audit, « Observations sur la Convention de La Haye du 30 juin 2005 relative aux accords d'élection de for », *in* Vers de nouveaux équilibres entre ordres juridiques, Liber Amicorum Hélène Gaudemet-Tallon, Paris, 2008, p. 173 ; R. A. Brand, « Arbitration or Litigation ? Choice of Forum After the 2005 Hague Convention on Choice of Court Agreements », University of Pittsburgh Legal Studies, Research Paper No. 2009-14. Available at SSRN: https://ssrn.com/abstract=1397646 or http://dx.doi.org/10.2139/ssrn.1397646.

[663] T. Hartley, M. Dogauchi, Rapport explicatif de la Convention Election de for, *in* Conférence de La Haye (édit.), Actes et Documents de la Vingtième session, Tome III, para. 1. Voir aussi F. Paulino Pereira, *op. cit.*, p. 704.

[664] Voir principalement les articles 6 et 9 de la Convention élection de for.

[665] T. Hartley, M. Dogauchi, *op. cit.*, para. 2.

B. Régime des accords d'élection de for en droit de l'OHADA

727. L'Organisation pour l'Harmonisation en Afrique du Droit des Affaires (OHADA) organise l'unification[666] du droit des affaires en Afrique afin de favoriser le développement harmonieux de tous les Etats parties.[667] Du fait des effets du droit de l'OHADA sur l'ordre juridique des Etats membres (article 10 du Traité OHADA), il est de bon aloi de déterminer si le législateur OHADA a réglementé les accords d'élection de for et leurs effets juridiques.

728. L'article 2 du Traité OHADA prévoit l'arbitrage parmi les matières pouvant faire l'objet d'une harmonisation par l'OHADA. En effet, la promotion de l'arbitrage figure parmi les grandes avancées que l'OHADA vise à réaliser en Afrique afin de favoriser le développement harmonieux de tous les Etats parties. [668] Le droit de l'OHADA de l'arbitrage est porté principalement par quelques dispositions du Traité

---

[666] Même si l'expression « harmonisation » est utilisée dans sa dénomination, l'OHADA vise une unification _ et non une harmonisation _ du droit des affaires en Afrique. Sur ces notions d'uniformisation, d'harmonisation ainsi que d'unification, voy. P. G. Pougoue, *Présentation générale et procédure OHADA*, P.U.A., Coll. Droit uniforme, p. 11. Selon cet auteur, « dans l'harmonisation, on cherche à coordonner des systèmes juridiques différents ou à respecter la sensibilité essentielle de la législation donnée. Il s'agit de réduire les différences pour atteindre des objectifs communautaires… L'uniformisation, par contre, ou l'unification, est plus radicale. Elle aboutit, dans une matière juridique donnée, à une réglementation unique, identique en tout point de vue pour les Etats concernés. Il n'y a pas de place, en principe, pour des différences. » V. aussi S. Chatillon, *Le droit des affaires international*, Paris, édition Vuibert (gestion internationale), 2005, p. 32 ; Keba Mbaye, « *L'unification du droit en Afrique* », in Revue sénégalaise de droit n° 10, 1971, p. 65 s. ; A. Diouf, Ba Yahyah, « *Vers une harmonisation-réconciliation économique et juridique* », in Marchés tropicaux, juin 1993, 1193 ; M. ALLIOT, « *Towards the unification of laws in Africa* », in Int. Comp. L.Q. 14, 1965, p. 366 ; C. Baasch Andersen, « *Defining uniformity in law* », in Revue de droit uniforme (UNIDROIT), 2007-1, Vol. XI, p. 5.

[667] Les articles 1er et 2 du Traité en témoignent largement. Il faut noter, cependant, que le champ juridique à uniformiser est buté à certaines limites (voir à ce sujet J. Issa-Sayegh et J. Lohoues Oble, *Harmonisation du droit des affaires*, Bruxelles, Ed. Bruylant, 2002, pp. 116-123).

[668] L. Vanderstraete, *L'impact de la future adhésion de la République démocratique du Congo à l'OHADA*, LLM Paper, Ghent, Ghent University Law School, Faculté de Droit, LLM in European and comparative Law, 2007, pp. 7 et s., inédit ; D. Ndoye, « *Le traité relatif à l'harmonisation en Afrique du droit des affaires, la constitution sénégalaise et les principes du droit processuel* », in EDJA n° 22, p. 2.

OHADA (art. 2, 21 et s.), par l'Acte uniforme du 11 mars 1999 relatif au droit de l'arbitrage, par le Règlement d'arbitrage de la CCJA du 11 mars 1999 et, accessoirement, par la décision de la CCJA du 11 mars 1999 ainsi que par une autre du Conseil des Ministres du 12 mars 1999 portant toutes deux sur les frais d'arbitrage de la CCJA.[669]

729. *Cependant, les clauses d'élection de for ne font pas l'objet d'une réglementation quelconque par le droit communautaire*. En cette matière, en effet, les règles nationales de compétence internationale des juridictions des Etats Membres et de reconnaissance et exécution des jugements sont d'application. Ainsi, par exemple, si un acheteur sénégalais et un vendeur béninois concluent une convention d'arbitrage, cet arbitrage sera régi par les règles uniformes communautaires précitées. Cependant, si les mêmes parties, à la place d'une convention d'arbitrage,[670] insèrent dans leur contrat de vente commerciale une clause d'élection de for désignant les tribunaux congolais pour connaitre de tout litige pouvant naitre du contrat, le litige sera régi par les différentes règles de droit international privé de chaque Etat membre concerné. Or les accords d'élection de for ne sont pas toujours respectés lorsque les règles nationales sont divergentes, en particulier lorsque les affaires sont portées devant un tribunal qui n'est pas celui qu'ont désigné les parties (dans le cas d'espèce, supposons que le litige est porté devant un tribunal sénégalais qui se déclare compétent en violation de la clause d'élection de for). Bien plus encore, le jugement rendu sur base de l'accord d'élection de for ne sera pas automatiquement reconnu dans les autres Etats membres puisqu'il n'existe pas de règles communautaires OHADA sur la reconnaissance et l'exécution des jugements étrangers rendus en matière

[669] Pour une présentation générale des normes de l'OHADA sur l'arbitrage, voir Ph. Boulanger, Présentation générale des actes sur l'arbitrage, *in* L'OHADA et les perspectives de l'arbitrage en Afrique, Travaux du Centre Rene-Jean Dupuy pour le droit et le développement, Volume I, Bruxelles, Bruylant, 2000, pp. 63 et ss. ; Ph. Boulanger, L'arbitrage et l'harmonisation du droit des affaires en Afrique, *in* Rev. Arb. 1999, pp. 541 et ss.

[670] Voir A. Schultz, La future convention sur les accords exclusifs d'élection de for et l'arbitrage, Procédures parallèles et conflits de traités éventuels, notamment avec la CIRDI et la Convention de New York pour la reconnaissance et l'exécution des sentences arbitrales étrangères, Document préliminaire No 32 de juin 2005 à l'intention de la Vingtième session de juin 2005, Document préliminaire No 32 de juin 2005 à l'intention de la Vingtième session de juin 2005, p. 4.

commerciale.[671] Les parties devront donc passer par la procédure nationale d'exequatur, qui diffère d'un Etat membre à un autre.

730. Par conséquent, l'absence de règles communautaires concernant les accords d'élection de for ne garantit pas l'efficacité des clauses d'élection de for conclues entre les parties à des opérations commerciales internationales dans l'espace OHADA. A cet égard, la Convention accords d'élection de for a justement pour objet de remédier à cette situation.

C. Régime des accords d'élection de for en droit international privé congolais

731. Conformément au principe de l'autonomie de la volonté, le droit international privé congolais autorise en principe les parties à prévoir dans leur contrat soit le recours à l'arbitrage par une clause compromissoire – à condition qu'il s'agisse de droits dont les parties ont la libre disposition (article 2(1) de l'Acte uniforme du 11 mars 1999 relatif au droit de l'arbitrage)[672] – soit la désignation d'un tribunal qui devra connaître du différend qui les oppose par une clause d'élection de for (également connue sous le nom de « clause de compétence », « clause d'élection de for » ou encore « prorogation volontaire de compétence »[673]).

---

[671] A cet égard, il serait de bon aloi de mentionner l'article 27(3) de l'Acte uniforme du 22 mars 2003 relatif aux contrats de transport de marchandises par route. Cette disposition vise l'autorité de la chose jugée attachée aux jugements intervenus en application de l'Acte uniforme (sans prévoir un régime précis sur la reconnaissance et l'exécution des jugements étrangers). Aux termes de cette disposition, tout jugement rendu par une juridiction d'un Etat membre de l'OHADA et devenu exécutoire dans cet Etat l'est également dans les autres Etats membres sous réserve d'une procédure spéciale d'exequatur excluant toute révision de l'affaire. Voir J. Issa-Sayegh, P. G. Pougoue, F. M. Sawadogo, OHADA Traité et Actes uniformes commentés et annotés, Mayenne, 2014, p. 1333.

[672] Comp. article 2059 C. Civ. français, article 1030 (3) du Code de procédure civile néerlandais, art. 442 du code de procédure civile algérien, art. 74 (4) du Code tunisien de l'arbitrage. Voir aussi P. Level, « L'arbitrabilité », *in* P. G. Pougoue, J. M. Tchakoua, A. Feneon, Droit de l'arbitrage dans l'espace OHADA, Yaoundé, 2000, p. 48.

[673] H. Gaudemet-Tallon, La prorogation volontaire de juridiction en droit international privé, Paris, 1965.

732. Le droit de l'OHADA de l'arbitrage est porté principalement par quelques dispositions du Traité OHADA[674] (articles 2, 21 et ss.), par l'Acte uniforme du 11 mars 1999 relatif au droit de l'arbitrage, par le Règlement d'arbitrage de la CCJA du 11 mars 1999 et, accessoirement, par la décision de la CCJA du 11 mars 1999 ainsi que par une autre du Conseil des Ministres du 12 mars 1999 portant toutes deux sur les frais d'arbitrage de la CCJA.[675] Cependant, qu'en est-il des accords d'élection de for exclusifs[676] ?

733. Outre les conditions de validité des clauses prorogatives de compétence (I), les prochaines lignes analysent le régime des accords d'élection de for en droit international privé congolais sous l'angle de la compétence des tribunaux congolais de connaitre d'un litige sur base d'un accord d'élection de for (II), et celui de la reconnaissance et de l'exécution des jugements étrangers rendus en République Démocratique du Congo, surtout lorsque lesdits jugements étrangers ont été rendus par des juridictions étrangères dont la compétence dérivait d'un accord d'élection de for (III).

I. Conditions de validité des accords d'élection de for en droit international privé congolais

734. Pour être valides en droit congolais, les accords d'élection de for doivent satisfaire aux conditions de validité générales de tout contrat. Ainsi, leur validité est soumise à l'article 8 du Décret du 30 juillet 1888 sur les contrats et les obligations conventionnelles. Les accords d'élection de for peuvent être faits par écrit, sous une forme qui soit conforme aux habitudes que les parties ont établies entre elles, ou

---

674 Traité du 17 octobre 1993 relatif à l'Harmonisation en Afrique du Droit des Affaires, tel que révisé le 17 octobre 2008 au Québec. Le texte du Traité OHADA est disponible sous le lien suivant : http://www.ohada.com/traite.html.

675 Pour une présentation générale des normes de l'OHADA sur l'arbitrage, voir Ph. Boulanger, Présentation générale des actes sur l'arbitrage, *in* L'OHADA et les perspectives de l'arbitrage en Afrique, Travaux du Centre RENE-JEAN DUPUY pour le droit et le développement, Volume I, Bruxelles, Bruylant, 2000, pp. 63 et ss. ; Ph. Boulanger, L'arbitrage et l'harmonisation du droit des affaires en Afrique, *in* Rev. Arb. 1999, pp. 541 et ss.

676 L'article 3 *a)* de la Convention élection de for définit les « accords exclusifs d'élection de for » comme les accords conclus entre deux ou plusieurs parties, qui désignent, pour connaître des litiges nés ou à naître à l'occasion d'un rapport de droit déterminé, soit les tribunaux d'un Etat contractant, soit un ou plusieurs tribunaux particuliers d'un Etat contractant, à l'exclusion de la compétence de tout autre tribunal.

sous une forme qui soit conforme à un usage du commerce. L'accord d'élection de for peut figurer dans tout document écrit et même dans un document auquel le contrat signé par les parties se réfère à condition qu'il soit démontré que la partie à qui la clause est opposée pouvait prendre connaissance de ces documents avant la signature du contrat.

735. En droit comparé, le droit français prévoit des conditions de validité formelle plus stricte. Ainsi, l'accord d'élection de for doit figurer dans l'engagement de la partie à qui elle est opposée de façon très apparente.[677] Par ailleurs, la clause attributive de compétence doit être stipulée de bonne foi et en caractère normalement lisible de sorte que les parties puissent en prendre connaissance sans difficulté particulière. Partant, il a été jugé que la clause attributive de compétence figurant au verso d'un imprimé qui n'a été signé qu'au recto ne satisfait pas à cette exigence, et ce d'autant plus qu'en l'espèce la clause attributive de compétence était écrite « en petits caractères d'imprimerie et à la fin d'un texte copieux et serré, difficilement lisible et peu apparent pour un lecteur moyen.»[678] En outre, la Cour de cassation a jugé que « les clauses prorogeant la compétence internationale sont en principe licites lorsqu'il s'agit d'un litige international et lorsque la clause ne fait pas échec à la compétence territoriale impérative d'une juridiction française. »[679] Par conséquent, dans le cadre d'un litige international, le droit international privé français exige pour la licéité d'une clause attributive de compétence le respect des compétences territoriales impératives françaises.[680]

736. Il est utile de souligner que si l'accord d'élection de for est valable, il a comme la clause compromissoire un caractère autonome par rapport aux autres clauses du contrat, ce qui implique que la résolution du contrat ne fait pas obstacle à l'application de la clause

---

[677] Cass. civ. 2e, 7 juin 2012, pourvoi no 11-13105.

[678] Cass. civ. 2, 20 février 1980 ; CA Paris, 27 novembre 1991 ; CA Aix-en-Provence, 22 janvier 1992.

[679] Cass. civ 1ère, 17 décembre 1985, pourvoi n° 84-16338.

[680] Par exemple, la Cour de cassation a jugé que « une clause attributive de compétence incluse dans un contrat international ne peut faire échec aux dispositions impératives de l'article R. 1412-1 du code du travail applicables dans l'ordre international. » Partant, une clause attributive de compétence à un juge étranger ne peut pas priver le Conseil de prud'hommes français de sa compétence. La compétence du conseil de prud'hommes français est impérative lorsque le contrat de travail litigieux est exécuté sur le territoire français (Cass. soc, 29 septembre 2010, pourvoi n° 09-40688).

attributive de compétence aux litiges nés de l'inexécution de cette convention.

II. Efficacité des clauses d'élection de for en droit international privé congolais

737. Pour évaluer l'efficacité des clauses d'élection de for en droit international privé congolais, la présente section analyse l'hypothèse où les juridictions congolaises sont désignées par un accord d'élection de for (1), celles où elles sont saisies en violation d'un accord d'élection de for exclusif (2), et celle d'une litispendance internationale, c'est-à-dire celle où elles sont saisies en même temps que la juridiction étrangère élue (3). En outre, il sera aussi examiné les règles de reconnaissance et d'exécution en République Démocratique du Congo des jugements rendus par les tribunaux étrangers élus par des accords d'élection de for (4).

1. Hypothèse où les juridictions congolaises sont désignées par un accord d'élection de for

738. La présente section analyse la situation où le juge congolais est saisi par des parties sur base d'un accord d'élection de for choisissant les juridictions congolaises pour trancher de tout litige pouvant naitre de l'exécution du contrat. Le juge congolais se déclarerait-il compétent dans un tel cas, et ce même si aucun élément du contrat ne se trouve en République Démocratique du Congo ?

739. La Loi organique n° 13/011-B du 11 avril 2013 portant organisation, fonctionnement et compétences des juridictions de l'ordre judiciaire détermine en ses articles 147 et 148 la compétence générale ou internationale des juridictions congolaises. L'article 147 de la Loi 13/011 dispose :

> « Les étrangers peuvent être assignés devant les tribunaux de la République Démocratique du Congo dans les cas suivants :
> 1. s'ils ont un domicile ou une résidence en République Démocratique du Congo ou y ont fait élection de domicile ;
> 2. en matière immobilière si l'immeuble est situé en République Démocratique du Congo ;
> 3. si l'obligation qui sert de base à la demande est née, a été ou doit être exécutée en République Démocratique du Congo ;
> 4. si l'action est relative à une succession ouverte en République Démocratique du Congo ;

5. s'il s'agit d'une demande en validité ou en main- levée de saisie-arrêt formée en République Démocratique du Congo ou de toutes autres mesures provisoires ou conservatoires ;
6. si la demande est connexe à un procès déjà pendant devant un Tribunal de la République Démocratique du Congo ;
7. s'il s'agit de faire déclarer exécutoires en République Démocratique du Congo les décisions judiciaires ou les sentences arbitrales rendues ou les actes authentiques passés en pays étrangers ;
8. s'il s'agit d'une contestation en matière de faillite, quand la faillite est ouverte en République Démocratique du Congo ;
9. s'il s'agit d'une demande en garantie ou d'une demande reconventionnelle, quand la demande originaire est pendante devant un tribunal de la République Démocratique du Congo ;
10. dans les cas où il y a plusieurs défendeurs dont l'un a son domicile ou sa résidence en République Démocratique du Congo ;
11. en cas d'abordage ou d'assistance en haute mer ou dans les eaux étrangères, quand le bâtiment contre lequel des poursuites sont exercées, se trouve dans les eaux congolaises au moment où la signification a lieu. »

740. En outre, l'article 148 de la Loi 13/011 prévoit : « Hors les cas prévus à l'article 147, les étrangers peuvent être assignés devant les tribunaux de la République Démocratique du Congo si le demandeur y a son domicile ou sa résidence. Dans ce cas, le tribunal compétent est celui du domicile ou de la résidence du demandeur. »

741. Ces dispositions ne prévoient pas la situation d'un accord d'élection de for. Il n'y a, en droit congolais, aucune disposition qui organise la compétence des juridictions congolaises lorsqu'elles sont désignées par un accord d'élection de for pour des parties et un litige qui ne présente aucun lien avec la République Démocratique du Congo. Ainsi, il n'est pas toujours certain que le juge congolais élu déclarera sa compétence sur base d'un accord d'élection de for, surtout si aucun des éléments du contrat n'a de rapport avec la République Démocratique du Congo. Cette situation peut conduire à une incertitude pour les parties et à une érosion de l'efficacité des accords d'élection de for.

2. Hypothèse où les juridictions congolaises sont saisies en violation d'un accord d'élection de for exclusif

742. Ce paragraphe vise la situation où une juridiction congolaise serait saisie en violation d'un accord d'élection de for désignant exclusivement une juridiction d'un autre Etat. Est-ce que le juge congolais ainsi saisi déclinerait-il sa compétence au profit du juge élu ? Dans quelles conditions (nullité *prima facie* de l'accord d'élection de for, violation de l'ordre public, ou protection de la « partie la plus faible » dans certains types de contrats) le juge congolais ainsi sais pourrait-il ignorer la clause d'élection de for et se déclarer compétent au détriment de la juridiction élue ?

a. Incompétence des juridictions congolaises non désignées par un accord d'élection de for ?

743. En principe, sur base de l'autonomie de la volonté, le juge congolais se déclare incompétent s'il est saisi en violation d'une clause exclusive d'élection de for désignant les tribunaux d'un autre Etat. Ainsi, dès lors que l'exception d'incompétence est soulevée par l'une des parties avant toute défense au fond[681], le tribunal congolais déclinera en principe sa compétence au profit du tribunal étranger qui a été désigné par clause d'élection de for. Cependant, certaines exceptions peuvent permettre au juge d'ignorer l'accord d'élection de for et de se déclarer compétent pour connaitre de l'affaire.

b. Exceptions

(i) Nullité

744. En cas de nullité de l'accord d'élection de for, les tribunaux congolais saisis (mais non élus par l'accord) pourraient déclarer leur compétence et connaitre de l'affaire. En droit de l'arbitrage OHADA, l'incompétence des juridictions étatiques en cas d'existence d'une convention d'arbitrage trouve une exception en cas de nullité *manifeste* de la convention d'arbitrage si le tribunal arbitral n'est pas encore saisi (article 13(2) de l'Acte uniforme du 13 mars 1999 relatif au droit de l'arbitrage). Cependant, lorsqu'il s'agit de la nullité d'un accord

---

[681] L'exception d'incompétence ou déclinatoire de compétence doit en effet etre soulevée *in limine litis* (Mukadi Bonyi et Katuala Kaba Kashala, Procédure civile, Kinshasa, Edition Batena Ntambua, 1999, p. 267).

d'élection de for en droit international privé congolais, les questions suivantes se posent :

- Doit-il s'agir d'une nullité *manifeste* ? En effet, la notion de « nullité *manifeste* » fait l'objet d'une interprétation plus stricte, car il s'agirait d'une nullité qui doit être constatée *prima facie*, une nullité évidente et incontestable, de sorte que le moindre doute sur la nullité de l'accord d'élection de for laisserait subsister la compétence du tribunal élu. Par contre, s'il ne s'agit pas d'une nullité *manifeste*, le juge congolais aurait une plus grande latitude dans l'appréciation de la validité de l'accord d'élection de for ;
- Quel droit gouverne la validité de l'accord d'élection de for ? Est-ce le droit du for (dans le cas d'espèce le droit congolais), ou le droit de l'Etat du tribunal élu,[682] ou la *lex contractus*[683] du contrat principal ?
- La clause d'élection de for a-t-elle un caractère autonome : est-ce que la nullité du contrat principal entraine *ipso facto* la nullité de la clause d'élection de for ?[684]

(ii) Ordre public

L'article 15 du Décret du 4 mai 1895 prévoyait[685] que les conventions et dispositions privées ne peuvent en aucun cas avoir d'effet en République Démocratique du Congo si elles sont contraires à l'ordre public.[686] Ainsi, un accord exclusif d'élection de for ne sera pas reconnu par les tribunaux congolais s'il est manifestement contraire à l'ordre public congolais. L'article 15 du Décret du 4 mai 1895 visait les normes ou principes fondamentaux de l'Etat congolais liés en particulier par exemple à la protection des parties faibles, la protection contre de graves injustices dans certaines situations particulières et la garantie du respect de certaines règles de compétence exclusive. Ainsi,

---

[682] Voir les articles 5 et 6 *a)* de la Convention élection de for.

[683] Voir article 11(2) de la Convention élection de for.

[684] Similairement, la résolution du contrat fait-elle obstacle à l'application de la clause attributive de compétence aux litiges nés de l'inexécution de cette convention ?

[685] Le titre II du Décret du 4 mai 1895 a été abrogé par l'article III de la Loi n° 16/008 du 15 juillet 2016 modifiant et complétant le Loi n°87-010 du 1er août 1987 portant Code de la Famille.

[686] Comp. article 119(1) de la Loi 13/011 du 11 avril 2013 portant organisation, fonctionnement et compétences des juridictions de l'ordre judiciaire.

en présence d'un accord d'élection de for qui serait manifestement contraire à l'ordre public congolais, le juge congolais pourrait exceptionnellement écarter l'accord d'élection de for et se déclarer compétent pour connaitre du litige.

(iii) Protection de la partie la plus faible dans certains types de contrats

745. Il n'est pas clairement déterminé en droit international privé congolais dans quelle mesure un juge congolais saisi en violation d'un accord d'élection de for peut retenir sa compétence s'il est établi que l'accord d'élection de for est défavorable à une « partie plus faible ». Ce serait le cas si l'accord d'élection de for lie un commerçant à un consommateur[687], un assureur et un assuré, ou un employeur et un travailleur. La clause attributive de compétence est inadaptée lorsque l'une des parties est une partie faible et cela pour plusieurs raisons. D'abord, on peut craindre que la partie en position de force impose à la partie faible la clause attributive de compétence par un contrat d'adhésion. Ensuite, il est à craindre que la partie forte, pour décourager la partie faible, ne délocalise la juridiction compétente dans un pays lointain. Dès lors, le coût, l'éloignement, l'obligation d'engager une action dans un pays étranger peuvent décourager la partie faible de mettre en jeu la clause attributive de compétence ; la clause constitue alors un instrument de déni de justice, c'est-à-dire l'impossibilité pour un plaideur de saisir la justice pour faire valoir ses droits.

3. Hypothèse d'une litispendance internationale

746. La présente section vise la situation où le juge congolais (non désigné par un accord d'élection de for) est saisi en même temps que le juge étranger qui a été désigné par l'accord d'élection de for. Quelles sont les règles de litispendance internationale qui vont s'appliquer en droit international privé congolais ?

747. Le droit international privé congolais ne dispose pas de règles particulières de litispendance internationale. Ainsi, le juge congolais serait guidé par les règles générales de litispendance prévues à l'article 145 de la Loi 13/011 qui dispose :

---

[687] C'est-à-dire une personne physique agissant principalement dans un but personnel, familial ou domestique (voir article 2(1)(a) de la Convention élection de for.

« En cas de litispendance, les causes pendantes devant les juridictions différentes sont renvoyées par l'une d'elles à l'autre selon les règles et dans l'ordre ci- après :

1. la juridiction saisie au degré d'appel est préférée à la juridiction saisie au premier ressort ;
2. la juridiction qui a rendu sur l'affaire une disposition autre qu'une disposition d'ordre intérieur est préférée aux autres juridictions ;
3. la juridiction saisie la première est préférée aux autres juridictions.

Une expédition de la décision de renvoi est transmise avec les pièces de la procédure au greffe de la juridiction à laquelle la cause a été renvoyée. »

748. Cependant, l'application de l'article 145 de la Loi 13/011 à la situation où le juge congolais est saisi en même temps que le juge étranger qui a été désigné par l'accord d'élection de for n'est pas très heureuse car l'article 145 susmentionné ne vise pas particulièrement les cas de litispendance internationale, c'est-à-dire entre une juridiction congolaise et une juridiction étrangère. En effet, cette disposition vise surtout les cas de litispendance interne, c'est-à-dire entre deux juridictions congolaises. En outre, il ne prend pas en compte le cas particulier où le juge de l'autre Etat a été saisi sur base d'une clause d'élection de for. Ainsi, supposons que des parties (une résidant à Würzburg et l'autre à Kinshasa) concluent un contrat contenant une clause d'élection de for aux termes de laquelle les juridictions allemandes seraient compétentes en cas de litige. Si, en même temps, la partie résidant en Allemagne saisit le juge allemand en accord avec la clause attributive de compétence et celle résidant en République Démocratique du Congo saisit le juge congolais en violation de la clause d'élection de for, l'on se retrouverait en face d'un cas de litispendance internationale : l'application de l'article 145 de la Loi 13/011 ne garantirait pas le respect de l'accord d'élection de for. Bien au contraire, si le juge congolais a été le premier à être saisi, l'article 145(3) de la Loi 13/011 pourrait même conduire à la solution que le juge congolais se déclare compétent en violation de l'accord d'élection de for, ce qui ruinerait l'efficacité des accords d'élection de for.

4. Reconnaissance et exécution des jugements étrangers rendus sur base d'un accord d'élection de for

749. La présente section vise la situation où l'une des parties requiert la reconnaissance et l'exécution en République Démocratique du Congo d'un jugement rendu par une juridiction étrangère qui a exercé sa compétence sur base d'un accord d'élection de for.

750. Lorsqu'un jugement rendu à l'étranger nécessite l'exécution matérielle sur les biens situés en République Démocratique du Congo, ou bien la coercition sur les personnes se trouvant en République Démocratique du Congo, la mise en œuvre de ces mesures en République Démocratique du Congo est subordonnée à la procédure contentieuse d'exequatur qui peut être définie comme une procédure permettant d'exécuter, soit une sentence arbitrale, soit une décision de justice étrangère. Le droit international privé congolais ne prévoit pas de régime particulier pour la reconnaissance et l'exécution des jugements étrangers lorsque ceux-ci sont rendus par un tribunal étranger élu par un accord d'élection de for.[688]

751. Ainsi, pour qu'un jugement étranger devienne exécutoire en République Démocratique du Congo, le bénéficiaire doit introduire une demande devant le Tribunal de Grande Instance contre son adversaire qui a perdu le procès à l'étranger. Cette procédure contentieuse est soumise aux voies de recours du droit commun. L'article 119 de la Loi 13/011 dispose :

> « Les décisions des juridictions étrangères sont rendues exécutoires en République Démocratique du Congo, selon le cas, par les tribunaux de grande instance, les tribunaux de commerce et les tribunaux du travail, si elles réunissent les conditions ci-après :
>
> 1. qu'elles ne contiennent rien de contraire à l'ordre public congolais ;[689]

---

[688] Par contraste, dans le but d'assurer l'efficacité des accords d'élection de for, la Convention élection de for prévoit un régime particulier pour la reconnaissance et l'exécution des jugements étrangers lorsque ceux-ci sont rendus par un tribunal étranger élu par un accord d'élection de for dans le cadre de la Convention.

[689] Aux termes de l'article 119(1) de la Loi 13/011, la décision étrangère ne contrevient pas à certains principes fondamentaux du droit congolais. Cette solution est en accord avec l'article 15 du Décret du 4 mai 1895 (*B.O.*, 1895, p. 138) qui dispose : « Les lois, les jugements des pays étrangers, les conventions et dispositions privées ne peuvent en aucun cas avoir d'effet dans l'État Indépendant du Congo en ce qu'ils ont de

2. que, d'après la loi du pays où les décisions ont été rendues ; elles soient passées en force de chose jugée ;
3. que, d'après la même loi, les expéditions produites réunissent les conditions nécessaires à leur authenticité ;
4. que les droits de la défense aient été respectés ;[690]
5. que le Tribunal étranger ne soit pas uniquement compétent en raison de la nationalité du demandeur. »

752. En sus des conditions prévues à l'article 119 de la Loi 13/011, la reconnaissance et l'exécution des jugements étrangers en République Démocratique du Congo est soumise au contrôle de l'absence de fraude. Il s'agit ici de vérifier que le jugement n'a pas été obtenu par une fraude relative à la procédure ou au fond[691]. La fraude est une malhonnêteté intentionnelle ou une faute intentionnelle.[692] Ainsi, s'il est établi le demandeur avait signifié l'assignation ou l'avait fait signifier délibérément à une mauvaise adresse, que le demandeur avait fourni sciemment des renseignements erronés au défendeur quant au lieu et à la date de l'audience, ou que l'une des parties avait délibérément dissimulé des éléments de preuve essentiels ou avait suborné un juge ou un témoin, la reconnaissance et l'exécution par le juge congolais du jugement étranger pourraient être refusées.[693]

5. Insécurité juridique liée aux accords d'élection de for en droit international privé congolais

753. Bien que reconnues en droit congolais sur base du principe de l'autonomie de la volonté, les clauses exclusives d'attribution de compétence ne font pas l'objet d'une règlementation ou d'un régime particulier. Il s'en suit une insécurité juridique pour les parties en termes

contraire au droit public de cet État ou à celles de ses lois qui ont en vue l'intérêt social ou la morale publique. »

[690] Emprunté de la procédure civile, le concept de « droits de la défense » n'est pas spécifique au droit international privé. C'est une notion contenue dans l'ordre interne, que les juridictions aménagent pour la sauvegarder lorsqu'elles statuent sur des litiges privés internationaux. Ce contrôle consiste à vérifier que les parties ont été mises en mesure de défendre utilement leurs prétentions à tous les stades de l'instance. Voir J. Yav Katschung, Droit international privé, Université de Lubumbashi, Faculté de droit, p. 22.

[691] La fraude relative au fond est considérée dans certains systèmes comme relevant de l'exception d'ordre public (voir article 9 *d)* et *e)* de la Convention élection de for).

[692] J. Yav Katshung, *op. cit.*, p. 32.

[693] *Ibidem.*

de compétence des tribunaux congolais lorsqu'ils sont désignés par de telles clauses, d'incompétence des juridictions congolaises lorsqu'elles sont saisies en violation de telles clauses, de régime des situations exceptionnelles (nullité, violation de l'ordre public, protection des parties faibles, etc.) pouvant permettre aux tribunaux congolais d'ignorer de telles clauses, de règles particulières sur la reconnaissance et l'exécution des jugements étrangers rendus par des tribunaux étrangers désignés par de telles clauses.

754. Par conséquent, les accords d'élection de for, qui pourtant sont très utilisés dans les transactions internationales en matière civile et commerciale, risquent de ne pas être respectés par les tribunaux congolais, surtout lorsque ceux-ci ne sont pas désignés par ces accords. La Convention élection de for a pour but de régler cette situation en proposant un cadre juridique global assurant l'efficacité des accords d'élection de for.

D. Champ d'application de la Convention accords d'élection de for

755. Aux termes de l'article 1(1) de la Convention élection de for, le champ d'application de la Convention élection de for est limité de trois manières : son champ d'application est limité aux situations internationales et aux matières civiles ou commerciales. En outre, la Convention ne s'applique en principe[694] qu'aux accords exclusifs d'élection de for. Par ailleurs, certaines matières sont exclues du champ d'application de la Convention.

I. Internationalité de la situation

756. La Convention accords d'élection de for ne s'applique qu'aux situations internationales. L'internationalité d'une situation s'apprécie différemment selon qu'il s'agit de la compétence des tribunaux ou de la

---

[694] Exceptionnellement, l'article 22 de la Convention élection de for prévoit qu'un Etat contractant peut déclarer que ses tribunaux reconnaîtront et exécuteront des jugements rendus par des tribunaux d'autres Etats contractants désignés dans un accord d'élection de for conclu entre deux ou plusieurs parties, qui est conforme aux exigences prévues à l'article 3, paragraphe c) de la Convention, et qui désigne, pour connaître des litiges nés ou à naître à l'occasion d'un rapport de droit déterminé, un tribunal ou des tribunaux d'un ou plusieurs Etats contractants (un accord non exclusif d'élection de for).

reconnaissance ou de l'exécution d'un jugement[695]. Ainsi, concernant la compétence, une situation est internationale sauf si les parties résident[696] dans le même Etat contractant et si les relations entre les parties et tous les autres éléments pertinents du litige, quel que soit le lieu du tribunal élu, sont liés uniquement à cet Etat (l'article 1(2) et (3) de la Convention[697]). *Aliis verbis*, la désignation d'un tribunal étranger ne peut rendre internationale une situation qui est strictement interne. Supposons que les parties à un contrat soient toutes deux résidentes en Allemagne, qui est aussi le lieu de conclusion et d'exécution du contrat. L'accord d'élection de for des parties désigne les tribunaux français comme étant compétents. Cependant, à l'exception de la situation du tribunal élu, tous les éléments pertinents du contrat sont situés en Allemagne. Aux termes de la Convention élection de for, une telle situation ne serait pas internationale ; partant, si l'une des parties poursuit l'autre en Allemagne en violation de l'accord l'élection de for, la Convention d'élection de for ne sera pas applicable et, par conséquent, le tribunal allemand ne sera pas tenu d'appliquer l'article 6 de la Convention. Similairement, si l'une des parties poursuit l'autre en France, les tribunaux français ne seront pas obligés de respecter l'accord d'élection de for sur base des dispositions de la Convention d'élection de for.[698]

757. Par contre, aux fins de la reconnaissance ou de l'exécution, une situation est internationale lorsque la reconnaissance ou l'exécution d'un jugement étranger est requise. Il suffit donc que le jugement ait été rendu par un tribunal étranger.[699] Partant, il est possible qu'une affaire qui n'était pas internationale en vertu de l'article 1(2) de la Convention

---

[695] L'article 4 de la Convention élection de for définit le terme « jugement » comme toute décision sur le fond rendue par un tribunal, quelle que soit sa dénomination, telle qu'un arrêt ou une ordonnance, de même que la fixation des frais du procès par le tribunal (y compris le greffier du tribunal), à condition qu'elle ait trait à une décision sur le fond susceptible d'être reconnue ou exécutée en vertu de la présente Convention. Les mesures provisoires et conservatoires ne sont pas des jugements.

[696] Aux termes de l'article 4(2) de la Convention élection de for, une entité ou personne autre qu'une personne physique est réputée avoir sa résidence dans l'Etat : a) de son siège statutaire ; b) selon le droit duquel elle a été constituée ; c) de son administration centrale ; ou d) de son principal établissement.

[697] Voir également l'article 25(2) de la Convention élection de for.

[698] Il va sans dire que les règles de droit international privé de chacun de ces Etats peut conduire à un résultat similaire à celui de la Convention élection de for.

[699] T. Hartley, M. Dogauchi, *op. cit.*, para. 11.

élection de for le devienne dans le cas où il doit être reconnu et exécuté dans un autre Etat contractant. Toutefois, chaque Etat contractant peut faire une Déclaration (article 32 Convention élection de for) selon laquelle ses tribunaux peuvent refuser de reconnaître ou d'exécuter un jugement rendu par un tribunal d'un autre Etat contractant « lorsque les parties avaient leur résidence dans l'Etat requis et que les relations entre les parties, ainsi que tous les autres éléments pertinents du litige, autres que le lieu du tribunal élu, étaient liés uniquement à l'Etat requis » (article 20 Convention accords d'élection de for). Autrement dit, un Etat peut refuser de reconnaître ou d'exécuter une décision étrangère qu'il considère comme purement interne.[700]

II. Accords exclusifs d'élection de for

758. Le champ d'application matériel de la Convention accords d'élection de for est *en principe* limité aux accords exclusifs d'élection de for conclus, dans des situations internationales, en matière civile ou commerciale (article 1 (1) Convention accords d'élection de for). Aux fins de l'article 3 de la Convention accords d'élection de for, un « accord exclusif d'élection de for » est « un accord conclu entre deux ou plusieurs parties, qui est conforme aux exigences prévues au paragraphe *c)*, et qui désigne, pour connaître des litiges nés ou à naître à l'occasion d'un rapport de droit déterminé, soit les tribunaux d'un Etat contractant, soit un ou plusieurs tribunaux particuliers d'un Etat contractant, à l'exclusion de la compétence de tout autre tribunal ». Aux fins de la Convention, l'accord d'élection de for doit être conclu ou documenté i) par écrit ; ou ii) par tout autre moyen de communication qui rende l'information accessible pour être consultée ultérieurement (article 3 (c) de la Convention accords d'élection de for). L'expression « litiges nés ou à naître » indique que l'accord d'élection de for peut s'appliquer aux litiges aussi bien passés que futurs.[701]

759. Le choix de la limitation du champ d'application de la Convention élection de for aux accords exclusifs d'élection de for se justifie par le besoin d'éviter les questions qui surviendraient en matière de litispendance. En effet, l'obligation imposée au tribunal élu de connaitre de l'affaire (article 5 de la Convention élection de for) s'appliquerait difficilement aux accords non exclusifs d'élection de for

[700] Voir T. Hartley, M. Dogauchi, *op. cit.*, para. 231.
[701] *Idem*, para. 12.

car un tribunal autre que le tribunal élu pourrait avoir été saisi en premier et pourrait aussi se déclarer compétent si l'accord d'élection de for n'est pas exclusif. Ainsi, ce tribunal et le tribunal élu se déclareraient tous deux compétents, ce qui soulèverait des questions de litispendance et de *forum non conveniens*. Par ailleurs, l'interdiction faite aux tribunaux autres que celui élu de connaitre de l'affaire (Article 6 de la Convention élection de for) serait difficilement applicable en cas d'accord non exclusif d'élection de for.

760. La définition de l'article 3(c) de la Convention élection de for exclut du champ d'application de la Convention les « accords asymétriques ». Ces accords sont rédigés afin d'être exclusifs à l'égard des procédures engagées par l'une des parties mais pas à l'égard des procédures engagées par l'autre. Elles sont fréquentes par exemple dans les contrats de prêt international. Elles peuvent stipuler que « les poursuites de l'emprunteur à l'encontre du bailleur pourront être engagées exclusivement devant les tribunaux de l'Etat X ; les poursuites du bailleur à l'encontre de l'emprunteur pourront être engagées devant les tribunaux de l'Etat X ou les tribunaux de tout autre Etat compétent selon son propre droit ».[702] Lors de la Session de la Conférence de La Haye consacrée à la Convention sur les accords d'élection de for[703] ayant conduit à l'adoption de la Convention accords d'élection de for, il fut décidé que pour relever de la Convention, l'accord doit être exclusif quelle que soit la partie engageant la procédure,[704] ce qui n'est pas le cas des accords asymétriques. Toutefois, la Convention peut gouverner exceptionnellement les accords asymétriques en matière de reconnaissance et d'exécution des jugements si les Etats en question ont fait des déclarations en vertu de l'article 22.[705]

761. Nous avons vu que le champ d'application matériel de la Convention accords d'élection de for est en principe limité aux accords exclusifs d'élection de for. Néanmoins, puisque le problème de litispendance et de *forum non conveniens* s'appliquent moins au stade de la reconnaissance et de l'exécution des jugements étrangers, l'article 22(1) permet aux Etats contractants d'étendre le champ d'application

---

[702] Exemple tiré de T. Hartley, M. Dogauchi, *op. cit.*, para. 105.

[703] Cette Session s'est déroulée du 14 au 30 juin 2005.

[704] Voir le Procès-verbal No 3 de la Vingtième session, Commission II, para. 2 à 11.

[705] T. Hartley, M. Dogauchi, *op. cit.*, para. 106.

de la Convention aux accords *non exclusifs* d'élection de for au moyen d'une déclaration. Un « accord non exclusif d'élection de for » peut être compris comme un accord conclu entre deux ou plusieurs parties, qui est conforme aux exigences prévues à l'article 3 (c) de la Convention, et qui désigne, pour connaître des litiges nés ou à naître à l'occasion d'un rapport de droit déterminé, un ou plusieurs tribunaux de plusieurs Etats contractants. Ainsi, un Etat peut accepter de reconnaître et d'exécuter un jugement rendu par un tribunal d'un autre Etat contractant qui a été choisi par les parties dans le cadre d'un accord non exclusif d'élection de for, à condition que l'Etat d'origine de la décision ait fait la même déclaration au sens de l'article 22 de la Convention élection de for. Par conséquent, sur la base du principe de la réciprocité, la Convention ne peut pas s'appliquer en l'absence d'une telle Déclaration de la part de l'Etat d'origine de la décision et de l'Etat requis de reconnaître et exécuter la décision si la compétence du tribunal d'origine est fondée sur un accord non exclusif d'élection de for.

III. Matière civile ou commerciale

762. Comme beaucoup d'autres instruments de ce type,[706] la Convention élection de for ne s'applique qu'en matière civile ou commerciale. L'expression « matière civile ou commerciale » a un sens autonome au sein de la Convention : elle n'emporte pas une référence au droit interne ou à d'autres instruments. Le but principal de cette limitation est l'exclusion du droit pénal et du droit public.[707] C'est la raison pour laquelle l'article 1(1) de l'Avant-projet de Convention de 1999 qui contenait une disposition indiquant expressément que la Convention élection de for ne s'appliquerait pas en matière fiscale, douanière ou administrative ne fut pas retenu dans les projets ultérieurs

---

[706] Voir par exemple la Convention de Bruxelles de 1968 concernant la compétence judiciaire et l'exécution des décisions en matière civile et commerciale (OJ L 299, 31.12.1972, p. 32–42) ; le Règlement (CE) n° 44/2001 du Conseil du 22 décembre 2000 concernant la compétence judiciaire, la reconnaissance et l'exécution des décisions en matière civile et commerciale (OJL 012 du 16/01/2001 p. 1–23) ; Convention concernant la compétence judiciaire, la reconnaissance et l'exécution des décisions en matière civile et commerciale (RO 2010 5609).

[707] Cependant, aux termes de l'article 2(5) de la Convention élection de for, le seul fait qu'un Etat, y compris un gouvernement, ou toute personne agissant pour le compte de l'Etat, est partie à un litige ne suffit pas pour exclure celui-ci du champ d'application de la Convention élection de for. Voir T. Hartley, M. Dogauchi, *op. cit.*, para. 49.

car il a été jugé inutile. En effet, que de telles matières ne puissent être civiles ou commerciales fut considéré comme évident.[708] L'usage du terme « commercial » en sus de celui de « civil » vise à prendre en compte les systèmes juridiques qui considèrent les catégories « civiles » et « commerciales » comme distinctes et s'excluant mutuellement.

IV. Matières exclues du champ d'application de la Convention élection de for

763. Certains contrats et certaines matières sont explicitement exclus du champ de Convention accords d'élection de for. Ainsi, aux termes de l'article 2(1), la Convention ne s'applique pas aux accords exclusifs d'élection de for a) auxquels une personne physique agissant principalement dans un but personnel, familial ou domestique (un consommateur) est partie ; b) relatifs aux contrats de travail, y compris les conventions collectives. L'article 2(1)(a) de la Convention élection de for couvre non seulement un contrat entre un consommateur et un non-consommateur, mais aussi un contrat entre deux consommateurs. L'article 2(1)(b) de la Convention élection de for exclut du champ d'application de la Convention élection de for les contrats de travail, les conventions collectives, ainsi que toutes actions fondées sur la responsabilité délictuelle résultant de la relation de travail, tel qu'un dommage corporel qu'un salarié subirait au travail.[709]

764. En outre, le paragraphe 2 de l'article 2 susmentionné cite limitativement les matières auxquelles la Convention ne s'applique pas.[710] Cependant, suivant la précision apportée à l'article 2(3) de la

---

[708] T. Hartley, M. Dogauchi, *op. cit.*, para. 49.

[709] L'article 2(2)(j) de la Convention élection de for exclurait aussi une telle action.

[710] Il s'agit : a) de l'état et la capacité des personnes physiques ; b) des obligations alimentaires ; c) des autres matières du droit de la famille, y compris les régimes matrimoniaux et les autres droits ou obligations résultant du mariage ou de relations similaires ; d) des testaments et les successions ; e) de l'insolvabilité, des concordats et des matières analogues ; f) du transport de passagers et de marchandises ; g) de la pollution marine, de la limitation de responsabilité pour des demandes en matière maritime, les avaries communes, ainsi que du remorquage et le sauvetage d'urgence ; h) des entraves à la concurrence ; i) de la responsabilité pour les dommages nucléaires ; j) des demandes pour dommages corporels et moraux y afférents introduites par des personnes physiques ou en leur nom ; k) des demandes qui ne naissent pas d'une relation contractuelle et qui sont fondées sur la responsabilité délictuelle pour des dommages aux biens tangibles ; l) des droits réels immobiliers et les baux d'immeubles ; m) de la validité, de la nullité ou de la dissolution d'une personne morale, et de la

Convention élection de for, cette exclusion ne s'applique que si l'une des matières visées au paragraphe 2 est une « objet » du litige. *Aliis verbis*, un litige n'est pas exclu du champ d'application de la Convention élection de for au cas où l'une des parties soulève l'une des matières citées à l'article 2(2)(a)*a)* à *p)* à titre préalable dans une procédure ayant un objet différent.[711]

765. Il est important de noter que lorsqu'un Etat a un intérêt important à ne pas appliquer la Convention à une matière particulière, cet Etat peut déclarer de façon claire et précise qu'il n'appliquera pas la Convention à cette matière. Il s'en suivra qu'à l'égard d'une telle matière, la Convention ne s'applique pas, suivant le régime de l'article 21 de la Convention.[712] Ainsi, l'Union Européenne a fait une déclaration en vertu de laquelle certains contrats d'assurance sont exclus du champ d'application de la Convention, sous réserves des cas prévus au paragraphe 2 de sa Déclaration.[713]

E. Le régime de la Convention élection de for

766. Avec les articles 5, 6, et 8 comme dispositions principales, le régime de la Convention élection de for tourne autour des trois règles suivantes :

a) Le tribunal élu doit en principe connaître du litige (article 5 de la Convention élection de for) ;
b) Tout autre tribunal doit en principe refuser de connaître du litige (article 6 de la Convention élection de for) ; et

---

validité des décisions de ses organes ; n) de la validité des droits de propriété intellectuelle autres que les droits d'auteur et les droits voisins ; o) de la contrefaçon des droits de propriété intellectuelle autres que les droits d'auteur et les droits voisins, à l'exception des litiges portant sur une contrefaçon fondés sur une violation du contrat entre les parties relatif à de tels droits, ou qui auraient pu être fondés sur une violation de ce contrat ; p) de la validité des inscriptions sur les registres publics.

711 Il est important de noter qu'aux de l'article 10(1), la Convention élection de for ne s'applique pas à la reconnaissance et à l'exécution des décisions sur une question préalable.

712 Aux fins de l'article 21 de la Convention Election de for, l'Union européenne a fait une déclaration en vertu de laquelle certains contrats d'assurance sont exclus du champ d'application de la Convention, sous réserves des cas prévus au paragraphe 2 de la Déclaration.

713 Cette Déclaration est accessible sous le lien http://www.hcch.net/index_fr.php?act=status.comment&csid=1044&disp=resdn.

c) Tout jugement rendu par le tribunal élu d'un État contractant doit être reconnu et exécuté dans les autres États contractants, sauf si l'un des motifs de refus de reconnaissance ou d'exécution s'applique (articles 8 et 9 de la Convention élection de for).

767. Le système de la Convention élection de for peut être schématisé de la manière suivante

Schéma résumant le régime de la Convention élection de for

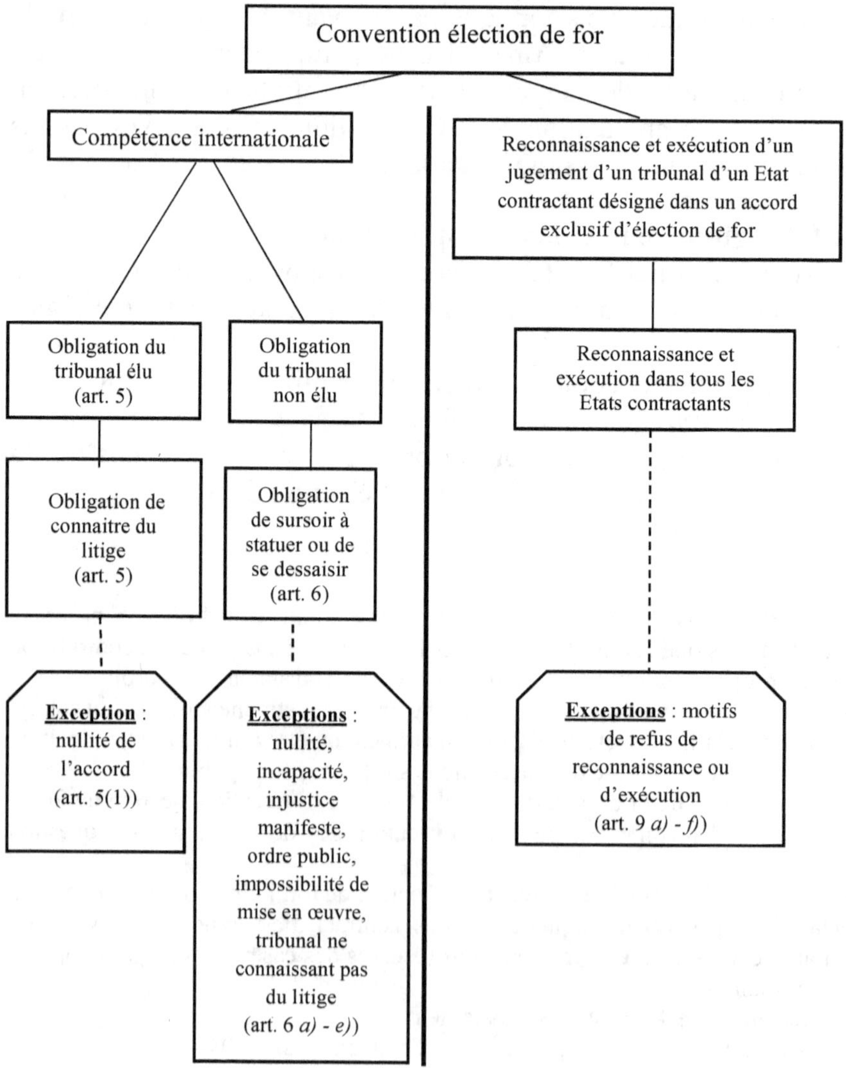

I. De la compétence : obligation du tribunal élu

1. Compétence du tribunal élu

768. Il serait inutile pour les parties de conclure un accord exclusif d'élection de for si la juridiction élue ne connaissait pas de l'affaire lorsque le différend lui est soumis. Partant, le régime de la Convention comprend une première partie (le Chapitre II sur la compétence) déterminant la compétence des tribunaux des Etats contractants en cas d'accord exclusif d'élection de for. Plus particulièrement, le tribunal ou les tribunaux d'un Etat contractant désignés dans un accord exclusif d'élection de for sont compétents pour connaître d'un litige auquel l'accord s'applique, sauf si celui-ci est nul selon le droit de cet Etat (article 5(1) de la Convention élection de for). Le tribunal élu ne peut refuser d'exercer sa compétence au motif qu'un tribunal d'un autre Etat devrait connaître du litige (article 5(2) de la Convention élection de for). Par conséquent, le recours soit au principe du *forum non conveniens* ou celui de la litispendance est exclu par l'article 5(2) de la Convention.

2. Exception de nullité

769. La seule exception au principe selon lequel le tribunal élu doit connaitre de l'affaire[714] est celle de la nullité de l'accord d'élection de for selon le droit de l'Etat du tribunal. C'est le droit de l'Etat du tribunal élu qui détermine si l'accord est nul. L'expression « droit de l'Etat » inclut aussi les règles de conflit de lois de cet Etat. En effet, le commentaire de l'article indique que si cela n'avait pas été le but recherché, le texte n'aurait pas utilisé l'expression « droit interne de l'Etat ».[715] Ainsi, au cas où le tribunal élu considère que le droit d'un autre Etat devrait être appliqué selon ses règles de conflits de lois, il appliquera ce droit.[716] Par ailleurs, seules les causes matérielles (et non formelles) de nullité sont concernées par la disposition « nullité » de l'article 5 de la Convention. Ainsi, sont principalement visés : la fraude,

---

[714] Voir en outre l'article 19 de la Convention élection de for : « Un Etat peut déclarer que ses tribunaux peuvent refuser de connaître des litiges auxquels un accord exclusif d'élection de for s'applique s'il n'existe aucun lien, autre que le lieu du tribunal élu, entre cet Etat et les parties ou le litige ».

[715] T. Hartley, M. Dogauchi, *op. cit.*, para. 125, note 158.

[716] Tel serait le cas, par exemple, si en vertu des règles de conflit de lois du tribunal élu, la validité de l'accord d'élection de for est gouvernée par le droit régissant le contrat dans son ensemble (par exemple la loi désignée par les parties dans une clause d'élection de la loi applicable).

l'erreur, le dol, la violence et l'incapacité. Par conséquent, la disposition « nullité » ne doit pas être interprétée comme une réserve ou une restriction aux exigences de forme de l'article 3(c) qui, en définissant les accords d'élection de for relevant de la Convention, ne laisse aucune place au droit national en ce qui concerne la forme.[717]

3. Interdiction faite au tribunal élu de refuser d'exercer la compétence

770. Dans le but de renforcer l'obligation prévue à l'article 5(1) de la Convention élection de for, l'article 5(2) de la même Convention dispose que le tribunal élu *n'est pas autorisé* à refuser d'exercer sa compétence au motif qu'un tribunal d'un autre Etat devrait connaitre du litige au motif qu'une juridiction d'un autre Etat devrait connaitre du litige. Néanmoins, cette disposition ne s'applique que s'il s'agit d'un tribunal d'un autre Etat, et non d'une juridiction du même Etat. En effet, l'article 5(3)(b) de la Convention élection de for règle la question du renvoi d'affaires entre les tribunaux d'un même Etat. Cependant, pour les Etats composés d'un certain nombre de territoires ayant des systèmes de droits différents (à l'instar du Canada ou des Etats-Unis), l'article 25(1)(c) de la Convention élection de for prévoit que toute référence au tribunal ou aux tribunaux d'un Etat vise, le cas échéant, le tribunal ou les tribunaux dans l'unité territoriale considérée. Partant, la mention d'un « tribunal d'un autre Etat » à l'article 5(2) de la Convention élection de for vise aussi un tribunal d'une autre entité territoriale le cas échéant.

4. Forum non conveniens et litispendance

771. Le *forum non conveniens* est un principe de droit qui est appliqué par les pays de la *common law* et sur le fondement duquel un tribunal pourrait considérer que le litige devrait être tranché devant un tribunal d'un autre Etat. Plus particulièrement, le *forum non conveniens* permet à un tribunal compétent de surseoir à statuer ou se dessaisir de l'instance lorsqu'il considère qu'un autre tribunal serait un for plus approprié.[718] Ainsi, le tribunal prononce un sursis ou un

---

[717] T. Hartley, M. Dogauchi, *op. cit.*, para. 126.

[718] Voir A. Dicey, J. Morris, et L. Collins, *The Conflict of Laws,* 14ème éd., Londres, 2006, p. 461.

dessaisissement discrétionnairement et indépendamment du fait qu'une autre procédure ait été entamée devant l'autre tribunal[719].

772. Quant à la litispendance, il s'agit d'un principe de droit qui est appliqué principalement par les pays de droit civil et qui impose à un tribunal de surseoir à statuer ou se dessaisir d'une procédure au cas où un autre tribunal a été saisi en premier d'une procédure portant sur la même cause entre les mêmes parties.[720] Contrairement au *forum non conveniens*, la litispendance n'est pas discrétionnaire et ne s'applique que si et seulement si une autre procédure a été entamée devant l'autre tribunal.

773. La Convention élection de for exclut le recours à la litispendance ou au *forum non conveniens* si le tribunal en faveur duquel serait prononcé un sursis à statuer ou dessaisissement est situé dans un autre Etat. En effet, d'une part, l'article 5(2) de la Convention élection de for dispose que le tribunal élu (et donc ayant compétence en vertu de l'article 5(1) de la Convention) ne peut refuser d'exercer sa compétence au motif qu'un tribunal d'un autre Etat devrait connaître du litige. D'autre part, l'article 6 de la Convention élection de for prévoit que tout tribunal d'un Etat contractant autre que celui du tribunal élu doit sursoir à statuer ou se dessaisir lorsqu'il est saisi d'un litige auquel un accord exclusif d'élection de for s'applique. En d'autres termes, l'article 6 de la Convention élection de for forcerait le tribunal non élu à refuser d'exercer sa compétence « au motif qu'un tribunal d'un autre Etat (en l'occurrence le tribunal élu) devrait connaitre du litige ».

II. De la compétence : obligation du tribunal non élu

1. Principe d'interdiction de surseoir à statuer ou de se dessaisir

774. L'article 6 de la Convention élection de for détermine l'obligation du tribunal non élu. Il n'est applicable que si l'accord d'élection de for est exclusif, et si le tribunal élu est dans un Etat contractant. Aux termes de cette disposition, tout tribunal d'un Etat contractant autre que celui du tribunal élu doit sursoir à statuer ou se

[719] Il convient cependant que le fait qu'un autre tribunal ait été saisi peut être pris en compte dans le prononcé du sursis ou du dessaisissement.

[720] En droit international privé européen, cette question est réglée à l'article 29 du Règlement (UE) No 1215/2012 du 12 décembre 2012 concernant la compétence judiciaire, la reconnaissance et l'exécution des décisions en matière civile et commerciale (refonte).

dessaisir lorsqu'il est saisi d'un litige auquel un accord exclusif d'élection de for s'applique, sauf les cas prévus à l'article 6 de la Convention. Cette obligation permet le respect de la nature exclusive de l'accord d'élection de for. Cependant, l'article 6 de la Convention élection de for prévoit 5 exceptions à la règle selon laquelle le tribunal non élu ou doit statuer.

2. Exceptions

775. L'article 6 de la Convention élection de for prévoir cinq exceptions à l'obligation faite au tribunal non élu de surseoir à statuer ou de se dessaisir. L'application de l'une de ces exceptions lève l'interdiction de connaitre de l'affaire ; partant, le tribunal non élu peut exceptionnellement exercer sa compétence selon son propre droit. Toutefois, l'article 6 de la Convention élection de for ne crée pas de motifs de compétence résultant de la Convention élection de for. Il ne doit pas non plus être interprété comme une *obligation* pour le tribunal non élu saisi d'exercer une quelconque compétence sur base de son propre droit.[721]

776. Reflétant la règle à l'article 5(1) de la Convention élection de for, la première exception prévue à l'article 6 de la Convention concerne la situation où l'accord d'élection de for est nul pour quelque motif en vertu du droit de l'Etat du tribunal élu (tel que l'incapacité). Il convient de souligner qu'aux termes de l'article 6 *a)* de la Convention élection de for, le tribunal non élu apprécie la validité de l'accord d'élection de for non sur base de son propre droit, mais plutôt sur base du droit de l'Etat du tribunal élu.[722] Cette solution est différente de celle retenue par l'article II(3) de la Convention de New York de 1958 qui ne détermine pas sur base de quel droit la validité d'une convention d'arbitrage. A titre de comparaison, en matière d'arbitrage OHADA, l'incompétence du tribunal étatique trouve une exception en cas de nullité *manifeste*[723] de la convention d'arbitrage alors que le tribunal

---

[721] T. Hartley, M. Dogauchi, *op. cit.*, para. 146.

[722] Il convient de rappeler que les règles de droit international privé de l'Etat du tribunal élu sont comprises dans l'expression « le droit de l'Etat du tribunal élu ».

[723] La nullité manifeste n'est pas une notion nouvelle (voir article 1448 du Code français de procédure civile) et doit faire l'objet d'une interprétation stricte. Il doit en effet s'agir d'une nullité qui peut être constatée *prima facie*, qui est « évidente et incontestable [de sorte] qu'aucune argumentation sérieuse n'est en mesure de mettre en doute » (J. Robert et B. Moreau, L'arbitrage droit interne, droit international privé,

arbitral n'a pas encor été saisi du litige (Article 13(2) de l'Acte uniforme du 11 mars 1999 relatif au droit de l'arbitrage).[724] En précisant le droit applicable à la question de la validité de l'accord d'élection de for, l'article 6 *a)* de la Convention élection de for assure que le tribunal non élu saisi et le tribunal élu rendent des jugements qui sont compatibles.[725]

777. La deuxième exception se rapporte à la situation où, en vertu du droit de l'Etat du tribunal saisi, une partie n'avait pas la capacité pour conclure l'accord d'élection de for. Ainsi, contrairement à la règle prévue à l'article 6 *a)* de la Convention élection de for, c'est le droit de l'Etat du tribunal saisi (et non celui de l'Etat du tribunal élu) qui doit être appliqué pour déterminer la capacité des parties. Une fois de plus, le « droit de l'Etat du tribunal saisi » inclut les règles de droit international privé de cet Etat. Attendu que le défaut de capacité rendrait également l'accord nul aux termes de l'article 6 *a)* de la Convention élection de for, la capacité doit être donc déterminée *à la fois* selon le droit du tribunal élu *et* selon le droit du tribunal saisi.[726] Cette solution est critiquable car ouvrant la voie à une situation où le tribunal élu et le tribunal non élu peuvent tous deux se déclarer compétents : en effet, ce serait le cas si d'une part le tribunal saisi estime que sur base de droit les parties ont la capacité (Article 5(1) et Article 6 *a)* de la Convention élection de for), et si d'autre part le tribunal saisi estime sur base de son droit qu'au moins l'une des parties n'a pas la capacité et que donc l'exception de l'article 6 *b)* de la Convention élection de for est applicable.

778. La quatrième exception est relative à l'injustice manifeste de l'accord d'élection de for et à la violation l'ordre public de l'Etat du tribunal saisi auxquels conduirait l'application de l'accord d'élection de for (article 6 *c)* de la Convention élection de for). Il y aurait « injustice manifeste » si l'une des parties ne pourrait obtenir un procès équitable dans l'Etat du tribunal élu pour cause de corruption ou de partialité par exemple. La notion d'« injustice manifeste » couvre aussi les

---

5ème éd. Dalloz 1983, p. 106 ; B. Bayo Bibi, « L'efficacité de la convention d'arbitrage en droit OHADA », in Revue PENANT n° 876 - Juillet / Septembre 2011, p. 371.

[724] TPI de Lomé, ch. civ. t. com., aff. Star c/CFAO SFC, in *RCA* n. 22, juillet-aout-septembre 2003, pp. 24 et ss.

[725] T. Hartley, M. Dogauchi, *op. cit.*, para. 149.

[726] Voir Procès-verbal No 8 de la Vingtième session, Commission II, para. 50 à 59.

circonstances entourant la conclusion de l'accord d'élection de for. Ainsi, si l'accord d'élection de for a été obtenu par fraude, l'article 6 *c)* de la Convention élection de for lèverait l'obligation faite au tribunal saisi de sursoir ou de se dessaisir. Cependant, la Convention élection de for exige un niveau ou un seuil d'« injustice » élevé ou manifeste. Quant à l'exception d'ordre public, le seuil exigé par la Convention est aussi élevé. Cette exception vise les normes ou principes fondamentaux de l'Etat du tribunal saisi.[727] Partant, le tribunal saisi ne peut pas, sur base de l'article 6 *c)* de la Convention élection de for, décider de connaitre du litige au seul motif que le tribunal élu pourrait enfreindre, d'une manière technique, une règle obligatoire de l'Etat du tribunal saisi.[728]

779. La quatrième exception vise les cas où, pour des raisons exceptionnelles et indépendantes des parties, l'accord d'élection de for ne peut raisonnablement être mis en œuvre (Article 6 *d)* de la Convention élection de for). Ce serait le cas si, par exemple, il y a une situation de guerre prévalant au sein de l'Etat dont les tribunaux sont élus, de sorte que les tribunaux dans cet Etat ne fonctionnent pas. Cette impossibilité de mise en œuvre ne doit pas être absolue ; il suffit que la situation soit exceptionnelle.[729] La dernière exception vise les situations où le tribunal élu refuse de connaitre du litige. Dans pareils cas, l'article 6 *e)* de la Convention élection de for prévoit que le tribunal saisi peut exceptionnellement connaitre de l'affaire afin d'éviter un déni de justice.

III. De la reconnaissance et de l'exécution des jugements

780. La valeur d'un accord d'élection de for dépend aussi de la reconnaissance et de l'exécution du jugement qui en résulte. Pour ce faire, la seconde partie (le Chapitre III) de la Convention élection de for permet la reconnaissance et l'exécution des décisions rendues dans un Etat contractant élu dans les autres Etats contractants. Au sens de la Convention élection de for, la « reconnaissance » désigne l'acceptation de la détermination des droits et obligations effectuée par le tribunal

---

[727] Voir Procès-verbal n. 9 de la Commission spéciale sur la compétence judiciaire, la reconnaissance et l'exécution des jugements étrangers en matière civile et commerciale (21 au 27 avril 2004), pp. 1 à 3.

[728] T. Hartley, M. Dogauchi, *op. cit.*, para. 153.

[729] T. Hartley, M. Dogauchi, *op. cit.*, para. 154.

d'origine. Par contre, l' « exécution » signifie assurer que le débiteur du jugement obéit à la décision du tribunal d'origine.[730]

781. L'article 8 paragraphe 1 pose comme principe qu' « [u]n jugement rendu par un tribunal d'un Etat contractant désigné dans un accord exclusif d'élection de for est reconnu et exécuté dans les autres Etats contractants conformément au présent chapitre [ie. chapitre III]. La reconnaissance ou l'exécution peut être refusée aux seuls motifs énoncés dans la présente Convention. » Il est par ailleurs interdit toute révision au fond du jugement rendu par le tribunal d'origine. Cette règle est courante dans les conventions de ce type.[731] Sans elle, le tribunal requis pourrait réviser les jugements étrangers comme s'il s'agissait d'une juridiction d'appel connaissant d'un appel depuis le tribunal d'origine. Le tribunal requis est lié par les constatations de fait sur lesquelles le tribunal d'origine a fondé sa compétence, sauf si le jugement a été rendu par défaut (art. 8 (2) de la Convention Election de for). Le mot « compétence » renvoie à la compétence en vertu de la Convention. Par conséquent, l'article 8(2) ne concerne pas les cas où le tribunal a fondé sa compétence sur un motif autre que l'accord d'élection de for.

782. Cependant, il y a ici aussi des exceptions, dont la plupart sont reprises dans l'article 9 de la Convention.[732] Ainsi, la reconnaissance ou l'exécution peut être refusée si (a) l'accord était nul en vertu du droit de l'Etat du tribunal élu, à moins que celui-ci n'ait constaté que l'accord est valable ; (b) l'une des parties n'avait pas la capacité de conclure l'accord en vertu du droit de l'Etat requis ; (c) l'acte introductif d'instance ou un acte équivalent contenant les éléments essentiels de la demande soit n'a pas été notifié au défendeur en temps utile et de telle manière qu'il puisse organiser sa défense ou a été notifié au défendeur dans l'Etat requis de manière incompatible avec les principes fondamentaux de l'Etat requis relatifs à la notification de documents ; (d) le jugement résulte d'une fraude relative à la procédure ; (e) la reconnaissance ou l'exécution est manifestement incompatible avec

---

730 T. Hartley, M. Dogauchi, *op. cit.*, para. 5, note 29, p. 790.

731 Voir par exemple l'article 52 du Règlement No 1215/2012 du 12 décembre 2012 concernant la compétence judiciaire, la reconnaissance et l'exécution des décisions en matière civile et commerciale (refonte), l'article 36 de la Convention concernant la compétence judiciaire, la reconnaissance et l'exécution des décisions en matière civile et commerciale du 21.12.2007 (Convention de Lugano).

732 Pour d'autres exceptions, voir les art. 10 et 20 de la Convention élection de for.

l'ordre public de l'Etat requis, notamment dans les cas où la procédure aboutissant au jugement en l'espèce était incompatible avec les principes fondamentaux d'équité procédurale de cet Etat ; (f) le jugement est incompatible avec un jugement rendu dans l'Etat requis dans un litige entre les mêmes parties ; ou (g) le jugement est incompatible avec un jugement rendu antérieurement dans un autre Etat entre les mêmes parties dans un litige ayant le même objet et la même cause, lorsque le jugement rendu antérieurement réunit les conditions nécessaires à sa reconnaissance dans l'Etat requis. Notons en outre que la reconnaissance ou l'exécution peut être différée ou refusée si le jugement fait l'objet d'un recours dans l'Etat d'origine ou si le délai pour exercer un recours ordinaire n'a pas expiré.[733]

783. L'article 14 de la Convention énumère les pièces à produire par la partie requérant la reconnaissance ou l'exécution d'un jugement sur base de la Convention : a) une copie complète et certifiée conforme du jugement ; b) l'accord exclusif d'élection de for, une copie certifiée de celui-ci ou une autre preuve de son existence ; c) s'il s'agit d'un jugement rendu par défaut, l'original ou une copie certifiée conforme du document attestant que l'acte introductif d'instance ou un acte équivalent a été notifié à la partie défaillante ; d) tout document nécessaire pour établir que le jugement produit ses effets dans l'Etat d'origine ou, le cas échéant, qu'il est exécutoire dans cet Etat ; e) dans le cas prévu à l'article 12, un certificat d'un tribunal de l'Etat d'origine attestant que la transaction judiciaire est exécutoire, en tout ou en partie, aux mêmes conditions qu'un jugement dans l'Etat d'origine.

784. Aux termes de l'article 14 de la Convention, la procédure tendant à obtenir la reconnaissance, l'exequatur ou l'enregistrement aux fins d'exécution, et l'exécution du jugement, sont régies par le droit de l'Etat requis sauf si la présente Convention en dispose autrement. Le tribunal requis agit avec célérité. Dans les situations où il n'existe dans le droit de l'Etat requis aucune procédure particulière pour la reconnaissance (par opposition à l'exécution) d'un jugement étranger, le jugement est reconnu de plein droit, sur base de l'article 8 de la Convention. En outre, il est évident que le droit procédural congolais ne gouverne pas les motifs permettant le refus de la reconnaissance et

---

[733] Un tel refus n'empêche pas une demande ultérieure de reconnaissance ou d'exécution du jugement (article (4) de la Convention Election de for).

de l'exécution des jugements étrangers. En effet, c'est exclusivement la Convention élection de for qui régit cette question.[734]

F. Conclusion

785. Il est très fréquent que les parties à un contrat civil ou commercial prévoient une clause attribuant une compétence exclusive aux juridictions d'un Etat de connaitre de tout litige pouvant naitre de l'exécution de leur contrat. Il est fort louable que le droit congolais, à travers le droit de l'OHADA, dispose d'un cadre juridique concernant l'arbitrage. Cependant, l'absence d'un cadre juridique efficace pour les accords d'élection de for est fort préjudiciable pour les individus et les entreprises. En effet, bien que reconnues en droit congolais sur base du principe de l'autonomie de la volonté, les clauses exclusives d'attribution de compétence ne font pas l'objet d'une règlementation ou d'un régime particulier. Il s'en suit une insécurité juridique pour les parties en termes

- De compétence des tribunaux congolais lorsqu'ils sont désignés par de telles clauses ;
- D'incompétence des juridictions congolaises lorsqu'elles sont saisies en violation de telles clauses ;
- De régime des situations exceptionnelles (nullité, violation de l'ordre public, protection des parties faibles, etc.) pouvant permettre aux tribunaux congolais d'ignorer de telles clauses ;
- De règles particulières sur la reconnaissance et l'exécution des jugements étrangers rendus par des tribunaux étrangers désignés par de telles clauses.

786. Toutes ces incertitudes érodent l'efficacité des accords d'élection de for en droit international privé congolais. Il s'agit donc d'une problématique importante surtout pour le monde des affaires en République Démocratique du Congo puisque la plupart des contrats internationaux des entreprises comportent des clauses d'élection de for.

787. La Convention élection de for a pour vocation de remédier à cette situation en assurant l'efficacité des accords d'élection de for en garantissant trois règles :

d) Le tribunal élu doit en principe connaître du litige (article 5 de la Convention élection de for) ;

---

[734] Article 8(1) deuxième phrase de la Convention élection de for.

e) Tout autre tribunal doit en principe refuser de connaître du litige (article 6 de la Convention élection de for) ; et
f) Tout jugement rendu par le tribunal élu d'un État contractant doit être reconnu et exécuté dans les autres États contractants, sauf si l'un des motifs de refus de reconnaissance ou d'exécution s'applique (articles 8 et 9 de la Convention élection de for).

788. Entrée en vigueur le 1er octobre 2015, la Convention élection de for lie déjà 30 États.[735] Il est espéré qu'elle fera pour les accords d'élection de for ce que la Convention de New York pour la reconnaissance et l'exécution des sentences arbitrales étrangères du 10 juin 1958 a fait pour les conventions d'arbitrage.[736] En 2003, la Chambre de Commerce Internationale a effectué une recherche empirique parmi les sociétés adhérentes au sujet des pratiques commerciales concernant l'utilisation des accords d'élection de for. Il a été rapporté qu'il était courant que les parties concluent à la fois un accord d'élection de for et une convention d'arbitrage.[737]

789. L'intérêt de la Convention élection de for réside en ce qu'elle apportera en République Démocratique du Congo un cadre juridique solide aux entreprises et aux particuliers dans lequel il sera possible que des opérateurs économiques choisissent, pour trancher de leur litige, une juridiction précise d'un Etat, et que le jugement rendu par cette juridiction soit directement reconnu et exécuté dans les autres Etats parties à la Convention. L'accession de la République Démocratique du Congo à la Convention élection de for offrira donc un cadre sécurisé pour leurs accords d'élection de for en matière civile et commerciale.

---

[735] Il convient de noter que le 5 octobre 2017, le Monténégro a signé la Convention élection de for. L'état présent de la Convention élection de for est disponible sur le site de la Conférence de La Haye : https://www.hcch.net/fr/instruments/conventions/status-table/?cid=98. Il est important de relever qu'en vertu de l'article 21 de la Convention de 2005 sur les accords d'élection de for, l'Union européenne a fait une déclaration en vertu de laquelle certains contrats d'assurance sont exclus du champ d'application de la Convention.

[736] T. Hartley, M. Dogauchi, *op. cit.*, para. 1.

[737] A. Schultz, *op. cit.*, p. 4.

La textualité pénale : légalité pénale révolue. Regard critique sur le droit communautaire pénal de l'OHADA

Par

Grâce MUWAWA L.

A. Introduction

790. *« ... [N]e recevoir jamais aucune chose pour vraie que je ne la connusse évidemment être telle : C'est-à-dire (...) éviter soigneusement la précipitation et la prévention ; et (...) ne comprendre rien de plus en mes jugements que ce qui se présenterait si clairement et si distinctement à mon esprit que n'eusse occasion de le mettre en doute ; (...) ... conduire par ordre mes pensées en commençant par les objets les plus simples et les plus aisés à connaître pour monter, peu à peu, comme par degrés, jusqu'à la connaissance des plus composés, et supposant même de l'ordre entre ceux qui ne se précèdent point naturellement les uns des autres ».* René DESCARTES, « Discours sur la méthode » (1631).[738]

791. L'OHADA étant une organisation internationale d'intégration juridique, le but poursuivi par ses précurseurs lors de sa création était l'unification du droit par les moyens de l'uniformisation et de l'harmonisation des règles du droit des affaires en Afrique. Comme nous le constatons, l'organisation, dans les concepts de sa dénomination, désigne l'*harmonisation* comme but poursuivi,[739] alors que les instruments juridiques utilisés pour atteindre ladite harmonisation ne sont appelés *Actes harmonisés*, mais plutôt *Actes uniformes*. Cela pourrait prêter à confusion et conduire à des interprétations équivoques : *harmonisation* ou *uniformisation* ?

792. Par ailleurs, le sens vrai et intrinsèque du concept *harmonisation* est plutôt *unification* et ce pour la simple bonne raison que tous les Etats parties au Traité auront un seul droit applicable en

---

[738] Cité par P. Akele Adau, *Méthodes du droit pénal spécial*, Université de Kinshasa, Faculté de Droit, Département de Droit Pénal et Criminologie, Cycle doctoral, Année académique 2010-2011, p. 2, Inédit.

[739] OHADA : Organisation pour l'Harmonisation en Afrique du Droit des Affaire, et non « Organisation pour l'Harmonisation du Droit des Affaires en Afrique », cette dernière dénomination qui serait souhaitable parce qu'ordonnée.

principe. En d'autres termes, le droit des affaires appliqué en République Démocratique du Congo (RDC) sera le même appliqué au Mali, au Gabon, et ainsi de suite dans tous les Etats membres. Cependant, il pose des règles dont la portée et la dimension sont supranationales, supérieures aux normes législatives et règlementaires, voire constitutionnelles[740] des Etats parties. Cette supranationalité dite *normative*[741] se conçoit et s'analyse à deux niveaux absolument distincts : au premier niveau, il s'agit de la supranationalité normative des normes conventionnelles impératives du Traité, acte constitutif ; et au second niveau il s'agit de la supranationalité normative des normes conventionnelles impératives des actes dérivés, id est des Actes uniformes (AU) qui, sans aucun besoin de ratification préalable à l'entrée en vigueur, s'applique immédiatement dès leur adoption par le Conseil des Ministres et leur publication au Journal Officiel de l'OHADA, et ce avec tous les effets abrogatoires possibles. L'effectivité implacable et irréversible de cette supranationalité normative est la conséquence logique et immédiate de la supranationalité du Conseil des Ministres, les AU étant leur œuvre, c'est-à-dire l'œuvre d'un organe supranational ne peut renfermer qu'une portée supranationale.

793. Cela dit, il sera question de traiter dans le présent texte de l'unification imparfaite des règles de ce droit dit *des affaires en Afrique* (B) de la portée abrogatoire, l'applicabilité directe et les effets d'opposabilité *erga omnes* des AU (C).

B. Uniformisation imparfaite : le droit pénal des affaires

I. La loi pénale : condition d'existence de l'infraction

794. L'alinéa 2 de l'article 17 de la Constitution dispose que *nul ne peut être poursuivi, arrêté, détenu ou condamné qu'en vertu de la loi.* L'alinéa 3 de la même disposition poursuit en ces termes : *« Nul ne peut être poursuivi pour une action ou une omission qui ne constitue pas une infraction au moment où elle est commise et au moment des*

---

[740] La question de la supranationalité normative des Actes uniformes sur les dispositions constitutionnelles des Etats parties connait encore bien de controverses dans la doctrine. Elle demeure une théorie d'école faute de cas pratique et concret.

[741] Supranationalité normative parce qu'en cas de contrariété matérielle de deux normes communautaire et interne, la norme communautaire prime et prévaut, s'applique au malheur de la norme interne qui, expressément ou tacitement, tombe en caducité.

poursuites ». Et à son tour, enfin, l'alinéa 4 renchérit : *« Nul ne peut être condamné pour une action ou une omission qui ne constitue pas une infraction à la fois au moment où elle est commise et au moment de la condamnation ».* La symbiose utile des contenus de chacune de ces dispositions *super sacro-sainte* de la Constitution donne nativité au grand principe directeur et cardinal en droit pénal apprécié sous la formule latine *nullum crimen, nulla poena, nullum iudicium sine lege.*

795. En droit pénal, seule la loi, et seulement elle ne peut ériger un comportement en infraction, elle seule en déterminera la peine applicable, l'autorité judiciaire compétence pour la réprimer et la procédure des poursuites. Ce principe de la légalité criminelle est d'abord et avant tout un principe constitutionnel. Si dans la doctrine, les auteurs ne s'accordent pas encore sur celui à qui revient la paternité de la reformulation latine, en droit interne, le principe, lui, est d'ordre constitutionnel. Les Révolutionnaires français consacrent le principe dans la Déclaration des droits de l'homme et du citoyen de 1789 : *« La loi ne peut établir que les peines strictement et évidemment nécessaires et nul ne peut être puni qu'en vertu d'une loi établie et promulguée antérieurement au délit et légalement applicable. »*[742] Il est de meilleure politique criminelle que la loi avertisse avant de frapper (*lex moneat priusquam feriat*), afin que dans son comportement l'agent sache à quoi s'en tenir.[743] La loi pénale exerce ainsi une certaine influence sur la psychologie de l'agent qu'elle informe de l'interdit, et de la menace qui pèse sur lui en cas de transgression. Elle joue un rôle à la fois éducatif et préventif. Ce rôle sera d'autant mieux assuré que si, dans l'intérêt de la norme que de la valeur protégée du justiciable et du juge, la loi aura été claire, précise et sans ambigüité.[744] Le juge ne peut donc prononcer des peines si le texte n'en prévoit pas. Il n'appartient pas au juge, en raisonnant, par voie d'analogie, de suppléer au silence de la loi et de prononcer des peines en dehors des cas limitativement prévus par le législateur.[745] Il ne peut prononcer des peines par induction ou par présomption, ni même sur des motifs d'intérêt général ; il n'a

---

[742] Voir notamment Montesquieu, *De l'esprit des lois*, Liv. XI, Chap. VI, 1748 ; Beccaria, *Traité de droit et des peines,* Chap. III, 1764, cités par Nyabirungu mwene Songa, *Traité de droit pénal général congolais*, deuxième édition, Kinshasa, Editions Universitaires Africaines, Collection Droit et société, 2007, p. 51.

[743] Nyabirungu mwene Songa, *op. cit.,* p. 53.

[744] Nyabirungu mwene Songa, *op. cit.,* p. 53.

[745] Ibid.

d'attribution que pour appliquer les condamnations déterminées par la loi.[746]

796. Cependant, il a été admis par certains auteurs que la loi pénale constitue l'élément légal de l'infraction, tant pseudo soit-il. Certains autres entendent par *loi pénale*, le Code pénal. Nous analyserons ici en deux points, d'abord la loi pénale, comme constituant de l'infraction (a) et la loi pénale, tout texte pénal (b).

1. La loi pénale : constituant de l'infraction

797. Parmi les éléments dits « constitutifs » de l'infraction, certains y classent aussi la loi pénale, sous l'expression « pseudo élément constitutif de l'infraction ». En effet, qui dit pseudo dit faux, et si la loi pénale doit être considérée comme un faux élément, cela revient logiquement à dire qu'il y a des éléments plus vrais que ledit élément légal. On serait tenté d'en citer l'élément moral et l'élément matériel, et le syllogisme serait incorrect, voire vain et vide, et le raisonnement bâclé.

798. En effet, la loi pénale est celle sans laquelle il n'y a pas infraction. Elle est la source créatrice de toute infraction et « institutive » de toute peine. Cette dernière conception de la loi pénale est d'autant plus logique qu'elle est même le vrai sens et l'explication correcte du contenu du principe de la légalité criminelle. Elle est la base et la source fondamentale de tout le droit pénal. La loi pénale n'est pas une loi comme toutes les autres.[747] Par les interdits qu'elle pose et les obligations qu'elle prévoit, elle limite nécessairement le champ des libertés.[748]

799. Le fait que la jurisprudence ne soit pas une source du droit pénal,[749] la majorité d'auteurs s'accordent pour considérer qu'elle n'est en droit pénal qu'une autorité qui fournit des éléments d'appréciation pour interpréter les règles de droit, ou pour construire, dans le silence ou l'insuffisance de ces règles, la solution d'une difficulté. Le juge ne saurait punir un fait qui n'est pas prévu ni réprimé par la loi. Son premier devoir est donc de s'assurer qu'une qualification pénale est

---

[746] Ibid.

[747] F. Desportes et F. Gunehec, Dir. N. Molfessis, *Droit pénal général,* 16ème édition, Paris, Ed. Economica, Coll. Corpus, 2009, p. 63.

[748] Ibid.

[749] Si ce n'est qu'une source interprétative (...).

bien applicable aux faits qui lui sont soumis ou encore, selon la formule jurisprudentielle, de constater l'existence des circonstances exigées par la loi pure que tous les faits soient punissables.[750]

800. Quant aux limites au principe, Frederick DESPORTES et Francis le GUNEHEC écrivent que s'il interdit de réprimer des faits qui ne seraient pas prévus par la loi, le principe de la légalité n'impose aucunement de réprimer ceux qui seraient prévus par elle.[751] En particulier, il n'oblige pas les magistrats du parquet à engager des poursuites dès lors qu'ont été commis des faits constitutifs d'une infraction selon la loi. Au principe de la légalité des poursuites, qui fort logiquement prévalait dans le droit révolutionnaire, a succédé celui de l'opportunité des poursuites. De même, le principe de la légalité ne s'oppose pas à ce qu'une infraction soit poursuivie et jugée sous une qualification moins grave que celle résultant de la stricte application des dispositions légales. La correctionnalisation judiciaire est une atteinte aux règles de compétence juridictionnelle, mais non au principe de la légalité.[752] S'agissant des peines, le principe de la légalité interdit seulement au juge d'aggraver de quelque manière que ce soit la répression prévue par la loi, mais il ne lui impose pas de prononcer les peines légalement encourues. Le juge peut en diminuer le quantum, écarter certaines d'entre elles ou les assortir de diverses modalités prévues par la loi.[753]

a. Le corollaire pour le juge : le principe de l'interprétation stricte de la loi pénale

801. Selon une conception rigoriste – pour ne pas dire intégriste – du principe de la légalité, qui était défendue par Montesquieu et Beccaria, les juges devraient appliquer mécaniquement la loi pénale sans pouvoir l'interpréter.[754] Mais cette conception ne résiste pas à

---

[750] F. Desportes et F. Gunehec, *op. cit.*, p. 151.

[751] Ibid.

[752] Ibid.

[753] Idem, p. 153.

[754] Selon Beccaria, le pouvoir d'interpréter les lois pénales ne peut pas être confié (…) aux juges des affaires criminelles, pour la bonne raison qu'ils ne sont pas législateur (…). En présence de tout délit, le juge doit former un syllogisme parfait : la majeure doit être la loi générale, la mineure l'acte conforme ou non à la loi, la conclusion étant l'acquittement ou la condamnation. Si le juge fait, volontairement ou par contrainte, ne fût-ce que deux syllogismes au lieu d'un seul, c'est la porte ouverte à l'incertitude.

l'épreuve de la réalité. Les textes de loi n'ont pas la rigueur des théorèmes et un jugement n'est que démonstration mathématique. Tout d'abord, la rédaction suffisamment rigoureuse de certains textes rend leur interprétation difficile… même la définition légale la plus courante, la plus claire et la plus simple soulève inévitablement des interrogations. L'étude du principe de la légalité nous a permis de comprendre que seuls les faits préalablement définis comme infractionnels par la loi peuvent être punis. Il est donc essentiel que le juge sache quelle loi il devra appliquer. Il doit pouvoir l'interpréter. Interpréter la loi, c'est en chercher l'exacte signification et la véritable portée. On enseigne qu'une loi claire ne s'interprète pas, et une maxime latine apporte sa caution à ce point de vue *interpretatio cessat in claris.* En vérité, toute loi s'interprète. Certes, une loi claire et précise présentera peu de problèmes, mais toute loi doit être interprétée car il faut assurer le passage de la règle abstraite, qui définit l'infraction et établit la sanction, au cas concret à résoudre.[755] C'est l'interprétation qui donne naissance à la jurisprudence.

802. L'interprétation judiciaire est l'œuvre des cours et tribunaux. Elle est l'ensemble des décisions des cours et tribunaux, rendus dans le cadre de l'accomplissement de leur mission, et de l'exercice de leur fonction de dire le droit. Ainsi, les arrêts d'une cour ou les jugements d'un tribunal n'ont pas une force obligatoire, et ne s'imposent donc pas aux autres juridictions. Il en est de même des Arrêts de la CSJ rendus sur le fond d'une affaire s'explique par le fait qu'aucun juge sage et intelligent ne peut apporter de solution définitive à un litige sans se référer à ce qu'ont décidé d'autres juges antérieurement saisis des faits proches ou semblables. De même, les parties tirent argument des décisions judiciaires antérieures pour faire triompher leurs prétentions, et arracher au juge une décision favorable.[756]

803. Il existe trois méthodes d'interprétation, écrit le Professeur NYABIRUNGU :

- L'interprétation littérale, appelée aussi judaïque, traditionnelle ou restrictive. Elle veut que, pour découvrir le sens et la portée

[755] Voir notamment R. Legrosi, *Considérations sur les lacunes et l'interprétation en droit pénal,* RDPC, 1966, 967 p. ; P. Escande, « L'interprétation par le juge des règles écrites en matière pénale », RSC, 1978, 811 p. ; P.E Trousse, *L'interprétation des lois pénales,* RDPC, 1952-1953, 441 p., cités par Nyabirungu mwene Songa, op. cit. p. 63.
[756] Ibid.

de la loi, on se limite à ses termes. La lettre de la loi prédomine sur son esprit. C'est une interprétation très étroite qui écarte tout ce qui ne figure pas expressément dans le texte.[757] Dans l'interprétation littérale, on utilise abondamment tout l'arsenal des exégètes : syllogisme, raisonnement a contrario, a fortiori, etc. En cas de contradiction entre la volonté du législateur et le texte de la loin, celui-ci doit être préféré. En cas d'ambigüité ou d'obscurité du texte, le juge doit retenir l'hypothèse la plus favorable au prévenu.[758]

- L'interprétation téléologique : Cette méthode d'interprétation consiste à dégager le but de la loi, la volonté du législateur. Elle doit prédominer l'esprit sur la lettre de la loi. L'interprétation doit être déclarative de la volonté du législateur. Cette méthode est la seule actuellement admise.[759] Le juge doit toutefois y recourir sans se départir de la prudence inhérente à sa tâche.
- L'analogie : Elle consiste à atteindre l'application de la loi des cas qu'elle a expressément prévus, à d'autres cas qu'elle n'a pas prévus, mais qui présentent une ressemblance avec les cas prévus. En fait, cette définition rend compte de la forme d'analogie la plus courante, qu'on appelle aussi *analogie extra legem*, puisqu'il s'agit d'intégrer dans la loi un cas non prévu. L'analogie est rejetée en droit pénal. Toutefois, l'analogie *intra legem* peut être admise si elle va dans le sens de l'intérêt du prévenu. La jurisprudence belge, par exemple, a pu retenir l'état de nécessité, qui est une cause de justification, à partir de la notion de contrainte qui est expressément prévue par l'art. 71 du Code pénal belge.

---

[757] C'est cela qui explique la pensée des auteurs de l'époque : Nous citons à titre d'exemples : 1) MONTESQUIEU : Le juge est la bouche qui prononce les paroles de la loi ; 2) BECCARIA : Les juges des crimes ne peuvent avoir le droit d'interpréter les lois pénales pour la raison même qu'ils ne sont pas législateurs ; 3) PORTALIS : En matière criminelle où il n'y a qu'un texte formel et préexistant qui puisse fonder l'action du juge, il faut des lois précises et point de jurisprudence.

[758] *In dubio pro reo.*

[759] Voir Gaetan di Marino, *Le recours aux objectifs de la loi pénale dans son application*, in RSC, 1994, pp. 505-517, cité par Nyabirungu mwene Songa, *Op. cit.*, p. 74.

b. Le corollaire pour le législateur : l'obligation de rédiger des textes clairs et précis

804. Si l'obligation de rédiger des textes clairs et précis lie, en principe le législateur, qui peut être sanctionné pour l'avoir méconnue, la pratique législative révèle, hélas, que cette obligation est souvent négligée. Pour que ce principe de la légalité constitue une véritable garantie et que celui de l'interprétation stricte ne soit pas vidée de toute portée, il est indispensable que lala loi pénale soit rédigée en des termes clairs et précis. Le Conseil constitutionnel français a eu à plusieurs reprises l'occasion de l'affirmer. Selon la Haute juridiction, l'article 8 de la Déclaration des droits de l'homme et du citoyen en 1789 impose la nécessité pour le législateur de définir les infractions en forme suffisamment claire et précise pour exclure l'arbitraire. La Cour européenne de droits de l'homme manifeste la même préoccupation que le Conseil constitutionnel. Elle a, en effet, eu l'occasion de rappeler, en matière de procédure pénale, quels devraient être les caractères d'une loi préalable.[760]

805. Le principe de la légalité tel qu'il est formulé par l'article 17 de la Constitution, repris à l'article 1er du Code pénal, n'a pas uniquement pour objet de contenir dans des strictes limites le rôle du juge. Il tend également à déterminer la nature et le niveau des normes juridiques susceptibles de définir les infractions. Sous ce second aspect, les articles 122, 123 et 128 de la Constitution font un net distinguo entre le domaine de la loi et le domaine réglementaire. Ils donnent compétence exclusive à la loi, et dans son domaine de compétence au règlement, de régir le domaine des matières, notamment en droit pénale. D'où le point suivant, la loi pénale au sens large : la loi au sens matériel.

c. L'interprétation dans la Théorie pure du droit de Hans Kelsen

806. Dans la seconde édition de la Théorie pure du droit, sur un total de près de cinq cents pages, onze seulement sont consacrées à l'interprétation dans un titre VIII et dernier, sorte d'appendice final qui s'intègre, à vrai dire, assez mal au plan général de l'ouvrage et aux sept titres précédents nettement plus étoffés ; et ce thème ne sera, d'ailleurs, même pas repris dans aucun des soixante et un chapitre composant

---

[760] CEDH, 2 août 1984, Malore, série A, n° 82, Berger, n° 88.

l'ouvrage posthume *Théorie générale des normes.*[761] Cet aperçu « quantitatif » laisse déjà à penser que Kelsen est resté très à l'écart du « tournant interprétatif » de la pensée philosophique et juridique et qu'il n'a accordé qu'une attention rapide et très superficielle à l'interprétation, - comme si elle n'avait qu'une importance tout à fait secondaire dans la pratique du droit. Pour lui, l'interprétation n'est pas une démarche fondamentale et obligatoire pour passer des dires des autorités juridiques au sens qu'ils véhiculent, c'est-à-dire aux règles juridiques elles-mêmes ; il n'y a lieu à interprétation, à ses yeux, que parce que plusieurs sens sont susceptibles d'être prêtés aux énoncés de normes : « la nécessité d'une interprétation résulte précisément de ce que la norme à appliquer, ou le système de normes, laissent ouvertes plusieurs possibilités » (p. 459). L'interprétation serait ainsi, non pas une opération de déchiffrement du sens des dires juridiques, mais une simple opération de choix entre plusieurs sens se donnant à l'interprète dès avant toute interprétation.

807. De fait, Kelsen n'a guère approfondi la notion d'interprétation, les démarches effectuées par l'interprète et les problèmes qui se posent à lui ; il n'a consacré non plus aucun développement à la réglementation par le droit de sa propre interprétation (et pas seulement de sa création). De surcroît, les vues qu'il expose dans le titre VIII sont peu en harmonie avec les analyses exposées en amont de l'ouvrage. Il n'est pas inutile de souligner le syncrétisme même dont Kelsen fait preuve dans le maniement des concepts d'*interprétation* et de *sens* ou *signification.* C'est ainsi qu'au début de l'ouvrage, il présente les normes juridiques comme des « schémas d'interprétation » qui permettraient de donner un sens ou signification, non pas à des textes, mais à des actes humains : il confond par-là « sens » et « qualité », « interprétation » et « qualification ». Un sens spécifiquement juridique, leur signification de droit caractéristique, les faits en question les reçoivent de normes qui ont trait à eux ; ce sont ces normes qui leur confèrent une signification juridique, de telle sorte qu'ils peuvent être interprétés d'après elles. Ces normes remplissent la fonction de schémas d'interprétation ». Et Kelsen illustre son propos par quelques exemples : « Des hommes se réunissent dans une salle, ils prononcent des discours, les uns lèvent la main, les autres ne la lèvent pas, - voilà le processus extérieur. Juridiquement il signifie

[761] P. Amselek, *L'interprétation dans la théorie pure du droit de Hans KELSEN*, Université de Panthéon-Assas Paris II, pp. 1 à 3, inédit.

qu'une loi est votée, que du droit est créé … Autres exemples : un homme, revêtu d'une robe et assis sur un siège surélevé, prononce certaines paroles à l'adresse d'un homme placé devant lui. Selon le droit, ce processus extérieur signifie qu'il vient d'être rendu un jugement. Ou encore : un commerçant écrit à un autre commerçant une lettre d'un certain contenu, l'autre lui répond par une autre lettre : ils ont conclu un contrat. Ou enfin : un homme provoque, par telle ou telle action, la mort d'un autre homme ; traduction juridique : il a commis un meurtre ». Kelsen assimile ainsi à des opérations d'interprétation des opérations de qualification effectuées sur la base des normes juridiques et des concepts qu'elles articulent (dans le même ordre d'idées, il parle d'« auto-interprétation » à propos d'actes juridiques comportant leur propre qualification : « Testament », « Donation », etc.).

808. La pensée de Kelsen est d'autant plus confuse qu'après avoir ainsi indiqué qu'une norme donne un sens à des actes humains, il observe qu'elle est elle-même un sens, qu'elle est la signification d'un acte de volonté : une norme serait la « signification » qu'une autre norme donnerait à un acte de volonté. Tout cela est bien obscur et déconcertant. Que veut-il dire en réalité ? Pour lui, une norme est nécessairement une norme valable (c'est-à-dire édictée en vertu d'une autre et en conformité avec elle) et par là-même obligatoire, autrement elle serait inexistante ; car une norme qu'on n'est pas tenu de suivre n'est pas vraiment une norme ; la validité est « le mode d'existence spécifique des normes ». Une norme renvoie ainsi toujours à une autre qui sert de fondement à son édiction et à son caractère obligatoire... A partir de cette prémisse, Kelsen considère qu'un acte de volonté – entendons : un acte de commandement – n'a ainsi la signification d'une édiction de norme (valable et obligatoire) qu'en vertu d'une autre norme. Peu importe la signification subjective que lui donne son auteur, qu'il veuille subjectivement que son commandement soit obéi par ceux à qui il s'adresse : cet acte n'a la signification d'une édiction de norme valable, valable objectivement aux yeux de tous, « aux yeux des tiers désintéressés », et donc à laquelle les adressataires sont tenus d'obéir, qu'en vertu d'une autre norme elle-même valable, objectivement valable. C'est ce qui différencie l'ordre d'un voleur de grand chemin de celui d'un policier dans l'exercice de ses fonctions : on n'est pas tenu de se plier au premier parce qu'il n'y a pas de norme objectivement valable habilitant le voleur à donner cet ordre, et par conséquent cet acte de commandement n'a pas la signification objective d'une édiction de norme.

809. Sans entrer dans le détail des incohérences de cette analyse, on voit que Kelsen confond acte d'édiction de norme et norme : la norme n'est pas, à proprement parler, la « signification » de l'acte de commandement, mais le produit de cet acte ; simplement Kelsen veut dire – affirmation gratuite – que l'acte n'a la nature ou qualité d'un authentique acte d'édiction de norme que s'il est accompli régulièrement, en vertu d'une autre norme. On voit surtout que ce manque de rigueur atteste d'une réflexion peu élaborée en matière de « sens » et d' « interprétation », conduisant à la limite à un discours totalement abscons : « l'acte de volonté dont la norme est la signification, doit être distingué de l'acte de langage dans lequel s'exprime la signification de l'acte de volonté. Ce qui est parlé, ce sont des mots, c'est une proposition, un impératif ou une proposition normative. La norme, qui est la signification d'un acte de volonté, est le sens d'une proposition qui est elle-même le produit d'un acte de langage, par lequel est exprimée la signification de l'acte de volonté » (*Théorie générale des normes*, p. 217).

d. La loi pénale au sens large : la loi au sens matériel et fonctionnel

810. En RDC, la loi pénale trouve son siège principal dans le Code pénal. Celui-ci, qui est aujourd'hui porté par le Décret du 30 janvier 1940, a eu un début de formulation dans un texte législatif du 7 janvier 1886 de l'Etat indépendant du Congo et qui comportait 64 articles relatifs à la fois au Code pénal, au Code de procédure pénale et à celui de l'organisation et de la compétence judiciaire.[762]

811. Cependant, d'abord, il ne faut pas entendre par loi pénale, le Code pénal. L'expression *loi pénale* désigne toute loi contenant une ou plusieurs dispositions pénales, même si la matière régie par le texte de loi n'est pas forcément relative au droit pénal. Tel est par notamment le cas des articles 465 et suivants de la loi n° 87/010 du 1er août 1987 portant Code de la Famille qui prévoient et punissent *l'adultère*. C'est dire donc que pour l'infraction d'adultère, la loi pénale est sans nul doute le Code de la famille. En conclusion, il faut entendre par la loi pénale, toute loi au sens matériel et fonctionnel.

---

[762] Nyabirungu mwene Songa, *op. cit.*, p. 46.

812. Ensuite, l'expression loi pénale ne doit pas s'entendre ici dans son sens formel de texte voté et adopté au Parlement. Elle a un sens plus large et signifie en réalité *« la règle »* ou *« la norme » pénale*... si cette norme est essentiellement fixée par la loi au sens strict, elle peut également figurer dans des textes de nature réglementaire,[763] voire dans les textes des conventions internationales.[764] En dépit du caractère ambigu de l'expression, le choix du législateur peut s'expliquer à la fois par le poids de la tradition, la loi au sens formel ayant longtemps constitué la source unique du droit pénal, et sans doute également par la force expressive du mot *« loi »*, qui évoque les Tables brandies par Moise.[765]

813. Etant donné qu'outre la loi, la Constitution française prévoit le Règlement comme une des sources de la règle pénale (détermination des infractions et des peines), un auteur, en l'occurrence Claude LOMBOIS, propose de retenir non plus le principe de la légalité, mais plutôt de la textualité[766], c'est-à-dire seuls les textes peuvent créer des nouvelles incriminations et en déterminer les peines applicables. *Ce principe de la textualité exclut la possibilité pour toute source non écrite, telle la coutume*, comme nous renforcerons l'analyse et la critique plus loin, *d'être source créatrice des infractions et « institutive » des peines*. Ce principe de la textualité trouve également son explication en droit positif congolais où la Constitution du 18 février 2006 prévoit dans ses dispositions pertinentes des articles 164 et 165 les infractions politiques punissables lorsqu'elles sont commises par le Président de la République et le Premier Ministre dans ou à l'occasion de l'exercice de leurs fonctions et relevant de la compétence

---

763 Tenant compte de la répartition constitutionnelle des matières en domaines de la loi ou réglementaire, Cfr art. 122, 123 et 128.

764 Tel notamment le Traité de Rome du 17 juillet 1998 portant Statut de la Cour pénale internationale, entré en vigueur le 1er juillet 2002, instituant en 5, révisé par la Résolution du 11 juin 2010, quatre crimes internationaux de la compétence subsidiaire de la Cour : Le crime de génocide, antérieurement prévue par la Convention des Nations unies signée à Genève le 9 décembre 1948 relative à la prévention et la répression des crimes de génocide, les crimes contre l'humanité, les crimes de guerre et les derniers nés, les crimes d'agressions.

765 F. Desportes et F. Gunehec, Dir. N. Molfessis, op. cit., p. 63.

766 C. Lombois, *Droit pénal général,* cité par Nyabirungu mwene Songa, op. cit., p. 51.

matérielle et personnelle de la Cour constitutionnelle.[767] Elle (la Constitution) définit ces infractions politiques[768] et détermine la procédure de poursuite, et en cas de condamnation pénale par l'Arrêt de la Cour, la Constitution détermine les sanctions politiques.[769] Elle constitue alors *le droit pénal constitutionnel.*

814. En conclusion, nous épousons, dans sa totalité, la thèse développée par Claude LOMBOIS, et nous affirmons que, contre tout risque de nous exposer à la critique, le principe de la légalité en droit pénal, équivaut au principe de la textualité. Et donc par la *légalité* de l'infraction, de la peine et du droit judiciaire pénal, il faut entendre toute source écrite, tant constitutionnelle, légale que réglementaire autonome.

II. L'identité juridique de la coutume locale en droit pénal

815. Toute nouvelle vérité naît malgré l'évidence, disait Gaston BACHELARD. Tout est parti de l'Ordonnance de l'Administrateur général au Congo du 14 mai 1886 relative aux principes à suivre dans les décisions judiciaires qui, en son article 1er[770], érigeait les coutumes locales en source de droit auxquelles le juge congolais devait se référer afin de donner issue à une contestation à lui soumise par ses justiciables.

816. En premier lieu, pour la petite histoire, c'est à partir de l'Acte général de la Conférence de Berlin du 26 février 1885 qu'ont été jetées les bases de la naissance du Congo, aujourd'hui la République Démocratique du Congo.[771] Du fait de la conception patrimoniale du

---

[767] Article 164 de la Constitution : La Cour constitutionnelle est le juge pénal du Président de la République et du Premier ministre pour des infractions politiques de haute trahison, d'outrage au Parlement, d'atteinte à l'honneur ou à la probité ainsi que pour les délits d'initié et pour les autres infractions de droit commun commises dans l'exercice ou à l'occasion de l'exercice de leurs fonctions. Elle est également compétente pour juger leurs co-auteurs et complices.

[768] Article 165 de la Constitution.

[769] Article 167 de la Constitution : En cas de condamnation, le Président de la République et le Premier ministre sont déchus de leurs charges. La déchéance est prononcée par la Cour constitutionnelle.

[770] 14 mai 1886 – Ordonnance de l'Administrateur général au Congo, B.A., 1886, pp. 188 et 189. Art 1er : Quand la matière n'est pas prévue par un décret, un arrêté ou une ordonnance déjà promulgués, les contestations qui sont de la compétence des tribunaux du Congo seront jugées d'après les coutumes locales, les principes généraux du droit et l'équité.

[771] Idem, p. 184 : En effet, cet Acte a permis au Roi Léopold II de se proclamer Roi-Souverain et Chef d'Etat. Ainsi, l'Etat Indépendant du Congo était devenu sa propriété exclusive et la loi était l'expression de la volonté du Souverain.

pouvoir, l'Etat Indépendant du Congo (EIC) a été géré par voie de Décrets. Le Roi Léopold II détenait ainsi la plénitude du pouvoir et la maîtrise du Gouvernement.[772] Comme on peut le constater, le Roi agissait à l'époque par voie de Décret en toutes matières. C'est la doctrine qui, par la suite, a tenté de faire la distinction entre Décrets constitutionnels, Décrets législatifs et Décrets administratifs.[773] Ainsi, quand le Roi organisait l'Etat, il prenait des Décrets constitutionnels et des Décret législatifs. Mais quand il posait des actes concrets, ceux-ci étaient appelés Décrets administratifs.[774]

817. Dans l'EIC, il s'agit d'un régime de monarchie absolue. Pour les juristes, la monarchie absolue évoque le système de concentration ou de confusion des pouvoirs de l'Etat. Le Roi-Souverain est le détenteur absolu de tous les pouvoirs de l'Etat...[775] Cependant, bien qu'étant Roi du Congo, le Roi Léopold II n'a jamais pénétré le sol du territoire de ce qui est devenu le 30 juin 1960 la RDC. Pour des raisons d'ordre pratique et d'efficacité, compte tenu surtout de la distance qui sépare le siège effectif du Gouvernement central à Bruxelles, en Belgique, et celui du Gouvernement local à Boma, au Congo, le Roi-Souverain a délégué l'essentiel du pouvoir réglementaire de l'EIC aux principales autorités administratives notamment à l'Administrateur Général au Congo devenu Gouverneur Général du Congo en 1887. Ce dernier était ici le représentant du Roi-Souverain, Chef du Gouvernement local au Congo, résidant à Boma, Capital officielle de l'EIC, et législateur délégué de l'EIC. Il légiférait par voie d'Ordonnances qui, pour continuer de produire ses effets juridiques, devait être approuvées par Décret du Roi-Souverain, dans un délai maximum de six mois à dater de son entrée en vigueur. En revanche pour exercer son pouvoir réglementaire, il agissait ici par voie d'Arrêtés.[776] C'est dire donc que l'Ordonnance dont il est question ici est un acte législatif, et non pas un acte juridique administratif comme

---

[772] Idem, p. 185.

[773] Ibid.

[774] Ibid. : Il s'agit notamment du Décret du 27 février sur les sociétés commerciales et le Décret du 30 juillet 1888 portant Code des Obligations, sont des Décrets législatifs, encore en vigueur à ces jours.

[775] Idem, pp. 333-334.

[776] F. Vunduawe Te Pemako, *Traité de droit administratif*, Bruxelles, Larcier, 2007, pp. 332-339.

mode d'expression du Président de la République.[777] Elle a été approuvée par le Décret royal du 12 novembre 1886, et demeure en vigueur jusqu'à l'heure actuelle.

818. En second lieu, il sied de recadrer les concepts utilisés dans le texte dans leur contexte : il s'agit du concept *« contestations »* tel qu'utilisé par le législateur du 14 mai 1886. En effet, en droit, un concept trouve son sens le plus propre et le plus original suivant le contexte dans lequel il est utilisé. *Contestation* n'est nullement à confondre avec *infraction. Contestation* est interchangeable avec *contentieux*, avec *litige*. Il est employé, en droit judiciaire, lorsque la matière soumise au juge est appelée à être sanctionné par toute autre mesure que la condamnation pénale, et ce à l'issue d'une procédure juridictionnelle étatique ou privée. Tel est notamment le cas des sanctions civiles en déguerpissement, en destruction d'œuvres, en réparation d'un préjudice causé à autrui, ou même en annulation d'un acte administratif pour excès de pouvoir.

819. Cependant, dès lors que la matière n'est pas prévue, mieux, régie par un texte de loi, l'autorité juridictionnelle peut recourir à d'autres sources de droit notamment à celles prévues par l'Ordonnance de l'Administrateur général au Congo du 14 mai 1886, citant, en les déterminant, les sources supplétives du droit. La coutume locale est donc une source de droit en matière contentieuse et en matière gracieuse.

820. Par ailleurs, la vraie problématique est celle de savoir si les coutumes locales peuvent-elles constituer une source de droit en matière répressive, en d'autres termes, si les normes coutumières peuvent-elles inspirer le juge dans son rôle répressif.

821. Si la coutume doit être prise et comprise comme une source de droit en matière répressive, c'est dire que l'autorité coutumière,[778] le chef coutumier, peut créer des infractions, et par voie de conséquence déterminer les sanctions pénales y applicables, ce qui n'est pas correct,

---

[777] Elle n'est donc pas à confondre avec l'Ordonnance du Président de la République à l'heure actuelle comme son mode d'expression ; Article 79 alinéa 3 de la Constitution du 18 février 2006 : Il - le Président de la République - statue par voie d'ordonnance.

[778] Article 207 de la Constitution du 18 février 2006 : L'autorité coutumière est reconnue. Elle est dévolue conformément à la coutume locale, pour autant que celle-ci ne soit pas contraire à la Constitution, à la loi, à l'ordre public et aux bonnes mœurs.

cette théorie qui est illogique en droit, et inconstitutionnel, abstrus et entortillé.

822. Et donc, comme nous l'avions détaillé et relevé ci-haut, seule un texte de loi peut créer une infraction, en déterminer les éléments constitutifs, la procédure de poursuite et le juge compétent, et la sanction et les modalités d'exécution de ladite sanction. Le principe de la légalité criminelle écarte en conséquence toute autre autorité, tant jurisprudentielle que coutumière, dans l'érection de la norme pénale. La jurisprudence est, quant à elle, nous l'avions également soulevé ci-haut, d'après le Professeur AKELE ADAU, une source d'interprétation de la loi pénale,[779] et non une source créatrice des normes en droit pénal.

823. C'est pourquoi, tout acte illicite, même présentant toutes les caractéristiques d'une infraction n'en est pas une si ledit acte n'est pas expressément prévu et puni par la loi ; le juge ne se contentera donc qu'à prononcer une sanction civile en réparation intégrale de tout préjudice causé à autrui, le champ civil étant plus large et plus profond que le champ du droit pénal.

824. Un autre point pertinent et complexe : on nous posera, certes, la question de savoir la nature juridique des faits punissables en droit coutumier, tels que l'inceste, la sorcellerie… Ce ne sont pas des infractions tant que le droit écrit ne les reconnaît pas telles ; ce sont des transgressions coutumières punies conformément aux coutumes locales, et les autorités coutumières ne peuvent infliger à leurs auteurs aucune sanction contraire à la loi, à l'ordre public et aux bonnes mœurs. C'est dire qu'elles ne peuvent aucunement condamner les coupables au meurtre par le moyen de la sorcellerie à une peine d'amende, ni à une servitude pénale, ni encore à une peine de mort ; cela serait illégal.

825. Si la coutume doit être considérée comme une source de droit, l'ambigüité, l'amphigouri et l'amphibologie deviendraient pires car il se poserait un vrai problème de détermination des éléments constitutifs desdites infractions, vu qu'elle-même est non écrite, cristallisée dans l'*opinio juris* des membres de la communauté locale. C'est dire donc que chaque communauté locale a sa coutume, d'où il se poserait dès lors un autre grand problème, celui de la constance du droit pénal coutumier. A titre illustratif, qu'est-ce qui est infraction chez les

---

[779] P. Akele Adau & A. Sita Akele, Th. Ngoy Ilunga, *Droit pénal spécial*, Université Protestante au Congo, Faculté de Droit, Troisième graduat, Année académique 2003-2004, p. 19, inédit.

communautés Luba ? Qu'est-ce qui en est une chez les Swahili ? Qu'est-ce qui arriverait dès lors qu'un comportement constitue une infraction punissable chez les Pende et non chez les Yansi, alors qu'elle est commise par un membre Yansi sur une victime Pende ? Est-ce que les coutumes prévoient aussi les faits justificatifs, les circonstances atténuantes ou aggravantes, la grâce présidentielle ou la réhabilitation ?

826. Enfin, la coutume étant une source de droit en toute autre matière qu'en droit pénal, la Constitution du 18 février 2006 telle qu'accomplie dispose en son article 153 alinéa 4 que *les cours et tribunaux appliquent la coutume locale pour autant que celle-ci soit conforme à l'ordre public et aux bonnes mœurs.* Une explication mérite d'être donnée à ce niveau. Paul Valery écrivait, *les petits faits inexpliqués contiennent toujours de quoi renverser toutes les explications des grands faits ;* en effet, l'ordre public n'est ni une norme, ni une source de droit, comme nous l'avions évoqué tantôt. La loi organique n°13-011B du 11 avril 2013 portant organisation, fonctionnement et compétences des juridictions de l'ordre judiciaire dispose en son article 108 alinéa 1 que si une contestation doit être tranchée suivant la coutume, les Cours et tribunaux appliquent celle-ci pour autant qu'elle soit conforme aux lois, à l'ordre public et aux bonnes mœurs, et l'alinéa 2 rajoute qu'en cas d'absence de coutume ou lorsque celle-ci n'est pas conforme aux lois, à l'ordre public et aux bonnes mœurs, les Cours et tribunaux s'inspirent des principes généraux du droit. Une certaine opinion considère cette disposition de la loi organique comme étant inconstitutionnelle. Cependant, il sied de rappeler qu'une loi organique est préalablement soumise au contrôle de sa constitutionnalité car elle est telle par la volonté du constituant ; c'est la constitution qui fixe et organise son procédé d'élaboration, et c'est seule la Constitution qui confère à une loi le caractère de loi organique compte tenu notamment de la nature et de l'étendue même de ladite loi. Une loi est dite organique, lorsqu'elle vient en application soit de la Constitution soit d'une disposition de la Constitution. Et en République Démocratique du Congo, les juridictions ordinaires sont organisées par une loi organique, alors que les juridictions spécialisées sont créées et organisées par une loi ordinaire, et ce par la seule et pleine volonté du constituant. Les dispositions de l'article 118 de la loi organique n° 13-011B du 11 avril 2013 ne contiennent donc rien d'inconstitutionnel d'autant plus que ladite loi vient en application de la Constitution.

C. Le droit pénal communautaire de l'OHADA

827. L'article 5 du Traité de l'OHADA dispose que les actes pris pour l'adoption des règles communes prévues à l'art. 1er du Traité sont qualifiés actes uniformes. Les actes uniformes peuvent inclure des dispositions d'incrimination pénale. Les Etats parties s'engagent à déterminer les sanctions pénales encourues.

828. Les objectifs de l'OHADA devraient conduire à la construction d'un véritable droit uniforme pour tous les Etats membres.[780] Cependant, la nécessité d'adopter une démarche progressive et de prendre en considération certaines spécificités relatives au droit pénal conduira à ne pas effacer totalement les législations internes.[781] On a ainsi un concours entre le droit OHADA et les législations internes. Ce concours relativise l'uniformisation pénale du système OHADA à raison de nombreux écueils.[782]

829. Il y a lieu de relever un effort de délimitation du droit des affaires. L'objet du droit pénal de l'OHADA serait ainsi la prévision des incriminations qui encadrent les matières citées à l'article 2 du Traité. Or le droit pénal des affaires ne concerne pas seulement les sociétés commerciales. En réalité, le droit pénal des affaires est à la fois le droit pénal de l'activité économique et le droit pénal de l'activité commerciale ou individuelle.[783] Le législateur OHADA ne couvrant pas ce vaste et riche domaine, la latitude est laissée aux Etats de prévoir d'autres infractions. Ce qui ouvre la voie à une diversité des législations pénales au sein d'un espace qui se veut uniforme. Les difficultés d'uniformisation des législations pénales compromettent la finalité d'intégration juridique. Cette compromission est amplifiée par une existence séparée des constituants de l'infraction.

830. Une infraction se caractérise par l'existence cumulative d'une incrimination et d'une sanction. Dans cette veine, l'infraction est régulièrement constituée lorsque la sanction complète

---

[780] F. H-M. Moneboulou Minkada, « L'expression de la souveraineté des Etats membres de l'OHADA : une solution-problème à l'intégration juridique », *Revue de l'ERSUMA*, n° 3, 2013, version électronique, http:/revue.ersuma.org, p. 203.

[781] M. Virally, *Cours de droit international public*, RCADI, 1983, p. 124 ; M. Mahouve, « Le système pénal OHADA ou l'uniformisation à mi-chemin », *Penant*, n° 846, 2004, pp. 87-96, cité par H-M. Moneboulou Minkada, Article cité, p. 203.

[782] Ibid.

[783] Ibid.

l'incrimination.[784] A l'inverse de cette approche classique, le Traité de l'OHADA procède à une détermination des incriminations par les AU d'une part et à la détermination des sanctions pénales par les législations nationales d'autre part. Cette dissociation des incriminations avec les sanctions fragilise l'uniformisation en particulier et l'intégration juridique en général.

831. Le terme *incrimination* renvoie à une mesure de politique criminelle consistant pour l'autorité compétente à ériger un comportement déterminé en infraction, en déterminant les éléments constitutifs de celle-ci et la peine applicable. Cette conception de l'incrimination n'est pas partagée par le législateur OHADA, car ce dernier restreint l'incrimination aux éléments constitutifs de l'infraction, à l'exclusion des sanctions.

832. L'article 5 alinéa 2 du Traité attribue la détermination des incriminations au législateur communautaire et les sanctions aux Etats parties. Une telle approche est surprenante car la politique criminelle selon Marc ANCEL apparaît comme « une stratégie méthodique de réaction anticriminelle ; il est difficilement concevable de soumettre les deux éléments de sa structure que le phénomène criminel et la réponse de la politique criminelle à une logique différente »[785]. Le choix de cette dynamique iconoclaste a pour dérivés : la multiplication des législations et l'émergence des paradis pénaux.

833. L'harmonisation du droit des affaires en Afrique a pour but de mettre un terme aux fissures et dérives qui menacent le bloc homogène du droit des affaires légué par les anciennes puissances coloniales à la veille des indépendances et qui s'était par la suite décomposée en sous ensemble. Il est donc apparu nécessaire d'arrêter ce phénomène de dislocation des systèmes juridiques et concevoir une œuvre d'intégration débouchant sur l'unité du droit.[786] *A contrario*, le législateur OHADA a offert la latitude à chaque Etat partie de prévoir les sanctions des infractions définies dans un texte communautaire. Il

[784] R. Sockeng, *Droit pénal des affaires*, cité par H.-M. Moneboulou Minkada, op. cit., p. 204.

[785] F. Anoukaha et al., *OHADA. Sociétés commerciales et Groupements d'intérêt économique*, Ed. Bruylant-JURISCOPE, Coll. Droit uniforme africain, Bruxelles, 2002, p. 227.

[786] J. Issa-Sayegh et J. Lohoues-Oble, op. cit., p. 49.

faut relever que cette vision semble causer plus de problèmes qu'elle n'en résout.

834. En fait, l'Etat choisit selon ce que lui commande son propre système juridique, et surtout selon sa propre hiérarchie des normes, les voies pertinentes pour aboutir à une organisation efficace de la répression. Mais cela peut créer des distorsions importantes dans les sanctions encourues, si les Etats ne coordonnent pas leurs dispositions. Certains peuvent oublier de fixer les sanctions applicables aux différents délits prévus par les AU, alors que les autres[787] les auront définies. Certains peuvent avoir une appréciation plus rigoureuse des faits incriminés et les sanctionneront plus sévèrement que les autres.

835. L'attribution de la compétence répressive aux Etats en produisant des législations pénales multiples et variées, compromet l'objectif d'uniformisation ou d'unification du droit OHADA. Bien plus, on assiste à une exportation de la criminalité vers les paradis pénaux.

836. L'idée de paradis pénaux, encore appelé *pays refuge* ou *forum shopping*[788], souvent été avancée pour traduire la disparité entre les différentes législations et les conséquences qui en résultent, notamment les divergences de solutions auxquelles elles aboutissent. Ces divergences conduisent à retenir un comportement comme constituant une infraction grave en certains lieux, alors que le même comportement est considéré comme licite ou comme une infraction bénigne dans d'autres.

837. Pour que tous les délinquants d'affaires soient soumis aux mêmes sanctions pénales, il faut que tous les Etats adoptent les mêmes gammes de sanctions. Ce qui n'est l'hypothèse de l'article 5 alinéa 2 du Traité OHADA. On a en conséquence deux groupes de pays appliquant des textes différents.

838. Le premier groupe comporte les pays n'ayant pas encore transposé la législation communautaire dans leur droit interne. En effet, ces Etats n'ont pas encore légiféré sur les sanctions pénales devant accompagner les comportements incriminés dans le Traité OHADA. Il est ainsi difficile de parler d'infraction en raison de l'absence des

---

[787] La République du Cameroun, la République du Sénégal et la République Centre Africaine.

[788] M. Delmas Marty, *Droit pénal des affaires, partie générale : responsabilité, procédure, sanction,* 3ème Edition, PUF, Paris, 1990.

sanctions. En conséquence, si ces comportements incriminés dans le Traité OHADA sont commis dans ces Etats, il sera impossible de les poursuivre au titre d'infractions. Ces pays constituent donc des paradis pénaux car la perpétration des actes incriminés en droit OHADA ne peut être suivie de sanctions. Ce n'est pas le cas du deuxième groupe.

839. Le deuxième groupe est constitué de trois pays : le Cameroun[789], le Sénégal[790] et la RCA. Ils ont adopté des sanctions pénales internes pour compléter le droit communautaire. Toutefois, au lieu de l'harmonisation ou de l'uniformisation, ces pays ont procédé à la confirmation de leur droit pénal antérieur.

840. En bref, la multiplication des législations pénales et l'émergence des paradis pénaux illustrent bien la crise de l'uniformisation juridique au sein de l'OHADA en général. Cette analyse n'est pas à désolidariser avec la difficile délimitation du domaine du droit pénal OHADA.

D. Conclusion

841. Il est à constater qu'aucune disposition de la Constitution congolaise, tout comme la Constitution française, ne consacre expressément, ni ne reconnait l'existence d'un quelconque contrôle de constitutionnalité des actes dérivés du droit communautaire, les Actes uniformes. Les deux textes constitutionnels ne se limitent qu'à prévoir un contrôle de constitutionalité a priori aboutissant à une révision constitutionnelle a priori à la ratification du Traité en cas de contrariété matérielle des normes. Or, les AU ne sont pas des traités, ils échappent donc à ce contrôle de la compétence de la Cour constitutionnelle. Nous les avions qualifiés, les Actes uniformes, d'actes législatifs organiques communautaires. Qu'adviendrait-il, par exemple, dès lors qu'un AU, après son adoption régulière et sa publication au JO/OHADA, entrait en vigueur, et par ce fait, entrait en contradiction avec une norme constitutionnelle ? Certains seront tentés de demeurer dans un dogmatisme juridique anachronique faisant trébucher à un à-côté mortel, nous l'avions courageusement affirmé après un long chemin

---

[789] Loi n° 2003/008 du 10 juillet 2003 portant répression des infractions contenues dans certains AU/OHADA.

[790] Loi n° 98/22 du 26 mars 1998 portant sanctions pénales applicables aux infractions contenues dans l'AU relatif aux droits des sociétés commerciales et du groupement d'intérêt économique.

d'analyse, que la norme constitutionnelle cèdera et s'inclinera devant celle conventionnelle dérivée, ce qui marque la primauté de cette dernière norme dans la hiérarchie pyramidale des sources normatives du droit en droit interne.

842. Somme toute, dès leur entrée en vigueur en droit interne des Etats parties, et en application des dispositions des articles 9 et 10 du Traité de Port-Louis, il s'opèrera de droit une abrogation implicite permanente de toute disposition de droit interne antérieure et postérieure contraire dès lors que ne figure, dans le texte abrogatif, aucune disposition qui le veut ainsi, ou alors, une abrogation expresse dans le cas contraire.

Bibliographie

Abarchi, D., « La supranationalité de l'OHADA », *www.ohada.com*, OHADATA D-02-02,2000, pp. 1-30.

Abi-Saab, G., *The United Nations Operations in the Congo*, Oxford, Oxford University Press, 1978.

Akele Adau, P., « Etat de droit et droits de l'homme dans le contexte de la République démocratique du Congo », in Kalindye Byanjira, D., *Traité d'éducation aux droits de l'homme en République démocratique du Congo. Doctrine congolaise*, t. V, Kinshasa, Ed. de l'Institut africain des droits de l'homme et de la démocratie, 2004, pp. 15-28.

Akele Adau, Sita Akele, et Ngoy Ilunga, *Droit pénal spécial*, Kinshasa, Université Protestante au Congo, Faculté de Droit, 2003 -2004.

Aliprantis, N., « Les droits sociaux au-delà du niveau national : repérage et défis », in Aliprantis, N. (éd.), *Les droits sociaux dans les instruments européens et internationaux. Défis à l'échelle mondiale*, Bruxelles, Bruylant, 2006, pp. 3-11.

Alkoby, A., « Non-state actors and the legitimacy of international environmental law », *Non-State Actors and International Law*, vol.3 (1), 2003.

Amselek, P., *L'interprétation dans la théorie pure du droit de Hans KELSEN*, Université de Pantheon-Assas Paris II, pp. 1-13, inédit.

Amin S., « Paix, Sécurité Nationale et Régionale, et Développement : Quelques Réflexions à partir de l'expérience africaine », *Afrique et Développement*, Vol. XII, n° 4, 1987, pp. 5-25.

Anne- Marie et Hess-Fallon, *Droit du travail et de la sécurité sociale*, 13ème éd, Paris, Dalloz, 2001.

Anoukaha François et al., *OHADA. Sociétés commerciales et Groupements d'intérêt économique*, Ed. Bruylant-JURISCOPE, Coll. Droit uniforme africain, Bruxelles, 2002.

Antonmattei, P.-H., et Vivien, Ph., Chartes d'éthique, alerte professionnelle et droit du travail français : état des lieux et perspectives, rapport adressé à LARCHER, Gérard, Ministre délégué à l'emploi, au travail et à l'insertion professionnelle des jeunes, janvier 2007.

Arendt, Hannah, *La crise de la culture. Huit exercices de pensée politique* (traduit de l'anglais sous la direction de Patrick Lévy), Paris, 1972.

Artous, A., « Droit de travailler, droit au travail ? », in *Journal l'Humanité*, Article paru dans l'édition du 18 novembre 2003.

Arts, B. *The political influence of global NGOs. Case studies on the climate and biodiversity conventions*, Utrecht, International Books, 1998.

Atelier AMSEP Région Afrique, « Les SPE de l'Afrique et l'information sur le marché du travail », Hôtel Venus, Kinshasa, du 22 au 24 septembre 2010, Rapport général, Association mondiale des services publics d'emploi (AMSEP).

Aurey S. et Fuller D., *L'assurance-chômage aux Etats-Unis*, Unemployment across the US, 2014, p.11.

Auzero, G. et Dockes, E., *Droit du travail*, 28e éd. 2014, Paris, Dalloz, 2013.

Badie, B., *La diplomate et l'intrus*, Fayard, 2008.

Badie, B., *La diplomatie des droits de l'homme*, Paris, Fayard, 2002.

Badie, B., Smouts, M.-C., *Le retournement du monde. Sociologie de la scène internationale*, Presses de Sciences Po, Paris, Dalloz, 1999.

Bagayoko, N., « L'opération Artemis, un tournant pour la politique européenne de sécurité et de défense », *Afrique contemporaine,* n° 209, 2004, pp. 101-116.

Bakandeja wa Mpungu G., « La Cour de justice de l'Union africaine : un organe intégré pour la consolidation de l'Etat de droit et la promotion des droits humains », *Annales de la Faculté de Droit de l'Université de Kinshasa*, 2007, pp. 95-132.

Balanda Mikuin Leliel, *Les accords de paix en République démocratique du Congo*, Kinshasa, Editions Chèche, 2003.

Balde, H., « Le bilan de l'OUA dans le domaine du maintien de la paix et de la sécurité en Afrique », *http://*www.ridi.org: publication du Groupe d'Etude des questions de Paix et de Sécurité Internationales (G.E.P.S.I.), février 2003.

Balingene kahombo, *Africa within the Justice Système of the International Criminal Court : the need for a Reform,* KFG Working Paper Series, n° 2, May 2016.

Balingene Kahombo, *L'Afrique des grands lacs : la paix recherchée dans l'incohérence de l'action de la communauté internationale*, Saarbrücken, Editions universitaires européennes, 2015.

Balingene Kahombo et Wetsh'okonda Koso M., *Le pari du respect de la vérité des urnes en Afrique. Analyse des élections présidentielles et législatives du 28 novembre 2011 en République démocratique du Congo*, Bruxelles, 2014.

Balingene Kahombo, « Le Projet de création d'une juridiction pénale panafricaine », *Librairie africaine d'études Juridiques,* Volume 14, 2013, pp. 71-91.

Balingene Kahombo, « L'Union africaine et la République démocratique du Congo : l'état de relations en 2011 et leur prolongation en 2012 », in Ndeshyo Rurihose, O. (éd.), *Mélanges Célestin Nguya-Ndila. La République démocratique du Congo : les défis récurrents de décolonisation et de développement économique et social*, Kinshasa, Editions CEDESURK, 2012, pp. 1147-1177.

Balingene Kahombo, « La démocratisation dans l'ombre de crises et violences politiques en Afrique : rétrospective et prospective sur le rôle des opérations de maintien de la paix », in Ndeshyo Rurihose (éd.), *Mélanges Célestin Nguya-Ndila. La République démocratique du Congo : les défis récurrents de décolonisation et de développement économique et social*, Kinshasa, Editions CEDESURK, 2012, pp. 575-624.

Balingene Kahombo, « The Supreme Court of Justice as a Constitutional Court. Results in the first five years under the reign of the Congolese Constitution of 18th February 2006 », *African Law Study Library*, vol. 6, 2011, pp. 27-47.

Balingene Kahombo, *La politique africaine commune de défense et de sécurité : fondement et cadre de mise en œuvre du pouvoir d'intervention de l'Union africaine dans les Etats membres*, mémoire de DES/DEA en droit public, Université de Kinshasa, novembre 2011.

Banque Mondiale, *Explosion démographique en Afrique : moteur du décollage économique de la région*, Communiqué de presse, 22 octobre 2015.

Banyaku Luape Epotu, E., *Chronologie, monographie et documentation sur l'histoire politique du Congo des années 60 aux années 90*, Kinshasa, Ed. Compodor, 2000.

Banza Mbombo, L. et Hemedi Bayolo, C., *Conflits armés en R.D. Congo : violences sexuelles contre les femmes, crimes sans châtiment, 2001-2004*, Kinshasa, Ed. Concordia, 2004.

BARUCHEL, N., *La personnalité morale en droit privé. Eléments pour une théorie*, Bibliothèque de droit privé, Tome 410, LGDJ, 2004.

Bayreuther, F., « Gesetzliche Regelungen kollektiver Arbeitskonflikte in der Daseinsvorsorge », *Neue Zeitschrift für Arbeitsrecht*, 2013, pp. 704-708.

Bayreuther, Fr., « Tarif- und Arbeitskampfrecht in der Neuorientierung », *Neue Zeitschrift für Arbeitsrecht*, 2008, pp. 12-18.

Beffa, J.-L., *La France doit choisir*, Paris, 2012.

Benchikh, M. (éd.), *Les organisations internationales et les conflits armés*, Paris, L'Harmattan, 2002, 115.

Berg, P. et al., *Tarifvertragsgesetz und Arbeitskampfrecht – Kompaktkommentar*, 4ème éd. Frankfurt am Main, 2013.

Berleur, J. et al., *Gouvernance de la société de l'information*, Crid, Bruxelles, Bruylant, 2002.

Benalcázar, I. de, *Droit du travail et nouvelles technologies*, Paris, Gualino éditeur, 2003.

Berend, I., *Histoire économique de l'Europe du XXe siècle*, Bruxelles, De Boeck, 2008.

Bernier, J. (dir.), *Grèves et services essentiels*, Québec, 1994.

Bertrand, L., « Services essentiels et recours collectif : y a-t-il double emploi ? », *Revue du Barreau du Québec*, 2009, pp. 63-90.

Bétaille, J., « Accès à la justice », *Revue juridique de l'environnement*, 3/2001 (volume 36).

Beya Siku, « Démocratie en droit du travail », in Bakandeja Wa Mpungu, G. et *alii* (dir.), *Participation et responsabilité des acteurs dans un contexte d'émergence démocratique en République démocratique du Congo. Actes des journées scientifiques de la Faculté de Droit de l'Université de Kinshasa,* 18-19 juin 2007, Kinshasa, Presses de l'Université de Kinshasa, 2007, pp. 307-317.

Birk et al., *Gesetz zur Regelung kollektiver Arbeitskonflikte – Entwurf und Begründung*, Tübingen, 1988.

BIT, Dialogue social. Discussion récurrente en vertu de la déclaration de l'OIT sur la justice sociale pour une mondialisation équitable, Rapport VI de la Conférence internationale du Travail, 102e session, 2013.

BIT, *Rapports du Comité de la liberté syndicale. 351e rapport du Comité de la liberté syndicale*, Genève, novembre 2008.

BIT, *La liberté syndicale. Recueil de décisions et de principes du Comité de la liberté syndicale du Conseil d'administration du BIT*, 5ème éd., Genève, 2006.

BIT, *S'affranchir de la pauvreté par le travail,* Rapport du Directeur général à la 91ème session de la Conférence générale du travail, Genève, 1ère édition, 2003.

BIT, *Un travail décent*, Rapport du Directeur général à la Conférence internationale du travail, 87ème session, Genève, 1999.

BIT, *Emploi, revenus et égalité. Stratégie pour accroître l'emploi productif au Kenya*, Genève, Programme Mondial de l'Emploi – Bureau International du Travail, 1975.

Bitsch, Chr., « Streikrecht für Beamte? », *Zeitschrift für Tarifrecht*, 2012, pp. 78-85.

Biyoya Makutu, Ph., *Pari d'une transition apaisée en République démocratique du Congo*, Paris, L'Harmattan, 2008, 30.

Bodansky, D., "The legitimacy of international Governance: a coming challenge for international law? ", *American journal of international Law*, July 1999, Vol, 93, no 3.

Bokona Wipa Bonzaly, « La Mission de l'Organisation des Nations Unies au Congo (MONUC) : fondement et régime en droit international », *Annales de la Faculté de droit*, vol. XI-XXVII, 2004, pp. 263-267.

Bolle, P., « Inégalités et mondialisation financière : le rapport qui tombe à pic », in *Revue internationale du travail*, n° 4, Vol. 147, 2008, pp. 475-481.

Bossu, B. et al., *Droit du travail*, T. 1, Paris, L.G.D.J. – Montchrestien, 2008.

Boko, H. S., Un aperçu sur la décentralisation fiscale et les finances locales en Afrique francophones, Forum d'action pour la gouvernance locale en Afrique Francophone, avril 2008.

Braeckman, C., *L'enjeux congolais : l'Afrique centrale après Mobutu*, Paris, Fayard, 1999.

Brand, R. A., « Arbitration or Litigation? Choice of Forum After the 2005 Hague Convention on Choice of Court Agreements », University of Pittsburgh Legal Studies, Research Paper No. 2009-14. Available at SSRN: https://ssrn.com/abstract=1397646 or http://dx.doi.org/10.2139/ssrn.1397646.

Brousseau, E., « L'autorégulation des réseaux numériques : quelques réflexions d'économiste », in Berleur, J. et al., *Gouvernance de la société de l'information*, Bruxelles, Crid, Bruylant, 2002, pp. 127-132.

Buchner, H., « Der Bahnstreik – und welche Lehren daraus zu ziehen sind. Drei Anforderungen an das Arbeitskampfrecht », Betriebs-Berater, 2007, pp. 2520-2522.

Bula-Bula, S., « Mise hors-la-loi ou mise en quarantaine des gouvernements anticonstitutionnels par l'Union Africaine », *African Yearbook of International Law,* 2005, pp. 23-78.

Bula Bula, S., « L'Accord de Pretoria du 31 juillet 2002 et le Protocole de Luanda du 06 août 2002 relatifs au règlement du conflit armé contre la République démocratique du Congo », *Annales de la Faculté de droit*, vol. XI-XXVII, 2004, pp. 53-68.

Bula-Bula, S., « L'agression permanente en tant que mode de domination étrangère du Congo », in : *La guerre d'agression contre la République démocratique du Congo et l'interpellation du droit international, Actes des journées de réflexion du 5 au 6 octobre 1998*, Kinshasa, Presses universitaires de Kinshasa, 1999, pp 15-28.

Bureau de pays de l'OIT pour l'Afrique centrale, Programme pays pour un travail décent (PPTD) 2013-2016, Décembre 2012.

Busnel, M., et al., « L'emploi : un droit à faire vivre pour tous ». *Evaluer la situation des personnes handicapées au regard de l'emploi. Prévenir la désinsertion socio-professionnelle.* Rapport remis à M. Xavier Darcos, Ministre du travail, des relations sociales, de la famille, de la solidarité et de la ville et à Mme Nadine Morano, Secrétaire d'Etat chargée de la famille et de la solidarité, Décembre 2009.

CADICEC, *Code du travail annoté*, Editions CADICEC, Kinshasa, 2003.

Carbonnier, J., *Flexibilité et droit*, L.G.D.J., Paris, 1979.

Castel, R., *Les Métamorphoses de la question sociale*, Paris, Gallimard, 1995.

Cathelin, M., *La Côte d'Ivoire entre divisions internes et stratégies internationales*, ISSAnalysis, Institut d'études de sécurité de l'Union européenne, mars 2011.

CENI, *Les élections présidentielles et législatives du 28 novembre 2011 en République démocratique du Congo : défis, stratégies et résultats*, rapport d'évaluation interne, Kinshasa, 3 mars 2012.

Centre Carter, *République démocratique du Congo : résultats des élections législatives compromises, communiqué de la Mission d'observation électorale du Centre Carter*, 23 février 2013.

Centre Carter, *Elections présidentielle et législatives du 28 novembre 2011 : déclaration postélectorale de la compilation et annonce des résultats provisoires de l'élection présidentielle,* Mission d'observation internationale du Centre Carter en RDC, Kinshasa, 10 décembre 2011.

Centre Thucydide, *Doctrine du maintien de la paix des Nations Unies. Conditions de réussite des opérations de maintien de la paix*, Etude HCCEP n°2006/198, Rapport de synthèse, Séminaire du Centre Thucydide organisé pour la DAS, 9-10 février 2007.

Chaigneau, Y., « Les conditions et l'organisation du travail », in Ministèrede l'industrie, *Informatique, Travail et Emploi,* Actes du Colloque international informatique et société, Vol. II, Paris, La documentation française, 1980, pp. 10-21.

Chamot, C. « La participation des ONG au système de contrôle de la Convention de Berne », in Maljean-Dubois, *L'effectivité du droit européen de l'environnement. Contrôle de la mise en œuvre et sanction du non-respect*, Aix-Marseille, Centre d'Études et de Recherches Internationales et Communautaires, Université d'Aix-Marseille, 2000.

Champeaux, J. et Bret, Chr., *La Cyberentreprise. 10 clés pour une approche intégrale des Nouvelles Technologies de l'Information et de la Communication dans l'entreprise*, Paris, 2000.

Chauchard, J., *Droit de la sécurité sociale*, 3ème éd, Paris, L. G. D. J, 2001.

Chauvet, « Les nouveaux modes de contrôle de l'activité des salariés : bilan d'une enquête », in Agence de l'informatique, *Informatique et relations de travail,* actes des quatrièmes entretiens de Nanterre de droit de l'informatique, organisés le 31 janvier 1985 par l'Université de Paris X, Paris, éd. Economa, 1986, pp. 1-25.

Chole E. et Ibrahim J. (dir.), *Processus de démocratisation en Afrique. Problèmes et perspectives,* Dakar, CODESRIA, 1995.

Cihunda Hengelela, J., « Procédure devant la Cour Constitutionnelle », *Annuaire Congolais de Justice Constitutionnelle*, vol. 1, 2016, pp. 135-157.

Cihunda Hengelela, J., « La pensée de la renaissance de la République Démocratique du Congo dans l'œuvre du Professeur Célestin Nguya-Ndila Malengana », in Ndeshyo Rurihose, O. (dir.), *La République Démocratique du Congo : les défis récurrents de décolonisation, de l'Etat de droit et du développement économique et social. Mélanges Célestin Nguya-Ndila,* Kinshasa, Editions CEDESURK, 2012, pp. 51-94.

Cihunda Hengelela, J., *Règlement des conflits au sein de la Communauté de Développement de l'Afrique australe,* Mémoire de DES, Faculté de Droit, Université de Kinshasa, 2012.

Cihunda Hengelela, J., « Démocratisation de l'Afrique et panafricanisme au XXIème siècle », Communication scientifique aux premières journées de l'Afrique de la Faculté de Droit de l'Université de Kinshasa du 25 au 26 mai 2011.

Cihunda Hengelela, J., « Acteurs de la bonne gouvernance en RD Congo post-électorale », *Congo-Afrique* (Mars 2008) n° 423, pp. 203-216.

Cihunda Hengelela, J., « Darfour-Somalie : Union Africaine sur les traces de l'OUA ? », *Afrique d'Espérance*, n°2, mars-août 2007.

Cihunda Hengelela, J., *Sécurité régionale et règlement des conflits armés en Afrique. Contribution de la République Sud-Africaine postapartheid,* Mémoire de Licence, Faculté de Droit, Université de Kinshasa, 2004-2005.

Conférence au Sommet des Pays indépendants africains, Paris, Présence Africaine, 1964.

Conseil de sécurité, *Neuvième rapport du Secrétaire général sur la Mission de l'Organisation des Nations Unies en République démocratique du Congo*, Doc.ONU, S/2001/970, 16 octobre 2001.

Conseil de sécurité, *Rapport du Secrétaire général sur la Mission de l'Organisation des Nations Unies en République démocratique du Congo*, Doc.ONU, S/2000/30, 17 janvier 2000.

Conseil de sécurité, *Compte-rendu*, Doc.ONU, S/PV.4083, cinquante-quatrième année, 4083ème séance, New York, 16 décembre 1999.

Conseil de sécurité, *Rapport du Secrétaire général sur le déploiement préliminaire des Nations Unies en République démocratique du Congo*, Doc.ONU, S/1999/790, 15 juillet 1999.

Conseil des services essentiels, *Les services essentiels et l'exercice du droit de grève dans le réseau de la santé et des services sociaux*, Québec, 2009.

Cot, J-P., et Pellet, A., *La Charte des Nations unies. Commentaire article par article*, 3ème édition, Paris, Economica, 2005.

Coursier, P., *Travaux dirigés de droit de la sécurité sociale*, 3ème éd, Paris, Juris-classeur, 2003.

Coutu, M., « La Charte québécoise vue sous l'angle du droit du travail », *Revue québécoise de droit international*, 2015, pp. 183-197.

Coutu, M., « La liberté d'association – Quand la Cour suprême vient changer la donne », *Le Devoir*, 18.02.2015.

Coutu, M. et al., *Droit des rapports collectifs du travail au Québec*, vol. 2, 2ème éd., Cowansville, 2012.

CPVP, Recommandation n° 01/2006 du 29 nov. 2006 relative à la compatibilité des systèmes d'alerte interne professionnelle avec la loi du 8 déc. 1992 relative à la protection de la vie privée à l'égard des traitements de données à caractère personnel.

Crettiez, X. et Piazza, P., *Du papier à la biométrie. Identifier les individus*, Paris, Presses de la Fondation Nationale des Sciences Politiques, 2006.

CSI – Confédération Syndicale Internationale, *Travail forcé. Mini guide d'action*, ITUC CSI IGB, Novembre 2008.

Davagle, M., *Droit collectif du travail*, T. 1 – Le cadre institutionnel de la concertation sociale, Anthemis, Limal, 2011.

Debray, O. et al., *Le contrat de travail et la nouvelle économie,* Bruxelles, Editions du Jeune Barreau de Bruxelles, 2001.

Décaux, E., *Droit international public*, 7e éd., Paris, Dalloz, 2010.

Décaux, E., « Le dixième anniversaire des principes directeurs des institutions nationales des droits de l'homme, dits « *Principes de Paris* » », in *Droits fondamentaux*, n° 3, janvier - décembre 2003.

Déclaration du millénaire, Résolution adoptée par l'Assemblée générale des Nations-unies (8 septembre 2000).

Déclaration finale de la Conférence des Nations unies sur l'environnement" dans Rapport de la Conférence des Nations unies sur l'environnement, Doc off AG NU, 1972, Doc NU A/CONF.48/Rev.1 (Déclaration de Stockholm).

Deinert, O., « Folgen der Tarifpluralität für das Arbeitskampfrecht », *Recht der Arbeit*, 2011, pp. 12-23.

Dekossago Kpalawele, « De la grève comme manifestation des conflits collectifs du travail », *RCDTSS*, n° 04/1998, pp. 27-32.

Delorme, Fr. et Nadeau, G., « Un aperçu des lois de retour au travail adoptées au Québec entre 1964 et 2001 », *Relations industrielles*, 2002, 743-788.

Demba Dembélé M., *Samir Amin. Intellectuel organique au service de l'émancipation du Sud,* Dakar, CODESRIA, 2011.

Demoulin, M. et al., *Commerce électronique : de la théorie à la pratique*, cahier du CRID - n° 23, Bruxelles, Bruylant, 2003.

Desportes, Fr., et Gunehec, Fr., Molfessis, N., *Droit pénal général,* 16ème édition, Paris, Edition Economica, Coll. Corpus, 2009.

Diabate Tadjoudine, A., *La problématique des élections après un conflit et de la certification,* Communication présentée au séminaire de l'Organisation internationale de la Francophonie, New York (USA), 11 décembre 2008.

Dieng, A. A., « Nationalisme et panafricanisme », in Bah T. (dir.), *Intellectuels, nationalisme et idéal panafricain. Perspective historique*, Dakar, CODESRIA, 2005, pp. 57-68.

Diumi Shutsha, D., *Transaction et contrat de travail : une analyse comparative en droits congolais, français et belge*, Thèse de doctorat en droit, Université de St. Louis, 2013.

Domestici-Met, M.-J., « Le rôle du CICR dans la codification du droit humanitaire », in *La codification du droit international*, Colloque d'Aix en Provence, *Société française pour le droit international*, Pedone, 2001.

Dujardin S., *Le traité de l'Union africaine : de l'idéal panafricain à l'impératif d'unité,* Mémoire de DEA, Université de Paris I, 2000-2001.

Dulong de Rosnay, Mélanie et Le Crosnier, Hervé, *Propriété intellectuelle, géopolitique et mondialisation*, Paris, CNRS, 2013.

Dupuy, P.-M., *Droit international public*, Paris, Dalloz, 2006.

Dupuy, P.-M., « L'unité de l'ordre juridique international », *RCADI* 2002, vol. 297.

Edelman, Bernard, *La propriété littéraire et artistique*, Paris, PUF, 2008.

Ekoué Amaïzo, Y., *De la dépendance à l'interdépendance. Mondialisation et marginalisation : une chance pour l'Afrique ?*, Paris, L'Harmattan, 1998.

El Hacen Ould Lebatt M., « Rapport général de synthèse des travaux », in *Actes de la troisième réunion préparatoire au symposium de Bamako : les élections*, Paris, AIF, 2000, pp. 307-317.

Engels, A., *Verfassung und Arbeitskampfrecht – Verfassungsrechtliche Grenzen arbeitsgerichtlicher Arbeitskampfjudikatur*, Berlin, 2008.

Epiney, A., *Européanisation et mondialisation du droit : convergences et divergences*, in *Le droit saisi par la mondialisation,* collection de droit international, Bruxelles, Bruylant, 2001.

Fischer, U., « Der blinde Fleck in der Wesentlichkeitslehre des Bundesverfassungsgerichts beim Arbeitskampfrecht – Ein arbeitsrechtlicher Zwischenruf aus der Praxis Erfahrungen aus dem Bahnstreik 2007 », *Recht der Arbeit*, 2009, pp. 287-296.

Fischer, U., « Streikbegrenzung in der Daseinsvorsorge – contra », *Fachanwalt Arbeitsrecht*, 2012.

Fokam, P., *Et si l'Afrique se réveillait ?*, Paris, Maisonneuve & Larose, 2003.

Fontaine, L. L., *Le service minimum et les services essentiels. Etude française confrontée au droit québécois*, Thèse de doctorat, Université de Toulouse et Université de Montréal, 2004.

Fontaine, L. L., « Des services publics toujours essentiels au Québec ? », *Relations industrielles*, 2008, pp. 719-741.

Fontaine, M. (dir.), *Le processus de formation du contrat. Contributions comparatives et interdisciplinaires à l'harmonisation du droit européen*, Bruxelles-Paris, Bruylant-L.G.D.J., 2002.

Fontaine, L. L., « Les services essentiels : un facteur d'équilibre ou de déséquilibre dans le rapport de force opposant l'employeur à ses salariés ? », in : Bilodeau (dir.), *L'équilibre du rapport de forces dans la relation d'emploi : Plus qu'une illusion ?*, Québec, 2014, pp. 31-56.

Fontan, J. M., *L'employabilité,* Institut de formation en développement économique communautaire (IFDEC), Montréal, 1990.

Franzen, M., Thüsing, G. et Waldhoff, C., *Arbeitskampf in der Daseinsvorsorge. Vorschläge zur gesetzlichen Regelung von Streik und Aussperrung in Unternehmen der Daseinsvorsorge*, Munich, Ed. Beck, 2012.

Freyssinet, J., « Plein emploi, droit au travail, emploi convenable », in *Revue de l'IRES,* n° 34, 2000/3, pp. 28-58.

Fuentez Véliz, J.-A., « L'évolution du rôle des organisations non-gouvernementales dans le droit de l'environnement », in *Revue Européenne de Droit de l'Environnement*, n°4, 2007.

Gamillscheg, Fr., *Kollektives Arbeitsrecht – Ein Lehrbuch*, tome I, Munich, 1997.

Garric, A., Le Hir, P., « Climat : 22 mots pour comprendre la COP22 », *Le monde* (en ligne), lundi 14 novembre 2016.

Gautier, P., « *ONG et personnalité internationale : à propos de l'accord conclu le 29 novembre 1996 entre la Suisse et la fédération internationale des sociétés de la Croix-Rouge et du Croissant-Rouge* », Bruxelles, *RBDI* 1997(1), Bruylant.

Ghai, D., « Travail décent : concept et indicateurs », in *Revue internationale du travail*, n° 2, Vol. 142, 2003, pp. 121-157.

Gilson, St. et al., *Secret et loyauté dans la relation de travail*, Waterloo, Kluwer, 2012.

Girod, R., et De Laubier, P., *La politique sociale dans les pays occidentaux 1945-1980*, Lausanne, Ed. Réalités sociales, 1982.

Goma-Thethet, J.E., « Cheik Anta Diop et l'avenir de l'Afrique. Une relecture des fondements économiques et culturels de l'Etat fédéral d'Afrique noire », in Bah T. (dir.), *Intellectuels, nationalisme et idéal panafricain. Perspective historique,* Dakar, CODESRIA, 2005, pp. 115-128.

Gonidec, P.F., *Cours de droit du travail africain et malgache,* Paris, LGDJ, 1966.

Gooren, P., « Das Ende des Beamtenstreikverbots », *Zeitschrift für Beamtenrecht*, 2011, pp. 400-406.

Gotz, W. et Mack, J., *Création d'un observatoire national des drogues : manuel conjoint*, Lisbonne, Observatoire européen des drogues et des toxicomanies, 2010.

Gounelle, M., « La démocratisation, politique publique internationale », in *Mélanges Hubert Thierry*, Paris, Pedone, 1998, pp. 201-213.

Greiner, St., « EMRK, Beamtenstreik und Daseinsvorsorge – oder: Was der öffentliche Dienst vom kirchlichen Arbeitsrecht lernen kann », *Die Öffentliche Verwaltung*, 2013, pp. 623-630.

Groupe de l'article 29, Avis 1/2006 du 1er févr. 2006 relatif à l'application des règles de l'UE en matière de protection des données aux mécanismes internes de dénonciation des dysfonctionnements dans les domaines de la comptabilité, des contrôles comptables internes, de l'audit, de la lutte contre la corruption et la criminalité bancaire et financière.

Guématcha, E., « La justiciabilité des droits sociaux en Afrique : l'exemple de la Commission africaine des droits de l'Homme et des peuples », *La Revue des Droits de l'Homme*, juin 2012, http://revdh.files.wordpress.com/2012/06/la-justiciabilitc3a9-des-droits-sociaux-en-afrique.pdf.

Guillet, N., « Le trompe-l'œil juridique de la loi du 12 mars 2012 (*sic*) relative à l'organisation du service et à l'information des passagers dans les entreprises de transport aérien de passagers », *Droit social*, 2012, pp. 697-707.

Guillet, S., *Nous, les peuples des Nations unies. L'action des ONG au sein du système de protection internationale des droits de l'homme*, Paris, Montchrestien, 1995.

Hamacher, in Moll, W. (dir.), *Münchener Anwalts-Handbuch Arbeitsrecht*, 3ème éd., München 2012.

Hannum, H., "The UDHR in National and International, Health and Human Rights", *International journal*, vol. 3, n° 2, 1998.

Harel, Xavier, *Afrique pillage à huis clos, comment une poignée d'initiés siphonne le pétrole africain,* Paris, Fayard, 2008.

Hartley, T., Dogauchi, M., Rapport explicatif de la Convention Election de for, *in* Conférence de La Haye (édit.), Actes et Documents de la Vingtième session, Tome III.

Haut-commissariat des Nations-Unies aux droits de l'homme, *Institutions nationales pour les droits de l'homme. Historique, principes, fonctions et attributions*, Série sur la formation professionnelle, n° 4, Nations-Unies, New York et Genève, 2010.

Heidegger, M., *Etre et Temps* (traduit de l'allemand par François Vezin), Paris, Gallimard, 1986.

Heinze, M., « Gesetzliche und vertragliche Arbeitskampfordnung – Flüchtige Gedanken zu einem leider ohnehin nur theoretischen Fragenkreis », in *Festschrift für Karl Molitor*, Munich, 1988, pp. 159-180.

Hemedi Bayolo, Ch. (éd.), L*'Eglise profanée : chronique des violations des droits du clergé pendant la guerre d'agression 1998-2000*, Kinshasa, Ed. Concordia, 2002.

Hensche, in Däubler, W. (dir.), *Arbeitskampfrecht – Handbuch für die Rechtspraxis*, 3ème éd., Baden-Baden, Ed. Nomos, 2011.

Hromadka, W., « Wiederherstellung der Tarifeinheit – Die Quadratur des Dreiecks – Koalitionsfreiheit im Spannungsfeld der Interessen von Unternehmern, Arbeitnehmern und Funktionsgruppen », *Neue Zeitschrift für Arbeitsrecht*, 2014, pp. 1105-1111.

Hufen, Fr., « Gesetzliche Tarifeinheit und Streiks im Bereich der öffentlichen Infrastruktur – Der verfassungsrechtliche Rahmen », *Neue Zeitschrift für Arbeitsrecht*, 2014, pp. 1237-1240.

Hugon, Ph., *L'économie de l'Afrique*, Paris, La découverte, 2006.

Human Rights Watch, *Ituri : «couvert de sang». Violence ciblée sur certaines ethnies dans le Nord-Est de la RDC*, juillet 2003.

Human Rights Watch, *Crime de guerre à Kisangani : la réaction des rebelles soutenus par le Rwanda à la mutinerie de mai 2002*, août 2002.

Ilardi, A., *Propriété intellectuelle. Principes et dimension internationale*, Paris, L'Harmattan, 2005.

Isaac, H. et al., « Surcharge informationnelle, urgence et TIC. L'effet temporel des technologies de l'information », in Revue Management & avenir12 (2007), pp.153-172.

Issa-Sayegh, J. et Lohoues-Oble, J., *OHADA-Harmonisation du droit des affaires*, Bruxelles, Edition Bruylant-Juriscope, 2002.

Jacobs, M., « Das neue Arbeitskampfrecht des Bundesarbeitsgerichts – Kritische Überlegungen zur Akzentuierung der Kampfmittelfreiheit und zur Entwertung des Verhältnismäßigkeitsgrundsatzes in der neuen

Rechtsprechung des Ersten Senats », *Zeitschrift für Arbeitsrecht*, 2011, pp. 71-94.

Jaureguiberry, Fr., « Déconnexion volontaire aux technologies de l'information et de la communication », Hal – 00925309, version 1-7, 7 janv. 2014, 9.

Junker, A., *Grundkurs Arbeitsrecht*, 16ème éd., Munich, 2017.

Kabambi Ntanda, J.V., *Le service public de l'emploi (S.P.E) et l'information sur le marché du travail*, Kinshasa, 2010, publié en ligne, www.wapes.org/infos/file/attachfiles/pdf/2010-120-FR.pdf.

Kabungulu-Ngoy Kangoy, H., « Le mandat de la MONUC et l'application de l'Accord de Lusaka (9 avril 1999-15 juillet 2000) », *Congo-Afrique,* n° 349, novembre 2000, pp. 9.

Kalay Kisala, P., *Le droit congolais du travail à l'épreuve de la déclaration de l'OIT relative aux principes et droits fondamentaux au travail*, thèse de doctorat, Université de Bordeaux, 2016.

Kalonji N'talaja, « Code du travail, croissance et équité en République démocratique du Congo : cercle vertueux ou cercle vicieux ? », in *Les entreprises face aux problèmes posés par le Code du travail*, Bulletin du CADICEC, n° 81-82, Kinshasa, 2000, pp. 61-78.

Kapinga K. Nkashama, Symphorien, « Cour constitutionnelle et contrôle de constitutionalité en République Démocratique du Congo », *Annuaire Congolais de Justice Constitutionnelle*, Vol. 1, 2016, pp. 3-28.

Karaosmanoglu, A. L., *Les actions militaires coercitives et non coercitives des Nations Unies*, Genève, Lib. Droz, 1970.

Kazadi Mpiana, J., « L'élection présidentielle du 28 novembre 2011 en RDC. Pour une interprétation alternative des résultats électoraux », http://www.la-constitution-en-afrique.org/ (consulté le 24 janvier 2012).

Kazadi Mpiana, J., *La position du droit international dans l'ordre juridique congolais et l'application de ses normes*, thèse en ligne, Sapienza Università Di Roma, 2011-2012.

Kern, M. et Sottas, C., « Liberté des travailleurs : l'abolition du travail forcé ou obligatoire », in BIT, *Droits fondamentaux au travail et normes internationales du travail,* Genève, BIT, 2004, pp. 35-58.

Kessler, F., *Droit de la protection sociale*, Paris, Montchrestien, 2002.

Kifwabala Tekilazaya, Fataki Wa Luhindi et Wetsh'okonda Koso, *République Démocratique du Congo, le secteur de la justice et l'Etat de droit : un Etat de droit en pointillé : essai d'évaluation des efforts en vue de l'instauration de l'Etat de droit et perspectives d'avenir*, Johannesburg, 2013.

Kingsley, J.P., « Surveillance d'élections : développement de la démocratie ou tourisme électorale ? », », in Vettovaglia, J.P. et al. (éd.), *Démocratie et élections dans l'espace francophone*, Bruxelles, Bruylant, 2010, pp. 193-208.

Kingsley, J.P. et Tremblay, M., « Rapport général introductif et bibliographie sélective », in : Actes de la troisième réunion préparatoire au symposium de Bamako, Paris, AIF, 2000, pp. 147-165.

Kirongozi Ichalanga, « Le nouveau partenariat économique ACP-UE : échec d'une coopération colonialiste », *Annales de la Faculté de droit de l'Université de Kinshasa*, 2007, pp. 325-354.

Kiss, A. et Beurier, J.-P., *Droit international de l'environnement*, Pedone, 2004.

Kiss A., « L'irréductible présence de l'environnement », in Ricciardelli M., Urban S., et Nanopoulos K., *Mondialisation et société multiculturelles. L'incertain du futur*, PUF, 2000.

Kiss, A.-C., « Les traités cadres : une technique juridique caractéristique du droit international de l'environnement », *AFD*I, 1993.

Kissel, Otto R., *Arbeitskampfrecht – Ein Leitfaden*, Munich, 2002.

Kolbe, S., « Kindergartenstreik und Konsequenzen », Betriebs-Berater, 2009, pp. 1414-1416.

Konzen, Horst, « Kampfmittelfreiheit und Flash mob-Aktionen », in *Festschrift für Dieter Reuter*, Berlin/New York 2010, pp. 603-625.

Konzen, H. et Schliemann, H., « Der Regierungsentwurf des Tarifeinheitsgesetzes », *Recht der Arbeit*, 2015, pp. 1-16.

Kokoroko, D., « La portée de l'observation internationale des élections », in Vettovaglia, J.P. et al. (éd.), *Démocratie et élections dans l'espace francophone*, Bruxelles, Bruylant, 2010, pp. 755-765.

Kokoroko, D., « Les élections disputées : réussites et échecs », *Pouvoirs*, n° 129, 2009, pp. 115-125.

Kumbu ki Ngimbi, J.-M., *Droit social*, 3ème éd., Kinshasa, 2015.

Kumbu ki Ngimbi, J.M., *Droit du travail*, Kinshasa, Galimage, 2014.

Kumbu ki Ngimbi, J.-M. et Kimvuidi Vela, G., « Le règlement juridictionnel du conflit du travail : entrave au droit fondamental de la grève », *Cahiers Africains des Droits de l'Homme et de la Démocratie*, n° 40/2013, pp. 11-33.

KUMBU ki NGIMBI, J.-M., Cadre légal de la décentralisation en République Démocratique du Congo, in : Konrad Adenauer Stiftung (éd.), Le processus de décentralisation en République Démocratique du Congo, Kinshasa, 2009.

Kursawe, St. et Pirpamer, B., « Notdienste bei Streiks – Einseitige Anordnung durch den Arbeitgeber? », Arbeit und Arbeitsrecht, 2014, pp. 276-278.

Jolivet, S., « Convention d'Aarhus », *Revue juridique de l'environnement*, 2/2015 (volume 40).

Jouzel, J., « Apports et limites de la COP », Etudes, avril 2016.

L'Internationale Socialiste des Femmes, Les femmes et la globalisation de l'économie mondiale, Réunion du Bureau, Rome, Italie, les 18 et 19 janvier 1997, Résolution.

Labana Lasay'abar, J. B., « Négociations politiques et processus de paix en RDC », in : Mabiala Mantumba Ngoma, P., Hanf, T. et Schlee, B. (éd.), *La République démocratique du Congo : une démocratie au bout du fusil*, Kinshasa, Publications de la Fondation Konrad Adenauer, 2006.

Lacroix, A. et al., « Les transformations sociales et la théorie normative du droit », R.D.U.S., 33, (2002-03), https://www.usherbrooke.ca, 14.02.2017).

Lafranchi, Majean-Dubois, « Le contrôle juridictionnel sur le plan international. Le contrôle du juge international, un jeu d'ombres et des lumières », in Maljean-Dubois, S., *L'effectivité du droit européen de l'environnement. Contrôle de la mise en œuvre et sanction du non-respect*. Aix-Marseille, Centre d'Etudes et de Recherche Internationales et Communautaires. Université d'Aix-Marseille, 2000.

Langlois, P., *Droit du travail*, éd. Sirey, Paris, 1987.

Lasserre, René, « La cogestion allemande à l'épreuve de la globalisation », *Regards sur l'économie allemande* 72/2005, pp. 7-16.

Latil, A., *Création et droits fondamentaux*, Paris, LGDJ, Lextenso édition, 2014.

Le Cam, Morgane, « Démographie africaine : bons comptes feront des bons pays », *Le Monde Afrique*, juillet 2016.

Le Crom, J. P., « La liberté du travail en droit français. Essai sur l'évolution d'une notion à usages multiples », in *Diritto romano attuale,* vol. 15, 2006, pp. 139-162.

Le May, D., *Une grille d'analyse pour le droit du Québec*, 4ème éd., Montréal, 2009.

Lebel Doan, Desforges Domitille, « Les ONG de défense de l'environnement », *Regards croisés sur l'économie*, 2/2009 (n° 6).

Leclercq, C., *L'ONU et l'affaire du Congo*, Paris, Payot, 1964.

Lefebvre, F., *Social : droit du travail et la sécurité sociale*, Memento, Paris, 2004.

Leridon, H., « L'Afrique, énigme démographique », *Le monde diplomatique*, novembre 2015, in : http://www.monde-diplomatique.fr/2015/11/LERIDON/54200.

Leisner, W., « Der Streik im öffentlichen Dienst – Gefahr für Demokratie, Gewerkschaften und Streikrecht », *Neue Juristische Wochenschrift*, 2006, pp. 1488-1490.

Lemesle, R., *Le droit du travail en Afrique francophone*, Paris, Edicef, 1989.

Lemieux, M., « La médiation et le règlement des conflits dans les services essentiels au Québec », *Relations industrielles*, 1996, pp. 333-356.

Liffran, E., « Les coups d'Etat militaires en Afrique de l'Ouest », in Dufourcq, J. (éd.), *Les défis stratégiques africains : exploration des racines de la conflictualité*, Paris, Les cahiers de l'IRSEM, 2010, pp. 55-63.

Lihau Ebua Libana La Molengo, *Institutions politiques et droit constitutionnel*, Kinshasa, UNAZA, Faculté de Droit, 1974-1975.

Linsenmaier, « Art. 9 GG », in von Rudi Müller-Glöge, Ulrich Preis et Ingrid Schmidt (dir.), *Erfurter Kommentar zum Arbeitsrecht*, 17ème éd., Munich, Ed. Beck, 2017.

London, C., « Le Protocole de Kyoto : innovations sur le plan du droit international en général et du droit international de l'environnement en particulier », in Petit Y., Le Protocole de Kyoto : mise en œuvre et implications, Presse Universitaire de Strasbourg, Strasbourg, 2002.

Lörcher, Kl., « Deutschland und die Europäische Sozialcharta – Anmerkungen zu Conclusions XIX-3 (2010) des EASR », *Arbeit und Recht*, 2011, pp. 107-115.

Lorite Escorihuela, A., Le Comité international de la Croix-Rouge comme organisation sui generis ? Remarques sur la personnalité juridique internationale du CICR, RGDIP 2001/3.

Lukoki Mavoka, *De l'Etat indépendant du Congo à la République du Zaïre. L'économie zaïroise aux prises avec les structures coloniales et traditionnelles*, Kisantu, 1984.

Luntumbue, M., *L'implication de la communauté internationale dans les processus électoraux en Côte d'Ivoire et RDC : une analyse comparée*, Note d'analyse, GRIP, 3 août 2012.

Lyon-Caen, Gérard, *Les salaires, traité de droit du travail*, Dalloz, Paris, 1967.

Mabi Mulumba, E. et Muya, C., Décentralisation, gestion des finances publiques et problématique de la fiscalité », in Décentralisation et espace de pouvoir, musée royal de l'Afrique central, Leuven, 2014.

Mabi Mulumba, E, Décentralisation et problématique de la fiscalité, Congo Afrique n° 432, février 2009.

Mabiala Mantuba, P., Le processus actuel de la décentralisation en RDC : Enjeux et défis, in : Konrad Adenauer Stiftung (éd.), Le processus de décentralisation en République Démocratique du Congo, Kinshasa, 2009.

Mabiala Umba di K.B., L., *Taxe sur la valeur ajoutée (T.V.A.), cédularité et réformes fiscales dans les Etats d'Afrique noire*, Kinshasa, Ed. CRIGED-ISC, 2003.

Maesschalck, M. et Dedeurwaerdere, T., « Autorégulation, éthique procédurale et gouvernance de la société de l'information », Les carnets du centre de philosophie du droit, Carnet n° 91, 2002.

Makabu ma Nkenda, Th. et al., *L'emploi, le chômage et les conditions d'activité en République démocratique du Congo : principaux résultats de la phase 1 de l'Enquête 1-2-3 2004-2005*, Document de travail DT/2007-14, Paris, DIAL, 2007.

Maljean Dubois, S. et WEMAËRE, M., *La diplomatie climatique- Les enjeux d'un régime international du climat*, Paris, A. Pedone, 2010.

Maljean-Dubois, S., « La 'gouvernance internationale des questions environnementales ». Les ONG dans le fonctionnement structurel des conventions internationales de protection de l'environnement », in Boisson de Chazournes, L. et Mehdi, R. (dir.), *Une société internationale en mutation : quels acteurs pour une nouvelle gouvernance*, Bruxelles, Bruylant, 2005.

Maljean-Dubois, S., « Le recours à l'outil économique : un habit neuf pour les politiques environnementales ? », in Maljean-Dubois, S. (dir.),

L'outil économique en droit international de l'environnement, Paris, CERIC/La Documentation française, 2002.

Mampuya Kanunk'a Tshiabo, A., *Le conflit armé au Congo-Zaïre : ses circonstances et sa gestion sous l'angle du droit des Nations Unies*, Nancy, AMAED, 2001.

Mampuya Kanunk'a Tshiabo, A., *Désuétude du système de sécurité collective*, Kinshasa, PUZ, 1986.

Mampuya Kanunk'a Tshiabo, A., *La coercition économique dans la pratique contemporaine de la sécurité collective*, Thèse de doctorat en droit, Université de Nancy II, 1972.

Manzanza Lumingu, Y.-J., Les manifestations de l'effet Matthieu dans le régime fiscal de la rémunération en République Démocratique du Congo », *Librairie Africaine d'Etudes Juridiques*, vol. 6, 2011, pp. 173-196.

Masamba Makela, R., *Droit Economique Congolais*, 2ème éd., Droit et Idées Nouvelles, Kinshasa, 2006.

Masanga Phoba Mvioki, J., *Droit congolais du travail*, Paris, Harmattan, 2015.

Masanga Phoba Mvioki, « De l'incarcération du travailleur comme cas de suspension du contrat de travail : examen du régime institué par la loi n° 015/2002 », in *Cahiers africains des droits de l'homme et de la démocratie*, 8è année, n° 20, Vol. 1, Spécial année académique 2003-2004, pp. 7-10.

Masiala Muanda Vi, Y., « L'impôt exceptionnel sur les rémunérations du personnel expatrié. Les apories d'un prélèvement fiscal 'sui generis' », in *Excellentia*, n° 01, juillet-décembre 2011, pp. 71-92.

Masuku Ayikaba, J., *Plaidoyer pour une protection efficace des travailleurs sous l'engagement au jour le jour en RDC*, Mémoire de licence en Droit, Université de Kinshasa, 2014.

Matundu Mbambi et Faray-Kele, *L'inégalité du genre et les institutions sociales en RD. Congo*, WILPF (the Women's International League for Peace and Freedom), 2010.

Mavungu Mvumbi, J.P., « Réflexions sur la coopération multisectorielle entre l'Union européenne et la République démocratique du Congo au regard des conventions de Lomé et de l'Accord de Cotonou », *Revue de la Faculté de Droit*, n° 5, avril 2007, pp. 235-258.

Mazeaud, A., *Droit du travail*, 9ème éd., Paris, 2014.

Mbata B. Mangu A., « Conflits en Afrique postcoloniale : Recolonisation ou décolonisation ? Une réflexion sur le procès-débat Mafeje /Mazrui », *Bulletin du CODESRIA*, n° 3 & 4, 2008, pp.89-97.

Mbata Mangu A. (dir.), *Nationalisme, panafricanisme et reconstruction africaine,* Dakar, CODESRIA, 2006.

Mbata B. Mangu A., « Democracy, African intellectuals and African Renaissance », *International Journal of African Renaissance Studies,* Volume 1, N°1, 2006, pp. 147-163.

Mbaye, Sanou, *L'Afrique au secours de l'Afrique*, Paris, Edition de l'atelier, 2009.

Mbungu Tsende, L., *Droit du travail congolais face à l'usage des technologies de l'information et de la communication : la problématique de nouveaux défis,* Academia - L'Harmattan, Louvain-La-Neuve, 2015.

Meledge, D.F., « Fraudes électorales et constitutionnalisme en Afrique », in Vettovaglia, J.P. et al. (éd.), *Démocratie et élections dans l'espace francophone*, Bruxelles, Bruylant, 2010, pp. 785-815.

Merle, M., « *Un imbroglio juridique : le « statut » des OING, entre le droit international et les droits nationaux »,* in *L'internationalité dans les institutions et le droit : convergence et défis. Etudes offertes à Alain Plantey*, Pedone, 1995.

Meyer, N., *L'ordre public en droit du travail, contribution à l'étude de l'ordre public en droit privé*, L.G.D.J., Paris, 2006.

Michailof, S., « Nord et Sud, même combat », *Le Monde*, 13 avril 2010.

Mkandawire, « Good Governance. The Itinerary of an Idea », *D+C Development and Cooperation,* Vol. 31, N°10, 2004.

Moneboulou Minkada, H.-M., « L'expression de la souveraineté des Etats membres de l'OHADA : une solution-problème à l'intégration juridique », Revue de l'ERSUMA, n° 3, septembre 2013, version électronique sur http:/revue.ersuma.org, pp. 185-213.

Montero, E., « La conclusion du contrat par voie électronique après la loi du 11 mars 2003 », *in* MONTERO, Etienne et al., *Le droit des affaires en évolution. Le contrat sans papier*, Bruylant, Bruxelles, 2003, pp. 1-53.

Moreau Defarges, Ph., *La gouvernance*, Paris, PUF, 2003.

Morsink, J., *Inherent human rights: philosophical roots of the Universal Declaration*, Philadelphia, 2009.

Muduka Inyanza, « Discours prononcé à la soixante-dix-septième session de la Conférence internationale du travail à Genève 1990 », in *Revue zaïroise du travail*, n° 1, 1990, pp. 13-16.

Mukadi Bonyi, *Droit du travail*, Bruxelles, CRDS, 2008.

Mukadi Bonyi, « Législation sociale et protection contre le chômage en RDC », in *Revue critique de droit du travail et de la sécurité sociale*, n° 07/1999, pp. 53-58.

Mukadi Bonyi, *Sécurité sociale*, Ntobo, Kinshasa, 1995.

Mukadi Bonyi, *Quelle sécurité sociale pour la troisième république ?*, Kinshasa, Editions Ntobo, Kinshasa, 1993.

Mukiramfi Samba, *De l'ONUC à la MONUC : ressemblances et dissemblances*, mémoire de licence en droit, Université de Kinshasa, 2001-2002.

Mumbanika Mbwisi, D., « Analyse critique de quelques textes juridiques relatifs au droit d'accès aux médicaments en République Démocratique du Congo », *Revue du Centre International pour l'Innovation, la Recherche et l'Animation en formation fonctionnelle*, n° IV, 2014, pp. 142-167.

Mumbanika Mbwisi, D., *The implications of the right to health for the Democratic Republic of Congo in relation to access to medical service and medical care*, Master thesis, University of Cape Town, 2012.

Murhola, F., Quelle Commission nationale des droits de l'homme (CNDH) pour la République démocratique du Congo ? : Contexte, défis, opportunité, mandat, principes de base et amendements au projet de loi, Kinshasa, Renadhoc, 2012.

Mutamba Makombo K., J. M., *Du Congo Belge au Congo indépendant 1940-1960. Emergence des "évolués" et genèse du nationalisme*, Kinshasa, Publications de l'IFEP, 1998.

Mutinga Mutuishayi, M., *R.D. Congo, la République des inconscients*, Kinshasa, Editions Le Potentiel, 2010.

Mutinga Mutuishayi, M., *La RDC à l'aube de la troisième République : démocratie ou démocrature ?*, Bruxelles, Ed. Espace, 2005.

Mutoy Mubiala, « L'Afrique dans les relations internationales », *Congo-Afrique,* n° 396, (Juin-Juillet-Août 2005), pp. 345-356.

Mwabila Malela, « Le Code du travail, instrument d'équilibre social », in *Les entreprises face aux problèmes posés par le Code du travail, Bulletin du CADICEC*, n° 81-82, Kinshasa, octobre 2000, pp. 79-87.

Mwayila Tshiyembe, « L'Union africaine et la nouvelle gouvernance régionale », in Bangoura, D. (dir.), *L'Union africaine face aux enjeux de paix, de sécurité et de défense*, Paris, L'Harmattan, 2003.

Mwayila Tshiyembe, *Géopolitique de paix en Afrique médiane*, Paris, L'Harmattan, 2003.

NDAYWEL, *Histoire du Zaïre*, Bruxelles, Afrique Editions, 1993.

Ndeshyo Rurihose, O. « L'idéologie du panafricanisme et son évolution vers les Etats-Unis d'Afrique », in Ndeshyo Rurihose, O. (dir.), *La République Démocratique du Congo : les défis récurrents de décolonisation, de l'Etat de droit et du développement économique et social. Mélanges Célestin Nguya-Ndila,* Kinshasa, Editions CEDESURK, 2012, pp. 1113-1128.

Ndeshyo Rurihose, O., *L'héritage de l'OUA à l'UA : la quête permanente de l'Unité africaine,* Kinshasa, EUA, 2010.

Ndombele Kisusa, K. et Kienge-kienge Intudi, *Les arrêts en matière du travail*, vol. 1, Kinshasa, Editions LULE, 1996.

Ngodi E., « Intellectuels, panafricanisme et démocratie en Afrique : bilan et perspectives », in Adandé A.B.A. (dir.), *Intégration régionale, démocratie et panafricanisme. Paradigmes anciens, nouveaux défis,* Dakar, CODESIA, 2007, pp. 55-78.

Ngoma-Binda, P. E., « De la justice rémunérative. Eléments d'une éthique des salaires », in *Congo-Afrique*, n° 465, 2012, pp. 345-357.

Ngoma-Binda, P., *Philosophie et pouvoir politique en Afrique*, Paris, L'Harmattan, 2004.

Ngombé, Laurier-Yvon, « Les droits moraux dans les lois africaines – Regards synoptique sur les textes des Etats membres de l'OAPI et de l'ARIPO », *Cahier de propriété intellectuelle*, vol. 25, n° 1, janvier 2013, pp. 1-13.

Ngombé, L.-Y., *Le droit d'auteur en Afrique*, Paris, L'Harmattan, 2009.

Ngondankoy, G., « Cours de droit constitutionnel des droits de l'homme », *in* : Bakama Bope (dir.), *Cours intensifs sur les droits de l'homme et le droit international pénal*, Kinshasa, 2013, pp. 78-136.

Ngoy, Th., *L'Accord de Lusaka : une autre lecture*, Kinshasa : CERBIPAD, 2002.

Ngub'usim M. N., R., « Enseignement congolais et monde du travail : deux convergences parallèles », in *Congo-Afrique*, n° 388, Octobre 2004, pp. 461-478.

Nguya-Ndila Malengana C., *Frontières et voisinage en République Démocratique du Congo,* Kinshasa, Editions CEDI, 2006.

Nguyen Quoc Dihn, Daillier, P. et Pellet, A., *Droit international public*, Paris, LGDJ, 2002.

Nouri Mzid, Rapport de synthèse sur *les NTIC et le monde du travail,* à l'occasion de la célébration du 20e anniversaire de l'Association tunisienne de Droit Social et des Relations professionnelles, Tunis, 15 septembre 2005.

Novosseloff, A., « Les opérations de maintien de la paix des Nations Unies en 2009 : crise de croissance ou crise de maturité ? », *Bulletin du maintien de la paix,* n° 92, janvier 2009, pp. 1.

Novosseloff, A. et Sartre, P., « L'emploi de la force dans les opérations de maintien de la paix des Nations Unies. Fondements juridiques et organisation politico-militaire », *Annuaire français de relations internationales,* vol. VII, 2006, pp. 746-747.

Nsafou, G., *Congo : de la démocratie à la démocrature*, Paris, L'Harmattan, 1996

Ntedika Konde, *La philosophie africaine,* Actes de la première semaine philosophique de Kinshasa (R.P.A., 1), Kinshasa, 1977.

Ntirumenyerwa M. Kimonyo, G., « La crise dans la sous-région des Grands Lacs : quand les protagonistes tournent le dos au droit », *L'Afrique des Grands Lacs*. Annuaire 2003-2004, Paris, L'Harmattan, 2004, pp. 257-277.

Nyabirungu Mwene Songa, R., « De l'interprétation en droit », Interprétation, cassation et annulation en droit congolais, Kinshasa, Parquet Général de la RDC, 2013, pp. 12-61.

Nyabirungu Mwene Songa, R., *Traité de droit pénal général congolais*, 2ème édition, Kinshasa, EUA, 2007.

Omotunde, J.-Ph., « Les mathématiques africaines », *Journal ATV Guadeloupe*, 15 avril 2016.

ONG Arche d'Alliance, « Rapport d'activités de monitoring sur les conflits fonciers en territoires d'Uvira et Fizi dans la province du Sud-Kivu », ARAL- AF 44 F 06, Uvira, 2006.

Organisation Internationale de la Francophonie, *Rapport sur l'état des pratiques de la démocratie, des droits et des libertés dans l'espace francophone. Bamako, dix ans après : 2000-2010*, Paris, OIF, 2010.

OSCE, *Manuel d'observation des élections*, 5ème éd., Varsovie, BIDDH, 2005.

Otete Okomba, T., *Le droit international et l'ONU à l'épreuve des défis contemporains*, Saarbrücken/Allemagne, Éditions universitaires européennes, 2016.

Otto, H., « Das konturlose arbeitskampfrecht des BAG – Vom Arbeitskampf als ultima ratio zur nahezu unbeschränkten Kampffreiheit », *Recht der Arbeit*, 2010, pp. 135-148.

Ouédraogo R.S.S., « Trajectoire historique, actualités et perspectives du panafricanisme », in Bah, T. (dir.), *Intellectuels, nationalisme et idéal panafricain. Perspective historique,* Dakar, CODESRIA, 2005, pp. 69-87.

Page, H. de, *Traité élémentaire de droit civil belge*, 3e éd., Bruxelles, Bruylant, 1967.

Parlement Panafricain, *Plan stratégique 2006-2010*, Midrand, 2005.

Paulino Pereira, F., « Les ponts entre la Conférence de La Haye de Droit International Privé et les instruments conclus dans le cadre de l'Union Européenne », *in* Entre Bruselas Y La Haya - Estudios sobre la unificación internacional y regional del Derecho internacional privado - Liber amicorum Alegría Borrás, 2013, p. 697.

Petit, Y., « Le droit international de l'environnement à la croisée des chemins : globalisation versus souveraineté nationale », *Revue juridique de l'environnement*, 2011/1 (volume 36).

Picker, E., « Der Arbeitskampf in der Rechts- und Wirtschaftsordnung – Zu einer Dogmatik des Arbeitskampfrechts », *Zeitschrift für Arbeitsrecht*, 2011, pp. 557-646.

Pilczer, J.-S., « La notion de service public », *Informations sociales* 2/2010, pp. 6-9.

Protocole de Kyoto à la Convention-cadre des Nations Unies sur les changements climatiques, 11 décembre 1997, 2303 RTNU 147 (entrée en vigueur : 16 février 2005) [Protocole de Kyoto].

Protocole relatif à la Charte africaine des droits de l'Homme et des Peuple portant création d'une Cour africaine des droits de l'Homme et des Peuples, 8-10 juin 1998.

Punga Kumakinga, P., « L'interdiction des changements anticonstitutionnels de gouvernement en Afrique : pratique, bilan et perspectives », in Ndeshyo Rurihose, O. (dir.), *Le nouvel élan du panafricanisme, l'émergence de l'Afrique et la nécessité de l'intégration continentale : Les actes des journées scientifiques consacrées à la commémoration de la journée de l'Afrique : 2011-2012-2013-2014,* Kinshasa, CEDESURK, 2014, pp. 433-468.

Radbruch, G., « Du droit individualiste au droit social », in *Archives de philosophie du droit*, 1931, pp. 387-398.

Rade, Chr., « NTIC et nouvelles formes de subordination », *Dr. soc.* n° 1, 1/1/2002, pp. 26-36.

Rahmatian, A., *Copyright and Creativity, The Making of Property Rights in Creative works*, Cheltenham, Edwad Elgar Publishing Lted, 2011.

Ramazani Bishwende, A., *L'Afrique dans la modernité néolibérale. Responsabilité éthique des multinationales capitalistes*, Paris, L'Harmattan, 2013.

Ranjeva, R., *Les ONG et la mise en œuvre du droit international*, RCADI 1997, vol. 270.

Ranjeva, R. Et Cadaoux, C., *Droit international public*, Universités francophones, UREF, EDICEF, 1992.

Ranouil, M., La théorie des facilités essentielles et le droit de la propriété intellectuelle. L'arrêt Magill : vingt ans déjà sans avoir trouvé sa voie !, *CCE*, n° 1, 2016, p. 11.

Rapport du Secrétaire général, Dans une liberté plus grande : développement, sécurité et respect des droits de l'homme pour tous, A/59/2005, 24 mars 2005, point 60.

Rawls, J., *Théorie de la justice* (traduit de l'anglais par Catherine Audard), Paris, 2009.

Ray, J.-E., « A propos d'une modeste loi censée assurer 'la continuité du service public dans les transports terrestres réguliers de voyageurs' », Droit social, 2007, pp. 1205-1220.

Ray, J.-E., *Le droit du travail à l'épreuve des NTIC*, éd. Liaisons, Rueil Malmaison, 2001.

Ray, J.-E., « Le droit du travail à l'épreuve du télétravail : le statut du télétravailleur », *Dr. soc.* 1996, pp. 121-127.

Ray, J.-E., « Le droit du travail à l'épreuve du télétravail. Une nécessaire adaptation », *Dr. soc.* 1996, pp. 351-358.

Reuter, P., *Droit international public*, Paris, PUZ, 1992.

Rieble, V., « Arbeitsniederlegung zur Standorterhaltung », Recht der Arbeit, 2005, pp. 200-212.

Rieble, V., « Das neue Arbeitskampfrecht des BAG », Betriebs-Berater, 2008, pp. 1506-1515.

Robert, Fr., *Le télétravail à domicile*, Collection de droit social, éd. Larcier, Bruxelles, 2005.

Roller, G., « Développement récent du droit de l'environnement en Allemagne », *Revue juridique de l'environnement* 2011/1 (Volume 36).

Roman, D., « La justiciabilité des droits sociaux ou les enjeux de l'édification d'un Etat de droit social », in *Droits des pauvres, pauvres droits ? Recherches sur la justiciabilité des droits sociaux*, Paris, CREDOF, 2010, pp. 1-40.

Roman, D., « Le juge et les droits sociaux : vers un renforcement de la justiciabilité des droits sociaux ? », *RDSS* 2010.20.

Rosier, K. (dir.), *Le droit du travail à l'ère du numérique. Les technologies de l'information et de la communication dans les relations de travail*, Anthemis, Limal, 2011.

Rudkowski, L., « Eine scharfe Waffe wohl gebrauchen: Der Professorenentwurf zur Regelung des Arbeitskampfs in der Daseinsvorsorge », in *Zeitschrift für Arbeitsrecht*, n° 3/2012, pp. 467-482.

Rudkowski, L., *Der Streik in der Daseinsvorsorge*, Munich, Ed. Beck, 2010.

Rüthers, B., « Ein Gesetz gegen die Verfassung? – Die „Tarifeinheit“ im Streit der Verbandsinteressen », *Zeitschrift für Rechtspolitik*, 2015, pp. 2-6.

Rüthers, B., « Arbeitskampf in einer veränderten Wirtschafts- und Arbeitswelt », *Neue Zeitschrift für Arbeitsrecht*, 2010, pp. 6-13.

Sadin, Eric, *Surveillance globale*, enquête sur les nouvelles formes de contrôle, éd. Climat, 2009.

Salmon, J. (dir.), *Dictionnaire de droit international public*, Bruxelles, Bruylant, 2001.

Sands, P., *Principles of International Environmental Law* (vol. 1) : Framework, Standards, and Implementation, Manchester University Press, Manchester/New York, 1995.

Scherer, I., *Grenzen des Streikrechts in den Arbeitsbereichen der Daseinsvorsorge – Schutz der Bürger vor gezielter Schädigung durch Streiks*, Berlin, 2000.

Schliemann, H., « Streik in der Daseinsvorsorge », *Recht der Arbeit*, 2012, pp. 14-26.

Schliemann, H., « Streikkaskaden in der Daseinsvorsorge ? », in *Festschrift für Jobst-Hubertus Bauer*, München, 2010, pp. 923-943.

Scholz, R., « Art. 9 GG », in Maunz, Theodor et Dürig, Günter (dir.), *Grundgesetz – Kommentar*, Munich, 2016.

Schubert, Jens M., « Beamte, Kirchen und Daseinsvorsorge – arbeitskampffreie Zonen ? », Arbeit und Recht, 2014, pp. 176-185.

Seifert, A., « Recht auf Kollektivverhandlungen und Streikrecht für Beamte – Anmerkungen zu neuen Rechtsprechung des EGMR zur Vereinigungsfreiheit », *KritV*, 2009, pp. 357-377.

Servais, J.-M., « Nouvelles technologies et fragmentations des relations de travail », in *Revue tunisienne de droit social*, n°12, 2007, pp. 30-53.

Signori, C., « Intervention en première séance plénière : la démocratisation en Afrique et les processus électoraux », *Parlements et francophonie*, n° 106, 1998, pp. 41-49.

Sittard, U., « Die Bedeutung der Daseinsvorsorge und des Grundsatzes der Tarifeinheit für das Arbeitskampfrecht am Beispiel des Bahnstreiks - zugleich Anmerkung zum Urteil des LAG Sachsen v. 2.11.2007 - 7 SaGa 19/07 », *Zeitschrift für Tarifrecht*, 2008, pp. 178-184.

Sen, A., « Travail et droits », in *Revue internationale du travail*, n° 2, Vol. 139, 2000, pp. 129-139.

Servais, J.-M., *Droits en synergie sur le travail. Eléments de droit international et comparé du travail,* Bruxelles, éd. Bruylant, 1997.

Shyaka, A., « La Force multinationale intérimaire d'urgence en Ituri : "Artemis". Quand la géopolitique se sert de l'humanitaire », in Shyaka, A. (éd.), *La résolution des conflits en Afrique des Grands Lacs. Revue critique des mécanismes internationaux*, Butare, UNR, 2004, pp. 27-46.

Smeesters, B., *Approche juridique de la discrimination à l'accès à l'emploi en Belgique en raison de l'origine étrangère, Cahiers de migrations internationales,* Centre de Recherche et Prospective en Droit social (CeRP), Université Libre de Bruxelles ; Service des conditions de travail, BIT, Genève, 1998.

Sobczak, A., « Quelle régulation des relations de travail dans l'entreprise-réseau ? », *in Revue Interdisciplinaire d'Etudes Juridiques,* 51, 2003, pp. 1-37.

Stegmüller, M., « Einschränkungen des Streikrechts in Betrieben der Daseinsvorsorge – Varianten einer denkbaren gesetzlichen Normierung », *Neue Zeitschrift für Arbeitsrecht*, 2015, pp. 723-728.

Strowel, Alain et Derclaye, E., *Droit d'auteur et numérique : logiciels, bases de données et multimédias, droit belge, européen et comparé*, Bruxelles, Bruylant, 2001.

Tagny, C., *République Démocratique du Congo (rdc), access to Infrastructure*, Report Year: 2008 ; http://www.giswatch.org, 14.02.2017.

Talarico, A., « Le maintien des services essentiels à la lumière de la Saskatchewan Federation of Labour », *Revue du Barreau du Québec*, 2015, pp. 219-248.

Syrine, I., « La lutte internationale contre le réchauffement climatique comme étant une source de dégradation des ressources marines », *Études caribéennes* [En ligne], 15 Avril 2010, mis en ligne le 06 avril 2012, consulté le 13 janvier 2016. URL : http://etudescaribeennes.revues.org/4421.

Terrade, Vanessa de Fatima, « L'application de la Convention d'Aarhus », in *Veredas do Direito*, Belo Horizonte, v. 8. n.15, p.191-205, Jan./Jun. 2011.

Texier, P., *Observation générale sur le droit au travail (article 6) du Pacte international sur les droits économiques sociaux et culturels,* Document soumis au Comité des droits économiques et sociaux du Conseil économique et social de l'ONU lors de la journée de débat général sur l'article 6 du Pacte : droit au travail (lundi 24 novembre 2003).

Thiaw, I., « L'Afrique malade de ses ressources naturelles », *Jeune Afrique*, juin 2015, in : http://www.jeuneafrique.com/235273/societe/lafrique-malade-de-ses-ressources-naturelles/.

Toudjida, N. A., « Investissement, emploi et réduction de la pauvreté », in *Actes du forum économique, international organisé par la FEC avec le concours de la Fondation Konrad Adenauer sur le thème : « Investissement comme préalable à la croissance » à l'Hôtel Memling du 17 au 19 septembre 2003*, Kinshasa, 2003, pp. 83-94.

Traoré, Dramane Aminata, *L'étau. L'Afrique dans un monde sans frontières*, Arles, Actes du sud, 1999.

Treber, J., in Schaub, Günter (dir.), *Arbeitsrechts-Handbuch – Systematische Darstellung und Nachschlagewerk für die Praxis*, 16ème éd., Munich, Ed. Beck, 2015.

Treber, J., « Einstweilige Verfügungen im Arbeitskampf – neuere Entwicklungen », *Soziales Recht*, 2013, pp. 140-152.

Trudeau, G., « La constitutionnalisation du droit de grève au Canada – Une avancée juridique remarquable aux effets sociaux limités », *Revue de droit du travail*, 2015, pp. 479-487.

UA, *Déclaration d'arrivée de la Mission d'observation électorale de l'Union africaine en République démocratique du Congo*, Kinshasa, le 27 novembre 2011.

UA et al., *Déclaration commune sur les élections présidentielle et législatives en République démocratique du Congo*, Kinshasa, 30 novembre 2011.

Uhl, N. et Raif, A., « Streikrecht nur für Große? Der Professoren-Entwurf zu Streiks in der Daseinsvorsorge », *Arbeits-Recht,* 2012, pp. 310-313.

Union Européenne, *République démocratique du Congo : élections présidentielle et législatives, 28 novembre 2011, rapport final de la Mission d'observation électorale de l'Union européenne*, 29 mars 2012.

Union Européenne, *Une forte mobilisation de l'électorat dans un processus insuffisamment maîtrisé, Déclaration préliminaire de la Mission d'observation électorale de l'UE en République démocratique du Congo*, 1er décembre 2011.

Van Ommeslaghe, P., « L'autorégulation – Rapport de synthèse », *in* Dieux, X. et al., *L'autorégulation*, Colloque organisé à Bruxelles le 16 déc. 1992 par l'A.D.BR. et le Centre de droit privé de l'Université Libre de Bruxelles, Coll. de la Faculté de droit, U.L.B., Bruylant, Bruxelles, 1995, pp. 235-274.

Van Wassenhove, St. et al., *Nouvelles technologies et leur impact sur le droit du travail,* UGA, Heule, 2003.

Vannes, V., « La négociation collective : une autorégulation régulée », in Dieux, Xavier et al., *L'autorégulation*, Colloque organisé à Bruxelles le 16 déc. 1992 par l'A.D.BR. et le Centre de droit privé de l'Université Libre de Bruxelles, Coll. de la faculté de droit, U.L.B., Bruylant, Bruxelles, 1995, pp. 136-153.

Varella Marcelo Dias, « Le rôle des ONG dans le droit international de l'environnement », *JD*I 2005.

Verbiest, Th. et Wery, E., *Le droit de l'Internet et de la société de l'information, Droits européen, belge et français*, éd. Larcier, Bruxelles, 2001.

Verge, P., « Les instruments d'une recomposition du droit du travail : de l'entreprise-réseau au pluralisme juridique », Les Cahiers de droit, vol. 52, n° 2, 2011, pp. 135-166.

Verhoeven, J., *Droit international public*, Bruxelles, De Boeck & Larcier, 2000.

Verpaux, M. et Rimbault, C., « les collectivités territoriales et la décentralisation », éd. La découverte française, Paris, 2011, p.32.

Virally, M., « Les Nations Unies et l'affaire du Congo : aperçu sur le fonctionnement des institutions », *Annuaire français de droit international*, 1960, vol.VI, 557-597.

Vivant, M., *Droit et économie de la propriété intellectuelle*, Paris, LGDJ Lextenso, 2014.

Vodoz, L., « La prise de décision par consensus : pourquoi, comment, à quelles conditions », in *Environnement & Société*, n° 13, Arlon (Belgique), Ed. Fondation Universitaire Luxembourgeoise - FUL, 1994, pp. 57-66.

Vundwawe Te Pe Mako, F., La dynamique de la décentralisation-territoriale en RD Congo, Congo Afrique XIVIII, Mars 2009, n°433.

Vunduawe te Pemako, F., *Traité de droit administratif*, Bruxelles, 2007.

Weißleder, A.-C., *Erhaltungs- und Notstandsarbeiten im Streik*, Frankfurt a. Main, 2013.

Werneke, D. et Broadfield, R., « Une politique de la main-d'œuvre orientée vers la satisfaction des besoins », in Freedman, D. H. (dir.), *Emploi. Faits et réflexions*, Genève, BIT, 1980, pp. 153-165.

Wetsh'okonda Koso, M., « La Cour suprême de justice serait-elle le juge idéal pour régler le contentieux électoral de 2011 ? », http://www.aeta-network.org/wp-content/uploads/2011/11/la_cour_supreme_de_justice_serait_elle_le_juge_ideal_pour_le_reglement_du_contentieux_electoral_de_2011_corrige.pdf (consulté le 06 février 2013).

Wetsh'okonda Koso, M., « Les arrêts UDPS et UNC : tests de la crédibilité de la Cour suprême de justice et du loyalisme de la classe politique congolaise ? », janvier 2012, inédit.

Zegbe Zegs F., « La responsabilité de protéger les populations dans le contexte du droit international africain : droit d'ingérence humanitaire révisité ? », in Ndeshyo Rurihose O. (dir.), *La République Démocratique du Congo : les défis récurrents de décolonisation, de l'Etat de droit et du développement économique et social. Mélanges Célestin Nguya-Ndila,* Kinshasa, Editions CEDESURK, 2012, pp. 663-698.

Index

Les numéros renvoient aux paragraphes

Table des matières

Questions juridiques aux éditions L'Harmattan

Dernières parutions

QU'EST-CE QUE LE DROIT ?
Théorie syncrétique et échelle de juridicité
Barraud Boris
La définition du droit ici est d'abord lexicographique et scientifique. La théorie syncrétique réunit toutes les définitions du droit en vigueur, loin d'être concurrentes elles s'associent. Ne s'opposant plus, elles se complètent. La seconde partie interroge les dimensions du droit en mesurant le niveau de force juridique par l'application des critères de juridicité. Cette nouvelle forme de rationalité de la pensée juridique permet au juriste de s'ouvrir à tout type de normes sociales tout en sauvegardant l'autonomie conceptuelle du droit.
(Coll. Le Droit aujourd'hui, 25.50 euros, 242 p.)
ISBN : 978-2-343-13423-9, ISBN EBOOK : 978-2-14-005340-5

LA RECHERCHE DE L'ÉQUILIBRE CONTRACTUEL DANS LE CAUTIONNEMENT
Regards croisés entre le droit français et le droit OHADA
Dibangue Guy - Préface de Pascal Rubellin
Le cautionnement est actuellement la sûreté qu'exigent de préférence les banques des emprunteurs. Si le législateur français semble surprotéger la caution par rapport au créancier, c'est l'inverse qui a été retenu par le législateur OHADA. Dans les deux cas, c'est le déséquilibre entre la protection raisonnable de la caution et la préservation des intérêts des créanciers. Suivant les récentes évolutions législatives en France et en droit OHADA, cette thèse vise l'équilibre contractuel du cautionnement dans une démarche de modernisation et de rationalisation de cette sûreté.
(Coll. Droit aujourd'hui, 42.00 euros, 456 p.)
ISBN : 978-2-343-13159-7, ISBN EBOOK : 978-2-14-005369-6

LE DROIT ANIMAL
Morales Frénoy Cathy
Plus qu'un droit protecteur, le droit animal réglemente les différentes utilisations de l'animal par l'Homme. Il est un corpus juridique transversal, issu du droit international, européen et national, qui régit les rapports entre l'homme et l'animal sans toujours offrir une protection juridique souvent souhaitée. Ce guide juridique offre à tout lecteur une étude complète de cette nouvelle discipline.
(Coll. Bibliothèques de droit, 45.00 euros, 470 p.)
ISBN : 978-2-343-12873-3, ISBN EBOOK : 978-2-14-005223-1

QUESTIONS D'ACTUALITÉ EN ÉTHIQUE ANIMALE
Pelé Marie, Sueur Cédric
L'éthique animale qui désigne l'étude de notre responsabilité morale à l'égard des animaux, n'est pas une prise de position mais un questionnement en perpétuelle évolution avec notre culture et notre temps. Cet ouvrage présente plusieurs éléments de réponses aux récentes questions posées par la société sur notre rapport aux animaux. Experts et étudiants abordent onze questions d'actualité en éthique animale. Leurs échanges sont retranscrits.
(Coll. Le Droit aujourd'hui, 24.00 euros, 236 p.)
ISBN : 978-2-343-13489-5, ISBN EBOOK : 978-2-14-005382-5

JE PARLE AUX ANIMAUX
Peter Friedman
Samantha Khury écoute les animaux et leur parle. Grâce à ce dialogue, elle parvient à comprendre leur comportement et à trouver les mots qui les guérissent. Non seulement Samantha Khury comprend le langage de nos fidèles compagnons, mais, en plus, ceux-ci lui confient leurs malheurs. Des propriétaires d'animaux domestiques, des gardiens de zoo et des entraîneurs de chevaux qui l'ont consultée en sont convaincus. Nous la voyons au travail, à l'écoute d'un chat dépressif, d'un perroquet déplumé en manque d'amour ou d'une jument qui a besoin de liberté... « Dans cette Théma Arte sur les rapports entre les hommes et les animaux, *Je parle aux animaux* est le plus intéressant. Sans doute parce qu'il pose la question de la communication avec nos compagnons à quatre pattes. Peter Friedman livre des séquences étonnantes. » (*TéléObs*). « Ce documentaire étonnant parvient à nous convaincre que la frontière entre les espèces est bien mince. Quand on dit que l'homme n'est qu'un animal ! » (*Le Figaro*)
(20 euros)
ISBN : 978-2-336-31591-1

TRAITÉ DE DROIT CONSTITUTIONNEL CONGOLAIS
Esambo Kangashe Jean-Louis
Préface de El hadj Mbodji - Postface de Dodzi Kokoroko
Dans sa conception, son évolution et sa pratique, le droit constitutionnel a toujours eu du mal à s'affranchir de crises politiques. Droit de crises ou de gestion de crise, le droit constitutionnel est avant tout au service des normes, dont le respect par tous contribue au fonctionnement régulier des institutions. Placés dans le contexte congolais, les trois versants du droit constitutionnel, à savoir le droit normatif, celui institutionnel et la branche consacrée aux libertés n'ont pas toujours été en cohérence avec le constitutionnalisme.
(Coll. Études africaines, 39.00 euros, 410 p.)
ISBN : 978-2-343-12352-3, ISBN EBOOK : 978-2-14-005341-2

SUR LE CHEMIN DES SAISIES
L'huissier de justice d'hier à demain
Berthé Ibrahim
Qu'est-ce qu'un huissier de justice ? D'où vient-il ? À quoi sert-il ? Cet ouvrage tente de répondre à ces interrogations et, à travers l'histoire, de peindre les différentes facettes de ce personnage spécifique du rouage de l'appareil judiciaire dans le temps et dans l'espace, des rives de la Seine en France jusqu'au bord du fleuve Djoliba au Mali.
(25.00 euros, 270 p.)
ISBN : 978-2-343-13501-4, ISBN EBOOK : 978-2-14-005261-3

LES TECHNIQUES D'ENQUÊTE CRIMINELLE
Typologie des crimes et constatations médico-légales
Moutassi Jean-Pierre
L'adoption de la loi de Juillet 2005 portant sur la procédure pénale démontre la volonté du gouvernement camerounais à promouvoir un état de droit. Voici un outil fondamental pour les praticiens du droit criminel : un outil de formation pour les jeunes fonctionnaires, ainsi que pour leurs aînés qui n'auraient pas eu l'occasion de vivre l'expérience des enquêtes judiciaires.
(Harmattan Cameroun, 45.00 euros, 498 p.)
ISBN : 978-2-343-13126-9, ISBN EBOOK : 978-2-14-005224-8

LES CLÉS DES ENJEUX FINANCIERS DU DIVORCE
Rond Patrice - Préface de Laurent Hincker
L'amour s'est consumé, l'argent part en fumée ! À une époque où toujours plus de couples se séparent, la finance du divorce inquiète. Comprendre ses arcanes financières, c'est pouvoir anticiper en cas de conflit au sein du couple. Comment rétablir un budget ou encore évaluer une prestation compensatoire ? À l'aide d'exemples chiffrés, l'auteur indique comment recenser et évaluer les revenus et patrimoines, et présente des méthodologies pratiques pour établir les droits

respectifs des époux. L'ouvrage rend compréhensibles les procédures financières qui ont lieu dans le divorce.
(17.00 euros, 156 p.)
ISBN : 978-2-343-11633-4, ISBN EBOOK : 978-2-14-004942-2

LUTTER EFFICACEMENT CONTRE LA FRAUDE
Enjeux stratégiques et opérationnels
Sous la direction de Catherine Véret Jost et Nicolas Dufour
Lutter efficacement contre la fraude pour recycler 50 à 100 milliards d'euros par an dans la croissance économique en France, voici l'enjeu de cet ouvrage qui explicite les leviers d'actions pour y parvenir, avec des retours d'expériences de professionnels et d'académiques. Il s'adresse à tous ceux qui ont la volonté de relever ce défi.
(Coll. Perspectives organisationnelles, 38.50 euros, 392 p.)
ISBN : 978-2-343-13167-2, ISBN EBOOK : 978-2-14-005143-2

L'ENFANT EN PRISON
Sous la direction de Catherine Ménabé et Mathieu Martinelle
Depuis 1946, les femmes détenues ont la possibilité de garder à leurs côtés, en prison, leur enfant jusqu'à ses 18 mois, voire 2 ans. Si la situation est peu étudiée, et souvent méconnue, elle mérite de profondes réflexions. Quelles sont les conditions de vie de ces jeunes enfants au sein du milieu pénitentiaire ? Comment est assuré leur développement psychomoteur et affectif malgré les contraintes carcérales ? Comment l'univers carcéral s'adapte à la présence d'enfants, non écroués mais, de fait, privés de liberté ?
(Coll. Bibliothèques de droit, 27.00 euros, 274 p.)
ISBN : 978-2-343-13051-4, ISBN EBOOK : 978-2-14-005015-2

LES TRENTE ANS DE LA LOI LITTORAL
Sous la direction de Jean-Luc Pissaloux et Anne Rainaud
La loi Littoral a maintenant plus de trente ans. Loi d'avant-garde, elle vise à concilier la protection du littoral avec le développement économique. Souvent contestée comme trop protectrice, empêchant l'urbanisation, elle est aussi considérée comme un « laisser-construire » dans les zones saturées. Ses concepts sont difficiles à interpréter et appliquer. Les défis climatiques auxquels est confronté le littoral ont impliqué la participation de géographes. La protection des cordons littoraux s'avère aujourd'hui une nécessité.
(Coll. Grale, 39.00 euros, 418 p.)
ISBN : 978-2-343-13140-5, ISBN EBOOK : 978-2-14-004988-0

CICÉRON, PÈRE DE LA CODIFICATION DU DROIT CIVIL
Gilardeau Eric
Confronté à la crise subie par la République, Cicéron cherchait une réponse au chaos des lois et aux contradictions du droit civil. Il en élabora une véritable codification. Du «De oratore» au «De officiis», il critiqua la science du droit et la soumit à la loi naturelle, avant d'instituer une méthode de codification protectrice des droits civils, dont se rapprocheront les codes civils français et autrichien. Il faut attendre les réformes du Code civil allemand de 2001 et du Code civil français de 2016 pour rejoindre Cicéron sur le rôle de la bonne foi et de l'imprévision en matière contractuelle.
(Coll. Logiques Juridiques, 26.00 euros, 248 p.)
ISBN : 978-2-343-13327-0, ISBN EBOOK : 978-2-14-004994-1

DROIT DES SOCIÉTÉS COMMERCIALES OHADA
Akam Akam André, Voudwe Bakreo
Ce livre vise à exposer, expliquer, systématiser et critiquer les règles qui régissent la constitution, le fonctionnement et la disparition des sociétés commerciales. Il montre que le droit des sociétés commerciales OHADA vise la promotion, la protection et la société judiciaire des investissements, autant qu'il tend à protéger les intérêts particuliers. En outre, il met en exergue la richesse, la

variété et la modernité du droit des sociétés de l'OHADA, ainsi que l'abondance et la qualité des travaux de recherche des auteurs africains et d'ailleurs qui s'intéressent au droit OHADA.
(Coll. Dynamiques du droit OHADA, 55.00 euros, 752 p.)
ISBN : 978-2-343-12819-1, ISBN EBOOK : 978-2-14-005077-0

LA PROTECTION CONTRE LES ATTEINTES AUX DROITS SUR LES SIGNES DISTINCTIFS DANS L'ESPACE OAPI
Badou Charles
Les signes distinctifs confèrent à leur propriétaire un droit exclusif d'exploitation. Celui-ci bénéficie de règles dérogatoires au droit commun, qui ont pour vocation première d'assurer aux signes distinctifs une protection contre les atteintes dont ils peuvent être l'objet. Mais l'efficacité de la protection est toute relative. La protection contre les atteintes aux signes distinctifs exige donc de nouvelles solutions qui, prenant en compte la particularité du droit de la propriété industrielle, protègeront efficacement les signes distinctifs contre les violations des droits exclusifs de leur propriétaire.
(Coll. Études africaines, 42.00 euros, 468 p.)
ISBN : 978-2-343-11816-1, ISBN EBOOK : 978-2-14-005019-0

DROIT DU TRAVAIL SÉNÉGALAIS
Tagum Fombeno Henri-Joël - Préface de Isaac Yankhoba Ndiaye
L'auteur questionne le droit du travail sénégalais, analyse les textes récents et leurs apports au droit du travail, met en lumière les imperfections de la législation et les difficultés d'interprétation qu'elles suscitent dans la pratique. La compréhension de la matière est rendue aisée avec les illustrations et exemples pratiques, souvent utilisés par l'auteur et issus de son expérience professionnelle.
(Harmattan Sénégal, 48.00 euros, 506 p.)
ISBN : 978-2-343-13272-3, ISBN EBOOK : 978-2-14-004933-0

LA FUSION DES SOCIÉTÉS COMMERCIALES EN DROIT INTERNE ET INTERNATIONAL
Contribution à la notion de «contrat-organisation»
Kalaani Adrian
La fusion est l'opération par laquelle une ou plusieurs sociétés transfèrent, par la suite de leur dissolution sans liquidation, leur patrimoine à une société établie ou nouvelle. Ce transfert est possible par la distribution de parts sociales aux associés de la société dissoute. Cette définition française et européenne souligne les effets principaux de la fusion en restant silencieuse sur sa nature juridique. Donc la fusion est un contrat-organisation qui entraîne une mise en commun du patrimoine et des membres de chacune des sociétés fusionnantes au sein d'une seule société préexistante ou nouvelle.
(Coll. Logiques Juridiques, 55.00 euros, 638 p.)
ISBN : 978-2-343-10971-8, ISBN EBOOK : 978-2-14-004827-2

LE PRAGMATISME JURIDIQUE
Barraud Boris
Le pragmatisme invite à se concentrer sur le mode de production des connaissances et sur les actions plutôt que sur les pensées. Le pragmatisme juridique, attaché à l'effectivité des normes, permettrait d'accepter et expliquer les modes de régulation originaux du XXIe siècle. L'enjeu est de permettre au droit scientifique d'accompagner l'évolution du droit pratique. Sont surtout concernées la gouvernance du cyberespace, la protection de l'environnement et la responsabilité sociale des entreprises. Affinant le visage du pragmatisme juridique, voici un outil ouvrant des pistes pour l'avenir de la recherche en droit.
(Coll. Bibliothèques de droit, 33.00 euros, 334 p.)
ISBN : 978-2-343-13206-8, ISBN EBOOK : 978-2-14-004920-0

L'HARMATTAN ITALIA
Via Degli Artisti 15; 10124 Torino
harmattan.italia@gmail.com

L'HARMATTAN HONGRIE
Könyvesbolt ; Kossuth L. u. 14-16
1053 Budapest

L'HARMATTAN KINSHASA
185, avenue Nyangwe
Commune de Lingwala
Kinshasa, R.D. Congo
(00243) 998697603 ou (00243) 999229662

L'HARMATTAN CONGO
67, av. E. P. Lumumba
Bât. – Congo Pharmacie (Bib. Nat.)
BP2874 Brazzaville
harmattan.congo@yahoo.fr

L'HARMATTAN GUINÉE
Almamya Rue KA 028, en face
du restaurant Le Cèdre
OKB agency BP 3470 Conakry
(00224) 657 20 85 08 / 664 28 91 96
harmattanguinee@yahoo.fr

L'HARMATTAN MALI
Rue 73, Porte 536, Niamakoro,
Cité Unicef, Bamako
Tél. 00 (223) 20205724 / +(223) 76378082
poudiougopaul@yahoo.fr
pp.harmattan@gmail.com

L'HARMATTAN CAMEROUN
TSINGA/FECAFOOT
BP 11486 Yaoundé
699198028/675441949
harmattancam@yahoo.com

L'HARMATTAN CÔTE D'IVOIRE
Résidence Karl / cité des arts
Abidjan-Cocody 03 BP 1588 Abidjan 03
(00225) 05 77 87 31
etien_nda@yahoo.fr

L'HARMATTAN BURKINA
Penou Achille Some
Ouagadougou
(+226) 70 26 88 27

L'HARMATTAN SÉNÉGAL
10 VDN en face Mermoz, après le pont de Fann
BP 45034 Dakar Fann
33 825 98 58 / 33 860 9858
senharmattan@gmail.com / senlibraire@gmail.com
www.harmattansenegal.com

www.ingramcontent.com/pod-product-compliance
Lightning Source LLC
LaVergne TN
LVHW021139061026
849535LV00002B/296
* 9 7 8 2 3 4 3 1 4 0 5 5 1 *